臺灣身心障礙者權益與福利

林萬億、劉燦宏　著

五南圖書出版股份有限公司

編 序

　　我國的身心障礙者權益保障法於民國96年6月5日完成修法，7月11日經總統公布修正名稱及全文109條。該次修正係將身心障礙者視爲獨立自主的個體，與一般人一樣享有相同的權益。除修正各專章名稱，彰顯政府保障身心障礙者健康權、教育權、就業權、經濟安全、人身安全的決心外，對於個別身心障礙者的特殊需求，則給予支持服務；此外，爲能符合國際潮流趨勢，該次修法更有數項重大變革，強調以就業、教育機會的提升，增進身心障礙者的生活品質，不再偏重現金補助，以積極的福利取代消極的救濟等；另參採聯合國世界衛生組織（WHO）頒布的國際健康功能與身心障礙分類系統（International classification of functioning, disability and health, ICF），定義身心障礙者爲其身體系統構造或功能有損傷或不全，且因此影響其社會功能者，以正本清源，明確區辨服務對象，俾因應身心障礙者確切之需求，提供適切服務。

　　該次修法關鍵性的改變在於身心障礙者的鑑定與需求評估。我國身心障礙的類別從一開始「殘障福利法」時的七類，到民國96年「身心障礙者權益保障法」修正通過前，已經擴增爲十六類，分類的方式最早依身體部位損傷爲主的障礙類別，如肢體障礙、聽覺機能障礙、聲音機能或語言機能障礙、視覺障礙、平衡機能障礙、顏面損傷、多重障礙、重要器官失去功能等；或以身心理功能限制致障礙者爲分類，如智能障礙；有依疾病致障礙分類，如頑性癲癇症、自閉症、慢性精神病患者、失智症、罕見疾病與植物人等。分類原則、標準莫衷一是，且不斷擴大範圍。

　　而身心障礙者福利的獲得，除了部分須經由資產調查才能請領的補助費用外，包括：綜合所得稅的減免、使用牌照稅的減免、專用停車位識別證的申請、搭乘國內交通工具半價的優惠、進入風景區的優惠措施等，皆是憑著身心障礙手冊即可獲得，這種不問需求與資源配置優先性的服務提供方式，必然排擠其他福利與服務的提供，更影響了眞正有需求的身心障礙者適足使用各種服務的機

會，實有違公平正義的原則。是以在整體社會福利資源有限的情況下，如何合理地讓社會各個不同的弱勢族群共享社會福利資源，成為政府與身心障礙福利領域的專家學者及實務工作者的共識。

此外，除了身心障礙者的福利提供，身心障礙者是人，不應該被「案主化」成為「病人」。在所有人類生活都有其價值，任何人，不論殘缺都有選擇的能力，各類型的身心障礙者，不論是肢體、智能、感官或是情緒，都有權力控制其自身的生活權利。因此，身心障礙者有權完整地參與社會、融入社會。這就是身心障礙者作為獨立個體的人權。不論是教育、就業、社區生活、公共服務利用上，身心障礙者都有權利要求社會無歧視的包容。

本書從發想到實現，因緣聚會於ICF的研究。2009年衛生署委託臺北醫學大學進行身心障礙者鑑定制度的規劃研究，由當時的校長邱文達教授主持，劉燦宏醫師等人協助；同時，內政部社會司委託臺灣大學社會工作學系林萬億教授負責身心障礙者需求評估與服務輸送體系的規劃。就這樣，醫療專業與社會福利／社會工作專業因身心障礙者的鑑定與需求評估而交會，形成跨專業的團隊合作，埋下寫作本書的火種。研究結束已有一陣子了，由於各自的忙碌，稍微拖延了本書出版的時程。然而，完整地呈現也許可彌補時程延後的缺憾。

本書分成四大篇：身心障礙發展史、身心障礙的病因與分類、身心障礙的鑑定與評估、身心障礙者權益與福利，計十三章。邀請參與研究案的兩個團隊成員的學者專家協力完成。希望本書的付梓可以提供關心身心障礙者議題的醫學、特殊教育、就業、社會福利／社會工作等專長領域的學生、實務工作者參考。

感謝參與寫作的學者專家們，在教學與實務工作忙碌之餘，仍全力相挺，使本書有較完整的內涵；也感謝林靖瑛、陳佩欣協助聯絡與催稿，使本書能順利完工；也感謝五南出版公司的應允出版，讓本書得以順利問世。然而，遺漏疏忽在所難免，期待各界專家不吝指正。

林萬億、劉燦宏 感謝
2014年4月30日

目錄

作者簡介

林萬億

現任：國立臺灣大學社會工作學系教授
　　　臺灣學校社會工作協會理事長
曾任：國立臺灣大學社會學系教授兼系主任
　　　臺北縣副縣長
　　　行政院政務委員
　　　臺灣老人學學會創會理事長
　　　臺灣社會工作專業人員協會理事長
專長：社會工作、社會福利

葉琇姍

現任：臺北市政府勞動局專門委員
　　　國立臺灣大學社會工作學系博士候選人
　　　國立臺灣大學社會工作學系兼任講師
曾任：臺北市政府勞工局勞資關係科專員、身心障礙者就業服務科科長
專長：身心障礙福利、身心障礙就業、社會工作

劉燦宏

現任：臺北醫學大學公共衛生暨營養學院傷害防治學研究所副教授
　　　臺北醫學大學、部立雙和醫院復健醫學部主任
曾任：臺北醫學大學、臺北市立萬芳醫院肥胖防治中心主任
　　　臺北醫學大學、臺北市立萬芳醫院復健醫學部主治醫師／主任
專長：復健醫學、身心障礙、運動醫學、肥胖醫學

張光華

現任：臺北醫學大學、臺北市立萬芳醫院復健醫學部主治醫師

　　　臺北醫學大學公共衛生暨營養學院傷害防治學研究所助理教授

曾任：臺北醫學大學醫學系兼任講師

　　　蘭陽仁愛醫院復健科主治醫師

　　　慈濟醫院復健科主治醫師

專長：復健醫學、老年醫學、骨質疏鬆、身心障礙

嚴嘉楓

現任：慈濟學校財團法人慈濟大學公共衛生學系助理教授

曾任：國立中正大學社會福利學系博士後研究

　　　馬偕護理專科學校老人照顧科兼任講師

　　　中華啓能基金會臺灣智能障礙研究中心研究員

　　　輔英科技大學護理系兼任講師

專長：身心障礙、智能障礙者醫療政策、衛生政策、長期照護

廖華芳

現任：國立臺灣大學醫學院物理治療學系暨研究所兼任副教授

　　　臺灣ICF研究學會學術主任委員

曾任：國立臺灣大學醫學院物理治療學系主任

　　　臺灣物理治療學會理事長

　　　中華民國發展遲緩兒童早期療育協會理事長

　　　英國皇家自由醫院物理治療部研究員

專長：物理治療、發展遲緩早期療育、ICF／ICF-CY

林敏慧

現任：國立臺北護理健康大學嬰幼兒保育系副教授

曾任：國立臺北護理學院嬰幼兒保育系系主任

　　　臺北市立體育學院教育學程中心副教授

　　　臺北市文山特殊教育實驗學校籌備處教師

　　　臺北市萬華區新和國小啓智班暨資源班教師

　　　臺北市萬華區中興國小普通班暨智班教師

　　　臺北市北投區逸仙國小普通班教師

　　　臺北縣三重市碧華國小普通班教師

專長：心智障礙者教育、早期療育、兒童發展與學習評量

王華沛

現任：國立臺灣師範大學特殊教育系暨復健諮商研究所合聘副教授

曾任：國立臺灣師範大學復健諮商研究所副教授兼所長

　　　國立臺灣師範大學特殊教育系講師、副教授

　　　臺北市立古亭國民小學教師兼特教組長

　　　臺北市立雙溪國民小學教師、組長、主任

專長：特殊兒童心理與教育、特殊教育科技、輕度障礙學生學習與輔導、復健諮商

李淑貞

現任：國立陽明大學『ICF暨輔助科技研究中心』主任

　　　衛福部社會及家庭署『多功能輔具資源整合推廣中心』主任

　　　行政院勞工委員會促進身心障礙者訓練與就業推動委員會第九屆委員

　　　國立陽明大學物理治療暨輔助科技學系副教授

　　　經濟部標準局衛生及醫療器材國家標準技術委員會委員

曾任：美國執業物理治療師

　　　美國紐約大學物理治療學系助教暨兼任講師

　　　內政部發展遲緩兒童早期療育服務推動委員會小組委員

　　　內政部身心障礙者權益保障推動小組第一屆、第二屆委員

專長：輔具服務、身心障礙服務、ICF、需求評估、物理治療、健康促進

黃耀榮

現任：國立雲林科技大學建築與室內設計學系副教授

曾任：內政部身心障礙福利機構評鑑委員會環境設施組召集人

　　　內政部老人福利促進委員會委員

　　　內政部身心障礙者保護委員會委員

　　　內政部老人福利機構評鑑委員

　　　內政部無障礙環境檢測小組委員

專長：社會福利建築學、老人住宅、老人福利設施計劃、身心障礙福利設施計
　　　畫、環境行為學、空間現象學、長期照護環境計畫

第一篇
身心障礙者權益發展史

第一章　了解身心障礙者：概念與觀點

／林萬億

第一節　我國身心障礙概念的演進

壹、中國古籍中的廢疾

在華文世界裡最早用「廢疾」來描述身心障礙。早年（西元前1100年左右）《周禮》中並無關於廢疾的敘述。〈地官章・司徒篇〉提及「以保息養萬民，一曰慈幼；二曰養老；三曰賑窮；四曰恤貧；五曰寬疾；六曰安富」，這就是史稱的「保息六政」，文中的寬疾，乃指治療疾病之意。同書另曰：「以荒政十有二聚萬民。」所稱「荒政十二」係指：散利（給糧食）、薄征（減租稅）、緩刑（省刑罰）、馳力（息徭役）、舍禁（取消山澤禁令，准許百姓狩獵）、去幾（免除關市徵稅，流通百貨）、眚禮（減殺吉禮）、殺哀（節凶禮）、蕃樂（不准歌舞作樂）、多昏（減少嫁娶備禮，以利男婚女嫁）、索鬼神（祈禱降福）、除盜賊（遏民害）。亦無針對廢疾者的政策。上述這些工作，在當時乃屬大司徒的職掌。

到了西元前725～前645年，《管子》第五十四入國篇，不但明訂身心障礙者的福利，而且規範了身心障礙的類別。曰：「入國四旬，五行九惠之教。一曰老老、二曰慈幼、三曰恤孤、四曰養疾、五曰合獨、六曰問病、七曰通窮、八曰振困、九曰接絕。」所謂養疾者，凡國都皆有掌疾（負責養疾之官），聾盲、喑啞、跛躄、偏枯、握遞，不耐自生者，上收而養之。疾，官而衣食之，殊身而後止，此之謂養疾。

以今日語詞，聾指耳朵失聰，即聽覺障礙；盲指眼睛失明，即視覺障礙；喑啞指口不能語，或僅能發出連續不斷的低音，即語言障礙；跛躄指兩足不能行，亦即下肢障礙；偏枯指半身不遂之疾，也是一種肢體障礙；握遞則是指兩手曲拱而不能伸直，應屬上肢障礙。上述這些人無法自行維生者，就由國家收容安養，至死為止。顯見中國春秋時代齊國的管仲，即已發現以上幾種疾者需要機構安置。

　　接著，西元前551～479年，孔老夫子的《禮記》卷七，〈禮運〉第九，〈大同篇〉記載：「鰥寡孤獨廢疾者，皆有所養。」廢疾者即是殘廢、疾病之人。自此而後，「廢疾」兩字，就成為中國歷史上描述身心障礙者的通用語。即使到了清末，曾參與戊戌變法的康有為在其《大同書》（1901～1902年）序言，亦提及：「或老夫無依，扶杖於樹底，夕臥於灶眉；或廢疾，持鉢行乞，呼號而無歸。」康有為的想法是，幼兒入育嬰院，幼童入蒙養院與學校，病則入養病院，老者入養老院。雖然，沒提及廢疾院，但是，既然廢疾者托鉢行乞，大概也是會被收容於機構吧！

貳、清治時期沿用廢疾

　　清朝時期對於鰥寡孤獨貧困者的救濟，歸養濟院的職掌。有清一朝治理臺灣二百餘年（1684～1895年），總計設了7家養濟院。其中，例外的是彰化養濟院設於乾隆元年（1736年），由當時彰化知縣秦士望所建，位於東門外八卦山下，以收容麻瘋及殘疾為主，收容定員為46人，是當時臺灣唯一收容麻瘋病患處所，故俗稱「癩病營」。

　　而清治臺灣對於廢疾者的救濟，屬普濟堂的工作。普濟堂的設置在清帝國時期原為養老與安集流亡之所，到了臺灣，範圍擴大，除安置老廢外，兼收鰥寡孤獨與麻瘋病患，功能實與養濟院無異。例如：臺灣縣普濟堂設於清乾隆12年（1747年）的臺南市城隍廟邊，本是收容無告流民為主，男女名額為50名。乾隆52年（1787年），林爽文起義，年號順天，地方騷亂。普濟堂中貧苦者悉避難離去。隔年事定，堂中僅剩盲人13名，地方遂以「十三寮」稱之。由此可見，當時普濟堂是有收容盲人的。

　　清治臺灣另一種收養老廢、流丐，及行旅病人的機構，稱棲留所或留養局。其中彰化孤老院為嘉慶年間（1796～1820年）由知縣楊桂森倡建於彰化市，以收容老廢為目的，是少數兼收廢疾者的機構。

　　而當時對廢疾者的稱呼仍沿用舊制。例如：道光19年（1839年）澎湖廳志記載曰：「前廳蔣鏞謀建普濟堂，以惠孤、寡、廢疾、無依貧民。」清帝國仍沿用〈禮運・大同篇〉稱廢疾。從當時的澎湖廳通判蔣鏞在普濟堂序一文中有曰：「《周禮・大司徒》以保息六養萬民，慈幼、養老、安富而外，有曰賑窮、恤貧、寬疾。……凡閭閻孤貧、廢疾無依，徒抱向隅而已。余蒞任數載，念之每切惻然。」即可知（臺灣省文獻委員會，1972）。

　　清治末期，西醫於1865年傳入臺灣，對往後臺灣的醫療發展與健康照護影響很大。首先是長老教會傳教士蘇格蘭人馬雅各（Dr. James Laidlaw Maxwell）創設基督教長老會病院於臺南府城看西街。但遭到當地漢醫的排擠，並有說他取人心、眼睛來製藥的謠言出現，而導致當地人暴動投石，拆掉他的醫館和傳教所，是為「看西街事件」。馬雅各只好轉往有英國領事館保護的打狗旗後街（今高雄旗津附近）行醫後，才受到該地人士歡迎。事平，1868年馬雅各醫師又將傳教中心從打狗還回臺南府城，在二老口亭仔腳街開設教會和醫館（也就是後來俗稱的「舊樓」醫院），積極在此進行醫療傳道。1900年，「舊樓」的租屋處歸還給屋主，醫館搬到新建造的建築，取名叫「新樓醫院」。該醫院為臺灣首座西式醫院。馬雅各的次子馬雅各二世，在此醫院終生行醫。

　　不讓馬雅各醫師專美於前，加拿大安大略省牛津郡人馬偕博士（Dr. George Leslie Mackay）於1872年3月9日由加拿大長老教會遣派來臺灣宣教，非醫科專業出身的馬偕博士卻於1880年在淡水創建臺灣北部第一所西醫院——「偕醫館」。1882年創「理學堂大書院」於淡水，又設「淡水女學堂」。1901年馬偕病逝，偕醫館關閉。1905年加拿大母差會派宋雅各（J. Y. Ferguson）醫師（牧師）夫婦抵淡水，次年重開偕醫館。宋雅各醫師提議將醫療中心由淡水遷到臺北，並將醫館擴建命名為馬偕紀念醫院，以紀念馬偕博士。

　　受到西醫傳入的啟發，臺灣巡撫劉銘傳於光緒12年（1886年）於臺北府治設「臺北官醫局」，聘挪威人漢森醫師（Dr. Hanssen）免費為人醫病。這是臺灣首見公立醫院。1891年邵友濂繼任巡撫之後，因財政緊縮而被廢棄（臺灣省文獻委員會，1972）。

參、日治時期改稱殘疾

　　日治時期，日人兒玉源太郎任臺灣總督，於明治31年（1898年）將清代的臺北養濟院改名臺北仁濟院。大正12年（1923年）改為財團法人組織。明治32年（1899年）更頒布慈惠堂規則14條。規定院長由地方官兼任，收容對象包括：一、獨身無告者；二、殘疾者；三、病傷者；四、老衰者；五、幼弱者；六、寡婦之守節者。可見殘疾者的救濟收容屬慈惠堂的工作項目之一。嗣後重組臺南慈惠院（1899年）、澎湖普濟院（1899年）、臺中慈惠院（1904年）、嘉義慈惠院（1906年）、新竹慈惠院（1922年）、高雄慈惠院（1922年），新設臺東同善會（1928年）等。顯示，日治時期已改廢疾稱殘疾。

　　日治時期最早有將殘疾者列入戶口調查者，出現於1905年日本政府在臺灣舉行第一次臨時戶口調查，當時調查項目中的「不具」，包括盲、聾、啞、白痴、瘋癲等五項。不具的辨識除了靠外觀的損傷來判斷外，還可以間接方式查訪鄰里來確認。1925年以後的國勢調查「不具」已不列入調查項目（邱大昕，2011）。「不具」中文的意思是不齊備、不完備、不全之意。例如：《墨子‧七患》：此皆備不具之罪也。《太上感應篇》有一段話說道：「見他榮貴，願他流貶；見他富有，願他破散；見他色美，起心私之；負他貨財，願他身死；干求不遂，便生咒恨；見他失便，便說他過；見他體相不具而笑之，見他材能可稱而抑之。」體相不具有二種：一是廢疾，一是缺嘴隻眼等類，都叫做天刑。天刑是指上天所賜，或懲罰。

　　日語沿用漢字「不具」（bùjù）也是不完備、不全之意。就像布袋戲史豔文傳中的「秘雕」被說成為「五不全」，而有演變出「秘雕魚」來形容畸形發展的魚。

　　接續之前的西方醫師或傳教士來臺傳教兼行醫，英國蘇格蘭格拉斯哥的甘為霖醫師（Dr. William Campbell MD），於1871年時應英國基督長老教會之聘，前來臺灣傳教。12月20日抵達打狗，先前往嘉義南方的白水溪（今白河）

設立教堂，1875年1月28日發生「白水溪事件」[1]，教堂遭人燒毀，後以臺南府城為中心，拓展傳教工作。1891年返回英國向格拉斯哥的宣導會募得資金500英鎊，同年10月，於臺南府城洪公祠開設盲人學校「訓瞽堂」，瞽是盲、瞎之意，這是臺灣盲人教育的先驅。「訓瞽堂」在清日甲午戰爭期間曾關閉過，日本治臺後，他數度建請日本政府成立官辦的盲校，1897年兒玉源太郎總督下令在臺南慈惠院創立官辦盲人學校（後改為臺南州立盲啞學校，今臺南啓聰學校前身）。1894年擔任「長老教會中學」（今臺南市私立長榮高級中學）代理校長。1917年2月甘為霖返回英國，1921年9月9日逝世於英國的波納毛茲（Bournemouth），享年80歲（夏文學，1994）。

1911年秋，史稱「臺灣麻瘋病之父」的加拿大籍宣教師戴仁壽醫師（Dr. George Gushue-Taylor），遠從英國倫敦來臺宣教。偕同他的夫人抵達臺南的新樓醫院。行醫之餘，著手編寫了臺灣第一本內外科看護專書，戴醫師用臺語文（編按：此指長老教會使用的羅馬字白話文）寫成《內外科看護學》，同時著手訓練臺灣本地的醫療人員。在臺南新樓醫院，他首次接觸到癩病的案例，並且對這種疾病給病人帶來的折磨十分震驚。1914年，戴醫師接掌新樓醫院院長。1918年任期屆滿，戴醫師與當時健康狀況不佳的夫人回到英國進修，並在1920年通過了皇家外科院士的考試。1923年，戴醫師應聘再次回到臺灣，接管停辦多年的臺北馬偕醫院。馬偕醫院與稍後1896年創設的彰化基督教醫院[2]齊名。在

---

[1] 白水溪教會在今天臺南縣白河鎮仙草里，居民以西拉雅平埔族為主，1872年基督教傳入，在此設立教會。清代白水溪附近店仔口（白河）族群雜處，除了漢人和平埔族之外，還有客家人，因此當地的族群關係複雜。19世紀末，基督教傳入平埔族群後，原有的族群問題，再加上外來宗教的問題，引發了社會文化的衝突，甚至牽動對外交涉。1872至1873年之間，白水溪教會的信徒不參與民間宗教祭典，並拒繳祭典費用，因而遭騷擾、迫害，有信徒被搶走耕牛、毆打，以致有近半數的信徒重返民間信仰。此外，有些平埔族人接受基督教信仰後，開始抗拒當地豪強吳志高的剝削，動搖吳志高在當地的社會勢力。1873年1月26日店仔口頭目吳志高以禮拜堂影響其風水，對教會表示不滿，因而有教徒的房屋被燒毀，牛隻與財物被偷，而且有信教的老婦人被刺成傷。甘為霖牧師聞訊前往了解，當晚就有很多人來放火燒教堂，甘牧師至嘉義縣控訴，官府監禁其同黨，賠銀100兩作為補償教堂損失，頒告示令民眾善待基督徒，不得妄動。但紛爭並未因此結束，1877年3月今東山鄉吉貝耍的盲人信徒溫旺被殺，同年12月吉貝耍禮拜堂被毀。甘牧師尋求英領事Frater協助，堅決要求官方善處。最後嘉義縣重開公審，所有凶手判刑，總爺被降級處分，而吉貝耍禮拜堂得賠款新建，並嚴飭保護教會。

[2] 1896年蘇格蘭人蘭大衛醫師（Dr. David Landsborough）於彰化市創辦彰化基督教醫院。由於蘭大衛醫師醫術精良，當地人稱讚其與彰化市南瑤宮的媽祖齊名，而有「西門媽祖婆、南門蘭醫師」的美譽。

來臺灣的路程中，他專程到印度拜訪著名的癩病專家Dr. Ernest Muir。1927年，獲得倫敦癩病協會的贊助，購得臺北雙連教會的舊教堂，開辦臺灣第一所癩病診所。1928年春天，戴醫師在新莊找到理想的療養院院址。同年，日本政府核准戴醫師為癩病病院展開募款。然而，1929年日本政府決定徵收此塊土地，並編列33萬日圓作為預算建立「公立癩病醫院」，也就是今天的「樂生療養院」。戴醫師轉而到八里觀音山下另覓土地，興建「樂山園」，於1934年的3月28日落成。興建期間也遭受居民的抗爭，幸賴日本政府的斡旋與戴醫師的奔走始平息。1955年獲准設私立救濟育幼設施。1971年成立低智能兒童收容所。1997年獲准興建成人重殘養護大樓，奠定今之規模。

　　顯示，隨著西醫傳來，殘疾者的照顧已從機構安置，跨出教育與訓練的一大步；同時，機構安置也開始走向治療與復健，而非單純的收容養護。

肆、國民政府遷臺後從殘廢變成殘障（1949～1980年）

　　國共內戰結束，國民政府撤退來臺。而日人使用的殘疾概念被「殘廢」取代。殘廢者的界定也更加明確。主要包括盲人、聾啞、肢體殘缺。例如，1953年「臺灣省臨時省議會議員選舉罷免規程」修正時，規定「身體殘廢或患重大不治之症者」不得為臨時省議會議員候選人。根據1954年內政部函釋，所謂「身體殘廢」係指「喪失全部視能或聽能或語能或不能行能者」；「患重大不治之症」乃指「患有不治或難治之疾病不能恢復原狀者」。至於是否需要醫生檢驗，則「當以患病程度之輕重為斷，如病狀顯明常人可一目了然者，即可逕予認定，否則自應經醫生鑑定（如精神喪失及嚴重肺病等是）。」（邱大昕，2011）。

　　殘廢者的服務機構也隨之跟進。例如：1951年在美國海外盲人基金會紐約總會（簡稱美盲會）的資助下，臺灣盲人重建院設立於臺北縣新莊鎮。

　　創於1953年3月的臺灣省聾啞福利協進會，會址設在雲林斗六，全省各地設

有分會。然自1970年代起，各地方分會紛紛獨立成爲縣市聾啞福利協進會，總會性質消失。現址遷臺南市。目前，全國性質的聾啞福利團體是1990年成立的中華民國聲暉聯合會。

臺灣省盲人福利協進會創立於1953年12月，會址設在臺中市，全國各地均有分會。現稱臺灣盲人福利協進會全國總會。1957年，陳五福醫師在宜蘭羅東鎮設立「慕光盲人習藝所」，1960年易名爲「慕光盲人福利館」，1974年再改名爲現在的「慕光盲人重建中心」，並遷至冬山鄉。

而最早有關殘廢者的福利法規是1955年11月15日試行的「臺灣省殘廢者乘車搭船優待辦法」，1957年1月24日正式公布施行。其規定殘廢範圍包括：

一、雙目失明者，或視力在八公分以下者。

二、聾或啞者：兩側耳聾者，或口啞不能言語者。

三、兩腿或雙腿全缺者。

四、 四肢機障不能行動者：1.兩上肢或一下肢機能完全喪失者；2.一下肢殘缺者；3.一上肢或兩下肢機能完全喪失者；4.兩臂無手，或兩手無指，或一足殘缺，與兩足均無足趾者；5.軀體有顯著疾病，機能永遠喪失者； 6.癱瘓不能行動者。

從上述辦法可知，當時界定殘廢仍然僅限於盲、聾、啞、肢體殘缺四類。

1956年6月2日，臺灣省聾啞福利協進會理事長李鑽銀函文建議政府及各縣市政府，將社政經費撥一兩分舉辦聾啞福利事業案。1956年6月4日，臺灣省聾啞福利協進會理事長再建議政府減免聾啞同胞各種賦稅。1960年11月23日，臺灣省聾啞福利協進會理事長李鑽銀，請願省議會轉請立法院迅速制定國民體殘福利法案，首次出現「體殘」的概念，但是，沒有被採納，各界仍然沿用殘廢概念。例如：1971年5月4日，臺灣省盲人福利協進會代表人張明樹，請願爲懇請修訂「臺灣省殘廢者乘搭車船優待辦法」案。但是，結果大都是轉呈或研議，少數例外，例如，臺灣省政府於1976年8月修正「臺灣省殘廢者乘搭車船優待辦法」爲「臺灣省殘障者乘搭車船優待辦法」，將殘廢者改爲殘障者。這或許與張明樹的請願有關。亦即，到了1976年，殘廢已被官方改爲「殘障」。

　　「殘障」乙詞的使用，在民間最早可追溯到天主教德蘭小兒麻痺服務中心，原為教會幼稚園，於1968年改制為殘障兒童服務中心。此外，創於1940年，原名「八塊庄興風會」習藝所的「八德鄉惠仁院」，於1952年改名「桃園縣私立八德救濟院」，於1975年10月增設肢體殘障貧苦青少年教養所。也使用「殘障」命名。

　　臺灣的殘障養護機構到了1950與1960年代間大量出現，主要收容對象是小兒麻痺兒童，是因1950～1960年代的小兒麻痺流行使然；且十之八九都是基督教或天主教會所設立，資金來源大多數是國外教會捐款贊助。

　　1955至1966年間，臺灣每年約有500人罹患小兒麻痺症。1958年的罹病者曾多達760人，1959年為748人。小兒麻痺症的醫療、復健與機構照顧於為出現。首先，1958年由德國基督教宣教士差會[3]於花蓮下美崙創設的「畢士大（Bethesda）盲女習藝班」，專收盲女童，給以教養與職業訓練。時逢小兒麻痺大流行，該院增收小兒麻痺女童，並為其進行矯正手術、復健、暨設班委請專業老師指導手工製作、毛衣編織、洋裁學習等技藝。1968年改名「花蓮縣私立臺灣基督教女教士差會附設花蓮殘盲女子教養院」，是國內第一所收容小兒麻痺兒童的機構。

　　至於小兒麻痺症治療，則是基督教行道會教士白信德醫師於1953年，在屏東創辦的「基督教畢士大診所」，視為醫療宣教工作在屏東播下的「一粒麥子」。1956年，工作轉由1954年來臺進入樂生療養院工作的挪威醫師畢嘉士（Olav Bjorgaas）負責，並且更名為「基督教診所」。當1950年代小兒麻痺症大流行，畢醫師旋即展開小兒麻痺治療工作。1961年8月，設立全省第一所專治小兒麻痺的「兒童療養院」，免費醫治來自全省各地的病患。1962年從美國進口沙賓疫苗，為屏東地區4,000名孩童患者作免費接種，此為臺灣第一次大規模接種小兒麻痺疫苗。1963年成立「小兒麻痺兒童之家」，專收出院後小兒麻痺兒

---

[3] 華人稱在國內成立的基督教會的母教會為差會。

童住宿教養，為現今「屏東基督教勝利之家」的前身。此外，為了讓院童可以自行活動，不再依賴他人的照顧，於是成立支架工廠，自製支架供小兒麻痺後遺症的病童使用。這是肢體障礙輔具製作與使用的開始。

成立於1963年的屏東伯大尼之家（Bethany Home），成立之初也以收容小兒麻痺的兒童為主，進行物理治療，學童國小畢業後輔導其就業及安置就業。1973 年受世界展望會資助，成為臺灣世界展望會伯大尼兒童之家，擴大收養孤兒、腦性麻痺及智障兒童。

此外，創立於1956年的埔里基督教醫院，也於1966也開辦了小兒麻痺之家，收容了近50名的小兒麻痺患者。成立於1960年，由西德女教士差會創辦的盲女習藝所「羅騰園」，原也是專收盲女童，1968年後增收小兒麻痺女童，以養護為主，至15歲國中畢業後離院，1969年立案為「屏東殘盲女子教養院」。

接著有1965年由美籍瑪喜樂女士創辦的彰化私立基督教喜樂保育院；1968年改制為殘障兒童服務中心的天主教德蘭小兒麻痺服務中心；創立於1970年，專收智能不足、肢體障礙，以及多重障礙兒童的臺北縣私立真光教養院；創於1970年，由天主教遣使會所創，專收肢體障礙兒童，給予教養的宜蘭縣礁溪鄉文聲復健院；成立於1971年，收容小兒麻痺兒童為主的私立臺東基督教阿色弗兒童之家等，都是因應當時臺灣小兒麻痺大流行時期所創設的機構。

臺灣自1966年推行口服小兒麻痺疫苗之後，感染發生率大幅下降，1981年感染率已降至零件。但1982年間，又爆發一波小兒麻痺的流行，從當年5月到10月之間，總共有1,031個病例，罹病率為每10萬人口有5.8名。經全面口服小兒麻痺疫苗之後，疫情受到控制。之後，臺灣的小兒麻痺症發生率大幅降低，並於2000年完全根除。

1970年代，臺灣雖已不用指涉「無功能」、「無路用」的「廢」字，但仍保留具「不具」意涵的「殘」字；另引進「障礙」的概念。顯然，受到盲人與小兒麻痺的流行所影響，特別是小兒麻痺帶來的明顯行動不便的障礙。

伍、殘障福利法立法後從殘障改爲身心障礙（1980年以降）

一、殘障福利法（1980年）

延續1970年代已普遍使用的殘障概念，1980年立法通過施行的「殘障福利法」，仍沿用殘障概念。殘障福利法之所以會在1980年與社會救助法、老人福利法一起通過，無疑地是與當時的政治、社會外部環境關係較大，與殘障者的權益關係較小（林萬億，2012）。

1980年的殘障福利法中明示殘障福利由消極的養護，轉變爲積極的扶助；並期待殘障人口能自立更生。當時將殘障者明訂爲7類：視覺、聽覺或平衡機能、聲音機能或語言機能、肢體、智能、多重殘障，及其他經主管機關認定爲殘障者。據臺灣復健醫學會創會理事長連倚南教授口述，當時殘障者的分類是由其帶領的小組建議分類，採醫學專業概念命名。

從這7類來看，除了早已存在的視覺（盲人）、聽覺或平衡機能（聾）、聲音機能或語言機能（啞）、肢體殘障之外，1970年代，臺灣也已引進了智能不足的啓智教育與多重殘障者的收容照顧。例如：創立於1974年，由美國天主教馬利諾會提供基金創設，專收1～16歲中重度及重度智能不足兒童及少年、多重障礙兒童，施以啓智教育。創於1976年，院址設於苗栗頭屋的天主教私立主愛啓智中心，專收6～12歲智能較低兒童。創於1977年的財團法人基督教門諾會附設花蓮黎明啓智中心，收容智能不足兒童。創於1977年，服務對象爲1～15歲智能不足、語言障礙兒童的私立五甲聖心啓智中心。創於1960年，原爲孤兒院，1977年增設特殊兒童部，專收自閉症兒童，以及智能不足兒童的中華民國紅十字會高雄分會附設高雄市私立紅十字會育幼中心。創於1978年，由天主教聖功修女會贊助，專收3-14歲中度智能不足或腦損傷兒童，給予啓智訓練的高雄市私立樂仁啓智中心。創於1980年，專收4～20歲中度及重度智能不足及行爲異常，特殊學習缺陷、腦麻痺及多重殘障者，施以日常生活、基礎教育訓練的財團法人天主教澎湖教區設惠民啓智中心。此外，在無法窮盡分類下，加入其他經主管機

關認定爲殘障者總共7類。顯示，當時殘障者的分類其實是反映社會的現實，加以專業的包裝。

　　殘障並按程度畫分爲一、二、三級。殘障者由公立醫院與復健機構診斷後，發給證明，此爲鑑定程序。經鑑定後由政府發給殘障手冊，作爲福利身分的證明，並規定舉辦殘障者調查。其中也明訂鼓勵各級機關雇用殘障者達3%以上者，應予獎勵。各地應視需要設置各類殘障福利機構。政府得設立特殊學校、特殊班級，以容納不能就讀普通班、普通學校的殘障學童。從法條中可以發現，該法所規定的殘障福利事項，除了福利身分界定外，大多數已在1980年代以前就有了。質言之，當時殘障福利法的宣示意義大於實質。

　　殘障福利立法之後，發生於1987年，臺北捷運系統設計中並未有無障礙設計。中華民國傷殘重建協會、伊甸殘障福利事業基金會等前往捷運局溝通，得到的答覆是：「不希望殘障朋友搭乘捷運，唯恐發生意外時，會造成其他乘客逃生的障礙，……。」（謝東儒、張嘉玲、黃珉蓉，2005，300-309）面對如此荒謬的答覆，伊甸殘障福利事業基金會遂向當時的許水德市長陳情，是爲民間殘障福利團體針對殘障議題發聲的頭一遭。

　　接著，針對當時的大專聯考一半以上的科系設限殘障者不得報考，伊甸殘障福利事業基金會與導航基金會、陽光基金會聯名向教育部反映，得到的答覆也是：「體諒殘友念那麼多書，如果還找不到工作，更增加他們的挫折感，不如一開始就設限，也免占名額。」（謝東儒、張嘉玲、黃珉蓉，2005，300-309）。顯然，殘障福利法制訂前的隔離主義並未因殘障福利法的出現而銷聲匿跡。

　　接著，1987年，發行了37年的「愛國獎券」，正好趕上臺灣股票市場飆漲，房市熱絡，熱錢滾滾，因而衍生出大家樂、六合彩等賭博，全臺陷入賭博瘋狂，導致政府於1987年12月在民意壓力下斷然停售。當時靠賣「愛國獎券」爲生的兩萬多殘障朋友，頓時失去生計。因而在伊甸殘障福利事業基金會與當時臺北市政府社會局長白秀雄的協助下，組成友愛殘障福利協進會，要求政府保障殘障朋友的生存權。政府於是對賣愛國獎券的殘障者提出輔導就業與職訓計畫。但是，這些人學歷偏低，家計負擔壓力又大，實緩不濟急。臺北市政府就在1990

年9月發行「刮刮樂」愛心彩券，作為因應之道。不料，造成搶購風潮，各地方政府競相要求援例辦理，三個月後，當時的行政院長郝柏村下令臺北市停售愛心彩券，殘障朋友再度面臨失業。於是，四十餘個殘障團體，集結五百餘人走上街頭，以「119拉警報，快伸手救殘胞」為題，抗議政府一再失信於殘胞。此外，呼籲政府修正殘障福利法，落實定額雇用制，以確保殘障者就業（謝東儒、張嘉玲、黃珉蓉，2005，300-309）。劉俠女士於1989年結合73個殘障團體組成「促進殘障福利法修法行動委員會」，這也就是1990年成立的「中華民國殘障聯盟」的前身，也是臺灣第一個社會福利團體的大結盟。這正是殘障福利法第一次修正的背景。

　　殘障福利法第一次修正於1990年1月公布修正全文 31 條，將殘障類別擴大為11類，在陽光基金會、創世基金會、自閉症基金會等團體的倡議下，增加重要器官失去功能、顏面傷殘、植物人與老人癡呆患症者、自閉症者等4類。並規定新建公共設施、建築物、活動場所及交通工具等為設置便於殘障者行動及使用之設備、設施者，不得核發建築執照；舊有公共設備與設施不符規定者，各級政府應編列預算逐年改善。自本法公布施行5年後尚未改善者，應撤銷其使用執照。此外，新增條文納入規定公立機關（構）員工超過50人，就要進用2%的殘障者；私立機構超過100人，就要進用1%的殘障者。未達進用標準者，應繳差額補助費至各縣市政府殘障福利金專戶。這是我國殘障福利法首次納入強制無障礙環境、定額雇用制的規定。

　　第二次修法是在1995年6月公布，只修了第3條。這次修法只將殘障範圍擴大，加入慢性精神病患者，成為第12類，並沒有解決根本問題，也就是政府的主管機關權責不明，可謂執行的障礙。

二、身心障礙者保護法

　　由於前次修法已納入慢性精神病患者，使殘障概念已不僅指涉身體結構與功能缺損，還包括心理健康；而且過去強調身體結構與功能的「殘缺」概念，也被強調社會與環境的「障礙」所取代。第一次修法背景中的交通、就業、考試等

障礙，未能一舉修正，被再次提出。於是，1997年4月23日殘障福利法第三度修正公布，擴大為65條，並更名為「身心障礙者保護法」，將「聽覺或平衡機能障礙者」分為「聽覺障礙者」、「平衡機能障礙者」；「植物人與老人癡呆患症者」分為「植物人」與「癡呆症者」，總計14類。另專章規範醫療復健、教育、就業、福利服務、福利機構等，並明確劃分主管機關與目的事業主管機關的權責。1997年4月26日第4度修正公布，僅修正第65條。

2001年第5度修法，再增列「頑性（難治型）癲癇症者」、「經中央衛生主管機關認定，因罕見疾病而致身心功能障礙者」等2種，總計為16類。此外，將癡呆患症者正名為失智症者。之後到2007年止，雖又經歷2003年6月、2004年6月兩度修法，身心障礙者的定義與分類並未改變。

三、身心障礙者權益保障法

鑑於國內身心障礙分類系統存在有：1.分類系統欠缺一致性原則；2.分類系統既無法周延含括所有障礙類別，亦無法在不同類別之間達成互斥效果；3.分類系統無法與國際通用系統接軌、互通援引、匯整、統合、分析，及對照比較；4.難以作為臨床診斷與評估工具之用；5.難以作為統計、研究之用；6.難以作為教學訓練之用；7.難以作為國家社會政策制訂之工具等問題（洪瑞兒，2006）。

復隨著社會福利觀念的改變，例如，身心障礙者的分類要不斷擴大嗎？一種等級標準可以適用所有不同障別嗎？身心障礙者的身分與福利的取得，到底是一種身分取得所有福利，還是依需求提供福利？還有，身心障礙者只需要福利嗎？社會福利所無法涵蓋的人權議題，例如：居住權、社會參與權等，不須要被保障嗎？同時，世界衛生組織（World Health Organization, WHO）已頒布新的國際健康功能與身心障礙分類系統（International classification of functioning, disability and health, ICF）。王國羽（2003）、王國羽與呂朝賢（2004）已為文介紹，並建議我國應採借作為身心障礙者保護法修法的參考。

據此，內政部於2004年發動身心障礙者保護法第8次修法，並委請林萬億教授擔任召集人，邀集身心障礙者團體、專家、學者組成修法小組，由中華民國殘

障聯盟、中華民國智障者家長總會擔任幕僚支援。關於身心障礙的定義則接受王國羽教授的建議，改採世界衛生組織的ICF新制。修法期間，各障別團體、學者專家相互說服、讓步、妥協。尤其是對於複雜的ICF制度普遍感到陌生，必須不斷地進行自我學習；同時，對於部分既有福利給付可能因新法實施後會被取消，備感焦慮；也對於政府是否能依據需求評估結果進行福利資源的挹注不具信心。不論如何，與會者對於修法仍寄予高度的厚望。新修訂的法律名稱，改為「身心障礙者權益保障法」（草案），以求名實相符。這是國內首次將社會福利立法提升到權益保障的位階。彰顯社會福利「案主」不再汲汲營營於爭取福利，而進入在乎自己的人權與社會正義。

經歷了二十餘次的修法會議，以及各區公聽會，內政部終於在2006年夏完成修法草案送行政院審議。正好林萬億教授於2006年5月被蘇貞昌院長借調到行政院擔任政務委員，負責社會福利、衛生、教育、勞工、原住民、退伍軍人輔導、青年輔導等業務協調，身心障礙者權益保障法遂能快速順利通過行政院會審查，行政院召開7次審查會議，於2006年9月27日經院會通過，10月2日送請立法院審議。於審查期間獲得出身自中華民國殘障聯盟的王榮璋委員全力推動，於2007年6月5日完成立法，7月11日經總統公布修正名稱及全文109條；其中除第38條自公布後2年施行；第5-7、13-15、18、26、50、51、56、58、59、71條自公布後5年施行；其餘自公布日施行。是為我國殘障福利法的第8次修法，規模之大，前所未有。亦即，在2012年起，我國身心障礙者的定義、鑑定與需求評估作業參採聯合國世界衛生組織（WHO）頒布的國際健康功能與身心障礙分類系統（ICF）（愛惜福）的規定。

本次修正名稱係視身心障礙者為獨立自主的個體，與一般人一樣享有相同的權益。除修正各專章名稱，彰顯政府保障身心障礙者健康權、教育權、就業權、經濟安全、人身安全之決心外，對於個別身心障礙者的特殊需求，則給予支持服務。此外，為能符合國際潮流趨勢，本次修法更有數項重大變革，強調以就業、教育機會的提升，增進身心障礙者的生活品質，不再偏重金錢補助，以積極的福利取代消極的救濟等；另參採聯合國世界衛生組織頒布的國際健康功能與身

心障礙分類系統（ICF），定義身心障礙者為其身體系統構造或功能有損傷或不全，且因此影響其社會功能者，以正本清源，明確區辨服務對象，俾因應身心障礙者確切之需求，提供適切服務。

　　「身心障礙者權益保障法」的大修，代表我國身心障礙福利正邁入另一個劃時代的階段。無論從法令名稱的改變或實質條文內容的大幅修正，皆可看出我國對於身心障礙者的價值理念有了重大的轉變，除代表政府與民間組織對於身心障礙者權益的重視外，也代表了整體社會觀念的提升。從修法的方向來看，不難發現法定的各項服務已朝向滿足身心障礙者全人與生命歷程的需求來提供，同時更尊重身心障礙者基本的社會參與權。

第二節　身心障礙觀點的演進

從障礙觀點的演進，可以看出障礙者作為一個社會福利「案主」的改變。早期是以個人模式（individual model）來看待障礙者，1960年代出現去機構化運動（deinstitutionalization movement），主張障礙者可以獨立生活。1976年之後，社會模式（social model）逐漸成形（Oliver, 1996）。接著，世界衛生組織以生理心理社會模式（biopsychosocial model）界定障礙者，成為各國的依據。中間穿插著關係模式。最近則是權利觀點的推動。

壹、個人模式

19世紀末的工業社會以降，以醫療知識為基礎的障礙個人模式廣被接受，其將障礙者所遭遇的問題視為是個人因失能所產生的直接後果。個人模式認定障礙是個人身體的變態（abnormality）、失序（disorder）與缺損（deficiency），導致功能限制與障礙（Barnes and Mercer, 2010）。而判定的基礎是醫學診斷，故以醫療化（medicalization）的要素為主（Oliver, 1996）。據此，專業服務的主要功能就是將個人調整到最佳狀態，即與其障礙共存。調整又包括兩個層面：一是透過復健計畫讓個人的身體恢復到最佳狀態；二是心理上的調整，使其能接受身體上的限制（Oliver and Sapey, 1999/2004）。

個人模式一開始的假設就是當身心發生異常狀況時，心有所想，就會付諸行動。許多心理調適的機轉也隨之確定，或者採借死亡或瀕臨死亡的經驗。亦即障礙者遭逢障礙事件，首先是震驚，立即的反應是哭泣。接著是否定，拒絕接受不能完全復原的事實。第三個階段是生氣，會將怒氣發洩在周遭行動自如的人身上。第四階段是沮喪，這是對嚴重與永遠的傷害所表現出來比較實際且適切的反應（Weller and Miller, 1977，引自Oliver and Sapey, 1999/2004；Barnes and Mercer, 2010）。

到了20世紀中葉，各國社會立法仍然以這個觀點來提供障礙者福利。例如，英國1948年的國民救助法（the National Assistance Act）將障礙者（the disabled）界定為盲、聾、啞、肢體障礙。福利給付與社會服務就針對這些被界定為變態與身體部分喪失者，其判準則是這些器官失能的程度（Barnes and Mercer, 2010）。國家訂定一套鑑定障礙程度的指標，例如1960年代英國的國民保險給付依然規定喪失手指與膝蓋以下部位就算50%障礙。

醫療模式的關鍵要素是：1.從常態生理功能來定義疾病；2.基於病因論教條；3.使用一般化的疾病分類；4.醫學的科學中立。這很難被社會科學界廣泛接受，因為何謂常態標準，不符常態就是病態嗎？

雖然個人模式受到許多批評，但是這觀點仍受到部分專家的支持。首先因這套理論與心理想像吻合。論者想像人變成身心障礙者會如何，並假設那是一個悲劇，必須透過困難的心理機轉才能決定未來的命運。其次，個人化方便政治上的解釋。身心障礙者如果未能依照專業人員所定的復健目標內化，或是持續地打擾社會服務部門，就是他個人的調整有問題。至於復健目標是否正確，社會服務部門是否有問題，都不會有人在意，這意味著既存的社會體系沒得挑剔（Oliver and Sapey, 1999/2004）。

貳、獨立生活運動（Independent Living Movement, ILM）

越戰以後，大量傷兵返回美國，被鑑定為障礙者，公民權利與機會均等成為這些障礙者的主要訴求。這有別於政黨支持的歐洲與北歐國家的障礙者運動。

美國的獨立生活運動與1964年的公民權利法案同源，但是直到1973年的復健法案（the Rehabilitation Act）才受到重視。而真正獲得實現是到1990年的美國障礙者法案（the Americans with Disabilities Act, ADA）通過以後的事了。但

是，若沒有1999年最高法院對Olmstead vs. L. C.案的判例，美國以個人支持服務（Personal Assistant Services）輸送來取代機構安置，也不可能普遍被推廣（Kirst-Ashman, 2007；Llewellyn, Agu and Mercer, 2008）。

在英國，1974年障礙者發起生理損傷者對抗隔離聯盟（the Union of the Physically Impaired Against Segregation, UPIAS），反對住宿型機構照顧，主張障礙者的住宅與個人協助服務，以利參與社會。於是，獨立生活運動就成爲英國障礙者追求去機構化的替代方案（Morris, 1993）。獨立生活本身就代表著一種目的：這是人們行使人權與公民權的一種管道。障礙者和非障礙者共同享有一樣的人權與公民權益，但障礙者的不同點在於他們有額外的需求，例如，與其損傷與能力阻礙相關聯的社會照顧等。如果這些需求沒有被滿足，將會造成其人權與公民權被剝奪。換言之，若是援助資源只有在居住照護機構裡才能使用，那麼將會抑制了個人擁有家庭生活與隱私的權利。此外，被抑制的人權可以把「損傷」創造出更深一層的意義：例如，每天被社會排除的經驗，會造成心理健康的問題（Morris, 1993；Llewellyn, Agu and Mercer, 2008）。

獨立生活運動基本上是一種障礙典範（paradigm of disability）的轉換。強調自助、消費者主義、去醫療化、去機構化、主流化與常態化。這是吻合美國資本主義社會下的一種哲學與價值。在美國社會中，消費者主權（consumer sovereignty）、個人主義、自賴、經濟與政治自由是主流價值。在自由市場經濟下，障礙者也是可以追求作爲一個獨立的消費者，成爲經濟與政治的獨立人格。障礙者希望成爲美國經濟與政治體系下的一員。

獨立生活運動顛覆依賴醫療復健、專家判斷、科層決定的傳統。獨立生活運動受到美國的年輕、高教育水平、中產階級的白人支持。這些人很能接受去管制化的個人照顧助理市場（Barnes and Mercer, 2010）。

參、社會模式

1960年代末英國人口調查局（the Office of Population Censuses and Surveys, OPCS）開始使用三個區分的概念來鑑定障礙者：（Barnes and Mercer, 2010）

1. 損傷（impairment）：缺少四肢的一部分，或不完整的四肢、器官，或身體機制。
2. 障礙（disablement）：功能的喪失或減少。
3. 殘障（handicap）：因障礙引發活動上的不利與限制。

為了測量殘障程度就得靠一紙冗長的問卷，詢問個人的活動能力，例如，吃、喝、如廁、移動等。而這樣的概念隨著障礙範圍的擴大，包括解剖學的、生理學的、心理學的變態與喪失也被包含進來，例如，關節炎、癲癇、精神分裂症等。這三個區分的面向中的「殘障」概念，其實已粗具社會的意義。

這種觀點成為1980年世界衛生組織（WHO）的國際障礙分類系統（International Classification of Impairment, Disability and Handicap, ICIDH）的理論基礎。此外，美國1990年的美國障礙者法案（the Americans with Disabilities Act），也定義障礙者是因損傷導致主要生活活動受到完全或部分限制者（Barnes and Mercer, 2010）。

1970到1980年代，美國與歐洲的殘障運動挑戰個人化、醫療化的障礙觀點。例如，英國的障礙者解放網絡（the Liberation Network of Disabled People, LNDP）、生理損傷者對抗隔離聯盟（UPIAS）都是當時的主要團體。在UPIAS（1976）所出版的障礙基本原則（Fundamental Principles of Disability）指出醫療界定損傷雖可接受，但是障礙必需被重新界定為：起因於現代的社會組織未能或很少考量到生理損傷者，導致這些人被排除在參與社會活動主流外的不利或限制（Barnes and Mercer, 2010）。

如此看來，社會模式無他，不過是將造成損傷者（生理、心理、智能）的經濟、環境、文化障礙納入考量。亦即，社會模式認為障礙不只是身體損傷造成，而且是社會障礙造成的（Oliver, 1996）。社會模式無意否定某些疾病或失

序造成的損傷，引發障礙。但是更強調社會環境障礙造成的個人障礙。

顯然，社會模式受到反壓迫（anti-oppressive）觀點的啟發，認為社會大眾、專家、官僚都可能是造成障礙的來源。例如，歧視、資格限制、不作為等。因為從個人出發的個人策略理論（personal tragedy theory）只能將障礙問題個人化，無法處理政治、經濟、社會、文化、環境的結構問題。所以，必須從社會壓迫理論（social oppression theory）出發才能克服社會障礙（Oliver,1996）。

個人模式與社會模式最大的差別，舉例來說：

你是否因為聽力有問題而有了解他人的困擾？你是否因為有健康問題／障礙而無法工作？你是否因健康問題／障礙而使居住出現困擾？

你是否因為他人無法與你溝通而有了解他人的困擾？你是否因為物理環境或他人態度導致工作發生問題？你是否因住所的門戶設計不當導致你住的需求沒有被滿足？

前者是個人模式，後者是社會模式（Oliver, 1996）。很清楚地，社會模式將障礙者的障礙置焦於社會與環境阻礙（social and environmental barriers），而非功能限制，亦即強調社會脈絡（social context）的重要性。進一步，社會模式結合政治行動，促進公民權利、機會均等與社會包容（social inclusion）。凸顯障礙者集體的社會正義，而非個人的生存策略。（詳見表1-1-1）

至此，可以確定社會模式無意否定障礙者的生理、心理、智能損傷造成的功能限制，而是進一步理解障礙者面對的現實與經驗中的障礙與限制。社會模式不是要解釋何者是障礙？而是理解障礙的本質、造成障礙的原因，以及障礙者經驗到的現實是什麼？（Oliver, 1996）

無庸置疑，社會模式觀點是近年來研究與探究身心障礙的一個主要典範，對於因環境所引起的障礙重新加以定義和解說，並重新建構他們的公民權利，和建立責任，並且去克服自己的障礙。社會模式承認障礙者的權利與地位被社會所邊緣化；社會模式將傷殘做了重新的解釋，使他們的相互作用成為一種結果。但是，這並非意謂障礙者自行處理所有事務，而是指對障礙者的協助必須提供其選擇與渴望。同時，社會模式這種來自白人中產階級的觀點，也可能忽略種族、階

級、性別對身心障礙的差異性。因此，障礙者的差異仍必須被看見（Llewellyn, Agu and Mercer, 2008）。而且，社會模式也過度強調環境限制與障礙。事實上，生理缺損仍然是排除障礙者參與生活經驗的限制。亦即，眼前的第一步都跨不出去，何來遙遠的社會參與。何況，每個人經驗到的社會障礙不同，不能過度期待集體的社會環境改善（Barnes and Mercer, 2010）。

表1-1-1　身心障礙模式

個人模式	社會模式
個人悲劇論	社會壓迫理論
個人問題	社會問題
個人處置	社會行動
醫療化	自助
專業範疇	個人與集體責任
專家鑑定	經驗
適應	肯定
個人身分	偏見
態度	照顧
控制	政策
個人調適	集體身分
歧視	行為
權利	選擇
政治	社會變遷

資料來源：Oliver (2009) p.45.

肆、生理心理社會模式

　　基於個人模式被強力批判，以及社會模式的推廣，主流障礙研究者、決策者、障礙組織工作者遊說WHO修正1980年版的ICIDH，從1993年開始討論，修正ICIDH為第二版的ICIDH2，也就是2001年的「國際健康功能與身心障礙分類系統」（ICF）。同時，1993年，聯合國通過障礙者機會均等標準規則（Standard Rules on the Equalization of Opportunities for Persons with Disabilities）。

　　ICF基本上不同意ICIDH的疾病結果取向概念，亦即從損傷（impairments）到障礙（disabilities），再到殘障（handicaps）的因果模式。ICF同意環境影響與社會障礙的重要性。同時，社會模式也被質疑無法操作亦無法實證。因此，為了整合醫療模式與社會模式，就出現生理心理社會模式。ICF修正過去的疾病分類為健康要素（components of health），建立一套生理、個人、社會觀點的健康整合概念，企圖統整健康與健康相關狀態的標準用語。

　　與ICIDH相似的是，ICF定義人的功能為三個層次：身體（body）或身體部位層次、全人（whole person）層次、全人在社會脈絡下的層次。再被區分為四個面向：身體功能（body functions）（b碼）與結構（structures）（s碼）（生理與精神損傷）、活動（activities）與參與（participation）（d碼），以及脈絡因素：環境（environmental）（e碼）與個人的（personal）因素。據此來建立編碼系統，編碼允許正向／激發或負向／阻礙表述。每一碼再分為四層，例如，身體功能第一層是b+1位數，第二層是b+3位數，第三層是b+4位數，第四層是b+5位數。例如，b1是心智功能，b114是定向功能，b1142是人物定位，b11420是自我定位。但是，活動與參與（d碼）、環境（e碼）只有到第三層。

　　活動指任務的執行，是在標準環境下的臨床評估。參與則較有社會的概念，即在現實情境下的能量（capacity）與確實表現（actual performance）。實務上，ICF在個人與社會觀點間的差異會相對小於ICIDH。但是，還是會落入誰是操作者（players）的質疑，亦即評估專家、障礙者本人及其所處環境間會有不一致的解釋。至於能量與表現也會因個人在支持性工具或個人助理有無下，是否

有能力完成某種行動或任務完成的差異（WHO, 2001）。

　　脈絡因素指個人生存與生活的背景。環境因素包括個人生存與生活的物理、社會與態度的環境。個人則是在生命歷程中從家庭、職場、學校，到社會層次的正式與非正式結構、服務，如氣候、地理、交通系統、政策與意識形態。但是，這些指標的限制或激發仰賴個人的自我報告；且不同的理論與方法論關係到編碼的選擇，如支持與關係、影響行為與各層次的社會生活。

　　此外，ICF中的個人因素包括：性別、種族、年齡、其他健康狀況，身材、生活型態、習性、教養、因應方式、社會背景、教育、專業、過去與現在經驗（過去的生活事件與併發事件）、整體行為模式與性格型態、個人心理資產、其他特質，及其他可能扮演影響障礙的各方面因素。這些種種留下諸多空間給使用者增刪加減。可見ICF的確試圖將更多的因素納入，成為寬廣的身心社會模式。

　　然而，ICF 也有一些缺憾。首先，它仍然有些與ICIDH相似的損傷定義，如從統計的規範中找出顯著性變異，就會引來相似的批判，到底疾病或損傷的變異內容是什麼？基本上這是一個社會團體與社會長期經驗的社會過程。再者，個人能量與表現是在不相同的健康狀況下被評估。進一步，ICF的障礙定義包括各種身體（損傷）與社會參與的限制，範圍過於一般性。

　　雖然ICF已採納社會模式中的健康與疾病的個人－環境互動觀念，但是，針對活動、參與、環境與個人因素的互動關係討論相對不足。總之，ICF缺乏一種與社會行動緊密的理論來理解障礙者。重點似乎僅限於有效地定義與測量障礙者，並提供復健服務的成效，而忽略了寬廣的社會排除（Barnes and Mercer, 2010）。

伍、關係模式

　　北歐國家領先的關係取向（relational approach）認為，障礙政策必須針對障礙者生活的環境加以調整。關注的是障礙者所處情境，而非障礙者的個人本質

（Barnes and Mercer, 2010）。

首先，障礙是人與環境的不適配（person-environment mismatch/poor fit）。個人被界定為障礙者，乃是因其疾病或喪失引發其經驗日常生活的顯著阻礙與限制。其次，障礙是一種情境或脈絡的。第三，障礙是相對的，是在一個連續體上的概念，從關係的強到弱。人文生態的關係較弱，社會環境的關係較強（Barnes and Mercer, 2010）。

北歐的關係途徑首先批判個人模式與社會模式都具有本質論。個人模式強調生物醫學的決定論；社會模式強調社會組織的決定論。關係途徑是將環境帶回來；關係途徑認為ICIDH，甚至ICF是最現實主義（realist）的觀點。其次是相對互動主義（relative interactionist），包括批判現實主義、弱形式的建構主義。如人文生態學將社會現實區分為不同的層次，每一個層次有其不同的內部互動機制。第三是從現象學的系統理論來理解障礙者與其環境的互動，讓理解脫離天真的現實主義（naïve realism）。最具關係取向的是批判的詮釋途徑，強調從生活世界中人類意義的創造來理解障礙者（Barnes and Mercer, 2010）。

關係途徑分析個人、損傷，及其影響因素的互動，包括物理環境、鑲嵌的個人、心理、政治、法律、文化與社會因素。這不只是對社會模式，也對各種理論的挑戰。

陸、權利模式

Bigby and Frawley（2010）指出，晚近權利觀點（rights perspective）被英國社會工作界廣泛接納，作為服務適應社會有困難的人們，包容每一個差異的個體。權利觀點採納了社會模式的主張，更強調人人在道德上的價值均等，社會中所有人民不論其是否有身體功能與結構的損傷，都有權利納入社會，且獲得結果的均等。據此，制度與結構必須改變以利這些處在不利地位的人們納入社會。例如，智能障礙者有權要求社會補償其處在不利的地位，協助渠等參與生活與社區

的各個面向。亦即，權利觀點更重視結果的均等，而非機會均等。差異對待條件不同的人，而不是計較差異對待產生的不公平。

參考書目

一、中文部分

王國羽（2003）身心障礙研究概念的演進：論障礙風險的普同性。發表於2003年臺灣社會學年會。臺北，國立政治大學社會學系。

王國羽、呂朝賢（2004）世界衛生組織身心障礙人口定義概念之演進：兼論我國身心障礙人口定義系統問題與未來修正方向。社會政策與社會工作學刊，8(2)，頁193～235。

林萬億（2010a）社會福利。臺北：五南出版。

林萬億（2010b）規劃我國在國際健康功能與身心障礙分類系統（ICF）下身心障礙者相關福利服務輸送規劃及整合委託研究案。內政部委託研究。

林萬億、吳慧菁、林珍珍（2011）國際健康功能與身心障礙分類系統（ICF）與我國身心障礙者權益保障。社區發展季刊，136期，頁278～295。

林萬億（2012）臺灣的社會福利：歷史與制度的分析。臺北：五南出版。

洪瑞兒（2006）。身心功能障礙者福利與服務評估機制、流程與服務需求評估指標之研究。內政部委託研究。

邱大昕（2011）誰是身心障礙者——從身心障礙鑑定的演變看「國際健康功能與身心障礙分類系統」（ICF）的實施。社會政策與社會工作學刊，15：2，頁187～213。

夏文學（1994）白髯牧師臺灣情——甘為霖牧師的宣教之旅，新使者雜誌，第23期，8月號。

臺灣省文獻委員會（1972）臺灣省通志。

謝東儒、張嘉玲、黃珉蓉（2005）殘障聯盟發展史，社區發展季刊，109期，頁300～309。

二、英文部分

Barnes, C. and Mercer, G. (2010). *Exploring Disability*, 2nd ed. Cambridge: Polity.

Bigby, C. and Frawley, P. (2010). *Social Work Practice and Intellectual Disability*. Basingstoke: Macmillan.

Llewellyn, A., Agu, L. and Mercer, D. (2008). Sociology for Social Workers, Cambridge: Polity Press.

Oliver, M. & Sapey, B. (2004).失能、障礙、殘障：身心障礙者社會工作的省思（葉琇姍、陳汝君譯）。臺北：心理出版社（原著第二版出版於1999年）

Oliver, M. (1996). *Understanding Disablilites: from theory to practice*. Basingstoke: Macmillan.

Oliver, M. (2009). *Understanding Disablilites: from theory to practice*. 2nd ed. Basingstoke: Macmillan.

Stone, E. (1985). *The Disabled State*, London: Mcmillan.

World Health Organization (2001). *International classification of functioning, disability and health: ICF* (No. 11502088). NLM classification: W15.

第二章　身心障礙者福利與權益的演進

/ 葉琇姍

　　福利服務發展的歷史中，基於悲天憫人的人道關懷，使弱勢者經常成為被關注的對象，身心障礙者的特殊性，使他們總能在記載弱勢者生活的文獻中出現，也使我們能一窺歷史中的身心障礙者。Drake（1999）曾從英國身心障礙政策的發展中，整理出各歷史階段之特色，第一階段是以隔離身心障礙者為目的；第二階段是對戰爭或工作受傷者，提供補償，彌補所得損失；第三階段崇尚「正常化」概念，透過福利服務使身心障礙者能正常化，進而融入社會；第四階段則重視保障身心障礙者的公民權，重建社會環境。Heyer（2005）也有類似的分類，他檢視各階段身心障礙政策發展，也指出傳統政策核心概念，分別是機構化收容隔離、補償及復健。Switzer & Vaughn （2003：30）引述Jane & Lucient Hanks（1948）對非西方社會中，依身心障礙者參與社會的程度，更詳盡的提出五種參與類型歷史階段，分別是：

　　一、輕視排斥（Pariahs）階段：身心障礙者完全被國家救助系統拒於門外，社會並認為身心障礙者對其他人是有威脅的。

　　二、經濟負債（Economic liability）階段：身心障礙者會耗費社會的資源，影響他人的需求，所以是不受歡迎的人物。

　　三、容忍使用（Tolerant utilization）階段：身心障礙者在非身心障礙者同意或容忍下，可以有限度的參與。

　　四、有限參與（Limited participation）階段：如果身心障礙者可以符合主流社會規範及標準，則可以和非身心障礙者混合著參與社會。

　　五、放任（Laissez-faire）階段：整個社會是充分支持身心障礙者，不論他有沒有工作。

　　這三種不同觀察，都呈現主流社會或非身心障礙者對身心障礙者的接納度或開放度，Switzer & Vaughn（2003）認為整個歷史的縮影，就是「隔離」，Robert Funk則認為歷史反應對身心障礙者漸漸人性化的對待方式（Funk, 1987，引自Switzer & Vaughn, 2003：31）。足見每一個階段，都隱含了許多複雜元素，例如，在隔離的階段，有認為身心障礙者是沒有工作能力的人，故救濟是隔離的主要目的，可提高行政效能，也有認為他們是可經由訓練而返回社區工作的

人，隔離是爲了實施教育。Borsay（2005）以社會排除的觀點檢驗英國的身心障礙政策，也發現整個身心障礙福利發展的歷史中最核心的概念就是「隔離」。不能工作要隔離、接受教育訓練也要隔離、收容照顧也是隔離。在隔離中，沒有人權可言，也沒有社會參與及更多其他的可能性。

　　其次，在補償階段，最初只是爲了維持所得功能，但是由於醫療專業的發展，在軍方體系中，於補償之外，醫療專業突然對身心障礙士兵的「處遇」，展開了霸權爭奪戰，職能復健在此爭奪中脫穎而出，對於身心障礙者就業的可能性，提供了初步的助力，身心障礙者看到一個可能被視爲社會一員的機會，但這樣的機會，並不是每種障別都能享受，它還是立基於對社會的貢獻度，因此最早在軍隊實施。在1960年代以前，受傷的士兵有補償、有復健，但智能障礙、精神障礙者仍遭受來自醫療觀點的傷害與標籤，並且以機構化管理續行社會隔離。到了公民權運動階段，視就業排除爲社會壓迫的來源，以平等就業爲實現人權的目標，身心障礙者對於如何界定自己的公民位置，初次有了主張與行動。在這些歷史階段中，我們也可以看到，「工作」始終是個若隱若現的判準，不能工作要被隔離；透過職能復健，目標放在重返就業；最後的公民權利實現也寄望於就業。所以，其實藉由勞動人角色，促成身心障礙者參與社會，或藉此肯定他們的價值，一直潛藏在歷史脈絡中。

　　Stone（1984）指出國家分配資源的系統有兩套邏輯，一是基於工作，一是基於需求，而二者最大的衝突在於，如何對無法自力維生的人提供服務，而能無損於立基於工作的分配邏輯。人們工作不僅是自給自足，還要能有剩餘，不僅可供交易，還能養活無法自給自足的人。工業革命後，勞動力已成商品，一份勞動力就要換回一份薪水，那麼要如何說服人們，有些生產活動不是爲滿足自己的交易或報酬需求，也不能用盡力氣把生產貨品消耗殆盡，而能爲社會剩餘或捐助支持其他無法工作的人，簡單的說，就是福利的提供，不能影響人們的工作意願，使其疏於工作或不願意工作，但又要能激勵人們不停的工作累積剩餘。因此，工作能力不僅是國家提供服務的一種判斷原則，更是分配資源的基礎，如何治理社會成員的工作，更影響社會成員的凝聚力。此時，勞動人對於社會秩序的

維護價值更益形重要。

　　身心障礙者的福利政策或服務之發展，從照顧、復健、服務到就業的歷程，也都曾與工作產生關連，工作與需求的對照性一直常伴左右，究竟應將身心障礙者視為一個無工作能力、需要照顧扶助的對象，還是視其為應具備工作權利的勞動力，且時時刻刻透過各種方案介入提升其勞動市場的價值；要隔離他們，以維持整體社會的生產秩序，還是規訓他們參與勞動，用以教示不工作者，進而維持工作倫理。這兩者的拉扯或互補，在歷史上也經歷各種變化，並影響到身心障礙者當前的就業處境。以下就分別從福利服務、職能復健與就業促進等三部分檢視相關歷史發展。

第一節　身心障礙者的歷史處境（一）──社會福利發展

壹、歐洲新濟貧法以前的身心障礙者

　　從西元6世紀到工業革命之前的時間，就業或人權都沒有完整的概念。早在西元6世紀以前的古希臘、羅馬時期，身心障礙的概念就充滿各種神話與宗教想像，包括妖魔附身、或者上天恩賜，又或者是罪惡輪迴或者代人受難等等，因此有傳說包括將其燒死、殺死出生的殘缺嬰兒，或者放逐山野任其自生自滅、又或說是藉由放逐以顯示其有神的旨意、能逃脫凶禽猛獸，其中又以肢體殘障異常，因為顯而易見，最容易遭到這些待遇。綜合來說，對身心障礙者的反應，是人們對異常之事的各種想像，充滿懼怕、敬畏、崇拜等心情的投射，但亦存有悲憫之心；對於這樣的人，如果不能工作，會給予公共救助，包括食物或金錢，如果係因戰爭導致傷殘，則透過軍隊的醫療資源予以協助。在此一時期，人的壽命較短，大約存活33-47年，死亡率也高；亦有許多身心障礙者出生不久即夭折，或者身心障礙的問題未延續太長時間。因此身心障礙既不是一個具體成形的概念，也沒有什麼標準可以判斷其未來的潛在貢獻程度，而工作一事，更是鬆散的概念，圍繞在家庭的自給自足活動，並非有意義與計畫性的經濟行動，自然也沒有嚴格的價值判斷。

　　在游牧時期或封建制度時期，身心障礙者都曾參與生產，但他們經常與貧窮問題糾纏在一起，也是國家濟貧與社會救助措施中必然會涵蓋的對象。到了中世紀，將身心障礙者視為妖魔的情形仍存在，如將瘋癲之人視為精神狀態有問題，或視其為巫婆，而有「驅魔」、「殺巫」等方式，意圖解決身心障礙的癥狀，這種方式到1736年時的英國社會仍然存在，因此一般人對身心障礙的想像仍不脫神鬼之說。但同一時期，身心障礙與貧窮也一直是並行的現象，大約13世紀時，英、法等國家人民生活貧苦，據歷史學家考證，當時許多人的收入不足以維生，有些地方的家庭甚至有三分之一是窮人，根本付不起稅。此時家中如有

無法工作的身障者，自然就更容易成為家庭負擔，因而行乞亦成為身心障礙者謀生的方式，但行乞亦非全然負面的事，因為它提供了富有的人施捨行善的機會，而行乞並非因為身體的異常，多半是因為貧窮。對於這些身心障礙者，已有來自家庭、鄰里及社區的支持或救濟，因此，一般人對身心障礙者的態度也不全然是負面的。

同時，自13世紀到17世紀之間，有一些身心障礙者服務的樣態出現，如機構的收容救助，英國在11世紀就有照顧肢障者的機構，12世紀歐洲更因麻瘋病的流行，出現了隔離機構，並傳播到美洲，機構化照顧的雛型就此展開；此外，但身心障礙者也一直受到家庭的保護，脫離家庭與社區並非常態（Braddock & Parish, 2001）。

早在1388年的濟貧立法中，英國地方政府就已區辨「值得」（deserving）與「不值得」（undeserving）救助的貧民，由於身心障礙者被視為值得救助的窮人，因此他們並不需要與社區隔離或規訓成為可工作的人，如果無法工作，就可以採取院外救濟、到家救濟的方式而施以社會救助，如果家庭願意承擔起照顧責任，也就理所當然能得到家庭救濟。但隨之而來的農作物欠收、瘟疫[1]，與陸續湧進的移民，使英國的窮人逐漸增加，因擔心乞丐遍布街頭，促成1601年頒布著名的濟貧法，中央政府得以更有系統的介入社會救助。不過隨著工業革命，舊有的濟貧法以教區負擔救濟責任的設計，已不合時宜，許多農村人口移往城市找工作，故於1834年修訂濟貧法，重新界定濟貧原則，其中最重要的就是再次重申14世紀對貧民的分類，而以合格（eligibility）與不合格（less eligibility）兩類區分之，如果要成為合格接受救濟的對象，就一定要離開家庭進入習藝所（workhouse），並以極惡劣的居住條件，等於宣示如果人們不願工作，就必須接受更劣等的安排才能獲得政府救助。而老弱婦孺殘、無工作能力者，就送進救濟院（alms）。

---

[1]　根據歷史記載，英國曾在1348年前後遭黑死病侵襲；1665年前後發生大瘟疫。

不過，隨著醫療衛生條件逐漸進步，後天致障者不易因殘而致命，人類的壽命延長，老人也增加，由可工作者轉換爲不可工作者的身分自然發生，他們與原本因殘或其他原因而不工作者的性質不同，有識之士認爲，這些人是值得救濟的窮人（deserving poor），因爲他們原本盡力自給自足，實因其他原因造成身分轉變，這種新興人口促使院外救濟仍成爲可行的模式，相對的院內救濟也一直未貫徹落實。因此，在濟貧法早期的發展脈絡下，雖然已經出現機構化的照顧，但身心障礙者並未大量從家庭移向機構，也被容許視爲合理的可被救濟的對象，工作並非當時人們主要的生活型態，亦不成爲主張權利的一種身分。

貳、工業革命與新濟貧法下的身心障礙者

17世紀起，人類在知識上的發展產生大躍進，進而發展出18世紀的啓蒙時代，更具體展現出知識的進展。首先神鬼之說慢慢地被科學知識所取代，其次啓蒙時期所發展出的官能論者（Sensationalist）強調以眼見爲憑，並相信藉由操控環境與社會條件，可以改善社會問題，這也形成對社會問題介入的基礎，1800年代針對貧窮問題所進行的幾項重要社會調查，也是在這種知識基礎下形成。其次，政治上，英國從16世紀開始拓展海上霸權；爲召募海員，在18世紀，出現給予殘障海員年金的法令，以吸引年輕人從軍。更重要的是，歐洲幾個世紀以來建立的封建制度在此一時期慢慢瓦解，18年紀發生了工業革命，生產模式改變，分工更趨精細及成熟。啓蒙思潮加上工業革命，這兩股勢力提供了將身心障礙者隔離的實務基礎，機構化收容逐漸發展起來，行照顧、治療或監管之實。

對於機構化的發展，有諸多解釋，包括認爲是受到工業革命及貧窮問題趨於普遍及嚴重，造成機構化收容身心障礙者的發展，但亦有論者指出，機構化在尚未都市化及工業革命之前就出現，所以與工業革命無關。其他學者則指出機構化是因應從農業過渡到工業社會的問題，工業化改變的生產模式，使身心障礙者無法適應，如生產速度、操作機具、時間管理等，都對身心障礙者不利，因而將無

法適應或不易找到工作的身心障礙者安置於機構，Oliver & Barnes（1998:30）認為主要是工業革命使大多數人成為受薪階級，在經濟不景氣的期間，家庭供養不起不工作的身心障礙者；再者，舊的濟貧法因限制教區負起救濟責任，但由於封建制度逐漸瓦解，勞工開始往都市尋找工作機會，濟貧制度限制了勞動力流動。在工業革命後的混亂進展中，將窮人隔離住進機構成為最簡便可行的救濟方法，避免貧民流竄，使教區失職，又省時省力，也能防止能工作的人裝病接受救濟，並能藉由院內救濟，培養他們良好的工作習慣。因此在1696年至1712年之間，英國的習藝所如雨後春筍般快速成長，全英各地出現約700個習藝所。這也符合英國希望提高國家生產成果的企圖，試圖用減少濟貧，來迫使人們進入勞動市場，福利與就業的選擇在此時就已出現。

不過習藝所的任務並未完全達成，由於經營管理成本過高，藉由刻苦的習藝環境，讓窮人換取救濟，也被批為不仁道，因此，1782年英國通過季爾伯特法案（Gilbert's Act），宣稱是為改善收容環境與待遇，習藝所轉型為收容老病體弱或無法靠自身勞力維生者，也包含身心障礙者，為此他們失去了自由，各習藝所居住條件差異很大，龍蛇雜處，只有少數是身強體壯的人，且部分習藝所仍要求身障者或老人須從事辛苦的勞動。到1834年為止，習藝所已增加到了4,800個，反而身強體壯的窮人可以返家，採院外救濟方式為之。雖然修法的動機是為更人道的對待窮人，但結果卻是將身心障礙者隔離於社會之外，受到機構化影響更深，不論是因為貧窮、還是因為憐憫，身心障礙者都被合理地視為可被機構收容乃至隔離的對象。

即便轉型後，習藝所仍未如預期發揮果，部分地區因管理及成本的理由，廢止了強制收容的作法，院外救濟也大行其道，部分人更反對再興建習藝所，主責的教區無力可管，由政府興建機構收容老病殘的政策，在地方福利事務的考量下畫下句點。機構化的影響深遠，長期的入住機構，使身心障礙者幾乎完全依賴機構照顧，並經驗著社會控制和孤立隔離，強化了社會的「烙印」（stigma）觀念（黃協源，2004）。19世紀期間，濟貧救助的人口逐漸減少，但身心障礙者漸漸成為貧民中的大宗，大部分的身心障礙者接受著院外救濟。到20世紀初，維

多利亞時代結束前，英國身心障礙者的處境大致分為以下幾種（Drake, 1999：47）：

第一種，如四處流浪無以為生者，受到當時流浪法（vagrancy law）的限制，最後都成為階下囚。

第二種，受到濟貧法影響，被強迫進入習藝所。

第三種，也是最幸運的人，接受慈善家開設的機構收容照顧。

第四種，則是智能障礙者，在1886年智障法（Idiots Act）之下，他們被視為犯罪性的瘋子，各種管理精神異常的法律（Lunacy Act）都能對他們約束管理，從1837年到1901年間，這類措施不下二十餘種，因精神失常而對他人有威脅，或只是影響生活自理能力者，都有可能被送進療養院。

機構收容與隔離孤立，是身心障礙者在20世紀前的命運，隔離的政策延續到1930年代仍未停歇，不論是收容窮人、精神病人，乃至特殊教育，在機構中，沒有選擇、沒有自由、也不可能參與決定。福利的提供，以收容並強迫勞動的方式進行著，藉此教示世人。

參、福利國家發展過程中的身心障礙者

一、慈善救助期

除了收容與機構化發展外，身心障礙者的貧窮問題也一直受到關注，早期在新舊濟貧法時期，就已提供社會救助予身心障礙者；到19世紀，則有互助組織或慈善組織的發展。最早的救助互助組織為19世紀英國的友善會社（Friendly societies），它們接受捐款，資助窮人及身心障礙者，有些會社有專門扶助對象，如對工傷勞工或婦女。1872年時，這類組織的捐款高達400萬元，足見盛行一時，不過其捐助的對象也有所限制，尤其對年老或重度障礙者，因為擔心會大量使用累積的捐款，所以被拒於門外，這類組織到20世紀就慢慢減少，被法令與商業年金所取代。

　　另一類救助則來慈善組織，1780年代崇尚個人主義的教義支持者也成立會社救助窮人，他們的信念是自助而人助，因此對於求助者施以嚴格的調查，審視求助者有無良好行為，1869年成立的慈善組織會社更將這種調查發揚光大，形成科學的個案調查，其後另一支慈善組織協助會（Guilds of Help）成立，崇尚社會主義，認為貧窮問題有部分是社會結構造成。這類組織一直持續發展到20世紀初，甚至在1895年時，英國聽障與智障協會（British Deaf and Dumb Association）成立，發放微薄的年金；另有地區成立盲人的組織亦提供互助性的補助（Oliver & Barnes,1998）。

　　在19世紀，上述慈善、互助或自發性的救助與來自濟貧法的救助共存，並且遵行自助人助的原則，進入20世紀，英國已經開始有準備邁向福利國家的作為，第一個由政府主導具制度性的所得安全保障，是1908年的老年年金法案（The Old Age Pension Act），這項年金毋需公民繳費，並不是採社會保險制度，接下來在1911年將原由友善會社及工業保險公司等實施的保險或救濟結合，頒布國民保險法（National Insurance Act），此才為英國的第一個社會保險立法，並實施身障津貼（disablement benefits）（Drake, 1999：49）。

　　兩次世界大戰刺激英國的福利發展，一次世界大戰造成的傷亡，使英國在1914年實施了戰爭年金（War Pension），不但照顧傷殘士兵及家屬，還幫助他們找工作，第二次世界大戰後也同樣激發一系列救助傷殘士兵的立法，如1940年的戰爭慈善法（War Charities Act）、需求決定法（Determination of Need Act）。這一系列立法之核心概念，開始以補償的精神，對因戰爭而傷殘的士兵，希望略為彌補因傷殘損失的工作能力或謀生能力。當然此期間，也出現部分協助傷殘士兵就業的立法，將於後面章節說明。

二、福利國家形成期與社區照顧

　　社會保險逐漸成為福利國家的重要制度，在1940年代英國採行了貝弗里奇報告書並加以立法實現後，邁向福利國家。不過，英國開創的福利國家，是一

個「男性、白人、有能力的人之賺食者」模式，而身心障礙者因就業不易，被以工作為基礎設計的社會保險立法排拒在外，英國遂於1946年訂定社會救助法（National Assistance Act），讓無工作的國民也能得到所得安全的保障，也開啓了身心障礙者做為一種救助身分的現代化制度，原本承襲自濟貧法以來的隔離式救助，從此慢慢納入社會安全網的照顧範圍。

英國在進入福利國家後，受到戰後國家團結的氣氛所致，不論是社會保險、醫療服務或福利服務都漸漸發展出來或更加穩固，也沒有太多反對的力量。在身心障礙福利上，運用財務上的協助，給予津貼或救助，以解決其所得不足、無以維生的問題，到1970年代為止有各種津貼，如身障津貼（invalid benefit）、疾病津貼（sickness benefit）、照顧津貼（attendance allowance）與工傷津貼（industrial injury benefit）等，其後亦經過數次修正。在服務部分，則有賴1950年代後期，社會工作專業興起，慢慢展開直接服務。

機構收容的發展在1960與1970年代達到最高峰，許多不人道或弊端出現，受到社會學家的評論（王育瑜，2012），但同一時間，社區照顧的概念也漸漸發展出來，直到1968的Seebohm報告，對於社會福利輸送體系分工、社區角色及社會工作者的角色，給予新的方向，以社區照顧取代機構化照顧的發展，亦給予社會工作者實務的場域，因而逐漸重視到如何透過社區服務的整合（integration），提供返回社區的身心障礙者所需的服務。社區照顧的目的有三個（黃協源，2000）：

1. 讓人們在自己的家、地方社區或類似家的環境中，儘可能地過著正常的生活。

2. 提供適當的照顧和支持，以協助人們得到高度的獨立自主性，並藉由獲得或再獲得基本的生活技能，以協助他們發揮最大的潛能。

3. 給予人民對自己的生活方式及所需之服務，有較大的決定權。

換言之，從機構化轉向社區照顧的重要意義，在於讓身心障礙者從被機構管理、監看、全控機構的處境中，回到社區，儘可能地如正常人一般生活，逐步打破原本隔離於社會的照顧模式，並期待成為社區的一份子。這個概念上的

轉化，間接促成1970年的慢性病與障礙者法（Chronically Sick and Disabled Persons Act）、1980年的教育法（Education Act）、1986年的身心障礙者（服務、諮詢與代表）法〔Disabled Persons（Services, Consultation and Representation）Act〕。專業人員在這些服務發展中也逐漸扮演重要的地位。

　　許多專業者抱持去機構化的理想，是讓身心障礙者融入一般社區生活，因而能夠自主的決定生活方式，扮演更多元的角色，而不只是機構中的病人或被照顧者，因此社區融合的程度，往往被用來檢測身心障礙者參與社會的效果。不過，在理論與概念層次，社區融合卻有南轅北轍的解讀。

　　社區照顧最初始的整合（integration）概念指的是服務如何更加整合，而能支持身心障礙者在社區生活。但也有許多研究，著眼於身心障礙者在社區生活的品質，是否能融入成為社區的一份子。北歐國家在1960年代就提出正常化（normalization）概念的立法，著重社會應改變對心智障礙者的想法，進而建立可以共容共存的社會。但美國學者Wolfensberger & Tullman（1982）將去機構化返回社區的一切支持服務，以「正常化」概念解釋，他們界定正常化是指運用文化上可接受的方式，促使或建立每個人能行使社會所認為重要的角色，如果某種社會角色被社會認可為重要的，自然就會賦予它很多重要價值與資源，一個被社會所貶抑的人，如果能扮演這些角色，就能翻轉社會對他的負面價值，當然Wolfensberger & Tullman（1982）同意對人的負面印象是社會建構成的，如幻聽的精神障礙者，在某些原住民部落會被視為是通靈的使者，反而備受尊重。

　　一個人一旦受到社會的貶抑，可能會引發他人不友善的對待，其具體的對待方式，則反應出社會對受貶抑對象的概念，如認為危險，就將其隔離，而這些對待方式，更會持續影響當事人未來生活。而解決之道有二，第一是降低人們與大多數人差異的程度，免除被標籤化，第二是去改變他們所具有被貶抑的特質，使這些特質不再影響他們被看待的方式，當然也可以去改變人們對差異的看法或態度，或改變差異者的能力，使他們具有社會所重視的能力。想要成為社區的一份子，如能在正常化的原則指引下，就能有效解決身心障礙者面對的社會排斥現象。不過為了達到正常化的目的，就要在身心障礙者身上下更多功夫，包括執行

各種處遇方案，讓他們習得「正常社會」的規範，這等於又回到了隔離式的設計（Bond, Salyers, Rollins, Rapp, & Zipple, 2004）。

另一種對去機構化的期待，則是以爲把身心障礙者移回社區，在地理空間上就融合了，但社區中的身心障礙者仍集中在他們經常使用資源的區域，如社區家園、復健中心等，和一般人的生活之間仍有難以跨越的界線；有些人則認爲只要身心障礙者能經常在鄰里走動被遇見，自然而然可以增進一般人對他們的接觸了解。不過Cummins & Lau（2003）對於社區融合的期待提出批判，他們認爲上述想像太簡單，多半是專業人員一廂情願，甚至有些家庭因爲要照顧家中的身心障礙者，更是寸步不離，很少參加社區活動，在就業方面的研究，也以爲只要出去工作，自然有融合。這些研究結果都過度強調了社區融合的效果，許多客觀指標，充其量只是描述了身心障礙者在社區的曝光效果，社區融合的概念其實更爲複雜，並具備多重特性，應多從身心障礙及其家庭主觀感受探知。

Bond等人（2004）則從復原的角度討論社區融合，將社區融合視爲復原的一個過程、本身就有復原的效果，認爲融入社區生活還是重要的過程。1960年代的去機構化運動固然開啓了返回社區之路，但是資源不足、服務未經整合，社區支持服務最終只成了替代社區整合的方案，而不是促進社區整合，例如職前訓練方案，最後成了準安置就業的方案，障礙者永遠也脫離不了這些方案；社區娛樂活動也只是由原來的機構，換成由社區復健中心執行而已。換言之，只是把身心障礙者搬回社區，其他均無改變，他們仍沒有感受到自己歸屬於社區的一份子。社區融合的實施結果，也經常是身心障礙者孤獨的生活在社區中，沒有朋友，也沒有社會接觸。

儘管社區融合的概念仍模糊不清，研究者各有見解，但身心障礙者回到社區後的經驗是「感受到被標籤化、隔離化、支離破碎未整合的服務，及服務可及性不高」等，卻是不爭的事實，因而社區融合的目標並未達成。要打破身心障礙者與非身心障礙者社會生活之間的隔閡並非易事。

三、獨立生活運動到反歧視立法

從社區照顧開始，延伸出的1970年代以來的立法與服務發展，並未眞正提升身心障礙者的生活品質（Oliver & Barnes, 1998：40）。身心障礙者認爲他們的命運仍是由專業人員所決定，因此從1970年代開始，展開了身心障礙者獨立生活運動，一方面身心障礙者從機構化服務中解脫，開始返回社區與家庭，另一方面，藉由回到家庭生活，他們需要主動取得想要的服務，以支持獨立生活。英國的獨立生活運動中，身心障礙團體訴求的是能將身心障礙者的服務融入主流服務中，更有系統的組織起來，而不是片斷區隔的，亦不要採取隔離式的服務，身心障礙者透過相互依賴的關係，而非完全獨立於社會系統之外，才能眞正融入社會，因此他們經常使用整合（integrated）或包容（inclusive），而非獨立（independent）的概念。另一支運動力量，來自身心障礙者組成的團體——肢體傷殘反隔離聯盟（the Union of the Physically Impaired Against Segregation），他們則從社會壓迫的觀點，認爲是社會排除，使身心障礙者無法融入社會，要革除社會的隔離與排斥，就要去除在職場及社會全面的障礙，進而由學者Mike Oliver等人提出身心障礙者的社會模式（social model of disability）。自此，身心障礙者的權利訴求出現，在社會模式觀點之下，展開以「打破職場障礙、融入就業」的議題設定。以往所稱的隔離，指排除（exclusion）身心障礙者參與公民、社會與政治權，但現在主張公民權（citizenship）代表身心障礙者要追求一種積極經濟主體的角色，並認爲有酬就業就是最佳的方式，要融入社會，最終就要靠就業（Barnes & Mercer, 2005；Levitas, 2005：7）。這個論述開啓了以就業爲權利基礎的政策發展。身心障礙者是否要以就業做爲最佳的福利來源，到此時算是眞正開始有論述與對話。

1980年代開始，英國在政治上走向保守與市場化之趨勢，一方面開始對各項福利津貼有緊縮的情形，另一方面在市場化驅力之下，慢慢地開始對福利案主採取不同的服務模式，社區照顧也在福利多元主義與民營化趨勢下改變，一種強調工作及自助人助的精神再度引導福利政策的走向。如1983年健康與社會服務與社會安全判決法（Health and Social Services and Social Security Adjudications Act），要求地方政府分擔服務經費，1990年的全民健康服務與社區照顧法（National Health Service and Community Care Act）為私部門及志願組織打開競標服務的大門，1996年的社區照顧（直接支付）法〔Community Care （Direct Payments） Act〕，則將自1980年代後半逐漸形成以使用者為導向的資源使用方法正式納入立法，這項主權歸於身心障礙者的發展，不僅符合社會工作強調使用者為導向的理論基礎，同時在政府服務市場化發展趨勢下，由個人自行購買服務，轉為獲得政治上的支持，甚至估計可以減省不必要的服務費用，只是日後實施的結果仍出現一些問題，如使用者仍局限在某些障別，這代表使用者自行決定購買資源，仍需要其他支持協助才得以實現，此外，有些服務資源不存在，根本購買不到（Fernandez, Kendall, Davey, & Knapp, 2007）。英國自1995年起也陸續改革原有的身心障礙者福利津貼，包括將疾病給付（sick benefits）與傷殘給付（invalidity benefits）修改為失能給付（incapacity benefits），日後又陸續訂定「極重度失能津貼（Exceptionally Severe Disablement Allowance）」、行動與照顧津貼（Mobility and Attendance Allowance）（後調整為Disability living Allowance）等津貼，提供身心障礙者各種給付，以應其特殊需求。

　　不過這一連串於1990年代的發展中，英國這福利國家先驅也正經歷一場微改革，在新自由主義的引領之下，福利國家的服務不僅有市場化發展之趨勢，一種強調藉由工作才能取得福利的政策構想也開始構築，至1997年新工黨重回執政，這套從福利到工作的政策終於開始大鳴大放，進入身心障礙福利的新紀元。1995年另一個重要的發展是英國訂定了身心障礙者歧視防制法（Disability Discrimination Act）。在這項立法中指出，身心障礙者在就業、取得財貨或服務、購買或租用土地與財產時，不得受到差別待遇與歧視，尤其在職場平等、去除障礙的要求，更為明確與強烈。美國則在1990年訂定身心障礙者法（the Americans with Disabilities Act）。兩國在身心障礙者權利維護上，正式跳脫以往保護、隔離與補償的概念，進而以平等權利、禁止歧視為基礎，發展一下階段的政策，不約而同的是，都朝向以就業融合為目標的發展。然而立法是否真的帶動全面的權利提升，成為2000年以後批判身心障礙者福利政策的主要議題。

肆、小結

在以濟貧法爲主軸的歷史中，不能成爲勞動人的身心障礙者，被國家用各種不同方式處理，有時是人道關懷，有時又爲彰顯國家維護社會秩序的決心而被收容隔離，從來沒有機會主張自己的公民權。直到英國邁向福利國家之路，透過社會保險、社會救助、福利服務等制度逐漸完備，身心障礙者才獲得津貼、社區服務，乃至獨立生活的機會，最後以1995年的反歧視立法，爲長期以來身心障礙者的人權主張定調，更加推崇身心障礙者人權的重要性，同時，也將就業視爲實現人權的重要表現，成爲日後檢驗該立法成果的重要指標。

第二節　身心障礙者歷史處境（二）──戰爭與工傷下的職業復健

壹、職業復健的定義與蘊釀期

　　自古以來，工作都是人類生活中重要的一部分，但透過專業知識與技術介入來提升人類的工作能力，則是近代的發展，職業復健產業即是此種發展中最重要的專業之一，身心障礙者在此專業發展的過程中，是主角、也是配角。

　　職業復健指的是運用一些服務，以提高因個人身心障礙條件所限制的工作能力。由於這些身心條件，可能造成特殊的求職困難、功能限制，或在教育階段即產生不利影響，因此需要專業介入有系統的解決障礙者面對的問題（Elliott & Leung, 2005）。根據英國復健醫學會定義，職業復健之功能是協助暫時或永久的障礙者，能進入、恢復或保持就業（British Society of Rehabilitation Medicine, 2000），國際勞工組織亦提出類似的定義，指職業復健的功能在於使身心障礙者能確保適合的工作，另外Selander（1999）的定義最為完整：「職業復健是醫療、心理、社會與職業的活動，依循生病或受傷者以往的工作歷史，重建其工作能力及重返勞動市場所需的條件，也就是能找到工作，或準備好可以工作」，這個定義涵蓋了職業復健所有內容，如職業評估、再訓練、教育與諮商、工作指導、人體工學修正、以及心理社會層面的介入等，它與先天致殘者的求職協助略有不同（Gobelet & Franchignoni, 2006）。根據Selander（1999）的定義，職業復健是在醫療復健之後才介入，是邁向職場的過程。

　　職業復健的概念是現代化社會的產物。在工業革命以前，不論工作或者身心障礙者，都是模糊的概念，以工作為例，日出而做、日落而息，沒有一定作息時間，沒有標準化的生產分工，也沒有嚴格的酬勞分配方式。而身心障礙者並沒有科學化的分類與登記制度，所以也沒有明確的記載，人類壽命不長，障礙的影響程度相對降低。美國史料記載許多印第安部落中身心障礙者和一般人是共同合作工作，並無區隔，如世居美國與加拿大邊界五大湖區的奇布瓦族（Ojibwe）、世

居美國亞利桑納東北部的霍比族（Hopi），以及世居美國康乃迪克州中南部的摩黑根族（Mohegan）原住民族都接納不同障別的族人，並沒有任何負面標籤，即便不是務農的家庭，身心障礙者如靠著手藝做點小生意，也可以彈性調整工時或生產密度，以配合自己的身體狀況。如果出身自貴族或中上階級的家庭之身心障礙者，也可以獲得財產繼承，毋需擔心生計，如果在有工作後才發生身心障礙的情形，多半仍會繼續從事原來的工作，並無影響（Patterson, 2011）。由此可知，在歷史上，身心障礙者參與勞動並不是特例，農業社會也提供這種機會使其容易參與，但由於工作本身並沒有很明確具體的概念，身心功能的限制也不構成太大的阻礙。

進入工業革命以後，身心障礙者與工作之間的關係有重大轉變，主要展現在兩個領域，一是工作傷害，因工業革命的機具操作或特殊生產材料，造成職場上的傷害及職業病，其次是戰爭影響，世界局勢在工業革命後，屢次透過戰爭爭取工業霸權或政治主導地位，因為醫療技術逐步進步，戰爭留下的傷兵，反而成為存活者，必須重回社會生活。這兩個致殘的源頭都與國家發展有關，工傷是為國家生產而貢獻，商人只求生產不受影響，故提供補償工傷者，只為恢復或維持生產秩序。而戰爭傷兵是為國奉獻，國家豈能不聞不問？在20世紀初的人道主義關懷下，出現機構式的照顧，建立各式機構收容障礙者，相對的，也造成他們被隔離於主流社會之外，而機構的功能也只在照顧，並無意於積極的復健或復原。當時國家針對這些問題的立法，首要還是先解決因傷病造成所得損失的問題，因此多半以津貼、救助、年金等補償性立法處理。但這樣的時代背景，已提供職業復健專業發展的基礎（Coombs, 1990）。

在工業革命前後，工作對人的意義也有重大改變，以往人主要藉由自己的勞力，運用簡單的工具而有產出，生產的東西多半只是為自己使用，不是為買賣謀利。因為生產的目的不同，參與的生產者也較無競爭關係，而有更多的合作關係。在休閒娛樂較少，交通、通訊工具也不發達的情形下，守住自己的土地工作就是主要的生活內容。工業革命以後，開啟了機器化的生產模式，勞工原本只在土地上賣力，即可獲取所需，然而隨著機械發明，封建制度式微，使原本依賴土

地的勞工失去所依，必須進入工廠出賣勞力，操做機具設備生產。工業革命之後，勞工不再是為自己生產，而是為別人生產，換取薪資所得，勞工之間不再是完全合作，還有競爭關係（Patterson, 2011）。這個時期再就業是最重要的事，意義大不同相同，因為沒有工作，就掙不了錢，無法過日子，人必須去工作。

　　這其中的轉換，對於身心障礙者的就業有幾項關鍵點，首先由於早期發明的機器設備都十分龐大，工廠廠房主要放置這些設備，而人得遷就機器來操作，機器成為生產的主角之一，身心障礙者與工作之間的格格不入，在此時被放大凸顯；第二，在莊園經濟或封建時代，生產的單位在於一個家庭或一個莊園，但進入工業革命後，工廠成為生產單位；而員工與受僱者之間的關係，趨向正式化，受僱者之間也不再是家人之間的合作關係，而略帶有相互競爭的關係，工廠為管理受僱者，開始有了工作流程或工作時間的規範，身心障礙者的身體速度能否跟上，成為新的問題；第三，為了提高生產效率及產量，勞工的操作既要熟練，勞工的素質也要提高，在沒有機器設備之前，不識字的工人仍可依經驗執行工作，但機具設備開始有了說明書，識字變得重要，教育訓練也變得重要，這就是人力資本的投資。這樣巨大的轉變中，整個生產模式改變，使得人們身體的價值被顯露出來，必須能適應或配合機器生產的模式，包括具有學習能力，操作機器，以及趕上生產速度的自我調整。

　　身體帶著殘缺的身心障礙者，在此轉變中，就受到明顯的影響。上述轉變帶來的生產速度、效率、時間的緊湊性、機器的精密性等，都十分不利於身體有缺陷的勞工，因此「能」（able）與「不能」（disable）在新的生產模式下有了明顯的區隔，並輕易的將不符合的生產者排除於這種生產規律之外。只是當時並沒有出現任何服務，企圖提高他們的生產效能，以便回到職場。

　　間接促成職業復健發展的勢力，則來自戰爭。英國從16世紀開始拓展海上霸權，為召募海員，18世紀，出現給予殘障海員年金的法令，以吸引年輕人從軍，而美國則在獨立戰爭前後開始立法，保障傷兵生計，這些可算是最早因戰爭而產生的身心障礙者立法。

　　在美國尚未自英國的殖民地中獨立前，1636年美國麻州普利茅斯殖民地就

曾立法，如果從軍者因戰爭而傷殘返回家鄉，殖民地就應該照顧他們，該地區於1691年併入麻塞諸塞灣殖民地後，在英國與皮科特印第安族（Pequot Indians）連線戰事後，清教徒與1693年立法對於因戰爭而殘者，提供公共救助，成爲一種公共責任，而不是個人家庭的責任，不過，對象僅限於因戰爭而殘者，而何謂殘障，當時也還無科學且明確的定義，這項立法對於日後對身心障礙士兵的照顧具有重要意義。1776年美國殖民地已發表了獨立宣言，要脫離英國獨立，也組織了軍隊，此時已由殖民地主導的大陸會議通過了有關傷兵的立法，即爲1776年的年金法（Pension Act），可想見，在當時的背景下，爲完成歷史的重大任務得召募兵力，因而提出從優撫恤的立法，如因參戰而四肢傷殘無法工作時，可以得到半薪直到終老或障礙痊癒，立法意旨在於保障退伍軍人的尊嚴，並感謝其對國家的貢獻。

1798年國會再通過一項與身心障礙者有關的立法——病殘海員救助法（Act of the Relief of Sick and Disabled Seamen），當時美國剛從獨立戰爭中勝出，成爲獨立國家，逐漸茁壯，希望藉由海上防衛確保獨立安全及經濟交易，因此提出重賞吸引年輕人投入海員工作，在此立法之下，並發展了第一個戰時的醫療服務，成爲日後美國公共健康服務的前身。自其時起，一直到南北戰爭前，美國仍捲入各種大小戰事，如於1812年英美之間再起戰事、1835年與1846年美國兩度與墨西哥開戰，接下來南北戰爭一打又是4年，而美國與境內印第安人之間的戰爭也一直不斷，直到第一次世界大戰前，美國還與古巴、西班牙及菲律賓等國家交戰。在獨立戰爭時期，醫療技術尚不發達，因此戰死沙場的人數多於存活人數，年金的支出並不多，問題也不明顯，直到南北戰爭前後，醫療技術進展，使存活人數增加，身心障礙傷兵人數增加幅度極大。

戰爭製造的傷兵使美國不得不重視傷兵的撫慰。對於傷兵給予的年金，逐漸擴及遺孀及子女，同時授予土地以維持生計，這些就是早期對因戰爭傷殘者的照顧。凡此種立法，亦如同工業革命後，早期對工傷者的立法，認爲一旦傷殘，就沒有工作能力，無法養家活口，因此給予金錢補貼，使其能生活下去，或支付醫療支出，亦未發展出任何服務。真正具體的服務要到20世紀的大戰期間

才萌生。

　　不過在1776年的立法中，也曾注意到傷殘士兵未來的就業問題，該立法指出障礙不代表無用，如果能將傷兵組合起來，軍隊中還有很多工作可以讓他們做，於是成立了傷殘部隊（Invalid Corps），他們可以駐守彈藥庫或兵工廠，或者在軍校輔導新進軍人，甚至可以當召募人員，到了內戰時期，於1863年也成了類似的部隊，並在1864年改名爲退伍軍人儲備部隊（Veteran Reserve Corps），在1863到1866年間，有6萬餘名身障軍人進入這支部隊，兩次設立的目的之一，都是爲了讓健壯的士兵能上前線作戰，不要被困在比較簡易或行政的軍事工作上，強調身體傷殘並非無用之人，亦可算是透過重返工作做爲復健的一種發展。

貳、從專業競爭到發展

　　復健的觀念受到重視，雖是起源於戰爭的影響，不過其眞正的確立地位，則是來自於專業競爭的結果。進入20世紀後的戰爭，受惠於醫療技術進步，讓以往原本無法存活的士兵，提高生存的機會，後遺症是帶著終生的殘障，殘障被界定爲醫療問題，醫師治療結束就終止，人的生活不在考慮之列。一次大戰造成了改變，展開了醫療專科之間的競爭。大批傷兵先是激發物理治療與整型外科專業的競爭，前者認爲透過電療、水療或運動按摩可以使傷兵復原，後者認爲手術介入可使傷兵復原，尤其在戰爭期間，由於X光發明，使醫療上對骨折問題能更精確診治，也更有利於整型外科的介入，其次傷兵手術受到感染控制的大幅進步，提高存活率，也使後續治療更重要。

　　因戰爭而生的身心障礙者立法，最初只著眼於補償，包括對傷兵本人及其遺孀，至於重返社會生活，尚不是政府關切的事。但是醫療的發展，以及時局變動，影響了傷兵的重建。美國有兩項立法，對於傷兵重建有重要影響，第一是1916年的國防法（National Defense Act），該法雖不是針對身心障礙者而定，卻

是政府注意到當時徵召入伍作戰的士兵，由於連年戰爭，當戰爭結束要返回家鄉時，發現無一技之長，當時美國社會已從農業轉向工業社會，這些年輕人早期離開農莊從軍，返家時已進入工業化社會，因此政府特立法以提供退伍軍人接受教育或職業技能訓練，1917年又訂定職業教育法（Vocational Education Act），成立職業教育局（Federal Board for Vocational Education），該法亦不是針對身心障礙者而來，卻產生日後與整型外科專業爭奪職業復健主導權的歷史（Reed, 1992）。

　　整型外科在18、19世紀就曾運用皮帶或支架來處理骨骼異常的病人，這些專科醫師在戰爭中看到機會，憑藉以往治療病人的經驗，他們相信整型外科有能力治療傷兵，因此積極爭取能在醫院成立專科，且如願以償，有了這個基礎，整型外科專業組織更進一步向軍隊進攻，在軍方醫院也成立整型外科，這些治療傷兵的經驗更使他們的專業地位穩固，而主要的領導者更因對身心障礙者特殊教育與訓練的投入，甚至曾在1893年成立了肢障兒童的職業學校（Industrial School for Crippled and Deformed Children）。

　　整型外科在戰時蓬勃發展，為了區隔市場及突顯其特殊性，因而將執業的範圍與功能擴大，宣稱他們的工作還包括職業重建、健康教育，例如他們認為應教導士兵如何進行腳部運動，才能使他們走得遠、站得久，加強背部肌耐力，他們也質疑不提供任何重建服務就將受傷士兵丟回家鄉，是不仁道的作法，只有他們能讓傷殘士兵重拾快樂生活，並且能自食其力賺取薪資，透過他們的專業，可以使失去功能的傷兵，經由訓練克服障礙重返工作，甚至應將這些服務擴及一般公民。在1918年前後，整型外科在軍方的任務更加吃重，包括輔具的製作監督、照顧士兵的足部，乃至發展足部病痛治療與足部護理的手冊，並訓練所謂的「重建助理」（reconstruction aides），創造了特殊訓練的按摩師，專門處理關節與肌肉的問題。

　　這一連串的發展，幾乎就是職業復健的前身，不過整型外科後來被新崛起的物理治療人員所取代，在醫療體系內部戰役中陣亡。同一時間，在醫療體系外部，也有其他組織反對醫療專業介入職業復健，那就是1917年成立的職業教育

局（Federal Board for Vocational Education），以及在戰爭前就已提供身障者服務的民間機構，這些組織對於職業重建或職業教育已投注資源與心力，怎能讓醫療專業來分食專業市場，因此極力反對醫療專業介入職業復健領域。從此軍系的整型外科復健派和職業教育部的復健派開始爭執不下，整型外科失敗，而職業教育局終於奪回主權。

二者勢不兩立的局勢鮮明，整型外科只能發展治療，不能執行職業復健，但醫療體系亦禁止職業教育體系介入治療過程，或不授與可進入醫療體系的資格，並自行導入職能治療（occupational therapy），自此醫療與職業復健分道揚鑣，整型外科隨即被物理重建專業取代，「重建助理」也劃歸物理重建科別負責，但物理治療隨後又被貶低為必須在其他科別醫師的處方下，進行治療，本身並不參與治療，成為技術專業。在此分立下，日後在1918年便訂定軍人復健法（Soldier's Rehabilitation Act），職業教育不得介入軍方醫療體系的過程，而1920年另訂定專屬平民的職業復健法（Vocational Rehabilitation Act），以便對於自軍中退伍下來的士兵回歸平民身分時，也可以受到照顧。

無論如何，這兩個立法及當時爭奪的情形，已見到政府對於國民職業教育及職業技能的重視，這個氛圍當然有助於職業復健的發展，這也是職業復健日後發展的基礎之一。而戰爭也激起人民的愛國情操，傷兵重返社會，讓人尊敬，因而更加支持復健服務，也蘊釀出將復健服務擴及工傷及其他慢性疾病患者的契機。此外，不論物理治療或職業治療，乃至護理人員，慢慢的也參與職業重建的過程，擴大了專業介入的範圍（Gritzer & Arluke, 1989）。

整型外科的局部治療觀點，不僅輸給職業教育專業，也輸給復健醫學派的全人觀點，後二者成為傷兵日後重建的主要介入專業。倡導全人治療的復健觀點，也是醫療觀點，主導此專業的Howard Rusk與Henry Kessler都是醫師背景，他們發展了一種「全人的復健理論」（the whole man theory of rehabilitation）。首先，他們將這樣的理念視為凝聚一群人的集體意見，因而是民主改革的過程。其次，他們認為生病的個人會導致生病的社會，職業復健的功能在矯正生病的個人，即身障者，因此追求正常化（normalcy）是很重要的價值信念，人如能

符合常態，就不會生病，社會也會健康。第三，在「全人的復健理論」中，不把人用解剖學的概念去切割開來看缺損什麼功能，而是如何使剩餘功能被復健或培養出來，只有一隻腳要怎麼發揮二隻腳的功能。對於有缺損的問題，應透過建立健康的人格來因應。

　　因此全人復健的診斷並不改其醫療模式，只是將處方改成「人格健全」。他們運用的是行為科學，為了矯正有缺損的人，而成立職業復健中心，由一組專業者來矯正個人使他重返社會，這就是職業復健專業最初始的理念，沿用至今。看起來，職業復健理念是很樂觀正向的，認為身障者可以經由復健，對社會民主有所貢獻，它們不同於優生學，並不會滅絕不良品種，但他們也未接納與包容人的差異性，反而是要人們都走向正常化（O'brien, 2001）。在這個過程中，所謂的知識社群決定了正常化的定義，身障者並沒有表達的餘地，這才是掌握職業復健專業發展的核心概念。

參、職業復健發展的黃金期

　　1917年，美國先通過戰爭風險保險法修正案（War Risk Insurance Act Amendments），將職業復健服務納入對傷兵的服務，服務對象包括肢障、聽障、視障與永久障礙者，這項對退伍軍人的服務，以及二次大戰後更多的傷兵回到家鄉，形成日後社會運動的一支主力。接著1920年，美國再通過職業復健法（National Civilian Vocational Rehabilitation Act），擴大適用範圍，先將合法工作而受傷者納入立法保障範圍，並以促進重返職場為目標，Berkowitz稱之為獲利借貸模式（profit-making, loan-comlany model）（引自Coudroglou & Poople, 1984：21）。即復健機構借貸復健服務給工傷者，他日復健完成再以生產力重回職場，並能納稅，對社會有貢獻。為了達到這個目的，對於復健的對象，自然是精挑細選，因此受益的對象其實多所限制，再者該法係將身心障礙者的職業復健視為如同學生的職業教育一般，卻忽略中途致殘者的歷程經驗與一般學生不

同,用相同的教育模式無法達到效果,使其執行成效大打折扣。

由於專業之間爭奪主權,造成復健服務分立在三個體系,職業教育、職業復健與醫療復健都各自有立法,屬於退伍軍人的服務,更因三強鼎立,混亂不已。聯邦政府有職業教育局、軍方又有軍人復健法的服務,此外還有戰爭風險保險局(Bureau of War Risk Insurance)處理有關軍中的傷亡事件,因而在1921年訂定美國榮民局法(U.S. Veterans Bureau Act),以解決這些分立的體系造成的問題。

該立法實施不久,就碰上1930年代的經濟不景氣,雖然美國1935年的新政使身心障礙者的問題浮出檯面,受到政府重視,但不景氣的環境下,一般人失業嚴重,想藉由復健將傷殘者送回職場的迫切性亦降低。而1935年的社會安法通過,也給予復健服務一筆穩定的基金來源,自此不論哪一個體系的服務,才真正有了足以長期發展的基礎。

隨之而來的二次世界大戰,使人力吃緊,對職業復健的需求也增加,一直延續到戰後,為處理因戰爭受傷致殘者,職業復健的立法及聯邦政府的介入持續加深,被視為職業復健發展的黃金時期,1943年首度修訂職業復健法,訂定巴登-拉佛雷特法案(Barden-LaFollette Act),這些立法的重大意義在於重新界定職業復健的定義,對象擴及各類身心障礙者,不論物理治療、職業治療或職業教育,只要能協助提升他們的就業力,都可屬於服務的範圍,並成立了職業重建處(Office of Vocational Rehabilitation),不過其與職業教育處仍屬分立部門。前者慢慢將職業治療專業融入協助過程,尤其是執行工作容忍度(work tolerance)與工作強化(work hardening)的職前評估與訓練。

接下來在1946年訂定了醫院調查與建築法(Hospital Survey and Construction Act),投入資金於地方社區建立醫院,同時要求建物要有無障礙的設計,並延伸到交通運輸上。1950年代的小兒麻痺症流行,加上退伍傷兵問題已獲初步緩解,提供職業復健服務另一次的機會,由原本以軍人為主要服務對象的服務體系,移轉到一般民眾的服務體系,不過1950年代以後,職業復健專業本身卻在教育或勞動力資源發展的兩個選項中徘徊不定,加上經濟慢慢上軌道,身障者就

業的問題稍微緩和，真正無法工作的身心障礙者多半是較為嚴重的情形，但這與職業復健專業需挑選個案以重返職場為目標的標準不相符，也使它的發展遭遇到瓶頸。

1954年再度修訂的職業復健法，開始投入經費進行研究與專業人員訓練，認為具有復健相關專業的人員，必須學習如何服務身心障礙者。1965年再進行重要的修法，將原有的職業重建處重新調整命名為職業重建局（Vocational Rehabilitation Administration），並且將服務延伸至重殘人士，及無法進行全時工作的人，這等同於將社會性障礙納入服務範圍，在此之前，職業復健傾向於挑選易於安置就業的身心障礙者，能安置才是目的，訓練並不是重點，但本次修法將焦點轉移到工作訓練，不再將安置就業視為唯一目標，如果透過社會復健，亦有可能使身心障礙者免於依賴機構照顧，這是從機構導向的服務，轉向以病人為導向的服務，1960年代充滿著這樣的改革氣氛。只是好景不常，立法帶來的發展，很快的受到績效的挑戰，醫院附設用以訓練病人的工作坊，在經費壓力下也陸續關門。

1970年代的立法又走向另一個境界。首先是1973年的復健法（The Rehabilitation Act）開始落實執行建物及交通無障礙，並交由復健服務局（Rehabilitation Services Administration）負責，而這樣的組織也已將「職業」一詞刪除，同時在本次修法中，也同意庇護工場是適合無法進入競爭性就業的重度障礙者工作的場所，諮商人員也要發展個別復健計畫（Individualized Written Rehabilitation Programs, IWRP），同時，在此時期萌生的獨立生活運動，以及去機構化的發展，也使1973年修法中納入獨立生活服務，不再局限於職業復健。日後隨著1965年Medicaid的修正，身心障礙者獲得醫療服務，同時物理治療又找到發展的空間，擴展了執行復健的機會。1973年復健法的修正，為日後的立法打下基礎，一直到1990年的美國身心障礙者法（the Americans with Disabilities Act），也循當時已立下的規格，更強調無歧視的服務，包括在就業、公共服務、公共建物、通訊及各式各樣的服務。

不過ADA仍有窒礙難行之處，如企業不遵守法令，也無確保身心障礙者得

以獨立生活的支持服務存在，或者未提供身心障礙者持續的教育訓練，對於身心障礙者的身分認定，也一直是實務上的困擾。而這些服務、經費的投入，到了1980年代以後，也開始受到質疑與挑戰。職業復健的發展，已經進展到一個地步，也獲得資源渴注，受到重視，並藉由法律規範，但隨之而來的政治氛圍，確是走向保守市場化的意識型態，一方面職業復健立法與實務的連續發展先暫時停止，另一方面，在福利改革向右轉彎的發展下，職業復健服務成為一種篩選的工具，用以提升身心障礙者的能力，使其盡可能去就業，這項服務的概念不僅成為日後就業服務主要的理論基礎，也形成了未來身心障礙就業政策的主要內涵。

肆、小結

在職業復健中，身心障礙者是主角，專業的知識與技能以其為中心發展、應用與推動。但身心障礙者也是配角，職業復健雖是為身心障礙者重返職場或社區生活所發展的服務，但在這項專業發展過中，大部分是醫療體系專業之間的派系之爭，以及公共行政部門的管理之爭，並不是身心障礙者爭取或要求，身心障礙者的任務是在接受職業復健後，能證明這些介入是有效的，也就是他們能回到日常生活，甚至再回到職場。在職業復健發展的歷程中，其實並沒有身心障礙者的聲音，醫療專業對於身心障礙者能否回到日常生活，所關注的是，他們能為職業復健證明些什麼，而不是為身心障礙者的權利能增加些什麼？而職業復健採取個別化處遇、醫療化的診斷與處方，與1970年代以後，英國所提出的身心障礙者社會模式亦格格不入。然而，職業復健藉由各種方式鞏固其專業地位，使其在身心障礙者生活與職業重建領域之地位仍歷久不衰，而其偏向醫療模式的專業內容，以及以個人為干預焦點的服務，持續影響著直接服務過程中參與的身心障礙者，對於未來生活安排的權利論述。

第三節　身心障礙者的歷史處境（三）——就業政策與實務的發展

壹、從職業災害開展的工作補償

　　身心障礙者的就業問題受到重視，仍是拜戰爭所賜，但是具體的就業促進措施，則更晚一些。在政府想要促進就業之前，身心障礙者受到工業革命的衝擊，被歸類為有礙生產秩序，加上18世紀達爾文主義的影響，所謂適者生存、不適者淘汰，給予雇主藉口將不適應生產秩序者排除在外，甚至優生學出現，替身心障礙者結紮，避免生出有缺陷的下一代的說詞。這些知識的發展，替工業革命快速、大量生產的目標，提供篩選勞工的基礎，也使得跟不上生產速度的身心障礙者被排除於勞動市場之外，成為理所當然的合理選擇。然在當時，身心障礙者被排除於就業市場後，並沒有一套專業去提升其能力，使其可以回到勞動市場，科學知識的介入，反倒更像是在篩選適合職場者，而非協助不適合者。這些被排除者就是沒有工作能力的人，因此最初的身心障礙者服務，大部分集中在照顧、醫療服務或救助，而不是就業促進。

　　工業革命對於身心障礙者在生產過程中的角色，不僅是如上描述的隔離，對人們有、無能力的區隔定下標準，也因為機具設備的使用，產生更多在工作場所的職業災害，這是造成身心障礙的重要原因之一。18、19世紀，隨著工業革命帶來的開疆闢地，美國開始挖掘豐富的礦藏資源，並擴大基礎建設、振興礦物帶來的工業發展，其中最主要的就是興建鐵路與開發礦坑，這段開拓史犧牲了無數工人致殘甚至死亡。鐵路、礦產及伐木事業的業主，為了吸引勞工生產，又為掩飾造成大量工傷勞工的事實，因此設有醫療與安全部門，可以自行提供醫療照顧服務（政府介入極為有限）。這種傷亡情形日趨嚴重，在工會與社會改革者的倡導疾呼下，德國與奧地利於1884年有了職災補償的做法，美國也於1877年由花崗石切割工廠（Granite Cutters）實施了第一個職災者的補償措施，即為全國疾病津貼計畫（national sick-benefit plan）。接下來，受到1890年代起的進步主

義時代的社會氛圍，也促成多項有利於勞工勞動條件的立法，其中俗稱戰士鮑伯的美國威斯康辛州政治家羅伯（Robert "Fighting Bob" LaFollette）支持職災勞工補償立法，20世紀的最初十年，各州快速地完成職災補償立法，此一現象受到許多歷史學家關心，大部分認為當時的風潮，並不是真的為工人爭取，或重視職災對工人的影響，而是為了降低雇主因職災必須承擔、卻又無法確定的財務負擔，這個現象也在羅斯福總統（Theodore Roosevelt）的施政上顯見，他為了促進經濟快速發展，暫時放棄無為而治的政治哲學，而積極干預企業經營，但仍不可避免的要顧慮產業界的串連反彈，於是他推動全國性立法，在1906年先以公部門員工為對象，訂定了職災勞工補償法及每日工時8小時的立法，而不敢立即將私部門納入。

　　一連串從工作場所受傷的勞工保障出發，衍生的政治辯論、有識之士的倡導，乃至國會中具體的立法行動與成果，雖然為後代奠定了職災補償的基礎，但是到此一時期為止，對於因工作而傷殘的勞工所提出之補償，還是屬於醫療服務、復原支出與所得損失，似乎延續18世紀以來對傷殘士兵補償的信念，即認為這些傷殘者將無法再工作，因此補償金錢以助其度過餘生，對於極待發展的工業大老們來說，能解決工作場所的風險，專注於生產線上增產獲利，才是最重要的事，大量的農民及外來移民，在工業革命後釋放出來成為一批勞動力，業主似乎也不怕找不到勞工。因此，真正有關促進身心障礙者就業的行動，要到第一次世界大戰後才更為明顯，二次大戰期間的經濟不景氣，造成勞動力短缺，則是另一個新機會（Fishback & Kantor, 1996）。

貳、工業生產秩序與隔離化中的就業服務

　　工業革命初期，大批失去農地的勞工來到都市，尋找工作機會，聚居於都市，貧窮、犯罪、環境髒亂等問題相繼產生，英國與美國都經歷這種邁向都市化的過程，而身心障礙者原本可以依賴家庭，在工業革命後頓失所依，工業革命本

身帶動的工業生產，也是造成職災的源頭，即使不是工作傷害，許多礦工也得了職業病，在擁擠及居住條件不佳的住處，成為傳播疾病的溫床，這些都成為新的社會問題。美國社會面對這連串的發展，非常不情願的開始提供福利，並且以隔離與機構化做為應對，19世紀設置了收容機構，類似英國濟貧的措施，將窮苦身心障礙者收容在一起，並在機構中施以技能訓練，如木工、修鞋、縫紉等，沒有保證憑藉這些技能將來真能在社區找到工作，而在機構內的身心障礙者，往往被標籤化為有缺陷的人，因此也沒有雇主敢僱用他們，長此以往，這些障礙者長久待在機構中，不再返回社區。

至於特殊教育的發展，首見於視、聽語障者，如16世紀就已有聲人教育，而英國與法國則首見智障者的特殊教育學校，先驅者認為智障者亦可經由訓練而工作，原負責精神病人救濟院的美國醫師John Conolly於1844年參觀了英國與法國的智障者教育機構後，認為大有可為，於是將其引進美國，自1847年起，此類學校在美國許多州設立，尤其受到教育學家Edward Seguin的影響，相信任何智障者都可受教，校長們到處公開演說，宣揚智障者教育的優點，使智障者的教育受到重視。然而，到了1850年代，整個理念有了新的轉變。

美國對於法國、英國式的教育，仍嫌有不足之處，因而更加鑽研智障者的病理、類型與功能退化等問題，並且嘗試將智障者分門別類，這是法國不曾有的發展，來自美國由教育界轉戰醫界且開設啟智學校的Hervey B.Wilbur，於1852年將智障者分為四類，從優至劣，後續幾位先驅亦跟隨這樣的發展，雖然仍未忘Edward Seguin的理念，但卻漸漸將焦點由「可教育性」轉變到「異常」（abnormal），包括智障者的功能退化與遺傳性，甚至還加上道德批評，如父母的不良生活習性及婚配，可能產生智障的下一代，如果不施以教育，後果將不堪設想。此外，智障者如無人跟隨管理，容易被人利用教唆而犯罪，影響社會秩序，進而女性智障者亦受人誘拐性侵而懷孕，更是道德敗壞，他們都是社會的潛在威脅。

在家庭部分，機構校長們也經常表達出家有智障者造成的影響，如為照顧他們，使家人無法工作，甚至夫妻為教養意見不一而失和，手足不睦，如果這樣

的孩子不離開家庭，家庭永無寧日，即便去一般學校，也會因為家庭過度保護他們，而沒有進步；學校無暇專門照顧這些孩童，若是將其送進救濟院或收容院，沒有適當的管理與教育，也會功能退化，更加重負擔，如果能有機構以專業教育照顧訓練，就能使其彬彬有禮，有教養。這樣的論述一方面是因為這些教育機構需要募款，另一方面則可說服家庭將智障者送進機構，有招生效果，許多機構更常以教育成功的智障者為例，帶出機構參與演講，展示教育成果，使機構教育受到支持；機構為獲得更多的捐款，更將這些表現良好的智障者，留在機構做為示範，供外人參觀展示，逐步形成日後機構化並做為訓練基地的基礎。

原本特教機構期望智障者能經由教育成功轉變，返回社區，足證明特殊教育的功能，初期確實也小有成就，但隨著上述論述的改變，機構漸漸的開始有收容安置的功能。而1857年世界上發生第一次經濟危機，起源就在美國，這個背景條件使原本想藉由特殊教育訓練將智障者送回社區工作的環境丕變，當時移民人數亦多，失業問題已夠嚴重，政府反而希望特教機構的智障者暫時不要返回社區，競爭已不足的工作機會，這進一步使智障特教機構轉型成收容機構。

這個轉型過程，對於特教先驅們充滿掙扎，有些校長一直不主張學校變成收容機構，但時值經濟蕭條時期，訓練有成的院生返回社區亦失業，只好留在機構，最後某些學校也不得不成立工廠來安置收容的院生。其他部分，校長體認智障者的教育有其極限，訓練就業或許只是其中一個目標，因而增加人道關懷的照顧功能，只期待未來能融合於社區。在收容對象部分，原是篩選易於教育有成的智障者，但漸漸敞開大門，收容多重障礙者，甚至藉由調教重度障礙者，得以彰顯特殊教育的功能，更能打動人心，成功募款；既要成功，又要爭取募款，這兩類智障者成為機構收容的主要對象。經濟環境不佳終究成為最後難以突破的困難，特教機構收容人數增加，機構也增加，校長需求量大增，不只是教育背景者，醫師背景者也投入，大型機構的建物也增加，這時其功能就不再只有教育一項，逐漸加入其他生活功能，形成後來逐漸成形的機構化模式。

智能障礙者特殊教育的發展，引導了先天致障者發展的方向，教育為對社會有貢獻的人，即為具有生產力的人，又為維持社會秩序，而產生隔離教育的學

理，最後，又因經濟不景氣，導致隔離成常態，甚至走向機構化，並設置小工廠的型態（Trent, 1995）。

　　上述兩類機構化的發展，都是運用機構提供訓練（或稱為教育），希望障礙者習得一技之長，能找個工作安定生活，但整個社會並沒有調整對障礙者的看法，致使障礙者在受訓後也無法回到社區，最後只好留在機構中，而這種在機構安置並同時訓練，乃至後來直接在機構就業的安排，建構出日後身心障礙者於機構內就業的模式，這也成為身心障礙者機構兼具就業功能的發展基礎。

參、戰爭與去機構化帶來的契機

　　國家提供促進就業之舉，還是回到第一次世界大戰的時代，當時就有部分立法提及要協助返鄉的退伍軍人就業，英國在1919年就訂定身心障礙者就業設施法〔Disabled Men（Facilities for Employment）Act〕。許多國家則在第一次世界大戰後，陸續實施定額進用制度，如德國於1919年實施，奧地利於1920年、義大利與波蘭於1921年、法國於1923年陸續實施，都是為解決戰後傷兵就業的問題。二次大戰後，國際勞工組織（International Labor Organization）於1944年在菲律賓舉行的會議中，也推薦此一制度，英國隨後也在1944年訂定的身心障礙者就業法（Disabled Persons Employment Act），納入定額僱用制度，規定凡員工超過20人之公司，就應僱用定額（3%）的身心障礙員工，但這項制度卻因障礙者登記制度不完整，執法不力，故成效不彰。該項立法也訂定對身心障礙者從事特定職業的保障條款，如電梯員或停車管理員，不過這些工作的薪資都很低，同時，依該項法令成立了身心障礙者就業公司（Disabled Person's Employment Corporation Limited），是由公部門設立的庇護工場，在1958年修訂時，再要求地方政府都能提供庇護工場就業（Hyde, 1998）。

　　除了定額進用制度，促進身心障礙者就業的政策陸續成形，其中去機構化的發展及公民權運動有很重要的影響。1960年代以前，以機構收容來解決精神疾

病患者的問題已是普遍的趨勢，然而醫院處遇的不仁道傳聞或管理不當的問題也越來越多，隨著社區醫療及部分藥品革新的發展，使精神病患離開機構返回社區的可能性提高，返回社區生活的選擇也增加（Pilisuk, 2001）。美國於1963年首先訂定了社區心理衛生中心法案（Community Mental Center Act），開啓了去機構化的道路，機構收容人數也大幅下降。而智障者的機構安置，自英國濟貧法時期就已種下種子，北歐國家自1945年至1975年也興盛一時、美國在1960年代以前，對智障者的機構式教養也極爲盛行，機構化的問題，如居住環境惡劣、個人生活沒有隱私等，漸漸受到批評，於是自1960年代開始，各國的智障機構也開始了去機構化的發展，包括以小型、社區化的機構，將教養機構的功能轉型爲支持團體或社區家庭的模式，或者全面關閉機構。

隨著身心障礙者由機構回到社區或家庭中，社區照顧成爲重要的服務規劃，而社區融合（community integration）也成爲更明確的目標，就業經常被視爲促進融合的最有效方法。然而社區融合是一個多重意涵的名詞，身心障礙者除了離開封閉式的機構之外，如何眞正「融合」，是社區服務的新挑戰。

傳統醫療的服務模式，在1970年代開始，受到更多挑戰與質疑，身心障礙者認爲，他們的處境並非醫療診斷出的障礙造成，而是社會的不友善與限制造成。英國肢體傷殘反隔離聯盟（The Union of the Physically Impaired Against Segregation, UPIAS）在1970年代先發聲，再受到英國學者Mike Oliver將其主張延伸，提出了「障礙的社會模式」觀點，開啓了身心障礙運動的發展。他們透過社會運動，宣示社會的限制排除身心障礙者參與的可能性，而就業正是最主要的一種社會活動，但身心障礙者卻往往被排除於就業大門之外，因而強調以返回就業做爲對抗壓迫的工具。

在上述兩個發展下，各國開始更加重視身心障礙者就業問題。美國在1958年首先將庇護工場納入立法管理，在職業復健的理論基礎下，庇護工場被視爲一種復健過程實施基地，不論是封閉式的庇護工場或工作坊，美國在1960至1980年代，庇護工場大量設立，做爲就業準備的場所，不過這種服務模式漸漸受到質疑，大部分原以訓練目的而安置在庇護工場的身心障礙者，很少有人能轉出至一

般職場，但不少學者專家發現，這些身心障礙者具有回到一般職場的潛能，因而在1970年代出現了支持性就業的概念。針對發展性障礙者，提出一套先安置、後訓練的服務模式，希望透過實作提高職場適應能力，同時亦符合心智障礙者學習能力的特性，提高庇護工場身心障礙者轉出的可能性，因此美國於1987年訂定發展性障礙法案（The Developmental Disabilities Act of 1987），將支持性就業列為一項職業復健服務，宣示保障身心障礙者在社區工作的權利，回應去機構化的期待，逐步減少對庇護工場安置的需求，使支持性就業成為主要的促進就業的一種服務模式（周惠玲、唐昌豪，2007）。

英國在1985年開始，也主張減少庇護工場設置，補助進入主流職場的身心障礙者，並推廣支持性就業（Hyde, 1998）。不過，重返就業的服務模式，以職業復健為核心專業概念，在社區化支持性就業服務過程中，專業者運用多重技巧，提升個人適應社會的能力、訓練個人技能以符合工作的要求，並運用輔助器提升個人完成工作的效能，這是一套建立在改變個人來適應職場或社會的處遇哲學，亦模糊了最初去機構化運動及身心障礙者權利運動希望對社會產生的影響力。

肆、福利改革大轉彎

上述各種服務或政策，包括定額進用、支持性就業或庇護性就業等，執行多年，直到1980年代開啓的福利改革，社會福利政策方向有了重大改變。首先，在美國從雷根政府時期開始，進行一連串對福利資格的限縮。1990年代持續的福利改革中，首波於1996年柯林頓總統簽署個人責任與機會調和法（Personal responsibility and work opportunity reconciliation act），將美國最主要的社會救助方案失依兒童家庭補助AFDC改為需求家庭暫時協助方案TANF（Temporary assistance for needy families），提供福利的前提是案主必須有工作的行動；而加拿大也在1996年實施健康與社會移轉計畫（Canada Health and Social Transfer），正式要求提供福利的前提是具備工作的行為，1994年的蓋洛普調查中更顯示，加拿大有86%的人同意「接受福利的人應該工作」，這個概念已漸漸普及（Quaid, 2002）。英國新工黨於1997年執政後，立基於「讓福利給付在具備重返勞動市場的行動之條件下才發給」的理念。OECD自1980年代積極鼓吹積極勞動市場政策（Active labour market policy, ALMP），建議各會員國應將社會福利政策與勞動政策結合，以「促進就業」為政策目標，而不再只著重所得維持，使得工作與福利更明確的接軌（辛炳隆，2003），這些發展，慢慢奠定工作做為福利改革核心元素的趨勢，也宣示從福利到工作（welfare to work）的政策革新時代來臨。

一、社會包容（social inclusion）的論述

去機構化運動促使社區融合的概念出現，並促成社區不同型態的支持性服務、社區家庭、住宅選擇等方案，但1990年代以後，英國新工黨執政後提出了社會排除（social exclusion）的論述，用以解釋因貧窮造成社會公民生活其他層面機會的被剝奪感，而身心障礙者長期以來，因為貧窮或不公平的處境，阻礙他們參與社會的機會，進而淪落於處在社會的邊緣，就是一種社會排除現象。由於這個概念的廣泛應用，使身心障礙者突然成為社會關注的一群對象，能和低收入戶、長期失業者、單親家庭，同樣獲得決策者青睞，開啟新的社會政策的可能性，全力以政策促進這些社會邊緣群體融入社會。

新工黨執政的英國政府，對身心障礙者之所以經歷社會排除，診斷其原因包括社會的偏見與歧視、教育與就業機會不足，以及許多制度都忽略了身心障礙者的需求，此外隔離式的照顧與居住環境仍存在，如庇護工場或日間照顧，身心障礙者本身的選擇性很低，這也都使他們經驗到社會排除。然而如此多面向的觀察，在政策上的回應卻是狹隘的。Levitas（2005）指出社會排除的論述強調藉由從事有酬工作，才能重返社會，這使得全方位的融入社會各層面、以及翻轉社會結構的可能性喪失。至於原先診斷出的各種原因，後來也指向是個人教育或技

能不足所致，促進融合的四大指標成爲權利、獨立、選擇、控制，政府提供的資源則在提升這四大指標的表現。

二、吹向身心障礙者的新政

有酬工作已成爲進入21世紀時，促進社會包容的重要途徑，雖然英國在1944年就實施了定額進用制度，但執行並不成功，亦未落實，遭致許多批評。而爲解決身心障礙者無法工作的問題，英國又設計了各種名目的津貼，卻仍舊遭致批評，認爲這些津貼導致身心障礙者更難進入就業市場，並且使政府財政支出負擔沉重。在社會排除論述的加持下，促成英國政府提出新政（New Deal），致力於提高身心障礙者的勞動參與率，以減少對福利的依賴，針對單親父母、長期失業者及青年，設計不同的勞動參與誘因，做爲獲得福利的要件（Bryson, 2003）。它既是一種財務政策，降低國家在滿足人民需求時的責任與支出，進而減少社會安全的支出；也是一種勞動市場政策，強調生產力、工作倫理與經濟競爭，要求身心障礙者承擔起就業、貢獻社會經濟的責任（Hyde, 2000）。

身心障礙者新政（the New Deal for Disabled People）於1998年展開，2001年擴及全國。首先英國在全國各地成立了就業中心（Jobcentre Plus），有別於以往分立的服務模式，成爲單一窗口，求職之身心障礙者會有專屬的個人顧問（personal advisor），評估其就業問題及提供就業安置計畫，在新政的精神下，1990年代整個政策方向有了調整，包括要求對於庇護工場有更多的企業型管理精神注入，以支持性就業安置取代庇護工場安置，以及提供求職的身心障礙者必要的協助。這些改變都與歐盟與先進國家同步，也就是藉由限制津貼的申請資格、提供在職津貼、積極勞動市場政策與反歧視的措施，以提高身心障礙者的勞動參與率。具體而言，英國在1990年代的改革，有幾個重要意涵：

1. 更強調開放與競爭的工作條件，不再執著於保護性的就業，例如庇護性就業。
2. 更強調供給面與需求面政策的「綜效」。

3.更強調工作與津貼資格之間的關連性。

4.更強調針對最需要的人才給予津貼的選擇。

5.在社會保險中更加強調資產調查的重要性。

　　不過新政實施的結果，受到許多批評，如反歧視立法對職場的規範，只適用於15人以上的公司，並不能全面的解決身心障礙者在職場的歧視問題，而新政實施後，影響到無法找到工作的身心障礙者，使他們更容易失去申請津貼的資格，被排除於勞動市場的問題並未解決。此外，對於庇護工場企業化經營的要求，也使他們的勞力密度提高，甚而有解僱資遣的情形，至於進入支持性就業安置的人，薪水也很低，勞動條件不佳，再加上社會福利津貼的門檻提高或趨於嚴格，使身心障礙者的所得剝奪感更高，所謂標的性（targeting）的津貼，增強了烙印效果；而審查的過程趨嚴，也意味著更多社會控制的手段出現。這些效果對於創造一個包容性的社會，自然是不利的。即便如此，從福利到工作、以工作取代福利的政策走向，已是一條無法回頭的改革路了。

伍、小結

　　在英國新政之後，各國身心障礙者就業促進政策，也都不約而同的朝向如何降低對福利依賴或減少領取障礙或疾病津貼為導向的發展。而直接服務模式本身只是障礙者就業安置分流的機制，1970年代倡導者原希望透過就業突破社會的限制，爭取更多權利，但時至今日，促進就業反而成為身心障礙者向社會證明他們的價值的一種途徑，權利則更加依附在就業身分上。

參考書目

一、中文部分

王育瑜（2012）障礙者生活的想像：照顧與社區生活理念及政策探討。聯合勸募論壇，1（1），頁1～24。

辛炳隆（2003）積極性勞動市場政策的意涵與實施經驗。就業安全，2（1），頁9～15

周惠玲、唐昌豪（2007）由身心障礙者權益保障法修訂談庇護工場的回顧與展望，就業安全半年刊，2007年，第2期。

黃源協（2004）從「全控機構」到「最佳價值」──英國社區照顧發展的脈絡與省思。社區發展季刊，106期，頁308～331。

黃源協（2000）社區照顧：臺灣與英國經驗的檢視。臺北：揚智出版社。

二、英文部分

Barnes, C., & Mercer, G. (2005). Disability, work, and welfare challenging the social exclusion of disabled people. *Work, Employment & Society*, 19(3), 527~545.

Bond, G. R., Salyers, M. P., Rollins, A. L., Rapp, C. A., & Zipple, A. M. (2004). How evidence-based practices contribute to community integration. *Community Mental Health Journal*, 40(6), 569~588.

Borsay, A. (2005). *Disability and social policy in Britain since 1750: a history of exclusion*. Basingstoke: Palgrave Macmillan.

Braddock, D. L., & Parish, S. L. (2001). An institutional history of disability. *Handbook of disability studies*, 11-68. SAGE Publications, Incorporated.

British Society of Rehabilitation Medicine,2000,Vocational Rehabilitation –the way forward :report of a working party

Bryson, Alex (2003) Permanent revolution: the case of Britain's welfare-to-work regime. *Benefits: the Journal of Poverty and Social Justice*, 11 (1). pp. 11~17

Coombs, N. (1990). Disability and technology: A historical and social perspective. Presentation for the Organization of American Historians held in Washington DC, March, 1990.

Coudroglou, A., & Poole, D. L. (1984). *Disability, work, and social policy: Models for social welfare*. Springer.

Cummins, R. A., & Lau, A. L. (2003). Community integration or community exposure? A review and discussion in relation to people with an intellectual disability. Journal of Applied Research in Intellectual Disabilities, 16(2), 145~157.

Drake, R. F. (1999). *Understanding disability policies*. Macmillan.

DSS(Department for Social Security)(1998)New ambitions for our country, London: The Stationery Office.

Elliott, T., & Leung, P. (2005). Vocational rehabilitation: History and practice. *Handbook of vocational psychology*, 3, 319~343.

Fernandez, J. L., Kendall, J., Davey, V., & Knapp, M. (2007). Direct payments in England: factors linked to variations in local provision. *Journal of Social Policy*, 36(01), 97~121.

Fishback, P. V., & Kantor, S. E. (1996). The Adoption of Workers＇ Compensation in the United States 1900~1930 (No. w5840). National Bureau of Economic Research.

Gobelet, C., & Franchignoni, F. (2006). Vocational rehabilitation (pp. 3~16). Springer Paris.

Gritzer, G., & Arluke, A. (1989). *The making of rehabilitation: A political economy of medical specialization, 1890-1980*. Univ of California Press.

Heyer, K. (2005). Rights or quotas? The ADA as a model for disability rights. In *Handbook of Employment Discrimination Research*, 237~257. Springer Netherlands.

Hyde, M. (1998). Sheltered and supported employment in the 1990s: the experiences of disabled workers in the UK. *Disability & Society,* 13(2), 199~215.

Hyde, M. (2000). From welfare to work? Social policy for disabled people of working age in the United Kingdom in the 1990s. *Disability & Society*, 15(2), 327~341.

Levitas, R. (2005). *The inclusive society?: social exclusion and New Labour*. Basingstoke: Palgrave Macmillan.

O＇brien, R. (2001). *Crippled justice: The history of modern disability policy in the workplace*. University of Chicago Press.

Organisation for Economic Co-Operation and Development. (2010). Sickness, Disability and Work: Breaking the Barriers; A Synthesis of Findings Across Oecd Countries. OECD.

Oliver, M., & Barnes, C. (1998). *Disabled people and social policy. From Exclusion to inclusion*, Addison Wesley Longman.

Patterson, S. (2011). A Historical Overview of Disability and Employment in the United States, 1600 to 1950. *Review of Disability Studies: An International Journal,* 7(3 & 4):7~17

Pilisuk, M. (2001). A job and a home: Social networks and the integration of the mentally disabled in the community. *American Journal of Orthopsychiatry*, 71(1), 49~60.

Reed, K. L. (1992). History of federal legislation for persons with disabilities. The *American Journal of Occupational Therapy*, 46(5), 397~408.

Quaid, M. (2002). *Workfare: Why good social policy ideas go bad*. University of Toronto Press.

Selander J (1999) Unemployed sick-leavers and vocational rehabilitation. A person level study based on a national social insurance material. Dissertation from the Department of Rehabilitation Medicine.

Karolinska Institute Stockholm, Sweden

Social Exclusion Unit (2004) Mental Health and Social Exclusion. Office of the Deputy Prime Minister.

Stone, D. A. (1984). *The disabled state*. Temple University Press.

Switzer, J. V., & Vaughn, J. (2003). *Disabled rights: American disability policy and the fight for equality*. Georgetown University Press.

Trent, J. W. (1995). *Inventing the feeble mind: A history of mental retardation in the United States*. Univ of California Press.

Wolfensberger, W., & Tullman, S. (1982). A brief outline of the principle of normalization. *Rehabilitation Psychology*, 27(3), 131.

第二篇
身心障礙的病因與分類

第一章　身心障礙的病因與流行病學

／劉燦宏

第一節　前言

　　目前全球針對身心障礙流行病學的統計，存在最基本的問題，就是何謂「身心障礙」（Leonardi, Bickenbach, Ustun, Kostanjsek, & Chatterji, 2006）？世界各國對身心障礙的定義並不一致，大家都有一個概括，但是卻缺乏一個理想的測量標準或共識（Officer & Groce, 2009），因此在統計身心障礙的流行病學時，就會出現各國因為使用的標準不同，而產生不同結果的窘境。這個問題就如同比較各國到底哪一個國家的人比較帥的問題一樣，各國的標準不同，實在很難做國與國之間的比較。身心障礙的流行病學調查同樣有如此基本的問題存在，世界各國為了不同目的，進行身心障礙的流行病學調查，因此我們在比較各國的身心障礙盛行率的資料時，一定要將這背後的因素考慮清楚，否則結果可能會失真。

第二節　身心障礙的定義

　　過去二十年當中，身心障礙的議題不斷的被討論，其中最重要的觀念與政策的修正有兩項，一項是2001年世界衛生組織（WHO）公布的國際健康與功能分類（International Classification of Functioning, Health and Disability, ICF），另一項是2006年聯合國公布的身心障礙者權利憲章（Conventional Rights of People with Disability, CRPD）（Mercer & MacDonald, 2007），讓今日身心障礙的理論逐漸成熟。不論ICF或CRPD，都認為生活困難和無法充分參與社會，是身心障礙面臨最核心的問題；每一個人生命的某個階段，可能都會面對短期或長期生活上的困難，尤其是老年時，幾乎無可避免會遭遇到身心障礙狀況發生；2001年之前，傳統上身心障礙的觀念多偏重醫療模式，醫療模式主要是重視個案的醫療問題，包括個案健康狀況、機能不足與能力上的限制等，而此醫療模式往往無法充分表達個案所遭受之社會的問題，例如，所受到的歧視、偏見或無法接近參與社會事務等，此類問題在過去若以醫療模式是看不到的，但隨著ICF與CRPD公布後，各國逐漸由醫療模式轉化為生物心理社會模式（Biopsychosocial model），更能反應出身心障礙者在生活上所面臨的問題。

　　過去這幾年間，身心障礙的定義仍備受討論，但近年來隨著ICF與聯合國憲章CRPD確定後，身心障礙的定義逐漸成形，WHO曾嘗試針對「身心障礙者」做出定義，但仍未對「身心障礙」進行定義。在統計身心障礙相關數據時，唯有明確定義身心障礙，才能針對身心障礙者的健康與社會問題加以釐清；世界衛生組織的ICF架構，對於身心障礙概念定義，提供一個一致且完整的說明，而此架構與觀念，是基於過去二十年當中相關領域之結果整合之所得，ICF針對身心障礙的定義，已非醫療模式中針對身心障礙的定義，其涵蓋的範圍更為寬廣。早期WHO針對身心障礙者之定義多偏向醫療模式的觀念，集中描述個案生活中長期機能之不全，較少描述到日常生活功能方面所遭遇到的困難或是社會參與的限制，目前以ICF架構為基礎的身心障礙定義為：一個人的功能不全，係因疾病、

意外事故或其他健康方面的因素，經與環境互動後，造成日常生活中的限制或社會參與之局限導致之結果；隨著身心障礙定義逐漸確立，對於排除環境中導致身心障礙發生之危險因子，使身心障礙者能脫離身心障礙並充分參與社會事務。以現在ICF架構爲基礎對於身心障礙之定義，較能夠明確說明身心障礙者應有之平等權利與社會之參與的機會；身心障礙者在日常生活當中所遭受到之不平等待遇，也會因定義明確後而被確認。

第三節　身心障礙的原因

壹、疾病

　　造成身心障礙的原因很多，第一個是疾病，健康狀況與身心障礙之間存在著相當複雜的關係。一般來說，身心障礙的定義是依人的健康狀況與環境等背景因素互相影響後，導致一個人日常活動和社會參與的困難，所以如何將健康狀況、環境因素與身心障礙之間做一個釐清，事實上是一個相當困難的問題。一般而言，身心狀況、疾病與併發症之間，也存在著複雜的關係，例如關節炎患者，除了本身的關節炎導致身心障礙之外，他可能同時也有很多併發症，如心臟病、氣喘等，而這些併發症又會造成其他身心障礙的問題，因此我們很難單純探討單一疾病與身心障礙的關係，不過本章爲了說明方便，我們將導致身心障礙的疾病分爲三類，第一類是先天性疾病或遺傳性疾病、第二類是傳染性疾病、第三類是慢性非傳染性的疾病（WHO, 2011）。

一、先天性疾病或遺傳性疾病

　　第一類是先天性疾病或遺傳性疾病，隨著全球嬰、幼兒時期感染症的問題受到控制，先天性或是遺傳性疾病反而逐漸成爲兒童及青少年身心障礙發生的主要原因，這個現象在已開發中國家尤其明顯，統計指出小於五歲嬰幼兒的死亡原因絕大部分與先天性或是遺傳性疾病有關，然而這方面的資料在聯合國報告中是相對缺乏的。如果可以提早介入減少此類疾病，就能減少日後發生身心障礙的機會，介入的方法包括提供嬰幼兒足夠的營養素、對母親藥物與物質濫用的再教育和提高生育人員的素質，這些措施可以大幅降低先天性疾病所引起的身心障礙。

二、傳染性疾病

第二類是傳染性的疾病，過去傳染性疾病是導致身心障礙相當常見的因素，即使近年的統計，結核病、愛滋病等傳染性疾病仍是造成身心障礙常見的原因。研究統計指出在中、低收入國家中，每年大概9%的身心障礙發生與傳染性疾病相關。過去傳染性疾病中，小兒麻痺症是造成身心障礙相當常見的原因，但是在過去18年間，全球的小兒麻痺症的發生率大幅下降99%，1988年時，全球新增的小兒麻痺患者大約是35萬人。但是，到了2009年，全球大概只有新增1004人，在2010年之後，全球除了四個國家還是小兒麻痺的流行疫區外，其他的國家都已經是非疫區了。

三、慢性非傳染性的疾病

這類疾病所導致的身心障礙在過去這幾年當中大幅的增加，成為造成身心障礙主要的原因，隨著糖尿病、心血管疾病（包括心臟病與腦中風）、心智方面的疾病、癌症、呼吸疾病等疾病大幅的增加，身心障礙的盛行率也隨之上升，在中、低收入的國家當中，非傳染性的慢性疾病大約占身心障礙發生原因的66.5%。以某些國家的普查資料可以發現，非傳染性的慢性疾病已經成為導致身心障礙最重要的原因。舉例而言，1998年澳洲所作的身心障礙的調查，發現導致身心障礙的原因，依序為關節炎、背痛、聽力障礙、高血壓、心臟病、氣喘、和視覺障礙等；2006年加拿大針對15歲以上的身心障礙者的研究報告，歸納出導致身心障礙的疾病依序為關節炎、背部疾病、聽力損傷等。從這些研究不難發現，退化性和代謝性疾病已經成為身心障礙的主要原因。歸納非傳染性的慢性疾病成為主要導致身心障礙原因的理由包括：1.人口的老化；2.傳染性疾病的減少；3.出生率的降低；4.生活習慣的改變，例如抽菸、喝酒、高熱量飲食習慣和靜態生活方式等（Alleyne et al., 2013）。

貳、意外事故

意外事故也是導致身心障礙常見的原因，意外事故可分為四類，第一類是交通意外事故、第二類是工作的意外事故、第三類是因為暴力所引起的意外事故、第四類是因為種族衝突所引起的意外事故，一般來說，交通意外事故占了一年當中身心障礙發生率之1.7%左右，而暴力事件或衝突導致每年身心障礙約1.4%左右。最近有一個系統性回顧的研究發現，意外事故導致身心障礙的比率從2%到87%不等。不同研究的結果或許不同，但是可以確定的是意外事故嚴重度越高，發生身心障礙的機會就越大。

參、老化

隨著平均壽命的延長，人口結構的老化，可以想像發生身心障礙的比例亦將逐年增加，人口老化與身心障礙之間包含了兩個議題，其一是老年人口占身心障礙者的比率，其二是身心障礙者的老化問題。依據衛生福利部社會與家庭署102年第3季的統計月報顯示，目前65歲以上人口約占總人口數的11.56%，卻占全國身心障礙人口的37.22%（衛生福利部社會及家庭署，2013），顯示老年人口失能的機會比年輕人高許多，這個比例隨著人口老化還會不斷上升，為了減緩這個比例，許多國家正在推動健康老化（healthy aging）或是成功老化（successful aging）的觀念，藉由增加活動和參與，創造無障礙環境來減緩老年人失能的比例，雖然每一個人到了生命最終時期都將面臨失能的問題，但是在不斷增加的壽命中，延長沒有失能的壽命（disability-free period），進而減少老年人口發生失能的風險；另外，依據國家衛生研究院的統計，我國身心障礙者的平均壽命約65歲，比非身心障礙者減少十餘歲，也就是早年發生的身心障礙者，很可能都還沒進入所謂的老年階段（65歲），生命就已經結束，因為身心障礙者的生理年齡老化的速度超乎實際年齡，因此有些研究在探討身心障礙者是否需要調整

退休年齡至55歲；以小兒麻痺患者為例，初期的小兒麻痺患者可能侵犯單下肢或雙下肢，患者年輕時多半仍能藉由支架和拐杖行走，但是隨著年齡增加，到了40多歲時，可能出現「後小兒麻痺症候群」，體力無法負荷，漸漸需要使用輪椅代步，到了五十歲時，有些小兒麻痺患者甚至連推輪椅的力氣都沒有了，必須改用電動輪椅，體力的消退超乎尋常，當然更無法勝任原來的工作，因此大部分的小兒麻痺患者五十歲時大概都已經從職場上退了下來。

第四節　身心障礙的流行病學

　　即時和準確的身心障礙流行病學調查，可以提供政策制定者在擬訂政策與相關方案時參考，使政策制定者藉由了解身心障礙者的人數與其所處之環境，幫助身心障礙者移除環境中所遭遇到的阻礙，進而提供身心障礙者適當之服務，使身心障礙者能充分參與社會活動。因此世界各國都會定期或不定期蒐集身心障礙的流行病學資料，2007年所公布的聯合憲章身心障礙人權宣言（CRPD），明文要求世界各國必須定期蒐集統計身心障礙的盛行率，作為身心障礙者政策制定與施政的參考。

　　然而如前所述，有相當多的因素會影響到身心障礙流行病學的統計，這些因素都會造成統計上的偏差，也因此造成世界各國身心障礙盛行率上的不同，這些因素包括調查方式、身心障礙的定義、是否考慮環境因素等，有些國家的統計方式相當特別，例如研究身心障礙者的需求是否被滿足，因為這些調查的方式不同，若要用來做國與國之間的比較會有困難。

壹、全球性的調查

一、資料蒐集的方式

　　在介紹全球身心障礙資料之前，我們先了解世界各國所報告的身心障礙盛行率，世界上已有相當多的國家正在進行身心障礙盛行率資料的蒐集，蒐集方式可能透過共識決或實際訪查的方式進行，基本上，資料的蒐集已從早期僅蒐集及統計「身體機能不全」（醫療模式），逐漸轉換為執行日常活動功能的困難程度（ICF模式），而這也是目前全球界定身心障礙主要的標準。然而，即使在已開發國家，各國預估之身心障礙盛行率仍可發現相當大的差異，甚至在同一個國家的調查也有相當大的不同，舉例而言，愛爾蘭於2006年初針對身心障礙人口調

查，身心障礙盛行率爲9.3%，但在該年年終時，愛爾蘭政府改以國家身心障礙調查（National Disability Survey, NDS）後發現，身心障礙人口百分比爲18.5%，說明了同一個國家同年度中，因調查過程中蒐集方式的不同，身心障礙盛行率由9.3%變成18.5%。實際上我們相信這段期間內，身心障礙者的狀況應該沒有太大改變。此外，許多國家在申報身心障礙盛行率時，也會出現一些狀況，例如，早期的資料或是開發中國家通常僅蒐集「身體機能不全」資料，而未考慮日常活動功能的困難程度，因此，其所申報之身心障礙盛行率通常會低於已開發國家。現在越來越多的國家採用ICF的架構作爲身心障礙的報告，就是希望透過此架構的報告，能與國際上其他國家的報告進行接軌，便能蒐集到標準的身心障礙盛行率之結果。

由於世界各國對於身心障礙的定義與調查方法相差極大，這使得聯合國在追蹤各國身心障礙盛行率時遭遇到相當的困難。近年來的共識是希望世界各國盛行率的調查方式能趨近一致，因爲透過ICF架構下所蒐集的資料，較能進行國際間比較，因此目前全球的共識即是使用此方式並透過完整且一致的資料蒐集進行各國之間的比較。目前全球身心障礙的調查有兩個較大的資料庫，分別是2002至2004年間從59個國家所進行的世界健康調查（World Health Survey, WHS）與2004年全球疾病負擔（Global Burden of Disease, GBD），兩個資料庫均進行世界各國資料的蒐集，然而二者資料蒐集方式仍不盡相同，因此無法直接進行比較，但可以分別代表目前全球身心障礙的狀況（Valderas, 2007）。

WHS爲2002年至2004年間，經由「面對面」的訪問來作爲身心障礙盛行率的調查，透過單一的問題與方法來蒐集。此架構主要是依據ICF架構所建置，WHS預計蒐集70個國家的資料，其中共有59個國家配合完成，涵蓋人口達全球人口的64%，此研究具有相當代表性，配合參與的國家多半較缺乏身心障礙流行病學的資料，研究調查國家包含低、中、高收入的國家，藉此探討不同收入的國家身心障礙的現象；WHS訪問的人口由各個國家抽樣產生，並以分層、分階段的方式將人口變項逐一蒐集而來，問卷主要是以面對面，並透過對象自我報告其對於此問題所遭遇到的困難度，問卷分數從沒有困難0分到最大困難100分，

並由此分數訂出身心障礙之切點。WHS以40分作爲身心障礙之切點，代表符合身心障礙的門檻；若分數達50分以上者，則視爲有嚴重困難者。WHS從各個國家的資料統計顯示，全球18歲以上身心障礙盛行率約爲15.6%，從經濟收入狀況來看，高收入國家身心障礙盛行率爲11.8%、低收入國家約18.0%。這個結果相當有趣，因爲過去的資料顯示，低收入國家申報之身心障礙盛行率較低，但透過標準的蒐集方式研究發現，低收入的國家身心障礙的盛行率反而較高。除此之外，WHS的研究也指出特殊年齡和族群與身心障礙盛行率間有因果關係，例如，老人、窮人與女人，會因爲國家的經濟狀況高低而有不同之盛行率，若針對60歲以上的老年人口而言，在低收入的國家，老年人口發生身心障礙的盛行率爲43.4%，但在高收入國家，老年人口的盛行率卻只有29.5%，代表國家的經濟狀況對老年人是否發生身心障礙確有影響。然而，對於WHS所訂立的40分的閾值切點，是否爲最適合的切點，目前仍無眞正共識，需要再繼續推敲；此外WHS雖爲面對面的訪查，但主要是蒐集自我報告的資料，是否會因爲文化的因素而改變，也需要列入參考。

　　另外一個全球性的身心障礙流行病學調查是在2004年重新蒐集的全球疾病負擔（GBD），GBD是從1990年開始，由世界銀行協助進行的一項研究，GBD蒐集的資料包括世界各國的死亡率、罹病率、身心障礙和意外傷害等，這個研究與WHS最大的不同是GBD蒐集的樣本從0歲一直到成年都有，GBD的資料顯示，2004年全球罹患中重度身心障礙的盛行率是15.3%，重度身心障礙的盛行率是2.9%；此外，針對0～14歲的青少年來說，分別有5.1%的青少年被歸類爲中重度的身心障礙，0.7%的青少年被歸類爲重度的身心障礙。GBD的研究提供了另一個全球身心障礙的資料，但是GBD對一些資料很少的或是資料不完整的國家，它的資料經過特殊換算，因此無法提供眞實的報告，所以GDB還是有它的缺點（WHO, 2011）。

二、目的

　　雖然目前已有兩個全球性的身心障礙的流行病學資料庫，但是因為這兩個資料庫的蒐集方式和各個國家蒐集的方式不同，因此沒有辦法直接作比較，即使兩個資料庫之間也存在差異，例如，以2004年的資料為例，WHS跟GBD兩個資料庫都涵蓋了這一年的資料，但是在WHS的調查，當年身心障礙人口盛行率是15.6%，而GBD的調查是19.4%，這兩個數值雖然差距不是很大，但仍存有相當的差距。我們也可以從另外一個角度來看，這兩個全球性的身心障礙資料庫，WHS調查全球的極重度身心障礙盛行率是2.2%，而GBS是3.8%，二者相差近一倍，我們可以從這兩個數值看出這兩個資料庫的差距，因此若以任何一方資料推估全球的身心障礙人口，都會出現估計錯誤的可能。

　　不論是WHS或是GBD的統計，目前聯合國世界身心障礙人口調查（World Disability Report）的報告是採用全球身心障礙盛行率為15%，以2010年的全球人口70億推估，目前全球大約有10億人是屬於身心障礙。這個盛行率比1970年WHO採共識決的估計10%來的多，這其中有些意涵必須加以思考，包括：1.近四十年來身心障礙的盛行率上升；2.身心障礙的定義改變，是否導致身心障礙人口增加仍需觀察；3.身心障礙的切點是否適當，WHS使用40作為身心障礙切點，但是如果使用50甚至60，盛行率可能又會改變，如何決定最適切點，仍待未來持續研究。

貳、各國調查結果

一、資料蒐集的方式

　　身心障礙的流行病學資料可分為國家級資料和國際級資料，國家級的資料一般來源包括共識、人口普查與行政資料登入等三方面。一般來說，不同的資料庫，因為採用的身心障礙定義、蒐集的方法、時期的不同，所得到的身心障礙盛行率就會不同。此外，身心障礙是個複雜且具多面向之整體表現，因此身心

障礙盛行率的測量仍存在相當多的挑戰。在不同國家間可能產生不同之測量結果，目前最普遍的現象是對於身心障礙的定義多局限在「身體機能不全／損傷（impairment）」，但事實上，隨著定義的改變，身心障礙主要是蒐集個案活動的限制、活動參與局限相關問題與環境因素等等，定義的不同、問卷設計、報告來源、資料蒐集方式等都會直接的影響到所蒐集之身心障礙盛行率結果上。

　　1980年世界衛生組織公布國際機能不全、失能與殘障分類（International Classification of Impairment, Disabilities and Handicaps, ICIDH），主要以醫療模式解釋身心障礙，當時對於身心障礙的觀念認為先有疾病造成器官的功能不全，才會導致後續的失能和殘障。舉例而言，一位小兒麻痺患者，因為小兒麻痺（疾病）導致肌肉萎縮無力（身體機能不全），進而導致無法行走（失能）、無法上學（殘障），這個觀念在西元2001年ICF公布以後已經改變，尤其殘障（handicap）這個名詞也不再使用，但是目前發現許多身心障礙的統計方法仍舊使用「身體機能不全」作為身心障礙的定義，因為在ICIDH的觀念中，「身體機能不全」是失能的前身，統計「身體機能不全」的盛行率就等同於統計身心障礙的盛行率。此外，若以「身體機能不全」作為身心障礙的標準，就會出現身心障礙類別的統計，例如有視障、聽障、肢障等類別，這是因為用「身體機能不全」來作為身心障礙標準時，會產生「同一類的身心障礙類別者，身心障礙的問題應該相似」的盲點，例如視障者，一般多認為應該有較相近之健康狀況，包含健康、教育、復健、社會與支持需求等，但事實上，即使兩位有相同身體機能不全者，在面對日常生活而言卻可能有截然不同的處遇。而且有些慢性健康疾病、溝通障礙或是有些較不易測量之「身體機能不全」者容易遭到忽視，而被認為沒有身心障礙的問題。

　　在蒐集身心障礙資料時，除了只蒐集「身體機能不全」問題外，個案在生活環境中所面臨之阻礙與日常生活上的困難，對於身心障礙者也極為重要。罹患相同機能不全的兩位身心障礙者，會因為其所處環境與個人因素上的不同，而造成相當不同之結果；例如，對許多國家而言，近視問題根本稱不上是身心障礙，但是在巴西有很多功課落後的小朋友，其原因卻是因為無法獲得輔助閱讀功能的眼

鏡，相較於已開發國家，這種障礙是不會發生的；此外，在許多國家中，身心障礙仍受到相當程度的歧視，使身心障礙者在日常生活參與中，無法完全融入社會，而此現象在已開發國家也較少出現。

二、目的

　　蒐集身心障礙者盛行率最主要的目的，是希望透過盛行率之分析結果，用以制定策略與促進身心障礙者的福利，因此透過全面且有系統性的資料蒐集，能協助政策制定者制定相關的福利，使身心障礙者在日常生活中能充分的參與日常生活。但是一個明顯的矛盾是，各國自行蒐集的盛行率與全球性資料庫的結果並不一致，各國自行統計的身心障礙盛行率一般偏低，這個現象在收入越低的國家越明顯，這樣矛盾的可能原因：1.採用的身心障礙定義不同。各國國內蒐集的定義多採「身體機能不全」，而全球資料庫採ICF的身心障礙定義；2.各國自我報告身心障礙的比率仍然偏低，在全面性抽樣調查時，可以發現隱藏性的身心障礙者，這個現象在低收入的國家尤其明顯。因此，為了可以得到更可信的、更全面化的資料，日後不管是各國或是全球性的身心障礙調查，建議都以ICF來作為架構。ICF是目前公認最合適的一個方式，ICF提供大家可以接受的一個平臺，用來測量和蒐集資料，當然ICF本身不是一個評估的工具，它是一個分類的方式，因此它反而可以提供一個比較公正客觀評估的架構，蒐集各國身心障礙的資料。

三、測量標的

　　身心障礙的測量應該採取從最小值到最大值的連續性變化方式進行評估，許多國家已將身心障礙的測量逐漸轉換為連續性的方式，測量身心障礙時會有多重的面向，身心障礙的分數便是將這些多重面向的得分加總而得。連續性的變項優點在於不是將個案歸類為有無身心障礙，而是採用一個光譜的概念，超過一定的切點（閾值）以上，才確定屬於身心障礙，當然這個切點如何決定，可能因不同

的年齡、性別、經濟、職業而影響其判定基準，世界各國採用的基準目前也仍未統一。

參、我國資料

依照我國內政部的統計資料，民國92年我國身心障礙人數為86萬1030人，約占全國人口3.8%，到了民國100年我國身心障礙人數為110萬436人，約占全國人口4.6%，內政部統計，截至101年6月底，領有身心障礙手冊者計105萬4457人，較去年同期增加2.67%；身心障礙人口占總人口比率為4.57%，續呈逐年上升趨勢。資料顯示，男性身心障礙者計60萬6458人，高於女性的44萬7999人，但近12年來女性身心障礙人口的年增率均高於男性，主要是因女性失智症者及慢性精神病患者增加較多所致。其中，身心障礙人口以肢體障礙者（37.6%）最多，重要器官失去功能者（10.8%）次之，聽覺機能障礙者（10.7%）居第三。從年齡別觀察，未滿18歲的兒童及少年身心障礙人口中以智能障礙者（37%）最多，18歲以上以肢體障礙者（39%）最多。內政部說，各縣市身心障礙人口比率以臺東縣（8.9%）最高，雲林縣（7.9%）次之，花蓮縣（7.7%）居第三。

2000年、2006年與2012年間之各年齡層身心障礙盛行率均隨著年齡的增加有正向增加的趨勢，從人口角度而言，自2000年起每六年平均成長約2.5%，整體而言並無明顯變化，但對身心障礙人口而言，2000至2006年間成長約38%，2006年至2012年間則成長約14%，明顯高於人口成長。這個現象可以從兩個可能因素來解釋，其一是國人對身心障礙的觀念改變，因為立法的不斷進步，身心障礙者更願意接受身心障礙鑑定取得身分，另一方面是人口的老化，觀察2000年、2006年與2012年年齡於0～44歲間，身心障礙盛行率均無明顯變化，相對的，年齡大於45歲以上的身心障礙者大幅增加，足見人口老化對身心障礙盛行率的影響（如：圖2-1-1）。

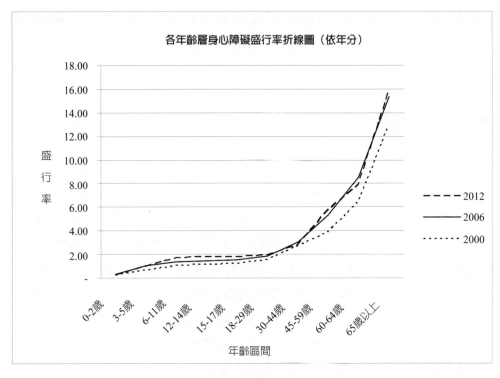

圖2-1-1　各年齡層身心障礙盛行率

　　此外，2000年、2006年與2012年間之各都市層級之身心障礙盛行率均隨著年齡的增加有正向增加的趨勢，但對五都而言，五都的身心障礙盛行率為4.37，較非五都的5.47低；45歲前各層級縣市之身心障礙盛行率均低於3%，但在30歲後，非五都地區之盛行率均高於五都與全國平均盛行率，並隨著年齡有明顯上升的趨勢（如：圖2-1-2）。

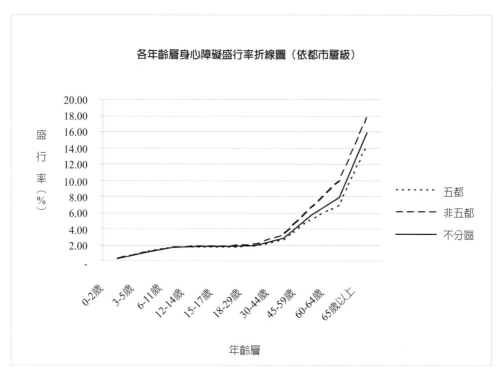

圖2-1-2　依都市層級之各年齡層身心障礙盛行率

　　相較於世界各國身心障礙者的比率15%，我國身心障礙者比率4.57%明顯偏低，探討可能的原因歸納如下：

1. 目的不同：各國進行身心障礙調查的目的不同，大部分的國家是為了提供資訊作為編列身心障礙福利及相關施政的參考；但是我國身心障礙鑑定制度除了作為了解身心障礙人口比率外，同時也作為福利服務的依據，因為需與後續的社會福利結合，在社福經費有限的情況下，身心障礙的資格勢必相對較為嚴格。

2. 登記方式不同：各國進行身心障礙調查的方式不同，大部分的國家是採田野調查、登記制，甚至是自我報告制，登記制度相對寬鬆；我國因為鑑定接續社會福利，因此採用比較嚴格的鑑定制度，由鑑定醫師及鑑定人員依

據政府公布的標準進行鑑定（Chiu et al., 2013；Teng et al., 2013），在嚴格把關的登記制度下，身心障礙比率自然相對偏低，但是必須投入大量醫師、醫事、社工人力及鑑定費用，耗費龐大的醫療資源來進行身心障礙鑑定工作；日本近年亦在進行身心障礙鑑定制度之改革，鑑定工作已經從醫師及醫事人員漸漸轉移到社工人員或是行政人員，值得我國參考。

3. 定義不同：不論是WHS或是GBD的統計，身心障礙的定義基本上是採ICF的生物心理社會模式（biopsychosocial model），我國101年7月之前主要是採用醫療模式（medical model），以疾病為主要的依據，因此有些不屬於規定疾病範圍內的身心障礙就可能被排除在外。

4. 制度不同：身心障礙的範圍包含醫療、教育、勞政及社會福利等。我國在規劃身心障礙鑑定之初，缺乏完整的規劃，因此身心障礙的相關福利可能散見於不同的部門，例如醫療問題可能由全民健康保險處理、就業問題可能由勞工委員會承接、特殊教育問題由教育部辦理，申請身心障礙鑑定的目的是希望獲得相對的福利服務，有些身心障礙者因為在醫療、就業或是就學方面已獲得協助，可能因此減少了申請身心障礙鑑定的意願。

綜合上述原因，我國身心障礙的盛行率比起世界各國確實偏低，有些原因在101年7月我國新制身心障礙鑑定實施，以及102年7月原有衛生署合併內政部社會司成立衛生福利部之後可能獲得改善，但是最重要的影響在於經費預算，若是我國的身心障礙盛行率從現行的4.57%貿然增加到15%，我國的社福經費是否能夠支撐才是關鍵。因此如何提高社福經費預算，並將有限的資源重新分配（reallocation）到最需要的身心障礙者身上，是我國政府和新制身心障礙制度要面對的課題。

第五節　與身心障礙相關的因素

壹、人口因素

一、老年人

　　影響身心障礙盛行率的重要因素是人口組成，尤其是老年人占總人口的比例，因為，老年人一生當中所遭遇的疾病、意外事故、慢性疾病是一個累積的過程，這樣的累積會導致老年人口身心障礙的發生率大幅增加，因此老年人口比例越高的國家，身心障礙者的盛行率也會隨之上升，例如，在澳洲老年人大約占總人口10.7%，但是老年人卻占了身心障礙者的35.2%，可以看出老年人口發生身心障礙的比率遠高於其他年齡層。隨著人口老化，一些原來的疾病都會隨著高齡化而逐漸累積，身心障礙將成為全球重要的議題。此外，在中低收入的國家中，老年人口發生身心障礙的比率高於高收入的國家，高收入的國家對老年人口提供的服務和保護，可以避免老年人進一步造成身心障礙，例如芬蘭近幾年積極推廣老年人運動、提升體適能，有一個計畫稱為「臨終前兩週才躺在床上」的計畫，利用社區提供年長者運動的空間和指導，讓年長者一直參與運動，直到最後無法運動為止，因此大幅減少老年人在步行方面的失能，值得我國作為借鏡。另外亦發現在低收入的國家，女性發生身心障礙的比例也會比男性要來的高，代表在低收入國家對女性的保護仍有待加強。

二、青少年

　　在青少年族群中，由GBD的研究可以發現，0到14歲的青少年發生中重度身心障礙的百分比大概占了5.1%，發生極重度的身心障礙大概是0.7%；此外，最近有回顧性研究，發現在中低收入的國家，青少年發生身心障礙的機率從0.4%到12.7%不等，根據這些研究可以發現，青少年的身心障礙盛行率，非常可能被低估，實際的問題可能高於預期；此外，從這些研究可以整理出幾個特殊的現

象，1.青少年身心障礙來自比較貧窮的家庭；2.青少年身心障礙者，容易遭受社會的歧視，無法正常接觸到社會的服務與資源，包括兒童早期療育和補助等；3.這些青少年身心障礙者容易出現體重明顯不足，生長遲滯的現象；4.這些個案容易招受到來自父、母親的體罰。

貳、環境因素

另外一個影響身心障礙盛行率的因素是環境的影響，一般而言，社會環境提供越多的資源，身心障礙發生的機會就越低。在蒐集身心障礙者的活動和參與資料時，我們通常蒐集能力和表現兩項分數，所謂能力是在一個標準的環境、沒有輔具的情境之下所得到的分數；而表現是在一個自然熟悉的環境中、藉由輔具的幫助所得到之分數，一般來說表現的分數會比能力的分數來得好，代表經由環境與輔具的幫忙，身心障礙者的功能提升了，這中間的差異就是環境的因素（促進因子），環境提供越多的協助，身心障礙者遭遇的困難就會越少；另外一方面，也有可能環境對身心障礙者是不利的，例如，身心障礙者出了家門，到處都被階梯、障礙物阻擋，讓他無法順利出門，環境對他來說就是個不利因素（阻礙因子），所以環境的因素對於身心障礙盛行率也是一大影響，在蒐集統計身心障礙流行病學資料時，是蒐集能力或是表現的分數會產生影響，因此建議蒐集時能將能力和表現的分數一併蒐集，除了了解個案的情形外，也可以了解環境因素的實際狀況。

參、貧窮

一、開發中國家

另外一個與身心障礙盛行率有關的因素是貧窮，身心障礙者跟貧窮的相關性

相當高，不管是在開發中國家或是已開發國家都有相同的問題，事實上身心障礙與貧窮是互為因果的關係，可能是「因病而貧」或是「因貧而病」。貧窮使身心障礙者因營養不良、居住與工作環境惡劣，而導致身體狀況更為惡化。

二、已開發國家

　　在已開發國家的身心障礙者雖然貧窮，但是政府可以提供適當的醫療、就學、就業等補助，生活上尚可無虞，但是開發中國家因為國家經濟和政策等因素，若無法將資源投入身心障礙者，仍會造成他們的生活相當大的困難。

第六節　結論與建議

　　以ICF分類為基礎的目的，在於提供統一和標準的語言與架構來描述一個人的健康狀態，它界定健康與一些健康相關的要素（如教育與勞動）。因此，ICF所包含的範疇可看成健康範疇與健康相關範疇。這些範疇從1.身體功能和結構；2.活動和參與；3.與這些建構互動的環境因素。在WHO的國際分類中，健康狀況（疾病、疾患、傷害等）主要在ICD（國際疾病分類）分類，它提供病因學架構，而機能和失能關聯健康狀況分類在ICF。ICD和ICF因而互補。ICD提供疾病、疾患或其他健康狀況的「診斷」，這資訊能豐富ICF在機能賦予的附加資訊。兩者併用，診斷加上身體機能的資訊提供人們或族群健康更廣泛的資訊，並能使用在決策目的。此外，ICF已從「疾病後果」分類（1980版本）移轉成「健康要素」分類。「健康要素」確認健康的成分，而「後果」聚焦在疾病或其他健康狀況後續結果造成的衝擊。所以，ICF關於病因採中立立場，使研究者能用適當科學方法作出因果推論。希望未來的身心障礙調查都能朝向以ICF為架構，ICF可以提供一個標準，讓各國在一致的情況下做身心障礙的統計，這樣的基礎所完成的身心障礙盛行率，才能夠作國與國之間的比較。

　　一般而言，身心障礙者往往比非身心障礙者更貧窮、健康差、教育程度低、經濟自主能力低而且少有參與公共事務的機會，其中女性、老年和貧窮的身心障礙者更是弱勢中的弱勢，身心障礙鑑定的目的絕對不是標籤化，而是藉由評估了解身心障礙者的需求，提供最適切的服務。

參考書目

一、中文部分

衛生福利部社會及家庭署（2013）。身心障礙者人數-障礙、縣市及年齡別。上網日期：2013年10月4日。取自：http://www.sfaa.gov.tw/statisticsdisabled/168.jhtml

二、英文部分

Alleyne, G., Binagwaho, A., Haines, A., Jahan, S., Nugent, R., Rojhani, A., & Stuckler, D. (2013). Embedding non-communicable diseases in the post-2015 development agenda. *Lancet, 381* (9866), 566-574. doi: 10.1016/s0140-6736(12)61806-6

Chiu, W. T., Yen, C. F., Teng, S. W., Liao, H. F., Chang, K. H., Chi, W. C., . . . Liou, T. H. (2013). Implementing disability evaluation and welfare services based on the framework of the international classification of functioning, disability and health: experiences in Taiwan. *BMC Health Serv Res, 13*, 416.

Leonardi, M., Bickenbach, J., Ustun, T. B., Kostanjsek, N., & Chatterji, S. (2006). The definition of disability: what is in a name? *Lancet, 368* (9543), 1219-1221. doi: 10.1016/s0140-6736(06)69498-1

Mercer, S. W., & MacDonald, R. (2007). Disability and human rights. *Lancet*, 370 (9587), 548-549. doi: 10.1016/s0140-6736(07)61272-0

Officer, A., & Groce, N. E. (2009). Key concepts in disability. *Lancet, 374* (9704), 1795-1796. doi: 10.1016/s0140-6736(09)61527-0

Teng, S. W., Yen, C. F., Liao, H. F., Chang, K. H., Chi, W. C., Wang, Y. H., & Liou, T. H. (2013). Evolution of system for disability assessment based on the International Classification of Functioning, Disability, and Health: A Taiwanese study. *J Formos Med Assoc, 112*(11), 691-698.

Valderas, J. M. (2007). Measurement of health and disability. *Lancet, 370* (9586), 483-484; author reply 484. doi: 10.1016/s0140-6736(07)61229-x

WHO. (2011). *World report on disability*: World Health Organization.

第二章　身心障礙的分類

/張光華

　　我國身心障礙鑑定制度係依循世界衛生組織（World Health Organization, WHO）所建制「國際健康功能與身心障礙分類系統」（International Classification of Functioning, Disability and Health, ICF）中，關於身體功能與身體構造的分類精神，將所有的身心障礙種類歸納成八類：其中第一類身心障礙是「神經系統構造及精神、心智功能」類障礙；第二類是「眼、耳及相關構造與感官功能及疼痛」類障礙；第三類是「涉及聲音與言語構造及其功能」類障礙；第四類是「循環、造血、免疫與呼吸系統構造及其功能」類障礙；第五類是「消化、新陳代謝與內分泌系統相關構造及其功能」類障礙；第六類是「泌尿與生殖系統相關構造及其功能」類障礙；第七類是「神經、肌肉、骨骼之移動相關構造及其功能」類障礙；而第八類是「皮膚與相關構造及其功能」類障礙。本章將就我國現行身心障礙鑑定制度之相關疾病的概況和鑑定準則，加以闡述，以協助了解我國身心障礙鑑定制度所涵蓋的內容。

第一節　心智功能類

　　第一類身心障礙涉及心智能力，包括下列的功能障礙（表2-2-1）：意識功能（Consciousness functions）、智力功能（Intellectual functions）、整體心理社會功能（Global psychosocial functions）、注意力功能（Attention functions）、記憶功能（Memory functions）、心理動作功能（Psychomotor functions）、情緒功能（Emotional functions）、思想功能（Thought functions）、高階認知功能（Higher-level Cognitive functions）、口語理解功能（Reception of spoken language）、口語表達功能（Expression of spoken language）、閱讀功能（Reception of written language）和書寫功能（Expression of written language）等障礙。

　　這些心智功能是關於大腦的能力。其中意識功能是維持神智清醒的能力，例如，頭部受到創傷，導致昏迷不醒或是植物人，便是肇因於意識功能的喪失；智力功能是可以理解與整合各項心智功能的能力，一般多以智商的高低來衡量一個人的智力功能好壞。罹患失智症或唐氏症的患者智商較低，即缺少智力功能。

　　整體心理社會功能是為了達成在社會上活動或與他人交往，所需要具備的人際間互動的技巧和能力。例如，電影「雨人」中的男主角便是因為罹患自閉症，缺乏整體心理社會功能，而與他人格格不入，無法與他人交往、互動或溝通。

　　注意力功能是可以專心、注意於某些對個人有意義的外來訊息（例如，課堂上老師的上課內容）和自身經驗，並且能夠維持一段時間（例如，一課堂的時間）的能力，例如，過動兒的注意力功能不良，因此常常注意力不集中，無法專心上完一堂課；記憶功能是可以記錄和儲存資訊，並且在需要的時候可以重新想起來的能力。例如，失智症的患者常有記憶功能障礙，因此常常忘記東西放在哪裡或是忘記回家的路。

　　心理動作功能是可以調節、控制自身之動作和心理狀況的能力，例如罹患思覺失調症的人便無法控制自己的行為和思緒，以致常表現出不尋常的言語、舉止

或行為；情緒功能是有關情感和感受的心智功能。例如考試考100分，覺得很高興，如果只考50分，便覺得很沮喪，這些是正常情緒功能的起伏表現。但是若高興到贈送每位同學手機或是沮喪到覺得自己很沒有用、對不起全世界的人，就已經超過一般人的常理範圍，是不正常的情緒功能表現。

思想功能是有關意念和想法的心智功能，例如對同志結婚或其他議題的看法，是思想功能的表現。而罹患失智症的人常喪失思想功能，因此缺乏對事物的想法和意圖；高階認知功能是以特定目標為導向的計畫執行能力。例如想到去歐洲遊學，便要先能夠規劃並且執行從家裡到機場的各個步驟，才能達成出國的目標。

口語理解功能是了解口語訊息的心智能力，口語理解功能障礙的人便無法聽懂別人講話的意思；口語表達功能是產生有意涵之口語訊息的心智能力，口語表達功能障礙的人便無法說出別人可以聽得懂的話語；閱讀功能是了解書寫訊息的心智能力，閱讀功能障礙的人便無法了解文章、字句間的意思；而書寫功能則是產生有意涵之書寫訊息的心智能力，書寫功能障礙的人便無法寫出別人可以了解的文字。

腦部的結構包括大腦、小腦和腦幹。大腦主管心智功能，小腦主管平衡功能，腦幹主管心跳和呼吸的調節。因此，第一類身心障礙大多肇因於和大腦有關的疾病。其中慢性精神疾病、失智症（Dementia）和智能障礙（Intellectual disability）是造成國人第一類身心障礙的最常見原因。表2-2-1為腦部疾病中，常見的心智功能障礙項目。

表2-2-1 各項腦部相關疾病常見的心智功能障礙

心智功能(ICF編碼)	植物人	失智症	頑性癲癇	智能障礙	自閉症	罕見疾病	唐氏症	精神疾病	聽語障礙	閱讀障礙	書面表達障礙
意識功能（b110）	V	V	V								
智力功能（b117）		V		V	V	V	V				
整體心理社會功能（b122）		V		V	V			V			
注意力功能（b140）		V		V	V			V			
記憶功能（b144）		V		V	V			V			
心理動作功能（b147）		V		V	V			V			
情緒功能（b152）		V			V			V			
思想功能（b160）		V		V	V						
高階認知功能（b164）		V		V				V			
口語理解功能（b16700）				V	V				V		
口語表達功能（b16710）				V	V				V		
閱讀功能（b16701）				V						V	
書寫功能（b16711）				V							V

　　根據民國96年7月4日修正的精神衛生法，精神疾病是「指思考、情緒、知覺、認知、行為等精神狀態表現異常，導致其適應生活之功能發生障礙，需給予醫療及照顧之疾病；其範圍包括精神病、精神官能症、酒癮、藥癮及其他經中央主管機關認定之精神疾病，但不包括反社會人格違常者」。其中，「知覺」是腦

部對感覺的解讀，例如知道別人的碰觸是輕柔的或是粗魯的，而「認知」是對意涵的解讀，例如知道別人的碰觸是善意的或是惡意的。

在所有的精神疾病中，思覺失調症（Schizophrenia）、躁鬱症（又稱為雙極性情感精神病，Bipolar disorder）和憂鬱症（Depression）等疾病都屬於嚴重的精神疾病，可能造成患者日常生活的扭曲和依賴。思覺失調症患者的思考模式常與現實生活的真實情境脫節，也與合於邏輯的一般思考方式不同。並且常有幻覺的症狀，例如聽到不存在的聲音、看到不存在的影像。在行為、舉止方面，思覺失調症患者會出現一些不尋常的言語和動作，既影響其日常生活的獨立能力，也會影響患者與他人交往或互動的能力。國人罹患思覺失調症的盛行率（Prevalence，指在某個時間點上，患者占全體國人的比率）從民國85年的0.3%上升到民國90年的0.6%（Chien IC 等人，2004）。其年發生率（Incidence，某個時間區間中，新產生的患者人數）為每10萬名國人中，有45至95名新個案產生。

至於躁鬱症和憂鬱症則屬於情感性精神病，患者的症狀以異常的情緒變化為主。躁鬱症患者的情緒起伏變化很大，起伏的程度及持續的時間都超過一般人的常理範圍內。例如，狂躁時情緒過度高亢、興奮、易怒，思想和說話的速度飛快，話題的轉換也很頻繁；反之，憂鬱時情緒過度低落、悲觀、無助。國人罹患躁鬱症的盛行率從民國85年的0.1%上升到民國92年的0.5%（Bih et al, 2008）。其年發生率為每10萬名國人中，有48至71名新個案產生。至於憂鬱症患者則以情緒低落為主，例如誤踩一隻螞蟻，憂鬱症患者便認為自己很沒有用、對不起全世界的螞蟻。情緒低落、悲觀的幅度超過常理。此外，憂鬱症患者說話和動作都變得遲緩、無精打采，並且對許多事物失去興趣與動力，造成日常生活和工作上的停滯。國人罹患憂鬱症的盛行率從民國85年的0.2%上升到民國92年的1.7%（Chien et al, 2007）。其年發生率為每10萬名國人中，有189至258名新個案產生。老年人罹患憂鬱症的比率較高，臺灣南部的盛行率為5.9%（Chong et al, 2001）。

自閉症（Autism）是一種多方面的幼兒發展障礙。自閉症患者的日常行為、興趣和活動通常制式化、一成不變，而且行為異常，一直重複做相同的動作。

在與他人的互動、溝通和社交方面也出現明顯的障礙（Sun et al, 2013）。國人罹患自閉症的盛行率從民國86年的0.02%上升到民國94年的0.29%（Chien et al, 2011）。其年發生率也從民國86年，每10萬名國人中有9.1名新個案產生，增加到民國94年的44.1名新個案。

失智症（Dementia）是一種後天發生的症候群。症候群是一群症狀的組合。失智症患者有持續性的心智功能障礙，除了記憶功能障礙之外，還常有一個或多個高階認知功能的障礙，包括失語症（Aphasia，腦部無法了解或表達有意義、符合文法的語言）、失用症（Apraxia，腦部無法規畫、行使有目標的動作，例如患者的手有足夠的力量可以拿起杯子，也想要喝水，但是卻無法拿起桌上的杯子，完成喝水的目標）、失知症（Agnosia，腦部無法了解視覺、聽覺、味覺或嗅覺等感官覺的意涵，例如患者看到紅綠燈的紅燈亮了，但是卻不知道必須停住腳步，不可以過馬路）以及無法規畫或組織事務、無法抽象思考和無法作算術等。失智症的發生率隨著年齡的提高而呈現指數式地快速增加（Chien et al, 2008）。依據患者的發病年齡，失智症可以分為早發型失智症（發病年齡小於65歲）與遲發型失智症（發病年齡大於或等於65歲）。早發型失智症常跟腦部創傷、酒癮和愛滋病毒有關，而遲發型失智症則跟罹患阿茲海默症（Alzheimer's disease）和腦部的血管病變有關（McMurtray A等人，2006）。腦部的血管病變所造成的失智症又稱為血管型失智症。腦中風（Cerebral stroke）和高血壓（Hypertension）是血管型失智症的主要危險因子。我國的老年人罹患遲發型失智症的盛行率為2%～4%（Liu et al., 2000）。其年發生率為每10萬名國人中，有1,280名新個案產生（Liu et al., 1998），其中540人屬於阿茲海默症、410人屬於血管型失智症。

創傷性腦傷（Traumatic brain injury）是當頭部受到外界的撞擊或穿刺傷後，造成腦部功能受損的統稱。創傷性腦傷可以有多個區域的腦部病變。因此，隨著傷害部位的不同，創傷性腦傷可能影響患者各種不同的心智功能（Lin et al, 2013），包括意識功能、智力功能、整體心理社會功能、注意力功能、記憶功能、心理動作功能、情緒功能、思想功能、高階認知功能、口語理解功能和

口語表達功能等。因此，創傷性腦傷患者常有記憶喪失、個性改變和舉止退化等症狀。除了這些心智功能的障礙外，創傷性腦傷也可能造成身體的移動功能障礙（第七類身心障礙）。創傷性腦傷患者是否會遺留明顯的功能障礙，跟患者的年齡、創傷的嚴重程度和急性期是否出現嚴重的併發症等有關（Kolias et al., 2013）。根據民國90年的資料，每10萬名國人中，約有218至417人發生創傷性腦傷（Chiu et al., 2007）。其中50%的患者肇因於車禍，30%肇因於跌倒，10%肇因於暴力攻擊。而自民國86年開始，由於我國立法強制騎乘機車戴安全帽的措施奏效（Chiu et al., 2000），民國90年國人因車禍導致創傷性腦傷的人數比民國80年時期，大幅地下降。

我們的腦細胞對氧氣的需求量很高，短暫5分鐘的缺氧便會造成腦細胞無法復原的損傷。因此若是供應腦部的血流量或氧氣量不足，便會造成廣泛性的腦部病變，稱爲缺氧性腦病變（Hypoxic ischemic encephalopathy）。缺氧性腦病變是心跳停止、急性心肺功能衰竭、溺水或一氧化碳中毒等急性病症的後遺症。因爲腦部有廣泛性的病變，所以缺氧性腦病變所造成的功能障礙也是多樣且複雜，除了心智功能障礙外，還常包括排尿功能障礙（第六類身心障礙）和移動功能障礙（第七類身心障礙）。罹患創傷性腦傷或缺氧性腦病變而造成腦部嚴重損傷的患者，都可能喪失意識功能，成爲植物人（Vegetative state）。根據臺北與花蓮的研究資料顯示，約有0.3%至0.8%的創傷性腦傷患者成爲植物人（Chiu et al., 2007）。植物人的意識功能有明顯的障礙，無法保持神智的清醒狀態。除了一些無意識的反射動作外，植物人無法對外界的訊息或指令做出任何有意義的回應，因此包括飲食和大、小便等日常生活事物，都必須完全依賴他人的照料。

智能障礙（Intellectual disability）是一種智商較低，並且在日常生活或是學校生活上，出現適應困難的狀況。智能障礙患者的智商或智力功能在一般人的平均之下（Curry, et al., 1997），並且伴隨有兩個或兩個以上的生活適應障礙，例如在與他人溝通、自我照顧、維護自身健康與安全、居家生活、社區活動、社交技巧、休閒與工作等活動上遭遇困難。智能障礙患者在心智功能上的障礙與生活適應技巧上的不良，通常會持續終身。我國的身心障礙鑑定制度以智商低於70

作為智力功能障礙的認定標準。智能障礙的患者大多在嬰幼兒時期或是在學齡前的兒童時期便會出現發展遲緩的跡象。接近一半的智能障礙患者同時有其他的健康問題（Yen et al., 2009），包括視覺障礙、癲癇、精神疾病、肢體障礙和聽覺障礙。國人罹患智能障礙的盛行率約為0.3%～0.4%（Lin and Lin, 2011）。大約50%的智能障礙患者肇因於先天的缺陷，例如唐氏症（Down syndrome），而另外32%的患者則因為後天罹患疾病所產生的後遺症（Lin et al., 2009）。唐氏症是一種染色體異常的先天性疾病，每一萬人次的生產中，約有3.14名嬰兒被診斷出患有唐氏症（Chen et al., 2009）。年齡大於35歲的母親是產下唐氏症兒的重要危險因子。所幸婦女在懷孕15周後，便可經由羊膜穿刺的方法抽取羊水，進行染色體的篩檢，可以提早發現有問題的胎兒。另外，常造成智能障礙的後天性疾病，包括新生兒的黃疸過高及嬰幼兒的腦部受到細菌感染等（Hou et al., 1998）。

第二節　感官功能類

　　第二類身心障礙涉及感官功能。感官功能包括視覺、聽覺、味覺、嗅覺、平衡覺和皮膚覺等。人體之所以能夠感受到周遭環境的訊息和變化，主要藉助於這些感官功能的偵測。其中眼睛接收視覺，耳朵接收聽覺，舌頭上的味蕾細胞接收味覺，鼻子接收嗅覺，耳朵的內耳結構與平衡覺有關，而皮膚裡的多種接受器則分別感受觸覺、痛覺與溫度覺。這些感官功能讓我們能夠知道周遭環境的變化，並且可以及時因應、避免危險，因此有助於便利、安全的日常生活。其中，視覺功能（Seeing functions, ICF編碼b210）、聽覺功能（Hearing functions, ICF編碼b230）與平衡覺功能（Balance functions, ICF編碼b235）的障礙可能造成日常活動上的困難以及無法與他人溝通和互動，嚴重影響日常生活的獨立能力。因此在我國身心障礙鑑定制度中，第二類身心障礙的種類，包括視覺功能、聽覺功能和平衡覺功能等障礙。

　　眼睛是視覺功能的接收器官。眼睛的結構像一臺照相機，前方的水晶體像鏡頭，負責光線的聚焦，而後方的視網膜則像底片，是感受光線的地方（圖2-2-1）。當光線投射到視網膜後，視網膜內的感光細胞便會受到刺激，並且產生訊號，再將此一訊號經由視神經傳遞到大腦，進行解讀。我國的身心障礙鑑定制度以視力減弱的程度和視野縮小的範圍，作為視覺障礙的鑑定準則。視力是看東西的清晰度，而視野是眼睛能看到的範圍大小。根據臺北石牌地區的研究：65歲以上國人弱視的盛行率為2.9%，而失明的盛行率則為0.6%（Hsu et al., 2004）。大部分的視覺障礙肇因於視網膜病變（Retinal disorders）、白內障（Cataract）、青光眼（Glaucoma）和視神經病變（Optic neuropathy）等。

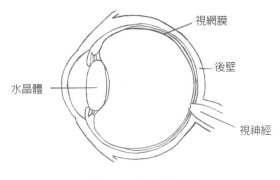

視網膜

後壁

水晶體

視神經

圖2-2-1　眼睛的結構

　　扮演底片角色的視網膜像壁紙或螢幕一樣，貼在眼球內部的後壁（圖2-2-1），接受光線的投影。常見的視網膜病變有視網膜剝離（Retinal detachment）、糖尿病（Diabetes mellitus, DM）、性視網膜病變和黃斑部病變（Macular disorder）等。其中，視網膜剝離後，視網膜便不再緊貼在眼球的後壁，因此會產生皺折，造成影像的扭曲。此外，從水晶體到視網膜的距離也會改變，使得光線不再準確地投射到視網膜上，造成視力減弱。大幅度的視網膜剝離，甚至可能導致失明。視網膜剝離好發於六百度以上的高度近視者、頭部受到劇烈撞擊者或是家族中曾有人罹患視網膜剝離者。其年發生率為每10萬名國人中，有7.8至10.8名新個案產生（Lin et al., 2011）。視網膜剝離後應盡快接受手術治療，將視網膜貼回眼球後壁，才能減少視力喪失的程度。糖尿病患者也常併發視網膜病變。因其小血管常發生扭曲和異常增生等病變。這些增生的小血管若出現在視網膜上，就像螢幕有汙垢一樣，會遮蔽視網膜的感光能力，導致視力減退。國人因糖尿病併發視網膜病變，以致失明或弱視的盛行率從民國89年的0.50%上升到民國98年的0.62%（Huang YY 等人，2012）。糖尿病患者除了嚴格控制血糖之外，雷射手術是治療糖尿病性視網膜病變的有效方法。視網膜中的黃斑部是眼睛掌管最精確、銳利視力的重要區域，因此黃斑部病變將造成主要視力的下降，嚴重影響視覺功能。此外，黃斑部病變是老年人常見的退化性病變，可能肇因於高度近視（Chen et al., 2012）或是其他的視網膜病變。

　　白內障是另一個眼睛常見的退化性病變，也常見於老年人。其病因是眼睛中擔任鏡頭角色的水晶體變混濁、透光性降低，造成視力模糊。65歲以上的女性國人罹患白內障的盛行率為64.0%，男性則為56.1%（Tsai et al., 2003）。白內障的治療，可以先將混濁的水晶體以手術清除，再植入人工水晶體，即可改善視力。至於青光眼則是因眼睛內壓力的異常升高，造成視神經的壓迫性傷害，導致視野變小。40歲以上的亞洲人罹患青光眼的盛行率約為2.2%至5.0%（Wong et al., 2006）。除了青光眼之外，頭部外傷也常造成視神經的傷害。視神經就像電腦產品之間的傳輸線，當視神經受到傷害時，眼睛的影像訊息便無法有效地傳送到大腦，導致視覺障礙。

　　耳朵是聽覺功能的接收器官。耳朵的結構分為外耳、中耳和內耳（圖2-2-2）。外耳包括耳殼和外耳道，負責聲音的收集；中耳包括耳膜和三塊耳小骨，負責將聲音的震動波轉換成可以傳送神經訊號的電位波；內耳包括耳蝸和三半規管，負責維持平衡和刺激聽覺神經，將神經訊號傳到大腦。聲波從外耳集中進入中耳後，先震動中耳的耳膜和耳小骨，進而刺激內耳的聽覺細胞與聽覺神經，再經由聽覺神經的傳遞將所聽到的聲音訊息傳達到大腦，進行解讀。

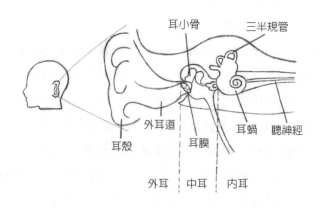

圖2-2-2　耳朵的結構

　　根據臺北地區的研究：國人罹患聽覺障礙的盛行率隨著年齡的增長而增加

（Chang and Chou, 2007），65～69歲之間國人的盛行率為1.6%，而80歲以上則增加為14.9%。依據障礙部位的不同，聽覺障礙可以分為傳導型聽覺障礙、神經型聽覺障礙和兩者都有的混合型聽覺障礙。當外耳或中耳發生病變，導致聲音無法有效地傳送到內耳，這樣所造成的聽覺障礙便是傳導型聽覺障礙。常造成傳導型聽覺障礙的疾病包括慢性中耳炎、耳骨硬化症、耳道閉鎖和耳垢積塞等。大部分的傳導型聽覺障礙可以經由手術治療或配戴助聽器來改善聽力。若是聽覺細胞或聽覺神經發生病變，導致聲音的訊息無法有效地傳送到大腦，便會造成神經型聽覺障礙。常造成神經型聽覺障礙的疾病包括先天性聽覺障礙、老年性聽覺障礙和聽神經瘤等。形成老年性聽覺障礙的因素包括長期處在噪音的環境中、長期使用對耳朵有毒性的藥物或是罹患心血管疾病和糖尿病的人。而混合型聽覺障礙則常發生在接受放射線治療的鼻咽癌患者。

　　由於小腦主管人體的平衡功能及運動協調功能，因此小腦萎縮症（Spinocerebellar ataxia）患者可能出現各種平衡覺功能障礙的症狀，包括說話不清楚、吞嚥困難和走路搖晃、不平穩等。

第三節　聲音與語言功能類

第三類身心障礙涉及產生聲音的能力和品質，包括嗓音功能（Voice func-tions, ICF編碼b310）、構音功能（Articulation functions, ICF編碼b320）、言語功能的流暢與節律（Fluency and rhythm of speech functions, ICF編碼b330）等障礙，以及口結構（Structure of mouth, ICF編碼s320）、咽結構（Structure of pharynx, ICF編碼s330，圖2-2-3）、喉結構（Structure of larynx, ICF編碼s340，圖2-2-3）等損傷。其中嗓音功能是空氣經過喉嚨，並且發出各種聲音的能力；構音功能是發出有語彙意義聲音的能力；言語功能的流暢和節律是說出流暢、有節律話語的能力，例如口吃患者就是言語功能的流暢和節律有障礙，因此無法說出流利的話語。這三種有關聲音的功能，取決於發聲器官的運作和協調是否良好，與涉及大腦功能的語意或文法無關。發聲器官包括嘴唇、牙齒和舌頭，發聲器官的運作必須在嬰幼兒時期，借助聽覺功能的模仿和學習，才能發展出良好的聲音功能。聽語障礙患者大多是因為嬰幼兒時期的聽覺功能障礙，而無法模仿與學習如何正確發出聲音和說話的方式，所以良好的聽覺功能是成功發展聲音功能的先決條件。關於語意的了解能力和語意的表達能力，分別屬於口語理解功能（ICF編碼b16700）和口語表達功能（ICF編碼b16710），這兩種功能是由大腦的語言中樞所主導。嗓音功能障礙常見於聽語障礙的患者、兒童時期發展障礙的患者、喉部切除的無喉患者，以及唇顎裂患者等；構音功能障礙常見於聽語障礙、兒童發展障礙及腦部病變等患者；言語功能的流暢和節律障礙常見於聽語障礙與兒童發展障礙等患者。這三種有關聲音的功能障礙患者，都必須先接受六個月以上的語言治療之後，若仍然無法明顯改善其功能，才能夠進行第三類的身心障礙鑑定，鑑定的準則都是以能否與交談的對象，進行有效的口語溝通為基準。

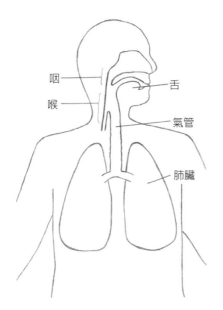

咽
舌
喉
氣管
肺臟

圖2-2-3 咽、喉、及呼吸系統的結構

　　頭、頸部的腫瘤是造成第三類身心障礙患者中結構損傷的常見原因。鼻咽癌（Nasopharyngeal carcinoma）是造成咽結構或喉結構損傷的主要病因。鼻咽癌好發於中國南方。在臺灣，其年發生率為每10萬名國人中，有8名男性及3名女性被診斷出鼻咽癌（Hsu et al., 2012）。感染Epstein-Barr（EB）病毒（Chien et al., 2001）、抽菸（Hsu et al., 2009）、接觸甲醛或木屑（Hildesheim et al., 2001）以及食用鹹魚（Guo et al., 2009）、食用添加亞硝胺或亞硝酸鹽的醃漬食品（Gallicchio et al., 2006）等，都可能提高罹患鼻咽癌的危險性（Hsu et al., 2012）。反之，常食用鮮魚、綠茶、咖啡和植物性維他命A，則可以降低罹患鼻咽癌的危險性。我國的身心障礙鑑定制度以咽、喉結構的損傷程度分別作為咽結構和喉結構損傷的鑑定準則。此外，口腔癌（Oral cavity cancer）是造成口結構損傷的主要病因。民國99年間共有4,392名國人罹患口腔癌，年發生率為每10萬名國人中，有19名新個案產生（衛生福利部國民健康署，民國99年癌症登記報告）。口腔癌可能和口腔黏膜受到長期的刺激，例如嚼檳榔、抽菸、喝酒、不良

的口腔衛生習慣及不當的牙齒補綴物等因素有關（Ko et al., 1995）。反之，常攝取蔬果，則可以降低罹患口腔癌的危險性（Radoï and Luce, 2013）。治療口腔癌的主要方法包括手術切除、放射線治療及化學藥物治療等。近年來由於口腔和顏面重建手術的進步，可以大幅減少口腔癌患者接受手術切除後的口腔功能障礙程度，也可以改善顏面外觀的變形程度。我國的身心障礙鑑定制度以患者嘴巴能夠張開的幅度大小和剩餘的牙齒數目多寡，作為鑑定口結構損傷的準則。

第四節　循環造血免疫呼吸功能類

　　第四類身心障礙涉及氧氣的攝取能力和運送能力，包括心臟功能（Heart functions, ICF編碼b410）、血管功能（Blood vessel functions, ICF編碼b415）、血液系統功能（Haematological system functions, ICF編碼b430）、呼吸功能（Respiration functions, ICF編碼b440）等障礙，以及呼吸系統結構（Structure of respiratory system, ICF編碼s430，圖2-2-3）之損傷。

　　人體的細胞需要氧氣才能產生能量，就像木材燃燒需要氧氣助燃才能產生熱量一樣。肺臟是人體從空氣中獲取氧氣的器官。接下來，要將細胞所需的氧氣從肺臟快速地運送到身體各部位的組織，就必須仰賴循環系統的正常運作。人體的循環系統包括心臟和血管網絡。心臟提供血液流動的力量，而血管網絡提供血液流動的通道。血管分爲動脈、靜脈和微血管三種。動脈是血液從心臟流出去的通道；靜脈是血液流回心臟的通道；而微血管則是動、靜脈交會的地方。微血管的管壁很薄，只有一層細胞，是氧氣從血管擴散到組織細胞的地方。動脈血管網絡中直接連接心臟出口的部位，稱爲主動脈（圖2-2-4）；而提供心臟本身所需要之氧氣和養分的血管，稱爲冠狀動脈（圖2-2-4）。我國的身心障礙鑑定制度以鬱血性心衰竭（Congestive heart failure）、心律不整（Cardiac arrhythmia）、發紺性先天性心臟病（Cyanotic congenital heart disease）、先天性心臟病術後仍殘存心臟結構異常、左側主冠狀動脈狹窄，以及符合心臟移植，但尚未獲得心臟移植等之患者作爲心臟功能障礙的鑑定準則。至於血管功能障礙的鑑定，則以下肢的深部靜脈疾病、肢體的末端動脈阻塞性疾病和主動脈瘤等病症爲準則。

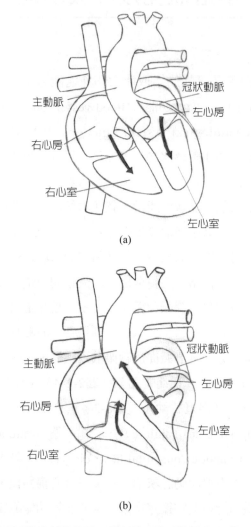

圖2-2-4　心臟、主動脈和冠狀動脈的結構。箭頭代表血液流動的方向。(a)心臟擴張時，血液流入心臟；(b)心臟收縮時，血液從心臟流出到動脈。

　　心臟的主要結構是由肌肉當腔壁，圍成4個空腔（圖2-2-4）。心臟像個馬達，心臟的肌肉可以依順序、有節律地收縮，擠壓血液，使得各個空腔內的血液，依固定的方向流動，將血液裡的氧氣和養分經由動脈運送到身體的各個部

位。當心臟的功能發生障礙或衰竭，無法有效提供血液流動的動力時，血液便無法運送出去，積留在心臟裡，造成鬱血性心衰竭。老年人比較容易發生鬱血性心衰竭，其年發生率為每10萬名20至64歲國人中，有88名新個案產生（Tseng, 2011），而65歲以上的老年人則有2,181名新個案。另一個常造成心臟功能障礙的疾病是心律不整，心律不整讓心臟的收縮不規律，心臟裡的空腔還沒有填滿足夠的血液便提早收縮，導致流到身體各部位的血液量不夠，也會造成身體的組織得不到足夠的氧氣和養分。

人體的血液在肺臟吸收氧氣後，變成有氧血，呈現鮮紅色。大部分動脈內的血液是有氧血。當血液流到身體的各部位組織時，氧氣便會被身體的組織攝取而離開血液，血液因此變成缺氧血，呈現暗紅色。大部分靜脈內的血液是缺氧血。正常的心臟結構會將有氧血和缺氧血完全隔開。但是當心臟的結構有缺陷或破洞時，這兩種血液便會混合在一起，使得運送到身體各組織的血液含氧量不足，造成皮膚呈現微紅帶深青的顏色，稱為發紺現象。這類的心臟結構異常通常是先天發生的，因此稱為發紺性先天性心臟病。每一千名活產嬰兒中，約有13.08名嬰兒被診斷出先天性心臟病（Yeh et al., 2013）。其盛行率為0.92%。

我國的身心障礙鑑定制度以血色素值、白血球數、血小板數、第八凝血因子比率、第九凝血因子比率、抗血栓因子和罕見出血性疾病之出血症狀等，作為血液系統功能障礙的鑑定準則。血液系統功能障礙常見於血友病（Hemophilia）患者。血友病是一種先天的遺傳性疾病，大多數患者是男性。患者的血液裡缺乏凝血因子，血液無法凝固，因此容易出血。血友病分成A、B兩型，A型血友病患者缺乏第八凝血因子，而B型缺乏第九凝血因子。A型血友病患者的人數較多，是B型患者人數的5.4倍。A型患者的盛行率約為0.007%（Tu et al., 2013），年發生率約為每一萬名活產男嬰中有一名患者。

呼吸系統的結構包括鼻、咽、氣管和肺臟等器官。鼻、咽和氣管是空氣進出人體的通道（圖2-2-3）。肺臟包括5個肺葉，位於胸腔內，似手風琴，胸腔張開時將空氣吸入肺臟，胸腔縮小時則將空氣擠出肺臟。此外，肺臟是吸收氧氣和排出二氧化碳的器官。因此氣管管腔內徑的大小、胸腔張開和縮小的幅度，以及肺

臟攝取氧氣的能力等都是影響呼吸功能的重要因素。慢性阻塞性肺病（Chronic obstructive pulmonary disease, COPD）和肺部感染是造成呼吸功能障礙的常見病因。慢性阻塞性肺病是一些涉及整個肺部的廣泛性病變統稱，這些病變會導致呼吸道內空氣流動的速度減慢、肺部內空氣的進出量變少，因此會影響氧氣進入肺臟的數量，進而降低血中的氧氣含量。肺功能檢查時空氣的呼出量和流速代表呼吸道內空氣流動的進出量和速度，而氧氣含量的指標則包括血中的氧氣分壓和血中的氧氣飽和度。40歲以上國人罹患慢性阻塞性肺病的盛行率約為15.8%至17.7%（臺灣胸腔暨重症加護醫學會，慢性阻塞性肺病2012年診治指引）。吸菸、空氣汙染和肺部感染等都可能提高罹患慢性阻塞性肺病的危險性。肺結核病（Tuberculosis）肇因於結核桿菌的慢性感染，是國人罹患慢性肺部感染的最常見原因。肺結核病會造成肺部的組織結疤、纖維化，使得肺臟不容易張開，造成空氣進出肺臟的量減少。此外，纖維化的組織也會降低肺臟對氧氣的吸收能力。民國101年間共有12,078名國人罹患肺結核病（衛生福利部疾病管制署，地區年齡性別統計表—結核病），年發生率為每10萬名國人中，有52.5名新個案產生。我國的身心障礙鑑定制度以血中的氧氣分壓、血中的氧氣飽和度和肺功能檢查結果等，作為呼吸功能障礙的鑑定準則。呼吸功能障礙的患者必須先接受六個月以上的積極治療之後，若仍然無法明顯改善其呼吸功能，才能夠進行此類的身心障礙鑑定。某些肺癌（Lung cancer）或肺部感染的治療方法是切除罹病的肺葉，如此將造成呼吸系統的結構損傷。民國99年間共有10,615名國人罹患肺癌，年發生率為每10萬名國人中，有45.8名新個案產生（衛生福利部國民健康署，民國99年癌症登記報告）。我國的身心障礙鑑定制度以肺葉切除的數量和氣管腔內徑的狹窄程度作為鑑定呼吸系統結構損傷的準則。

第五節　消化新陳代謝內分泌功能類

　　第五類身心障礙涉及營養的攝取能力，包括攝食功能（Ingestion functions, ICF編碼b510）障礙，以及胃結構（Structure of stomach, ICF編碼s530）、腸道結構（Structure of intestine, ICF編碼s540）、肝臟結構（Structure of liver, ICF編碼s560）等損傷。人體的消化系統包括食道、胃、小腸和大腸等管道（圖2-2-5），食物在這些管道中運送並進行消化和吸收。我們吃進來的食物經由食道運送到胃進行分解與消化，再送到小腸進行養分的吸收，最後送到大腸進行水分的吸收，形成糞便。糞便會先儲存在大腸裡，等待適當的排便時機再從肛門排出。攝食功能是食物經由嘴巴攝取並進入身體的能力。攝食功能障礙常發生在罹患食道癌（Esophageal cancer）或食道灼傷，導致食道狹窄的患者，也常發生在舌咽功能障礙和腦部病變的患者。我國的身心障礙鑑定制度以替代的攝食方式，例如以流質進食、以鼻胃管方式灌食或以造廔方式灌食等作為攝食功能障礙的鑑定準則。鼻胃管是將一條中空的管子，經由鼻腔到達胃部，而造廔的方式則是在肚皮上與胃壁上，各以外科手術作一個開口連接，形成一條通道。使用鼻胃管和造廔這兩種方式都可以將食物直接送到胃部。

　　消化系統的結構損傷大多肇因於外科手術的切除。胃切除手術常用於胃癌（Gastric cancer）的治療。胃切除後將影響食物的分解與消化，可能造成營養不良，無法維持理想的體重或必須經由靜脈注射，將營養物質直接輸入人體的血液裡。民國99年間共有3,854名國人罹患胃癌，年發生率為每10萬名國人中，有16.6名新個案產生（衛生福利部國民健康署，民國99年癌症登記報告）。我國的身心障礙鑑定制度以胃全部切除的患者，能否保持理想體重的75%，以及是否需要長期接受全靜脈注射的營養治療，作為胃結構損傷的鑑定準則。

　　小腸的病變或小腸的切除也可能影響營養物質的吸收，造成營養不良。因此患者可能無法維持理想的體重或是必須經由靜脈注射，將營養物質輸入人體。大腸切除手術常用於大腸癌（Colon cancer）的治療。肛門是大腸的出口結構，肛

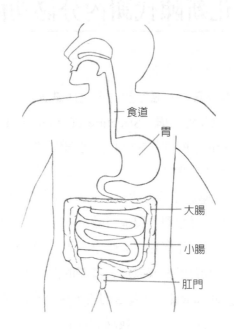

食道

胃

大腸

小腸

肛門

圖2-2-5　消化系統的結構

門上的括約肌像閘門一樣，可以控制糞便排出的時機。當大腸癌的切除手術傷及肛門的結構時，糞便的排出將失去控制，隨時都可能排出，造成大便失禁。因此必須裝置永久性的人工肛門來承接和儲存不定時排出的糞便，才能保持衛生。民國99年間共有14,040名國人罹患大腸癌，年發生率為每10萬名國人中，有60.6名新個案產生（衛生福利部國民健康署，民國99年癌症登記報告）。所以我國的身心障礙鑑定制度以是否需要裝置永久性的人工肛門、能否保持理想體重的75%，以及是否需要長期接受全靜脈注射的營養治療，作為腸道結構損傷的鑑定準則。

　　我國的身心障礙鑑定制度以是否有肝硬化（Liver cirrhosis）的併發症、是否反覆發生膽管炎以及符合肝臟移植，但尚未獲得肝臟移植等之患者作為肝臟結構損傷的鑑定準則。慢性B型肝炎和慢性C型肝炎都可能造成肝臟的長期發炎，導致肝臟組織的結疤、纖維化，是國人罹患肝硬化的主要原因。肝硬化患者常見的

併發症包括食道或胃內膜的靜脈曲張和脹大，可能導致靜脈血管脹破和出血。肝硬化患者也常併發腹腔內積水、自發性的腹膜發炎，以及腦部和肺臟等器官的病變。

第六節　泌尿生殖功能類

　　第六類身心障礙涉及代謝廢物的排出能力，包括腎臟功能（Renal functions, ICF編碼b610）障礙和排尿功能（Urination functions, ICF編碼b620）障礙。生殖功能障礙並未列入身心障礙鑑定的範疇。腎臟的功能主要是廓清（過濾、清除）身體內的代謝廢物和多餘的水分，並產生尿液。尿液先儲存在膀胱裡，等待適當的時機再從尿道排出（圖2-2-6）。腎臟功能障礙肇因於腎臟的功能減退或衰竭，患者無法有效地過濾或清除身體內的代謝廢物。腎臟功能障礙占國人第六類身心障礙人數的95%以上。罹患糖尿病、慢性腎臟病（Chronic kidney disease）、多囊腎、水腎（Hydronephrosis）、高血壓和紅斑性狼瘡等病症以及長期使用腎毒性藥物，如止痛藥（Kuo et al., 2010）等，都是導致慢性腎衰竭（End-stage renal disease）的常見原因。紅斑性狼瘡是一種免疫系統失控的疾病，患者的腎臟細胞遭受自己的免疫系統攻擊和破壞，而喪失功能。我國民眾罹患慢性腎臟病的比率高於其他國家（Chiang et al., 2013），其盛行率從民國85年的1.99%上升到民國92年的9.83%（Kuo et al., 2007）。慢性腎臟病的發生率為每10萬名國人中，每年有1,350名新個案產生。糖尿病患者中，有1%的人併發慢性腎衰竭。由於慢性腎衰竭的患者，無法有效排出身體內的代謝廢物和多餘的水分，因此必須依賴血液透析、腹膜透析或腎臟移植等治療，來清除身體內的代謝廢物和多餘的水分。肌酸酐是人體內代謝廢物的一種。因為測量肌酸酐的方法簡易、便宜，因此我國的身心障礙鑑定制度以肌酸酐廓清試驗，作為鑑定腎臟功能障礙的準則。

　　排尿功能障礙肇因於膀胱的功能障礙，患者無法將積存在膀胱內的尿液適時、有效地排空。膀胱的結構是由肌肉當腔壁，圍成一個空腔。它的主要功能是儲存尿液，並且適時地收縮將尿液排空。大腦的意志決定排空尿液的時機。脊髓是連接腦部和膀胱或肢體等周邊組織的神經通道。大腦的排尿指令必須經由脊髓傳遞到膀胱，膀胱的肌肉才能在合適的時候收縮，完成排尿的動作。然而當腦部

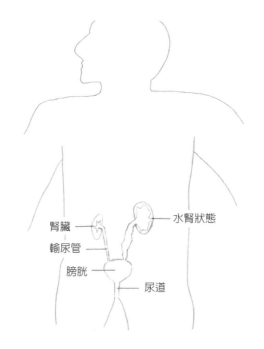

腎臟

輸尿管

膀胱

水腎狀態

尿道

圖2-2-6　泌尿系統構造。左側腎臟因尿液逆流，導致脹尿，變成水腎

或脊髓發生病變或損傷時，膀胱無法接收到正確的排尿指令，將導致排尿功能障礙，因此尿液無法從膀胱排空，造成過度脹尿，或是尿液排出的時間不適當，造成尿失禁。長期的膀胱過度脹尿，可能導致尿液逆流回到腎臟，導致腎臟脹尿。嚴重的腎臟脹尿稱為水腎（圖2-2-6），水腎狀況下的腎臟細胞因為受到壓迫，容易壞死，導致腎臟功能障礙。水腎可經由導尿或膀胱造廔等方法治療，來排空尿液、降低腎臟細胞的壓力，以維護腎臟功能。導尿的方式是藉助一條管子經由尿道口進入膀胱，排空尿液。而膀胱造廔則是在肚皮上與膀胱壁上，各以外科手術作一個開口連接，行成一條通道，將尿液排出體外。此外，嚴重的膀胱脹尿將導致膀胱內的壓力太大，使得尿液滲漏出來，稱為滿溢性尿失禁。常造成排尿功能障礙的原因包括脊髓損傷（Spinal cord injury）、腦中風和失智症等疾病。再者，膀胱周遭組織的腫瘤病變也是造成排尿功能障礙的重要原因。長期的

過度脹尿或尿失禁將影響患者的社交活動和社會參與。我國的身心障礙鑑定制度因此以必須裝置永久性人工膀胱或膀胱造廔、需長期導尿照護和滿溢性尿失禁等情況，作爲排尿功能障礙的鑑定準則。

第七節　神經肌肉骨骼功能類

　　神經、肌肉、骨骼系統是身體能夠移動的基本三要素。身體的移動包括全身性的移動和局部性的移動。走路與打球是全身性的移動，而舉手與彎腰則是局部性的移動。神經系統主導身體移動的方式和協調性，肌肉系統提供身體移動的動力，骨骼系統則組成身體的架構和提供肌肉施力的支撐點。第七類身心障礙涉及身體的移動能力，包括上肢關節移動的功能（Mobility of joint functions, ICF編碼b710a）、下肢關節移動的功能（ICF編碼b710b）、上肢肌肉力量功能（Muscle power functions, ICF編碼b730a）、下肢肌肉力量功能（ICF編碼b730b）、肌肉張力功能（Muscle tone functions, ICF編碼b735）、不隨意動作功能（Involuntary movement functions, ICF編碼b765）等障礙，以及上肢結構（Structure of upper extremity, ICF編碼s730）、下肢結構（Structure of lower extremity, ICF編碼s750）、軀幹（Structure of trunk, ICF編碼s760）等損傷。其中關節移動的功能是指關節能夠輕鬆活動的範圍大小；肌肉力量功能是肌肉用力時，所能產生的力量大小；肌肉張力是一種潛意識的肌肉力量，其作用是隨時維持肌肉的長度和身體的姿勢。肌肉張力功能是當肌肉放鬆時，仍然能感受到關節活動的阻力或張力的大小；而不隨意動作是患者無法控制的非意識性動作，例如舞蹈症（chorea）患者會無法控制地揮舞手腳，巴金森氏病（Parkinson disease）患者的手常不自主地持續抖動。不隨意動作功能是能夠控制肌肉，減少不自主動作的能力。

　　我國的身心障礙鑑定制度，是以關節的活動範圍或活動度，減少70%以上的關節，作為有關節移動的功能障礙的最低標準。然後，再以符合最低障礙標準的關節部位和關節數目，加以整合，作為患者關節移動的功能之整體障礙程度的鑑定準則。在肌肉力量功能方面，則以關節周遭肌肉的徒手力量測試（Manual muscle testing）結果，作為衡量的標準。其中，肌肉力量小於或等於三級，是肌肉力量功能障礙的最低標準。肌肉力量小於三級，代表肌肉的力量不足以抬高肢體，也就是肌肉力量無法克服地心引力，只能做出水平的肢體移動或不能做出任

何的肢體動作。肌肉力量等於三級，則代表肌肉的力量勉強可以抬高肢體。然後，再以符合最低障礙標準的關節部位和關節數目加以整合，作為患者肌肉力量功能之整體障礙程度的鑑定準則。在肌肉張力功能方面，則以關節活動時所感受到的阻力大小，以及影響站立或行走的嚴重度，作為肌肉張力功能障礙程度的鑑定準則。在不隨意動作功能方面，則以影響站立或行走的嚴重度，作為不隨意動作功能障礙程度的鑑定準則。肌肉張力功能障礙的患者和不隨意動作功能障礙的患者，都必須先接受適當的治療，並且追蹤觀察六個月以上，若其功能障礙的嚴重度，仍然會影響患者的日常生活，才能夠進行此類的身心障礙鑑定。

　　在上、下肢結構方面，則以肢體欠缺的範圍和欠缺的肢體數目，分別作為上、下肢結構損傷的鑑定準則。兩下肢的長度不相等或長短腿，將影響正常的站立或行走，因此也是下肢結構損傷的鑑定準則之一。在軀幹方面，則以脊椎融合或黏結在一起的嚴重度、胸腰椎側邊彎曲的嚴重度、和腰椎前彎的柔軟度等作為軀幹結構損傷的鑑定準則。且軀幹損傷的鑑定僅適用於某些特定的脊椎關節病變患者，或是已經接受過腰薦椎融合手術的患者。造成第七類身心障礙的原因很多，例如腦中風或是其他的腦部病變、脊髓損傷、周邊神經病變和肌肉病變等都可能導致神經、肌肉系統的嚴重障礙，影響身體移動的能力。骨折、關節炎和截肢等則是導致骨骼系統障礙的常見病症。

　　腦中風肇因於腦部的血管病變，例如動脈血管的粥狀硬化。動脈硬化後，可能導致血管內徑的狹窄、阻塞，影響腦細胞的血液供應，造成缺血性的腦中風。動脈血管硬化後也可能破裂，造成出血性的腦中風。超過80%的腦中風患者肇因於缺血性的病變（Grysiewicz et al., 2008）。因為腦部每條血管所供應的區域不同，腦中風患者併發功能障礙的種類，也隨著發生病變的區域不同而不同。然而因為某些血管比較容易發生阻塞或破裂，所以腦部的某些區域比較常發生腦中風，這些區域相關的功能障礙因此較常見。單次的腦中風常造成身體的一側偏癱，也就是身體一側的肌肉力量減弱或完全癱瘓，影響身體的移動功能。除此之外，腦中風也常併發異常的肌肉張力增強，造成身體移動時的動作僵硬、不協調。除了身體的移動功能障礙之外，腦中風患者也可能有心智功能

障礙（第一類身心障礙）、視覺功能障礙（第二類身心障礙）、聲音與語言功能的障礙（第三類身心障礙）、攝食功能障礙（第五類身心障礙）以及排尿功能障礙（第六類身心障礙）。因此，腦中風可以造成多重的功能障礙（Chang et al., 2012），並且是導致成年人身心障礙的最常見病因。根據世界衛生組織的估計，全球每年約有一千五百萬人罹患腦中風（WHO資料）。其中三分之一的患者在發病初期便死亡，而另外三分之一的患者則遺留永久性的身心障礙。國人罹患腦中風的盛行率約為0.60%（Huang et al., 1997），也就是我國罹患腦中風的民眾約有13萬5千人。缺血性腦中風的發生率為每10萬名國人中，每年有197.4名男性與134.4名女性新個案產生（Lee HC 等人，2008）。除了年齡之外，高血壓與抽菸亦是罹患腦中風的重要危險因子。已經發生過腦中風的患者，可能因為其他的腦部血管發生阻塞或破裂，再度發生急性腦中風，稱為復發性腦中風。每次的復發都可能導致更多的功能障礙。多次復發的腦中風患者可能併發血管型失智症，造成心智功能障礙（第一類身心障礙）。國人罹患腦中風後有9.2% 的患者併發失智症（Lin et al., 2003），這個數字低於已開發國家的20%～26%（Pohjasvaara et al., 1998；Barba et al., 2000；Desmond et al., 2000）。

　　除了腦中風之外，其他的腦部病變也常造成第七類身心障礙。這些病變包括巴金森氏病、創傷性腦傷、腦瘤、腦性麻痺（Cerebral palsy）、腦膜炎、腦膿瘍和缺氧性腦病變等。其他的腦部病變，也可能造成患者身體的一側偏癱、異常的肌肉張力增強等第七類的身心障礙，以及心智功能障礙（第一類身心障礙）和聲音與語言功能的障礙（第三類身心障礙）。巴金森氏病是一種腦部的退化性病變，患者的腦部缺乏一種名為多巴胺的化學傳遞物質，患者常有四肢無力、不自主的抖動、動作遲緩和動作反應不良等症狀。當巴金森氏病患者的兩側肢體都有中、重度以上的障礙，並且有不良的姿態控制能力，影響患者的站立或步態時，便符合不隨意動作功能障礙的鑑定基準。創傷性腦傷患者由於受到外力的傷害，可能有多處的腦部病變，因此除了身體的移動功能障礙外，也可能造成心智功能障礙（第一類身心障礙）。與腦中風所導致的身心障礙比較，創傷性腦傷患者的身心障礙種類比較多樣化，而且比較複雜。根據Langlois 等人的估算，創傷

性腦傷患者的生產力損失是脊髓損傷患者的14倍（Langlois et al., 2006）。腦性麻痺是兒童時期發生身體移動功能障礙的常見原因之一，它的盛行率約為0.20%至0.25%（Biether et al., 1993），因此估計我國約有五萬名民眾罹患腦性麻痺。腦性麻痺可能發生在分娩的前、後時期，此時胎兒或嬰兒的腦部尚未完全發育成熟，因此若受到傷害將影響幼兒腦細胞的正常發育，造成永久性的移動功能障礙及姿態控制障礙（Bax et al., 2005）。腦性麻痺患者常見的功能障礙很多，除了與第七類身心障礙有關的行走困難和髖關節脫位之外，還包括與第一類身心障礙有關的智能障礙、行為異常、癲癇發作，與第二類身心障礙有關的視力障礙、聽力異常，與第三類身心障礙有關的說話困難，與第五類身心障礙有關的吞嚥困難，有時候甚至於需要使用鼻胃管餵食，以及與第六類身心障礙有關的排尿控制困難等。

　　脊髓是連接腦部和肢體的神經通道。脊髓就像電纜線一樣，可以快速地傳遞訊息。大腦的指令經由脊髓傳遞到肢體，肢體才能完成大腦想要做的動作。身體的感覺也是經由脊髓的傳遞回到大腦，大腦才能洞悉身體各部位的感覺。因此脊髓損傷後，患者的肢體將癱瘓，無法出力，感覺功能也會喪失。雖然脊髓損傷患者的肢體癱瘓，但是他們的腦部並沒有受傷，因此除了情緒沮喪之外，脊髓損傷患者的其他各項心智功能仍然正常。脊髓損傷的發生率為每10萬名國人中，每年約有24.6名新個案產生（Wu et al., 2012）。車禍和從高處跌落是造成脊髓損傷的最常見原因（Chen and Lien, 1985）。騎乘機車戴安全帽只能保護頭部，減少腦部的創傷，並不能保護脊髓。人體的脊髓由上而下，依序包括頸髓、胸髓、腰髓和薦髓等4個部位。越上位的脊髓受到傷害，患者的肢體癱瘓和感覺喪失的範圍將越大。頸部的脊髓損傷常導致四肢癱瘓，而胸、腰椎的脊髓損傷則常導致下半身癱瘓。脊髓損傷除了造成身體的移動功能障礙外，也可能造成呼吸功能障礙（第四類身心障礙）和泌尿功能障礙（第六類身心障礙）。我國於民國40、50年代爆發小兒麻痺症（Poliomyelitis）疫情，其後遺症是國人在兒童時期發生身體移動功能障礙或肢體障礙的常見原因之一。小兒麻痺症肇因於脊髓中掌管運動功能的神經細胞受到病毒的感染與破壞。成年的小兒麻痺後遺症患者，比較容易

發生骨質疏鬆（Chang et al., 2011a）、肥胖（Chang et al., 2011b）和腦中風（Wu et al., 2012）等病症。我國民眾罹患小兒麻痺後遺症的盛行率約為0.12%至0.16%（Chen et al., 1998）。所幸我國於民國53年起，針對嬰幼兒全面推展口服小兒麻痺疫苗的接種計畫，並且於民國89年宣布我國已根治小兒麻痺症。

　　肢體的血液循環不良和感覺遲鈍是糖尿病患者常見的病變，這兩種病變好發於下肢的末端，因為感覺遲鈍，糖尿病患者的足部比較容易受傷；又因為血液循環不良，受傷的腳容易遭受細菌感染、不容易癒合，因此糖尿病患者常有慢性的足部潰瘍、壞疽和感染等併發症，特稱為糖尿病足。糖尿病足常需要手術切除，以避免壞疽或感染擴及全身，危害患者的生命安全。因此有0.8%的糖尿病患者面臨下肢截肢（Amputation）的結果（Tseng et al., 2006）。反之，超過一半的下肢截肢患者肇因於糖尿病足（Chen et al., 2002）。糖尿病足和意外事故所造成的截肢是下肢結構損傷的常見原因。而意外事故則是上肢結構損傷的常見原因，因工作意外造成上肢截肢的年發生率為每10萬名工人中，有12.5名新個案產生（Liang et al., 2004）。

第八節　皮膚功能類

　　第八類身心障礙涉及皮膚的保護能力與維持美觀的能力，包括皮膚保護功能（Protective functions of the skin, ICF編碼b810）、皮膚其他功能（Other functions of the skin, ICF編碼b830）障礙，以及皮膚區域結構（Structure of areas of skin, ICF編碼s810）的損傷。其中皮膚保護功能使人體免於遭受物理性、化學性和生物性等的外界威脅，而皮膚其他功能則包括排汗和皮膚冷卻功能。燒燙傷和某些先天性的皮膚疾病是造成第八類身心障礙的主要病因。除此之外，燒燙傷患者還會影響患者的心理健康、社交活動和社會參與，導致整體心理社會功能障礙（第一類身心障礙）（Lu et al., 2007），也可能發生關節攣縮等關節移動的功能障礙（第七類身心障礙）。我國的身心障礙鑑定制度以顏面的損傷程度和肥厚性疤痕占身體皮膚面積的比率，作爲皮膚區域結構損傷的鑑定準則。燒燙傷也可能造成顏面損傷。顏面損傷除了是第八類身心障礙之外，也可能造成視覺功能和聽覺功能的障礙（第二類身心障礙）。

參考書目

一、中文部分

臺灣胸腔暨重症加護醫學會，慢性阻塞性肺病2012年診治指引. http://www.tspccm.org.tw/files/guide/COPD%E6%8C%87%E5%BC%952012.pdf

衛生福利部 疾病管制署，地區年齡性別統計表－結核病. http://nidss.cdc.gov.tw/NIDSS_report.aspx?pt=s&Dc=1&Dt=3&disease=010&d=1&s=determined_cnt&i=0&RK=W

衛生福利部國民健康署，健康統計資訊，民國99年癌症登記報告http://www.hpa.gov.tw/BHPNet/Web/Stat/StatisticsShow.aspx?No=201305060001.

二、英文部分

Barba, R., Martinez–Espinosa, S., Rodriguez-Garcia, E., Pondal, M., Vivancos, J., Del Ser, T. (2000). Poststroke dementia: clinical features and risk factor. *Stroke*, 31, 1494~1501.

Bax, M., Goldstein, M., Rosenbaum, P., Leviton, A., Paneth, N., Dan, B., Jacobsson, B., Damiano, D., Executive Committee for the Definition of Cerebral Palsy (2005). Proposed definition and classification of cerebral palsy, April 2005. *Dev Med Child Neurol*, 47(8), 571~576.

Biether, J.K., Cummins, S.K., Nelson, K.B. (1993). The California cerebral palsy project. *Paediatr Perinat Epidemiol*, 6, 339~351.

Bih, S.H., Chien, I.C., Chou, Y.J., Lin, C.H., Lee, C.H., Chou, P. (2008). The treated prevalence and incidence of bipolar disorder among national health insurance enrollees in Taiwan, 1996-2003. *Soc Psychiatry Psychiatr Epidemiol*, 43(11), 860~865.

Chang, H.P.& Chou, P. (2007). Presbycusis among older Chinese people in Taipei, Taiwan: a community-based study. *Int J Audiol*, 46(12), 738~745.

Chang, K.H., Chen, H.C., Lin, Y.N., Chen, S.C., Chiou, H.Y., Liou, T.H. (2012). Developing an ICF core set for post-stroke disability assessment and verification in Taiwan: a preliminary study. *Disabil Rehabil*, 34(15), 1254~1261.

Chang, K.H., Lai, C.H., Chen, S.C., Tang, I.N., Hsiao, W.T., Liou, T.H., Lee, C.M. (2011a). Femoral neck bone mineral density in ambulatory men with poliomyelitis. *Osteoporos Int*, 22(1), 195~200.

Chang, K.H., Lai, C.H., Chen, S.C., Hsiao, W.T., Liou, T.H., Lee, C.M (2011b). Body Composition Assessment in Taiwanese Individuals with Poliomyelitis. *Arch Phys Med Rehabil*, 92(7), 1092~1097.

Chen, B.Y., Hwang, B.F., Guo, Y.L. (2009). Epidemiology of congenital anomalies in a population-based birth registry in Taiwan, 2002. *J Formos Med Assoc*, 108(6), 460~468.

Chen, C.F.& Lien, I.N. (1985). Spinal cord injuries in Taipei, Taiwan, 1978-1981. *Paraplegia*, 23(6),

364~370.

Chen, C.J., Wang, L.J., Tay, S.C., Lim, C.B., Chang, C.C., Wang, K.F. (1998). Prevalence of Poliomyelitis among Taipei City School Children. *Epidemiology Bulletin*, 14, 41~46.

Chen, S.J., Cheng, C.Y., Li, A.F., Peng, K.L., Chou, P., Chiou, S.H., Hsu, W. M. (2012). Prevalence and associated risk factors of myopic maculopathy in elderly Chinese: the Shihpai eye study. *Invest Ophthalmol Vis Sci*, 53(8), 4868~4873.

Chen SY, Chie WC, Lan C, Lin MC, Lai JS, Lien IN (2002). Rates and characteristics of lower limb amputations in Taiwan, 1997. *Prosthet Orthot Int*, 26(1), 7~14.

Chiang, H.H., Livneh, H., Yen, M.L., Li, T.C., Tsai, T.Y. (2013). Prevalence and correlates of depression among chronic kidney disease patients in Taiwan. *BMC Nephrol*, 14:78.

Chien, I.C., Chou, Y.J., Lin, C.H., Bih, S.H., Chou, P., Chang, H.J. (2004). Prevalence and incidence of schizophrenia among national health insurance enrollees in Taiwan, 1996-2001. *Psychiatry Clin Neurosci*, 58(6), 611~618.

Chien, I.C., Kuo, C.C., Bih, S.H., Chou, Y.J., Lin, C.H., Lee, C.H., Chou, P. (2007). The prevalence and incidence of treated major depressive disorder among National Health Insurance enrollees in Taiwan, 1996 to 2003. *Can J Psychiatry*, 52(1), 28~36.

Chien IC, Lin YC, Chou YJ, Lin CH, Bih SH, Lee CH, Chou P (2008). Treated prevalence and incidence of dementia among National Health Insurance enrollees in Taiwan, 1996-2003. *J Geriatr Psychiatry Neurol*, 21(2), 142~148.

Chien, I.C., Lin, C.H., Chou, Y.J., Chou, P. (2011). Prevalence and incidence of autism spectrum disorders among national health insurance enrollers in Taiwan from 1996 to 2005. *J Child Neurol*, 26, 830~834.

Chien, Y.C., Chen, J.Y., Liu, M.Y., Yang, H.I, Hsu, M.M. (2001) Serologic markers of Epstein-Barr virus infection and nasopharyngeal carcinoma in Taiwanese men. *N Engl J Med*, 345, 1877~1882.

Chiu, W.T., Kuo, C.Y, Hung, C.C., Chen, M. (2000). The effect of the Taiwan motorcycle helmet use law on head injuries. *Am J Public Health*, 90(5), 793-796.

Chiu, W.T., Huang, S.J., Tsai, S.H., Lin, J.W., Tsai, M.D., Lin, T.J., Huang, W.C. (2007). The impact of time, legislation, and geography on the epidemiology of traumatic brain injury. *J Clin Neurosci*, 14(10), 930~935.

Chong, M.Y., Tsang, H.Y., Chen, C.S., Tang, T.C., Chen, C.C., Yeh, T.L., Lee, Y.H., Lo, H.Y. (2001). Community study of depression in old age in Taiwan: prevalence, life events and socio-demographic correlates. *Br J Psychiatry*, 178(1), 29~35.

Curry, C. J., Stevenson, R. E., Aughton, D., Byrne, J., Carey, J. C., Cassidy, S., Cunniff, C., Graham, J. M., Jones, M. C., Kaback, M. M., Moeschler, J., Schaefer, G. B., Schwartz, S., Tarleton, J. and Opitz,

J (1997). Evaluation of mental retardation: Recommendations of a consensus conference. *Am. J. Med. Genet.*, 72, 468~477.

Desmond, D.W., Moroney, J.T., Paik, M.C. (2000) Frequency and clinical determinants of dementia after ischemic stroke. *Neurology*, 54, 1124~1131.

Gallicchio, L, Matanoski, G, Tao, X.G, Chen, L., Lam, T.K. (2006) Adulthood consumption of preserved and nonpreserved vegetables and the risk of nasopharyngeal carcinoma: a systematic review. *Int J Cancer*, 119, 1125–1135.

Grysiewicz, R.A., Thomas, K, Pandey, D.K. (2008). Epidemiology of ischemic and hemorrhagic stroke: incidence, prevalence, mortality, and risk factors. *Neurol Clin*, 26, 871~895.

Guo, X., Johnson, R.C., Deng, H., Liao, J., Guan, L. (2009) Evaluation of nonviral risk factors for nasopharyngeal carcinoma in a high-risk population of Southern China. *Int J Cancer*, 124, 2942~2947.

Hildesheim, A., Dosemeci, M., Chan, C.C., Chen, C.J., Cheng, Y.J. (2001) Occupational exposure to wood, formaldehyde, and solvents and risk of nasopharyngeal carcinoma. *Cancer Epidemiol Biomarkers Prev*, 10, 1145~1153.

Hou, J.W., Wang, TR., Chuang, S.M. (1998). An epidemiological and aetiological study of children with intellectual disability in Taiwan. *J Intellect Disabil Res*, 42, 137~143.

Hsu, W.L., Chen, J.Y., Chien, Y.C., Liu, M.Y., You, S.L. (2009) Independent effect of EBV and cigarette smoking on nasopharyngeal carcinoma: a 20-year follow- up study on 9,622 males without family history in Taiwan. *Cancer Epidemiol Biomarkers Prev*, 18, 1218~1226.

Hsu, W.L, Pan, W.H., Chien, Y.C., Yu, K.J., Cheng, Y.J. (2012) Lowered Risk of Nasopharyngeal Carcinoma and Intake of Plant Vitamin, Fresh Fish, Green Tea and Coffee: A Case-Control Study in Taiwan. *PLoS ONE*, 7(7), e41779.

Hsu, W.M., Cheng, C.Y., Liu, J.H., Tsai, S.Y., Chou, P. (2004). Prevalence and causes of visual impairment in an elderly Chinese population in Taiwan: the Shihpai Eye Study. *Ophthalmology*, 111(1), 62~69.

Huang, Y.Y., Lin, K.D., Jiang, Y.D., Chang, C.H., Chung, C.H., Chuang, L.M., Tai, T.Y., Ho, L.T., Shin, S.J. (2012). Diabetes-related kidney, eye, and foot disease in Taiwan: an analysis of the nationwide data for 2000-2009. *J Formos Med Assoc*, 111(11), 637~644.

Huang, Z.S., Chiang, T.L., Lee, T.K. (1997). Stroke prevalence in Taiwan. Findings from the 1994 National Health Interview Survey. *Stroke*, 28(8), 1579~1584.

Ko, Y.C., Huang, Y.L., Lee, C.H., Chen, M.J., Lin, L.M., Tsai, C.C. (1995). Betel quid chewing, cigarette smoking and alcohol consumption related to oral cancer in Taiwan. *J Oral Pathol Med*, 24(10), 450~453.

Kolias, A.G., Guilfoyle, M.R., Helmy, A. (2013) Traumatic brain injury in adults. *Pract Neurol*,

228~235.

Kuo, H.W., Tsai, S.S., Tiao, M.M., Yang, C.Y. (2007). Epidemiological features of CKD in Taiwan. *Am J Kidney Dis*, 49, 46~55.

Kuo, H.W., Tsai, S.S., Tiao, M.M. (2010) Analgesic use and the risk for progression of chronic kidney disease. *Pharmacoepidemiol Drug Saf*, 19, 745~751.

Langlois, J.A., Rutland-Brown, W., Wald, M.M. (2006). The epidemiology and impact of traumatic brain injury: a brief overview. *J Head Trauma Rehabil*, 21, 375~378.

Lee, H.C., Hu, C.J., Chen, C.S., Lin, H.C. (2008). Seasonal variation in ischemic stroke incidence and association with climate: a six-year population-based study. *Chronobiol Int*, 25(6), 938~949.

Liang, H.W., Chen, S.Y., Hsu, J.H., Chang, C.W. (2004). Work-related upper limb amputations in Taiwan, 1999-2001. *Am J Ind Med*, 46(6), 649~655.

Lin, H.C., Chen, C.S., Keller, J.J., Ho, J.D., Lin, C.C, Hu, C.C. (2011). Seasonality of retinal detachment incidence and its associations with climate: an 11-year nationwide population-based study. *Chronobiol Int*, 28(10), 942~948.

Lin, J.D., Yen, C.F., Wu, J.L., Kang, S.W. (2009). National disability registers report on causes of intellectual disability in Taiwan: 2000-2007. *Res Dev Disabil*, 30, 301~307.

Lin, J.H., Lin, R.T., Tai, C.T., Hsieh, C.L., Hsiao, S.F., Liu, C.K. (2003). Prediction of poststroke dementia. *Neurology*, 61(3), 343~348.

Lin, L.P.& Lin, J.D. (2011). Perspectives on intellectual disability in Taiwan: epidemiology, policy and services for children and adults. *Curr Opin Psychiatry*, 24(5), 413~418.

Lin, Y.N., Chu, S.F., Liang, W.M., Chiu, W.T., Lin, M.R. (2014). Validation of the Quality of Life After Brain Injury in Chinese Persons With Traumatic Brain Injury in Taiwan. *J Head Trauma Rehabil*, 29(1), E37~E47.

Liu, C., Tai, C., Lin, R., Lai, C. (2000). Epidemiology of dementia in Taiwan. *Research in Applied Psychology*, 7, 157~169.

Liu, C.K., Lai, CL, Tai, C.T., Lin, R.T., Yen, Y.Y., Howng, S.L. (1998). Incidence and subtypes of dementia in southern Taiwan: impact of socio-demographic factors. *Neurology*, 50(6), 1572~1579.

Lu, M.K., Lin, Y.S., Chou, P., Tung, T.H. (2007). Post-traumatic stress disorder after severe burn in southern Taiwan. *Burns*, 33(5), 649~652.

McMurtray, A., Clark, D.G., Christine, D., Mendez, M.F (2006). Early-onset dementia: frequency and causes compared to late-onset dementia. *Dement Geriatr Cogn Disord*, 21(2), 59~64.

Pohjasvaara, T., Erkinjuntti, T., Ylikoski, R., Hietanen, M., Vataja, R., Kaste, M. (1998). Clinical determinants of poststroke dementia. *Stroke*, 29, 75~81.

Radoï, L. & Luce, D. (2013). A review of risk factors for oral cavity cancer: the importance of a standardized case definition. *Community Dent Oral Epidemiol*, 41(2), 97~109.

Sun, X., Allison, C., Matthews, F.E., Sharp, S.J., Auyeung, B., Baron-Cohen, S., Brayne, C. (2013). Prevalence of autism in mainland China, Hong Kong and Taiwan: a systematic review and meta-analysis. *Mol Autism*, 4(1), 7.

Tsai, S.Y., Hsu, W.M., Cheng, C.Y. (2003). Epidemiologic study of age-related cataracts among an elderly Chinese population in Shih-Pai, Taiwan. *Ophthalmology*, 110, 1089~1095.

Tseng, C.H. (2006). Prevalence of lower-extremity amputation among patients with diabetes mellitus: is height a factor? *CMAJ*, 174(3), 319~323.

Tseng, C.H. (2011). Clinical features of heart failure hospitalization in younger and elderly patients in Taiwan. *Eur J Clin Invest*, 41, 597~604.

Tu, T.C., Liou, W.S., Chou, T.Y., Lin, T.K., Lee, C.F., Chen, J.D., Cham, T.M., Chung, M.I. (2013). Prevalence, incidence, and factor concentrate usage trends of hemophiliacs in Taiwan. *Yonsei Med J*, 54(1), 71~80.

World Health Organization. Global burden of stroke. http://www.who.int/cardiovascular_diseases/en/cvd_atlas_15_burden_stroke.pdf

Wong, T.Y., Loon, S.C., Saw, S.M. (2006). The epidemiology of age related eye diseases in Asia. *Br J Ophthalmol*, 90(4), 506~511.

Wu, C.H., Liou, T.H., Chen, H.H., Sun, T.Y., Chen, K.H., and Chang, K.H. (2012). Stroke Risk in Poliomyelitis Survivors: A Nationwide Population-based Study. *Arch Phys Med Rehabil*, 93(12), 2184~2188.

Wu, J.C., Chen, Y.C., Liu, L., Chen, T.J., Huang, W.C., Cheng, H., Su, T.P. (2012). Effects of age, gender, and socio-economic status on the incidence of spinal cord injury: an assessment using the eleven-year comprehensive nationwide database of Taiwan. *J Neurotrauma*, 29(5), 889~897.

Yen, C.F., Lin, J.D., Loh, C.H. (2009) Determinants of prescription drug use by adolescents with intellectual disabilities in Taiwan. *Res Dev Disabil*, 30, 1354~1366.

Yeh, S.J., Chen, H.C., Lu, C.W., Wang, J.K., Huang, L.M., Huang, S.C., Huang, S.K., Wu, M.H. (2013). Prevalence, mortality, and the disease burden of pediatric congenital heart disease in Taiwan. *Pediatr Neonatol*, 54(2), 113~118.

第三篇
身心障礙如何鑑定與評估

第一章　身心障礙如何鑑定與評估：他山之石

/嚴嘉楓

　　在國家福利資源有限的情形之下，「身心障礙」這個辭彙就無法只是個人生命光譜上生理及心理的狀態，而是必須被作為國民使用福利資源或服務的一種身分認定資格，由於每個國家在社會福利體制、資源及文化背景上的差異，以及對身心障礙定義的邏輯與目的不同，導致其發展出來的鑑定系統與評估方式差異甚大，本章最主要目的在於藉由各國官方政府之資料及相關文獻，了解其他國家如何界定（鑑定）及評估身心障礙者，又為何要鑑定身心障礙者，其目的何在？進一步可以與本書別章之我國鑑定目的或方法有何不同，進行初步的比較，期望可以提供臺灣政府於身心障礙者鑑定及評估設計上的參考與比較。在此「界定身心障礙者」一詞，若是用於政府法定或為確認使用資格的情形下，即為「身心障礙者鑑定」之意。

　　本篇以美國、澳洲、日本及愛爾蘭四個國家為例，針對其鑑定評估方法進行介紹與討論。整體而言，日本與澳洲在定義身心障礙者的概念上，與世界衛生組織於2001年所公布之「國際健康功能與身心障礙分類（ICF）系統」是一致的，皆必須由身體功能、構造、活動與參與及環境等各面向共同考量來評估個人的障礙情形，但在評估方式上卻並非全以ICF檢核表或分類系統上的編碼作為評估鑑定的指標，鑑定方式及判定標準亦會隨著行政區或單位不同而有些許的差異；但整體而言，醫療診斷及治療相關紀錄是身心障礙者鑑定的必要條件。以下即針對四個國家進行深入的介紹：

第一節　美國

　　美國設有一套全國性的身心障礙者鑑定制度，美國公民若要獲得補充安全所得（Supplemental Security Income, SSI）[1]或身心障礙給付（disability benefits）等福利，都必須向美國社會安全局於各州政府所設置之辦事處（Local Social Security Administration, SSA）提出身心障礙者的鑑定申請，以下就美國社會安全處所公布的申請流程與評估內容進行說明（The Official Website of the U.S. Social Security Administration, 2013a）。

壹、身心障礙鑑定申請流程

　　在流程上，欲申請美國身心障礙者鑑定的民眾，必須先到社會安全局在各州所設置的辦事處（Local Social Security Administration, SSA）提出身心障礙者的鑑定申請，其申請管道非常多元，申請者可以藉由網路、郵件、電話或親自至各區社會安全部的辦事處提出申請，申請人必須提供個人在生理損傷、治療及其他有關其障礙的基本資訊；若是藉由網路或郵件提出申請，則是填寫相關表單並附上所需的資訊即可。該辦事處收到申請表單後，負責核對其他非醫療資料，包括年齡、職業、婚姻狀況，還有個人目前所有的社會保險或保障資訊，然後正式轉送至「身心障礙鑑定服務（Disability Determination Services, DDSs）」接受評估。DDSs流程的第一步是審核申請人所提供的醫療資訊，若申請人所提供的訊息不足，DDSs就會安排諮詢檢核（consultative examination, CE）獲取所需要的訊息，當申請人所提供的訊息與CE有所牴觸，DDSs通常會採納CE所提供的訊息，接下來由DDSs受過訓練者完成其他非醫療資格的確認，初步完成身心障礙

[1] SSI必須同時具有低收入戶及身心障礙者資格才能獲得。

者之身分認定，並將此結果傳回SSA，由SSA接手處理個案的津貼發放事宜。

貳、身心障礙者評估內容

　　前述身心障礙鑑定服務（DDSs）評估階段，主要是由社會安全局負責，各州社會安全局辦事處爲完成身心障礙者鑑定所設置之專科醫師及健康專業人員來負責評估事宜，決定身心障礙者的資格認定，此階段評估內容主要是以生理及心理之損傷爲主，此評估內容皆列於聯邦法規的附錄1當中〔Code of Federal Regulations（CFR）in appendix 1 to subpart P of part 404〕，此內容稱爲損傷評估表（Listing Of Impairments），包含成人〔Adult Listings（Part A）〕與兒童〔Childhood Listings（Part B）〕版。以下即摘錄其醫療評估之分類內容如下：

一、成人版之醫療評估

　　成人是指18歲（含）以上適用，根據生理功能構造分成14個部分，並以1.00～14.00進行編碼：1.00爲肌肉骨骼系統（Musculoskeletal System），包含8個次編碼（1.01～1.08）；2.00爲特殊感官與語言（Special Senses And Speech），包含8個次編碼（2.01～2.04、2.07、2.09～2.11）；3.00爲呼吸系統（Respiratory System），包含10個次編碼（3.01～3.04、3.06～3.11）；4.0爲心臟血管系統（Cardiovascular System），包含9個次編碼（4.01～4.02、4.04～4.06、4.09～4.12）；5.00爲消化系統（Digestive System），包含7個次編碼（5.01～5.02、5.05～5.09）；6.0爲泌尿生殖損傷（Genitourinary Impairments），包含3個次編碼（6.01～6.02、6.06）；7.00爲血液異常（Hematological Disorders），包含10個次編碼（7.01～7.02、7.05～7.10、7.15、7.17）；8.00爲皮膚異常（Skin Disorders），包含8個次編碼（8.01～8.08）；9.00爲內分泌異常（Endocrine Disorders），此部分並沒有次編碼，而是以因爲內分泌異常造成身體其他損傷作爲評估標準；10.00爲認知異常及其影響之多重身體系

統異常（Congenital Disorders that Affect Multiple Body Systems）；11.00為神經異常（Neurological）；12.00為精神異常（Mental Disorders）；13.00為惡性腫瘤疾病（Malignant Neoplastic Diseases）；14.00為免疫系統異常（Immune System Disorders）（The Official Website of the U.S. Social Security Administration, 2013b）。

二、兒童版之醫療評估

兒童版適用於18歲以下的幼兒及青少年，其評估內容也被分成14個部分，以100.00～114.00標示，100.00為成長損傷（Growth Impairment），101.00為肌肉骨骼系統（Musculoskeletal System），102.00為（Special Senses and Speech）；103.00為（Respiratory System）；104.00為心臟血管系統（Cardiovascular System）；105.00為消化系統（Digestive System）；106.00為泌尿生殖系統（Genitourinary Impairments）；107.00為血液異常（Hematological Disorders）；108.00為皮膚異常（Skin Disorders）；109.00為內分泌異常（Endocrine Disorders）；110.00為認知異常及其影響之多重身體系統異常（Congenital Disorders that Affect Multiple Body Systems）；111.00為神經性疾病（Neurological）；112.00為精神異常（Mental Disorders）；113.00為惡性腫瘤疾病（Malignant Neoplastic Diseases）；114.00為免疫系統異常（Immune System Disorders）（The Official Website of the U.S. Social Security Administration, 2013c）。

參、其他相關症狀之評估

SSA研究員會針對申請人生理、心理異常所產生的症狀，及其對日常功能的影響進行評估，例如：疼痛、呼吸短促、疲勞及日常生活功能等，評估內容包含：申請人日常功能情形；疼痛或症狀發生的位置、頻率及持續多久等；症狀促進因子；任何用藥的型態、劑量、效果及其副作用；任何治療措施及其他用藥紀

錄；任何用於舒緩疼痛或症狀的介入措施；因疼痛或其他症狀所造成的功能限制。

　　美國身心障礙鑑定制度整體評估內容，即包含上述之醫療評估及其他相關症狀評估，在成人評估中還要考量個人過去的職業（工作）經驗、醫療狀況的嚴重程度、年齡、教育程度及工作技能等個人背景。但從上述的評估內容的設計上仍舊可以發現，醫療模式（medical model）還是爲主要的鑑定依據，鑑定專業人員也以專科醫師及相關的醫療專業人員爲主，整體而言，美國身心障礙鑑定制度的目的，是爲了提供社會福利相關現金補助或津貼所設立之制度，評估內容上雖著重醫療診斷評估，但仍將個體工作技能及執業經驗納入評估，若生理、心理損傷功能造成其職業工作能力影響較大，則其障礙嚴重等級將會被判定更爲嚴重。

第二節　澳洲

壹、澳洲的身心障礙定義與身心障礙者人數調查

　　澳洲聯邦政府對於身心障礙的定義有幾個進程，1992年至2005年間主要是依據澳洲身心障礙歧視法（Disability Discrimination Act 1992, 2013），對身心障礙者定義為：「生理或心理的部分或完全功能損失、體內組織導致疾病、身體畸形、機能故障損毀等障礙結果，影響不同的學習、思考過程、情緒、判斷等行為的表現」。因世界衛生組織於2001年公布了國際健康功能身心障礙分類系統（ICF），及2006年12月3日聯合國於紐約總部亦公布了身心障礙者權利公約（Convention on the Rights of Persons with Disabilities）及其議定書（Optional Protocol）之後，澳洲政府即根據ICF對於障礙的解釋，並著眼於促進身心障礙者各項社會參與等權益，針對身心障礙者定義進行了討論與修正，澳洲健康與福利局（Australian Institute of Health and Welfare, AIHW）隨即在官方網站及相關文件上，公布了身心障礙者新定義：「身心障礙是因個人損傷（impairment）與障礙（barrier）的結合與交互作用，導致其無法有效參與社會」（Disability Discrimination Act 1992, 2013；Australian Institute of Health and Welfare, 2013），根據其定義來調查澳洲的身心障礙人口（盛行率），此調查並非身心障礙者之鑑定。

　　澳洲的身心障礙者鑑定制度與美國一樣，僅限於欲申請失業補助或現金津貼服務之民眾，在其他輔具或相關的實物福利服務申請方面，則是以個人需求進行評估，並非制式的評估內容，而是根據該服務特性來確認申請人是否真正有此需求。這裡要特別注意的是，澳洲政府官方所公布的身心障礙者人口統計（身心障礙者人數或盛行率），並不是以上述鑑定制度中，具有獲得現金補助的失能者資格之人數而言，而是經由澳大利亞統計局（Australian bureau of statistics）全國性每三年之「身心障礙、老化及照顧者調查（Survey of Disability, Ageing and

Carers, SDAC）」所得，此調查對於身心障礙（disability）的定義爲「任何機能損傷所造成之日常活動受限，且可能至少持續6個月」（any limitation, restriction or impairment which restricts everyday activities and has lasted or is likely to last for at least six months）；這個問卷調查是屬於自塡式的問卷調查，問卷內容則是採用ICF概念基礎設計而來，將身心障礙的評估（應該說障礙之限制面向），分爲核心活動及任務（core activity and task）、就學或就業（schooling or employment restrictions）及其他活動（other activities）。「核心活動與任務」主要包括溝通、行動以及自我照顧。其他活動包含健康照護（health care）、讀或寫（reading or writing）、交通（transport）、家事（household chores）、房屋維修（property maintenance）、準備餐食（meal preparation）及認知或情緒（cognition or emotion）功能。障礙嚴重度共分爲四級：輕、中、重、深度（profound）（Australian bureau of statistics, 2010a）。

政府以上述調查結果估計澳洲身心障礙人口，根據2009年調查結果顯示澳洲身心障礙總人口爲403萬人，較2003年396萬人還高，但就身心障礙盛行率而言，2009年爲18.5%較2003年的20%還低；整體而言，年齡層分布中65～69歲占身心障礙人口最多，嚴重度比率最高的是輕度障礙，女性身心障礙人口大於男性；障礙原因最高是肌肉骨骼系統及結締組織損傷造成，其次爲循環系統。

在這份調查內容中，還包含個人期望之所需協助項目爲何，從2009年調查發現澳洲失能者需要最大協助的項目是資產維持（property maintenance），其次是健康照護，第三是家中雜務協助，可見得經濟議題還是身心障礙者最迫切關注的議題。就業情況中，發現身心障礙者部分工時，打工的比率高於非身心障礙者（Australian bureau of statistics, 2010b），整體而言，此調查所估計的障礙者人數，並不是代表每個人皆具有獲得社會福利各項津貼、實物給付或服務之資格。澳洲政府是以ICF概念所設計之量表來調查了解國人失能狀況，但其主要目的是爲了估計失能盛行率，並作爲未來相關政策或預算配置之參考，不直接涉及福利給付。澳洲政府之身心障礙者領取現金給付與否的關鍵，在於工作能力與收入，經評估與職業重建，仍無法工作賺取達最低生活水準者才能領取現金。

貳、澳洲身心障礙者相關津貼、現金補助的資格認定系統與評估內容

一、身心障礙者相關津貼補助系統

　　澳洲政府目前無全面性的身心障礙鑑定制度，也非一次鑑定領取所有的福利，而是以申請津貼、年金時給的資格評定。身心障礙扶助年金（Disability Support Pension, DSP）的申請必須經由澳洲政府人群服務部（Department of Human Service, DHS）的復健服務部門（Commonwealth Rehabilitation Service, CRS）進行兩階段的評估，第一階段為工作相關障礙評估，第二階段為工作能力評估（Job Capacity Assessment, JCA），身心障礙者要能提出證據顯示他們已經由適當之就業協助與訓練仍無法參與工作，否則無法領取「身心障礙現金給付」或要轉申請「替代性收入支持給付」（alternative income support payment）。根據澳洲官方資料公布在2007～2008年，身心障礙者現金支持支出為澳幣93.7億（Disability Support Pension）。

二、評估鑑定內容及判定方式

　　上述澳洲政府對於身心障礙者相關現金支持之獲取資格評估單位為「聯邦政府復健服務部門」（Australian Government CRS），此部門隸屬澳洲政府「人群服務部」（DHS），為身心障礙者主要的就業輔助系統（Employment system for people with disability），主要負責身心障礙者就業能力評估、訓練、媒合就業機會等，包括判斷可能領取身心障礙現金給付者是否無能力就業等。而其評估工具為「身心障礙現金給付之工作相關損傷檢視表」（Tables for the Assessment of work-related impairment for Disability Support Pension）即為各種工作能力評估表。而評估身心障礙者個案之工作能力的負責單位為評估障礙分數大於等於20分（≧20分），且2年來每週工作小時數低於15小時（<15），便可以領取現金給付（DSP）。障礙分數低於20分者，就要進入職業重建與工作輔導，不得領取現金；但經過職業重建與工作輔導，仍無法有某個程度收入之工作，才可領取現

金給付（DSP）。「身心障礙現金給付之工作相關損傷檢視表」（附件一）強調身心障礙者的轉銜能力，是否合適替代性就業，以及其能力是否可因為職業重建和復健而受益。而且這些障礙是否屬於永久性，這些都必須經由合格測試人員評估，不能只由晤談而得。包含15個表與另外幾項，如疼痛，越高分障礙越嚴重。評估者根據個案診斷選取適當表格，共計分成15個表，從表1至表15之項目與給分標準詳細分述如下（以下內容摘錄2010年衛生署ICF整備計畫，廖華芳、嚴嘉楓、紀彣宙等人至澳洲參訪之出國報告）（廖華芳等人，2010）。

1. 需要耐力和消耗體力的功能（Functions requiring Physical Exertion and Stamina）：針對醫療診斷為心臟或呼吸系統受損（例如：心臟衰竭、心肌病變、缺血性心臟病、慢性阻塞性呼吸道／肺疾病、石綿肺症、間皮瘤、肺癌）、極度疲勞或筋疲力盡（例如：末期器官功能衰竭、廣泛性／轉移性的癌症、某些類型白血病、其他無法有效控制的長期病症）、運動／心臟負荷／跑步機測試出現運動不耐的結果）（障礙分數0～30分）。

2. 上肢功能（Upper Limb Function）：針對醫療診斷為上肢損傷（例如：關節炎或其他影響上肢關節的病症、因中風、其他腦部或神經受損所造成的麻痺、肌力或感覺喪失、腦性麻痺或其他影響上肢協調的病症、上肢肌肉或肌腱發炎或受傷、截肢、缺乏整體或部分上肢、手或手指）、經由專職健康工作者（例如：物理治療師、職能治療師或運動生理學家）證實功能受到影響、診斷性的檢驗結果（例如：X光或其他影像）、體能測試或評估結果顯示上肢功能缺損（障礙分數0～30分）。

3. 下肢功能（Lower Limb Function）：針對醫療診斷為下肢損傷（例如：關節炎或其他影響下肢關節的病症、因中風、其他腦部或神經受損所造成的麻痺、肌力或感覺喪失、腦性麻痺或其他影響下肢協調的病症、下肢肌肉或肌腱發炎或受傷、截肢、缺乏整體或部分下肢、腳或腳趾）、經由專職健康工作者（例如：物理治療師、職能治療師或運動生理學家）證實功能受損、診斷性的檢驗結果（例如：X光或其他影像）、體能測試或評估結果顯示下肢功能缺損（障礙分數0～30分）。

4. 脊椎功能（Spinal Function）。針對醫療診斷爲脊髓功能損傷相關的病症（例如：脊髓損傷、椎管狹窄、頸椎病變、腰椎神經根病變、椎間盤突出或破裂、脊髓腫瘤、脊椎關節炎或骨質疏鬆）、經由物理治療師或其他復健相關工作者證實脊椎活動度減少和／或其他因脊髓疾病或受傷所造成的影響（障礙分數0～30分）。

5. 心理健康功能（Mental Health Function）。針對醫療診斷爲精神障礙所造成的功能障礙（包含反覆發作的精神疾病損傷），診斷的開立必須經由合格的醫師伴隨精神科醫師或臨床心理學家的支持（障礙分數0～30分）。

6. 與酒精、藥物和其他物質使用有關的功能（Functioning related to Alcohol, Drug and Other Substance Use）：透過調查結果（例如肺功能測試、酒精和物質使用評估量表）、治療／復健計畫中的報告或其他參與紀錄、工作或培訓的出席紀錄，針對醫療診斷爲物質使用障礙，並導致身體其他系統/功能損傷（障礙分數0～30分）。

7. 腦部功能（Brain Function）：針對醫療診斷爲神經/認知損傷（例如：後天腦傷、腦中風、導致失智的病症、腦部腫瘤、神經退化疾病），包含診斷性測試的結果（例如MRI、電腦斷層掃描、腦部電波圖）、認知功能評估結果（障礙分數0～30分）。

8. 溝通功能（Communication Function）：經由診斷性的測試結果（例如：X光或其他影像）、顯示言語或理解損傷的功能性評估結果，針對醫療診斷爲溝通缺損（例如腦中風、其他後天腦傷、腦性麻痺、神經退化性疾病、口部、聲帶或喉部等與說話相關的結構損傷）（障礙分數0～30分）。

9. 智力功能（Intellectual Function）：根據與一個人的發展、智能、適應行爲和／或計畫相關的支持性文字、報告和／或評估，訪談當事人及其照顧、支持或治療者。針對醫療診斷爲智能障礙，導致與智能程度相關的功能缺損（障礙分數0～30分）。

10. 腸胃功能（Gastrointestinal Function）：經由檢查結果（例如：X光或其他影像、內視鏡、結腸鏡），針對醫療診斷爲腸胃疾病（障礙分數0～30

分）。

11. 聽力和耳朵其他功能（Hearing and other Functions of the Ear）：根據聽覺評估結果，針對醫療診斷為聽力或耳朵其他功能受損〔例如：先天失聰、老年性失聰、聽神經瘤、藥物副作用或梅尼爾氏症（Meniere's disease）〕（障礙分數0～30分）。

12. 視覺功能（Visual Function）：根據視力評估結果，針對醫療診斷為視力受損（例如：糖尿病引起的視網膜病變、青光眼、視網膜色素變性、黃斑部病變、白內障、先天性失明）（障礙分數0～30分）。

13. 排泄功能（Continence Function）：針對醫療診斷為失禁相關疾病（例如婦科疾病、前列腺肥大或惡性腫瘤、腸胃疾病、因癱瘓而導致的失禁、脊柱裂、神經退化性疾病或嚴重智能障礙）（障礙分數0-30分）。

14. 皮膚功能（Functions of the Skin）：針對醫療診斷為皮膚科疾病或燒燙傷（障礙分數0～30分）。

15. 意識功能（Function of Consciousness）。針對診斷為意識狀態喪失或改變〔例如：癲癇、糖尿病、暫時性腦缺血發作（小中風）、某些形式偏頭痛〕（障礙分數0～30分）。

CRS位於澳洲首都坎培拉，但CRS在澳洲各地有近170個辦事處，當事人可以在辦事處接受所有職業評估、訓練、媒合等服務。80%的個案是由政府組織進行評估，20%則有非政府組織進行。評估人員為多種專業人員（物理、職能治療師、社工、心理諮商師及護理師等）共同參與，其評估內容並非全以ICF概念來設計。在身心障礙者福利服務之獲得方面，障礙分數小於20分之失能者雖無法獲得現金給付，但他們依然可以透過澳洲政府CRS進行職業訓練與媒合服務等，同時他們可以依據其需求，透過州政府（State Government）、學校或醫療提供者等機構申請障礙服務（Disability Services）。政府針對35歲以下無業身心障礙者，每半年進行一次訪視，以便了解其工作能力是否改善，提供協助尋找就業機會。

總而言之，澳洲政府針對身心障礙者的福利服務共可分為三大類：所得支持

（income support）、特殊身心障礙支持服務（specialist disability support servic-es）與相關性一般服務（relevant generic services）（Madden, Glozier, Mpofu, & Llewellyn, 2011；林金定，2007）。「所得支持」分爲身心障礙扶助年金、行動扶助津貼（Mobility allowance）、照顧者津貼（Carer allowance）、照顧者給付（Carer payment）、疾病津貼（Sickness allowance）及2009年才開始的身心障礙兒童救助金（Child disability assistance payment）等政府的給付與津貼，每州補助的項目略有不同。澳洲各州政府在2010至2020年國家身心障礙策略（National Disability Strategy）中，共同承諾要改善身心障礙者及其家人與照顧者的生活，這10年的策略可看出澳洲政府期望達到「機會平等」、「無障礙」、「無歧視」的目標（The Department of Families, Housing, Community Services and Indigenous Affairs（FaHCSIA）Australia's government, 2013）。

第三節　日本

　　日本整體制度上與我國相似，經過身心障礙者鑑定制度後，被認定為身心障礙者即可領有一張身心障礙者證明（註：相當於我國舊制之身心障礙手冊），日本對於身心障礙者稱為「障害者」，對於「障害者」的定義是根據「障害者基本法」：障害者包含「身體障害、知的障害、精神障害者（包含發達障害）、與其他身心理功能障害，人因持續性的障礙與社會障礙限制國家、社會與日常生活」。將障礙對日常生活、社會參與的影響納入考量，與ICF的概念相近（障害者基本法，2004）。但與我國不同的是，其障害分類會因各縣規定而有所差異，障害手冊亦略有不同，例如，東京與長野的身體障害項目有差異，但在身體障害福祉法所規定的項目都包含在內；精神障害手帳分級則雷同；僅智能障礙者「知的障害」在不同縣有不同的分級制度與標準，且變化較其他障別大，手冊名稱也不同（身體障害者福祉法，2002；東京都福祉保健局，2009；長野縣松本市健康福祉部，2012；精神保健及精神障害者福祉相關法律，2003）。

　　以下先對日本障害者的政策歷史、鑑定方式及提供的服務進行簡介。

壹、日本障害者施策歷史（施政歷史）

　　最早於昭和24年（西元1949年）制定「身體障礙者福祉法」，昭和25年（1950年）增加「精神保健福祉法」（精神衛生法），昭和35年（1960年）再增加「認知障礙福祉法」（精神薄弱者福祉法），上述三大法律構成日本障礙者基本法。昭和45年（1970年）制定「身心障礙者對策基本法」，內容最重要的是強調障害者完全參與的平等，直至平成15年（2003年）政府針對身體障害與認知障礙者實施「支援費制度」，提供部分津貼；至平成18年（2006年）即公布「障害者自立支援法」，針對所有類別（身體障礙、認知障礙及精神障礙）提

供地域性的生活支持，平成24年（2012年）公布「障害者綜合支援法」，此法最主要目標在於共生社會的實現，並加強就業支持、強化雇用政策，經費強調政府責任，個人擔負1／10的費用，其他費用由中央、地方政府及雇主共同支應。

貳、日本障害鑑定相關事項

目前日本國民若要拿到障害者手冊並獲得各縣（地方政府）所提供的各項服務，都必須經由「障害者評估」，此評估內容是由原來長期介護保險評估項目上為79題擴充而成，障害者評估項目共計106題（79+27題），其中79題與原來介護保險之評估項目大致相同，再增加障害者相關題目27題；障害嚴重等級的判定由厚生勞動省設立之電腦資訊系統設置參數後（將評估結果輸入電腦系統）判斷所得，共分六級。但在發給年金（Pension）僅分成兩級——重度與中度。

日本目前執行鑑定者為醫師，有鑑定資格之醫師在任何醫療院所皆可進行鑑定工作。

參、身心障礙者介護給付內容

「障害者自立支援法」所規定的介護給付內容包含居宅介護、重度訪問介護、同行介護、行動、療養、生活、短期入所、重度障害者（包含支援）、共同生活介護、施設入所支援等十種介護給付。

整體而言，日本針對障害者的狀況調查是來自厚生勞動省的調查，分別是每5年一次的全國身體障害、知的障害調查，及每3年一次的全國醫院患者調查。根據2012年（平成24年）障害者白皮書，身心障礙人口總數約744萬人，身體障害人口比率最高（366.3萬人），其次為精神障害人口（323.3萬人）。障害白皮書內容分類詳細，例如：發生障害原因、發生年齡、同居者有無、配偶有無

等。居住狀況會針對各障害類型間不同的居住方式，也會記錄障礙者的就業狀況、從業別、薪資。資料來源也不只厚生勞動省，也有文部科學省最新的特別支援學校、特別支援班級、教師特別支援人數，與身心障礙者畢業後的規畫等各單位的調查結果（內閣府，2012）。

　　不同中央主管單位都有制定身心障礙相關法律條文與施政方向。如：內閣府的「障害者基本法」、厚生勞動省制定的身體障害者福祉法（2002）、身體障害者補助犬法（2002）等。文部科學省學校教育法（2003）等。另外總務省、國土交通省也有針對身心障礙者使用電信、交通、建築等立法。每年由地方、中央的障害者推進協議會共同討論年度執行計畫。津貼、年金、減稅等生活補助的部分，津貼分為特別障害者手當（津貼）、障害兒福祉津貼等。身心障礙者年金有兩種：障害基礎年金（2級）、障害厚生年金（3級），並非依據障害手冊的分級。減稅的部分也因障礙程度補助不同。日本的身心障礙福利制度複雜，各都道縣府障礙鑑定分級略有不同。針對各種身心障礙者類別並非採用一致不變的計畫與法律，由中央到地方都有針對障礙者制定政策與服務，讓身心障礙者自立支援、無障礙、充分教育、補助制度等，要達到無差別正常化（日本年金機構，2012a，2012b；日本障害者康復協會，2011；周月清，2000；厚生勞動省，2011）。

第四節　愛爾蘭

　　愛爾蘭國家身心障礙管理局（National Disability Authority）對障礙的定義，是包含了2001年國際健康功能與身心障礙分類系統（ICF）對障礙的解釋，和身心障礙歧視法1995（Disability Discrimination Act 1995）對身心障礙定義，這裡說明障礙必須包含身體功能、構造、活動參與及環境與個人因素面向的考量，並指出該障礙是因生、心理因素長期且大量地影響一個人每天的日常活動（National Disability Authority, 2006；Employment Equality Act, 1998）。而在愛爾蘭就業平等法（Employment Equality Act）（1998）第二條中有對身心障礙較為具體的定義：1.個體的生理或心理有部分或整體缺損或損傷；2.體內器官所造成之慢性疾病或不適；3.個體身體部分機能不全、畸形或缺陷；4.個體徵狀或機能不全導致學習困難，或較其他同齡學習困難；5.個體的症狀、疾病或者不適影響其思考過程、感知、判斷、情緒等，最後造成行為紊亂。上述五種定義皆須要有醫療證明，由健康服務單位之各地方健康辦公室取得即可（Local Health Offices of the Health Service Executive, HSE），取得此證明即可獲得就業相關協助、訓練或補助。以下先針對愛爾蘭身心障礙人口之調查與該調查所依據之定義做說明，在介紹愛爾蘭身心障礙者身分與福利使用資格之關係。

壹、愛爾蘭身心障礙者人口統計

　　愛爾蘭身心障礙者依據不同定義其盛行率約在10%至20%，愛爾蘭於2002年針對全國人口進行第一次的身心障礙人口調查，其調查的障礙定義包含長期處於嚴重視覺及聽覺損傷、肢體生理障礙、學習及記憶障礙、穿衣、居家生活及工作困難者，其盛行率為8.3%（Census, 2002），於2004年國家身心障礙局（National Disability Authority）再次針對15歲以上人口群進行調查「發生顯著之視覺、

聽覺與語言障礙；生理肢體障礙；智能障礙及精神健康損害者」，其盛行率高達19.8%（NDA, 2013）。

　　2006年則由愛爾蘭中央統計辦公室（Central Statistics Office, CSO）進行身心障礙人口調查，此調查就較爲全面，包含兩部分：第一部分是先以身心障礙、照顧者及自願活動普查（Disability, Carers and Voluntary Activities census）篩選出身心障礙者，並進行追蹤，第二部分則是進一步追蹤全國身心障礙調查（National Disability Survey, NDS, 2006）。第二部分的調查項目較爲細緻，包含了日常功能限制的現狀調查，這部分的調查內容是以ICF爲基礎設計出來，由訪員進行面訪。第一部分調查結果身心障礙者共計393,785人，占總人口4,239,848的9.3%，2006年至少有一項以上障礙情況者計269,000人（62%），相較2002年188,000人（58.1%）高。其中身心障礙者性別比例以女性高於男性；城鄉身心障礙者比例則是以鄉村高於城市；年齡則是以65歲以上身心障礙者共138,257人爲多（138,257人），其次爲25至44歲的身心障礙者（123,075人）。依障礙情況來看，前三名爲大量基本身體活動限制177,085人爲最多，其次爲工作或到學校上學困難140,910人，參與其他活動困難135,988人（Brady & Roche, 2008；Central Statistics Office, 2007）。

　　第二部分調查依據對象不同，分成四種問卷：家庭成人（NDS Adult Private Household Questionnaire）、家庭兒童（NDS Child Private Household Questionnaire）、機構成人（NDS Adult Institutional Questionnaire），及機構所得（NDS Child Institutional Questionnaire）。這份調查的障礙定義包含視覺、聽覺、言語、活動性和敏捷、記憶和集中、智力和學習、情感心理和精神健康、疼痛、呼吸困難等。問題範例爲：戴眼鏡、隱形眼鏡後，你看東西會有困難嗎？〔（Wearing your glasses/contact lenses,）do you have difficulty seeing？〕（b210, e1251），每個題目會有相關ICF編碼註記，除此之外問題涵蓋ICF身體功能（b）、活動參與（d）、環境因素（e）。其中困難程度分爲5等級：（1 = 無困難、2 = 一點困難、3 = 中度困難、4 = 許多困難、5 = 完全無法做），每種類別定義爲身心障礙不同，智力和學習、情感心理和精神健康必須2（輕度困

難）以上，而視覺、聽覺、言語、活動性和敏捷、記憶和集中、疼痛、呼吸必須3（中度困難）以上才定義爲身心障礙者。其調查結果顯示：身心障礙人口有749,100人（18.5%），性別以女性大於男性；障礙類別比例前五依序爲疼痛（8.6%）、活動性和敏捷（8.3%）、情感心理和精神健康（4.8%）、記憶和集中（4.6%）、呼吸（4.0%）。依照障礙程度區分則是以中度困難（44%）比例最高，其次依序爲許多困難（38%）。年齡比例較多爲75歲以上（66.0%）、65-74歲（39.5%）及55-64歲（30.0%）。

上述的所有身心障礙調查皆與使用福利服務資格或任何現金津貼皆無關，單純只是了解國內身心障礙狀況，所以與身分認定與否沒有關聯。

貳、愛爾蘭身心障礙者福利與請領資格

愛爾蘭社會福利制度主要有三種：社會保險支付（Social insurance payments）、資產調查支付（Means-tested payments）、普及支付（Universal payments），其中多數身心障礙相關年金與津貼屬於社會保險支付，包含：疾病給付（Illness Benefit）、障礙年金（Invalidity Pension）、障礙津貼（Disability Allowance）、視障年金（Blind Pension）、醫療保健計畫（Medical Care Scheme）、障礙支付與工作（Disability payments and work）、居家照護津貼（Domiciliary Care Allowance）等。要申請社會福利須向社會保障部（Department of Social Protection）申請，不同支付制度有不同的審查標準，依據個案要請領的項目審查其資格，並非一次鑑定取得所有福利（Good, 2011；Citizens Information, 2011, 2012）。

障礙年金（Invalidity Pension）、障礙津貼（Disability Allowance）的取得，須經過醫療診斷與障礙分級，首先「障礙年金」須至少一年無法工作或永久無法工作，需經過醫療評估，若超過66歲以上就要轉爲「國家年金（State Pension）」。障礙津貼發給16歲以上66歲以下受傷、疾病、生理心理障礙持續

一年，與你同年紀的人相較在工作上有很大的限制，需經過醫療評估、工作評估、家人收入等評估。所謂無法工作是由醫療審查評估（Medical Review Assessment, MRA），此醫療審查評估可應用在不同津貼申請，由自己的主治醫生給予喪失工作能力證明（certified cause of incapacity, CCI）。首先第一部分心理生理能力臨床描述，評估以下功能，包含心理健康、學習、意識、平衡、視覺、聽覺、言語、自制（Continence）、延伸手腳（Reaching）、舉／搬運（Lifting／carrying）、手部精細動作、彎曲／跪／蹲、坐、站、爬樓梯、步行等功能。分為5級，正常、輕、中、重、極重（profound）。另外還有第二部分工作能力評估，評估工作能力（job effort）、技能、是否能長時工作、是否有其他外界因素等工作相關評估（European Commission, 2002）。

　　由上可知，愛爾蘭也是在與現金相關年金或津貼上有嚴謹的鑑定制度，在其他服務使用上，則是以使用者提出服務申請，由提供服務單位進行審查，例如，愛爾蘭身心障礙停車證〔Disabled Person's Parking Permits or Cards（also known as European Parking Cards or Disabled Parking Badge）〕的申請，即是由當事人或其家屬向身心障礙駕駛協會或愛爾蘭輪椅協會（Disabled Drivers Association or the Irish Wheelchair Association）自行備妥相關文件提出申請即可，由受理單位進行身分審核即可（如愛爾蘭公民身分、年齡、醫療相關證明（primary Medical Certificate）等（Citizens Information, 2013）。

參考書目

一、中文部分

日本年金機構（2012a）。障害厚生年金之受給要件-支給開始時期-計算方法。上網日期：2012年11月9日。取自：http://www.nenkin.go.jp/n/www/service/detail.jsp?id=3227.

日本年金機構（2012b）。障害基礎年金之受給要件—支給開始時期—計算方法。上網日期：2012年11月9日。取自：http://www.nenkin.go.jp/n/www/service/detail.jsp?id=3226.

日本障害者康復協會（2011）。障害者之法律關聯。上網日期：2012年11月9日。取自：http://www.dinf.ne.jp/doc/japanese/law/archives.html.

內閣府（2012）。平成24年版障害者白皮書。上網日期：2012年11月9日。取自內閣府網頁：http://www8.cao.go.jp/shougai/whitepaper/h24hakusho/zenbun/pdf/index.html.

周月清（2000）。障礙福利與社會工作。臺北市：五南圖書出版有限公司。

林金定（2007），澳大利亞身心障礙者福利服務與健康照護概況分析。身心障礙研究，5(2)，頁121～135。

東京都福祉保健局（2009）。愛的手帳 Q&A。上網日期：2012年11月9日。取自：http://www.fukushihoken.metro.tokyo.jp/shinsho/faq/techo_qa/index.html.

長野縣松本市健康福祉部（2012）。精神障害者保健福祉手帳之交付。上網日期：2012年11月9日。取自：http://www.city.matsumoto.nagano.jp/kenko/syogai/techouseido/seisin_techou.html.

厚生勞動省（2011）。平成24年厚生勞動白書：第二部第六章障害者支援之綜合推進。上網日期：2012年11月15日。取自：http://www.mhlw.go/jp/wp/hakusyo/kousei/12/dl/2-06.pdf.

身體障害者福祉法（2002）。上網日期：2012年11月9日。取自：http://www.dinf.ne.jp/doc/japanese/law/6laws/shintai.html.

精神保健與精神障害者福祉相關法律（2003）。上網日期：2012年11月9日。取自：http://www.dinf.ne.jp/doc/japanese/law/6law/seishin.html.

廖華芳、嚴嘉楓、紀彣宙、陳秀玫（2010）。《衛生署ICF整備計畫：澳洲參訪之出國報告，計畫主持人：劉燦宏》。行政院衛生署九十九年度委託研究計畫。

二、英文部分

Australian Institute of Health and Welfare (AIHW). (2013) Disability: What is disability? Retrieved May 20, 2013, from http://aihw.gov.au/disability/.

Citizens Information. (2011). Social welfare system in Ireland Retrieved 11,09, 2012, from http://www.citizensinformation.ie/en/social_welfare/irish_social_welfare_system/social_welfare_system_in_ireland.html.

Citizens Information (2012). Disability Allowance Retrieved 11,09, 2012, from http://www.citizensin-formation.ie/en/social_welfare/social_welfare_payments/disability_and_illness/disability_allowance.html

Citizens Information(2013). Disabled Person's Parking Card. Retrieved July 30, 2013, from http://www.citizensinformation.ie/en/travel_and_recreation/traffic_and_parking/disabled_persons_parking_card.html.

Disability Discrimination Act 1992. (2013) Disability Discrimination Act. Retrieved May 20, 2013, from http://www.comlaw.gov.au/Details/C2013C00022.

Good, A. (2011). Using the ICF in Ireland. *BMC Public Health, 11 Suppl 4*, S5. doi: 10.1186/1471-2458-11-s4-s5.

Madden, R., Glozier, N., Mpofu, E., Llewellyn, G. (2011). Eligibility, the ICF and the UN Convention: Australian perspectives. BMC Public Health, 11(Supplement 4), S6-1-S6-11.

National Disability Authority (2013). The demographics of disability in Ireland. Retrieved June 12, 2013, from http://www.nda.ie/cntmgmtnew.nsf/0/5419C80ECE72C05D802570C8003E1D36/$File/02_equality.htm.

National Disability Authority (2006). Appendix 1 - Definitions of disability Retrieved 11,09, 2012, from http://www.nda.ie/website/nda/cntmgmtnew.nsf/0/419BBFC356BC438A80257705003FA51D/$File/mwd_litreview_12.htm

The Official Website of the U.S. Social Security Administration. (2013a) Apply For Disability Benefits. Retrieved May 8, 2013, from http://www.ssa.gov/pgm/disability.htm.

The Official Website of the U.S. Social Security Administration. (2013b) Disability Evaluation under Social Security. Retrieved May 10, 2013, from http://www.ssa.gov/disability/professionals/bluebook/AdultListings.htm.

The Official Website of the U.S. Social Security Administration. (2013c) Disability Evaluation under Social Security. Retrieved May 10, 2013, from http://www.ssa.gov/disability/professionals/bluebook/ChildhoodListings.htm.

The Department of Families, Housing, Community Services and Indigenous Affairs (FaHCSIA) Australia's government (2013). National Disability Strategy 2010-2020. Retrieved March 15, 2013, from http://www.fahcsia.gov.au/sites/default/files/documents/05_2012/national_disability_strategy_2010_2020.pdf.

第二章　臺灣目前採用的身心障礙鑑定模式

/ 廖華芳、劉燦宏

前言

　　2007年7月11日修正公布之「身心障礙者權益保障法」（簡稱身權法）第二條規定：「衛生主管機關：身心障礙者之鑑定、保健醫療、醫療復健與輔具研發等相關權益之規劃、推動及監督等事項。」第五條規定：「身心障礙者，指下列各款身體系統構造或功能，有損傷或不全導致顯著偏離或喪失，影響其活動與參與社會生活，經醫事、社會工作、特殊教育與職業輔導評量等相關專業人員組成之專業團隊鑑定及評估，領有身心障礙證明者：一、神經系統構造及精神、心智功能。二、眼、耳及相關構造與感官功能及疼痛。三、涉及聲音與言語構造及其功能。四、循環、造血、免疫與呼吸系統構造及其功能。五、消化、新陳代謝與內分泌系統相關構造及其功能。六、泌尿與生殖系統相關構造及其功能。七、神經、肌肉、骨骼之移動相關構造及其功能。八、皮膚與相關構造及其功能」（身心障礙者權益保障法，2007）；因此臺灣地區身心障礙者之鑑定與分類須重新規畫制訂。

　　而身權法所指身心障礙者具有之8款身體系統構造或功能，乃是世界衛生組織（World Health Organization, WHO）所提出的「國際健康功能與身心障礙分類」（ICF）與「國際功能、失能和健康分類—兒童及青少年版」（International Classification of Functioning, Disability and Health - Children and Youth Version, ICF-CY）中身體功能與構造構面之8個領域（World Health Organization, 2001／2007）。此外，身權法又根據ICF之理論架構，認為身心障礙者之功能狀況乃是疾病與環境及個人因素互動而成，因此對於身心障礙者之鑑定與評估尚必須包括需求評估，藉以全面了解身心障礙者之健康狀況與需求，據以提供身心障礙者所需之福利及服務。其第七條規定：「直轄市、縣（市）主管機關應於取得衛生主管機關所核轉之身心障礙鑑定報告後，籌組專業團隊進行需求評估。前項需求評估，應依身心障礙者障礙類別、程度、家庭經濟情況、照顧服務需求、家庭生活需求、社會參與需求等因素為之。直轄市、縣（市）主管機關對於設籍於轄區內依前項評估合於規定者，應核發身心障礙證明，據以提供所需之福利及服

務。」（身心障礙者權益保障法，2007）。因此，身權法所規定之身心障礙鑑定與評估，比過去之舊辦法僅著重個體疾病或生理障礙之評估鑑定，更有助於協助身心障礙者融入社會。為使2012年7月能順利推動以ICF／ICF-CY架構為基礎之身心障礙鑑定評估與服務，中央政府於2007年開始進行各項推動與研究工作（廖華芳與黃靄雯2009；Yen, et al., 2012；Teng, et al., 2013），其詳細流程將於本章第一節說明。

　　身心障礙者權益保障法之身心障礙類別由原來之16類改為依世界衛生組織ICF（WHO, 2001）身體功能與構造領域之八大類，醫療鑑定除身體功能與構造領域外，也納入ICF活動及參與各章之評估。鑑定評估由過去單一專業的醫師改為醫療專業團隊負責，主要評估內容是身體功能、身體構造（各相關專科醫師負責）與活動參與及環境因素（鑑定專業人員負責），以進行身心障礙者資格之確認；另新增需求評估，由社政單位組成專業團隊評估及判定行動不便、必要陪伴者優惠及復康巴士之需求，據以核發身心障礙證明。「必要陪伴者」這項視需求並註記在身心障礙證明上。主管單位於核發身心障礙證明後，再依個案需求，連結適切的詳細需求評估、輔具服務評估及居家照顧評估等，並組成專業團隊確認評估內容，據以提供八大類福利服務（「個人照顧服務」、「照顧者服務」、「經濟補助」、「就醫福利與服務」、「交通福利與服務」、「就學服務」、「就業服務」及其他相關服務）（http://www.topwin.com.tw/moi/system_6.html）。有關身心障礙醫療鑑定、需求評估與社會福利輸送流程將於本章第一節描述。身心障礙醫療鑑定中有關身體功能與構造之評估於第二節描述，有關活動與參與之評估於第三節描述，有關環境因素之評估於第四節描述。總結來說，本文簡介過去身心障礙鑑定及評估之規劃，與目前鑑定及評估之流程，並說明身心障礙鑑定新制中，醫療鑑定之身體功能與構造、活動與參與及環境因素等評估內容。

第一節　鑑定與評估之規劃與流程

　　順應身心障礙者分類與鑑定新舊制之接軌，衛生福利部（前衛生署）於2007年開始進行各項推動與研究工作（廖華芳與黃靄雯，2009; Yen et al, 2012; Teng et al., 2013; Chiu, et al., 2013），其詳細規劃流程請見圖3-2-1。衛生福利院於2008年陸續委託德澤基金會，臺北醫學院、臺灣復健醫學會、臺灣健康資訊管理學會，與臺灣國際健康功能與身心障礙分類系統（ICF）研究學會進行以ICF概念爲架構之鑑定工具設計、流程規劃與鑑定評估人員之訓練（Liao, Hwang, Pan, Liou, & Yen, 2013; 廖華芳、范家榕等人，2013）。

壹、鑑定與評估之規劃

　　鑑定與評估之規劃如圖3-2-1所示，主要分爲以下三個階段。階段一主要任務爲評估工具之設計（2007年7月至2009年12月），階段二主要任務爲評估工具之修正與信效度驗證（2010年1月至2012年6月），階段三主要任務爲執行新制鑑定評估並分析可能衝擊或效益（2012年7月至2013年3月）（Chiu, et al., 2013）。以下將詳細說明各階段之進行步驟。

階段一：評估工具之設計

　　受委託單位形成工作小組進行身心障礙鑑定新制之規劃，除各縣市社會福利之的資源盤點外，經由文獻回顧蒐集身心障礙相關的測量工具或根據ICF、ICF-CY之代碼設計評估工具，由共識會議及／或焦點團體制定身心障礙鑑定流程以及評估工具，並進行臨床資料蒐集，以探討身心障礙鑑定流程以及評估工具的可行性及初步信效度。

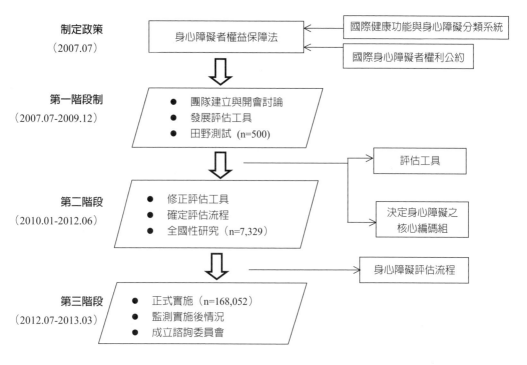

圖3-2-1 臺灣身心障礙鑑定評估及社會福利之規劃

步驟一：任務小組之形成與會議之召開

　　從2007年6月到2009年12月間，共組成16個醫療相關團隊，計有199位專業人員、身心障礙專家或身心障礙團體代表投入，包括醫師、牙醫師、物理治療師、職能治療師、社會工作師、臨床心理師、公共衛生人員、護理人員、特殊教育老師、職業評量輔導員以及社會福利團體代表等。所有參與人員都對ICF以及身心障礙評估有一定的了解。其中8個團隊著重在ICF身體功能及構造（b/s）、成分之評估工具或方法設計，另8個團隊著重活動與參與及環境成分之評估。每個團隊有5到10位專家，以定期聚會與不定期的電子郵件或電話等方式溝通。每個團隊的負責人協調該團隊任務之進行，所有團隊決議通常由共識決或投票決定。

　　團隊會議除討論身心障礙鑑定標準、鑑定人員資格、鑑定向度與基準等議題，尚於2009年3月12～13日，舉辦「國際功能、失能和健康分類（ICF）系統發展」國際研討會，邀請英國、美國與日本ICF專家學者介紹該國或國際運用ICF之現況與未來發展，並於2009年4月遴選國內5名專家學者，分別至美國、瑞士與義大利、澳洲、日本、及中國參訪各國ICF之運用現況，且回國報告。本文第一作者為5人小組之一（廖華芳與黃靄雯，2009）。

　　除個別團隊會議外，研究主持人與18個團隊負責人也定期開會，並訂定以下幾個原則：(1)測量項目必須根據ICF/ICF-CY設計；(2)所選定ICF/ICF-CY之b/s代碼必須同時考慮到成人與兒童族群；(3)b/s/d測量項目的評分量尺必須根據ICF通用限定值之定義（如0：代表沒有問題，4：代表最嚴重問題）以及在環境代碼（e）使用二點量尺（0：代表無障礙；8：有障礙）；(4)評估項目或工具宜根據目前有良好心理計量學之評估工具，例如魏氏成人智力量表第三版〔Wechsler Adult Intelligence Scale third edition（WAIS-III）〕以評估成人智力功能，伯格平衡量表（Berg Balance Scale）以評估平衡功能。

　　為了設計社會福利需求評估工具，於此階段，內政部社會司同時邀集另一個團隊，進行以下幾件工作：(1)盤點各縣市政府已有之身心障礙者社會福利資源；(2)發展身心障礙者需求評估工具；(3)設計以ICF/ICF-CY評估工具之訓練課程及教材。

步驟二：發展醫學評估與功能量表

　　在8個由相關的醫學專科學會組成的b/s團隊中，每一個團隊經由無數次的會議或通訊聯絡，選出身心障礙評估的b/s核心代碼，再根據專科醫師過去進行身心障礙鑑定之方法、臨床經驗、實證資料及共識會議等，對每個代碼設計出評估方法以及各代碼限定值的判定標準。

　　負責d/e評估工具的8個團隊，則決定採用ICF檢核表之137個二級碼，經由共識會議，設計出活動與參與成人試用版（Liao, et al., 2013；吳亭芳、施書驊、廖華芳、劉燦宏，2012；Chiu, et al., 2013）。之後，歷經成人試用版之施測訓

練課程、小規模資料蒐集後與試辦單位之反應，考量時間、人力花費及可行性等等實用因素，工作小組決定改以「世界衛生組織障礙評估手冊2.0版」（the WHO Disability Assessment Schedule 2.0，簡稱WHODAS 2.0）為基礎（Ustün et al., 2010），設計「身心障礙功能量表成人版」（the Functioning Scale of the Disability Evaluation System-Adult Version）之內容。會選取WHODAS 2.0的主要原因是，WHODAS 2.0在10個以上國家使用過，且很多臨床實驗證實這是身心障礙適合的評估工具（Luciano et al., 2010）。

在2007年至2012年間，在臺灣各地所有團隊共舉行57次焦點會議來討論成人身心障礙醫療鑑定相關事宜（22次b/s會議、35次d/e會議），舉行19次的團隊組長會議；功能量表兒童版相關議題也開過75次會議（Chiu et al., 2013）。

步驟三：發展需求評估量表

為了解社會福利資源以及發展出身心障礙需求評估工具，在這期間設計現存資源檢核表及結構性問卷發給各縣市社會福利的負責人（主管），也根據ICF活動、參與項目及可能的環境阻礙因子設計需求評估工具（Chiu et al., 2013）。

步驟四：小規模田野試驗

在2009年開始，將設計出來的身心障礙鑑定評估試用版（包括成人試用版）在臺北縣、彰化縣、高雄市，與花蓮縣4個縣市進行試辦計畫（廖華芳與黃靄雯，2009）。先在這4個縣市的試辦醫院舉辦ICF專業人員分區訓練計畫，以使專科醫師及擁有證照的治療師及護理師應用成人試用版，評估500位身心障礙成人（Chiu et al., 2013）。

階段二：評估工具之修正與信效度驗證

步驟五：評估工具之修正

經由小規模的田野試驗後，18個團隊根據田野試驗過程及蒐集資料分析，繼續修正障礙鑑定評估工具。團隊認為對於b/s及功能量表（d/e）評估工具要優

先發展出一個障礙評估核心編碼組之代碼，為了選取核心編碼組，先蒐集文獻再經由共識會議決定。主要參考文獻為ICF（World Health Organization, 2001）、ICF-CY（World Health Organization, 2007）、WHODAS 2.0（Ustun et al., 2010）及「兒童與家庭追蹤調查表」（Child and Family Follow-up Survey；簡稱CFFS）（Bedell, 2004/2009）。團隊經由同意，將WHODAS2.0及CFFS翻譯成繁體中文版，再經由反翻譯確認。身心障礙評估核心編碼組見圖3-2-2。

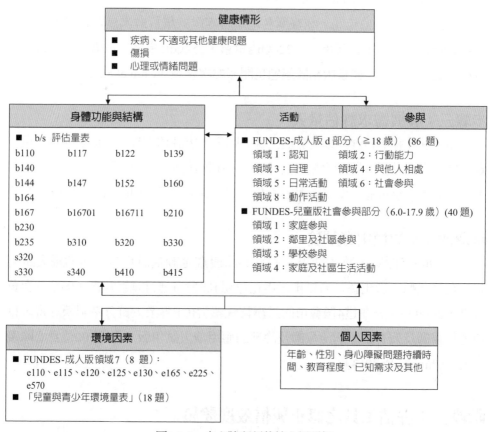

圖3-2-2　身心障礙評估核心編碼組

在這階段，需求評估工具根據ICF檢核表及ICF-CY也同時修正，並進行信度

驗證。在2011年，6,114位身心障礙成人之需求評估之信度檢驗顯示，內部一致性可接受（Cronbach's α = 0.87- 0.99）（Chiu et al., 2013）。

步驟六：全國性研究

在此步驟中，經由開設全國性訓練課程後，開始進行全國性的資料蒐集，對象為領有舊系統16類身心障礙手冊者，共7,329人，其中成人7,098人及兒童231人。大部分身心障礙者於各縣市衛生主管單位核可之鑑定醫院，接受一位醫師以及一位功能量表鑑定人員評估。功能量表鑑定人員包括物理治療師、職能治療師、語言治療師、社會工作者或護理師。在醫療鑑定後，再由一位社會工作者進行需求評估。醫療鑑定或需求評估除晤談身心障礙個案、其家屬或代理人外，也會對身心障礙者進行實地施測（Chiu et al., 2013）。

步驟七：確認評估流程

此階段主要任務為對評估流程進行檢討與確認。中央與地方衛生與社會福利主管單位、醫療專家以及醫院主管定期聚會，以討論適當的評估流程。為了協助不同特性及需求之身心障礙者取得所需的社會福利服務，於醫療鑑定後規劃三種評估與服務輸送流程。在這階段資訊系統架構也初步建立，所有的個案資料都鍵入資訊系統，資訊系統定期自動產生一些表格，提供一些重要的資訊讓主管單位監測（Chi et al., 2013）。上述所提7,098位成人資料包含在此資訊系統中，其被用來做為新舊系統間鑑定結果差別之分析比較。新舊系統之結果顯示其一致性為49.7%（Chiu et al., 2013）。

階段三：正式執行新制鑑定評估並分析可能衝擊或效益

步驟八：合作機制之建置與新制之監測

新制身心障礙鑑定評估於2012年7月正式執行，研究團隊定期監測新制系統的結果，同時中央政府與地方政府也定期聚會以討論身心障礙鑑定與服務相關議題，以建制合作機制來解決問題。2012年7月至2013年3月間共有168,052個案申

請身心障礙鑑定（Chi, et al., 2013），研究團隊使用其資料以分析新制身心障礙者的可能的衝擊或效應（Chiu et al., 2013）。

　　自2013年3月，中央政府成立5個諮詢顧問團以協助地方政府及合格之鑑定醫院，解決身心障礙鑑定與福利輸送相關問題，這些諮詢顧問由多種專業人員、政府官員、學者以及非營利組織團體之代表組成，主要的任務爲監測身心障礙鑑定過程以及障礙評估結果與福利輸送之相關情形（Chiu et al., 2013）。

貳、身心障礙者醫療鑑定、需求評估與福利輸送流程

　　身心障礙者醫療鑑定、需求評估與福利輸送流程見圖3-2-3。申請人需備妥資料，向區公所申請身心障礙鑑定，並填寫表達性的需求，區公所承辦人員會根據申請人特性給予身心障礙鑑定的相關醫療院所之名單，由申請人到各核可身心障礙鑑定醫院接受鑑定。

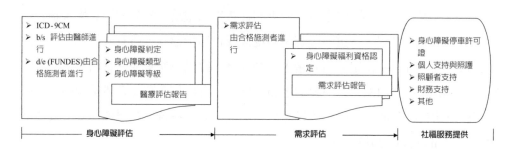

圖3-2-3　身心障礙醫療鑑定、需求評估與社會福利輸送流程

　　鑑定評估由醫療專業團隊負責，主要評估內容是身體功能、身體構造（由各相關專科醫師負責鑑定）與活動／社會參與及環境因素（由鑑定人員負責評估）；需求評估由社政單位組成專業團隊評估及判定必要陪伴者優惠之需求，據以核發身心障礙證明。

　　於2013年11月全臺有237家鑑定專責醫院（http://www.mohw.gov.tw/cht/DO-NAHC/DM1_P.aspx?f_list_no=588&fod_list_no=1416&doc_no=3439），爲簡化申請人之鑑定評估程序，社政及衛政整合於其中89家，進行併同辦理（鑑定與需求評估在鑑定醫院中一併完成）（http://www.mohw.gov.tw/cht/DONAHC/DM1_P.aspx?f_list_no=588&fod_list_no=1417&doc_no=3441）（見圖3-2-4）。至2013年12月底完成鑑定專業人員訓練約7,271人（廖華芳、邱弘毅等人，2013）。其中符合衛生福利部規定之活動參與及環境因素鑑定人員資格，包括物理治療師、職能治療師、語言治療師、社會工作師、臨床心理師、諮商心理師、護理師、聽力師、特殊教育老師及職業輔導評量員（身心障礙者鑑定作業辦法，2013）。

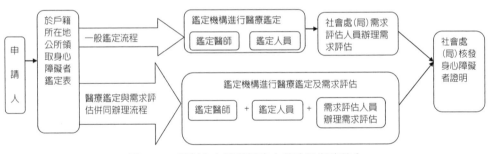

圖3-2-4　新制身心障礙鑑定之社政及衛政整合

參、新制身心障礙鑑定之影響

　　爲了解新制身心障礙之影響，全臺灣由2010年至2012年6月資訊系統中，7,098位18歲以上的個案用來接受平行測試，藉以了解新舊制轉換介面的差異，結果顯示，新舊系統身心障礙鑑定結果一致性有49.7%（Chiu et al., 2013）；而2010年花蓮縣148位持有身心障礙手冊個案舊制肢體障礙等級，與新制身心障礙鑑定內容的身體功能分數有顯著相關（相關係數爲0.54），而障礙等級與活動及

參與分數也有顯著相關（r = 0.64）；三組不同障礙等級間，輕度組與重度障礙組之間及中度障礙組與重度障礙組之間，在統計分析上有顯著差異，而輕度障礙組與中度障礙組的身體功能與活動及參與的分數，都比重度障礙組低；然輕中兩組間無顯著差異（黃寶、吳佩霖、樊志成與梁忠詔，2012），所以如何整合身體功能與活動及參與的分數於身心障礙等級之判定中，仍有待進一步研究。

在2012年7月後共有168,052位個案申請身心障礙鑑定，經由鑑定與評估後，共有110,667位（65.9%）取得身心障礙證明，且接受相關的福利服務以增進其社會參與。110,667位個案中有85,027位（77.1%）接受基本的社會福利支持，51,885位（46.9%）有身心障礙停車位，98,928位（89.4%）接受經費補助，26,211個案（23.7%）接受輔具評估與補助，8,171人（7.4%）接受照顧者支持以及8,691人（7.9%）接受居家照護及復健服務。

於臺灣舊系統之殘補式福利制度中（Kwon, 1997），政府所提供的福利主要是根據身體功能的障礙度而不是活動與參與的需求，每一個身心障礙者都有類似的補助，例如，每個人都有身心障礙專用停車位以及科技輔具補助，這樣的福利比較不能增加身心障礙者的參與。經由新制改革後，只有67%人有身心障礙專用停車位，只有23.7%得到科技輔具補助，且政府可以根據身心障礙者的功能以及需求評估，個別化提供支持與福利，使其增加其社會參與（Chiu et al., 2013）。

根據過去臺灣實施以ICF為基礎的身心障礙鑑定的經驗，以下有幾個重要的經驗分享。對醫院及醫療提供者而言，需要許多專業團隊來提供身心障礙評估，因此評估專業人力及空間都必須增加。對地方政府而言，新制身心障礙鑑定評估所需要的預算要比舊制的醫療模式更多，而且衛生、福利及勞工部門也必須要與身心障礙團體有更多的合作，以解決鑑定相關的個案爭議問題。對中央政府而言，必須控管身心障礙的評估人員品質，福利系統及多元資源方面必須有效率的整合，以因應不同的身心障礙的需求，還有尚須不斷調查與分析身心障礙服務的結果，並蒐集多方意見，以為資源重分配之根據。例如長期照護、職業重建、科技輔具、與特殊教育系統如何與身心障礙鑑定評估相連結，以減少不必要

的重複評估。於身心障礙者或其家庭方面,新制可能對福利有所改變,如社會福利救助金可能會減少,但若朝ICF方向執行,理論上支持他們社會參與的服務應該會提升(Chiu et al., 2013)。

第二節　身體功能與構造之鑑定

目前我國身心障礙鑑定部分，主要分為身體功能與構造鑑定（以下簡稱身體功能鑑定）和活動參與及環境因素鑑定（以下簡稱功能鑑定）兩個部分，本節針對身體功能鑑定部分說明如下：

壹、何時可以接受身心障礙鑑定

目前依規定可以接受身體功能鑑定的條件是因創傷或罹患慢性精神、神經系統或內外科疾病，以致身體功能及結構損傷，且經足夠現代化醫療，仍無法矯治使其脫離顯著失能狀態，而造成或有足夠醫學證據推斷將造成長期（一年以上）顯著失能者，方適合接受身心障礙鑑定。然而，在特定情況下，鑑定醫師可以依據其個人專業，提早給予鑑定。

貳、身心障礙的鑑定類別

身體功能鑑定依「身心障礙者權益保障法」之規定，分為以下八大類：

第一類：神經系統構造及精神、心智功能。

第二類：眼、耳及相關構造與感官功能。

第三類：涉及聲音與言語構造及其功能。

第四類：循環、造血、免疫與呼吸系統構造及其功能。

第五類：消化、代謝與內分泌系統相關構造及其功能。

第六類：泌尿與生殖系統相關構造及其功能。

第七類：神經、肌肉、骨骼之移動相關構造及其功能。

第八類：皮膚與相關構造及其功能。

參、身心障礙的鑑定向度

　　每一類別下各有數目不等之鑑定向度，於2013年底止，身心障礙鑑定共有45個向度，每一個向度依據其鑑定基準決定其障礙程度（如表3-2-1）。這些鑑定向度及鑑定基準是集合國內相關專家，依據臨床經驗和共識所得。當然隨著醫療科技的進步和不同障礙類型的演進，未來這些鑑定向度及鑑定標準，或許也會隨時修改。

　　關於身心障礙相關鑑定類別、鑑定向度、鑑定基準以及判定原則，在「身心障礙者鑑定作業辦法」中皆有明確的規定。本文僅以b117智力功能為例，向大家介紹單一向度鑑定醫師的條件，以及可使用哪些鑑定方法及工具來進行身心障礙鑑定，加以說明。

表3-2-1　我國醫療鑑定之類別、鑑定向度、障礙程度及判定基準（以第一類為例，共13個鑑定向度）

鑑定向度	障礙程度	基準
b110 意識功能	0	未達下列基準。
	1	一年內平均每個月有兩次或持續一日以上（含）明顯的意識喪失，或意識功能改變，導致明顯妨礙工作、學習或影響與外界溝通之嚴重間歇性發作者。
	4	每日持續有意識障礙導致無法進行生活自理、學習及工作者。
b117 智力功能	0	未達下列基準。
	1	智商介於69至55或心智商數（mental quotient）介於69至55，或於成年後心智年齡介於九歲至未滿十二歲之間或臨床失智評估等於1。
	2	智商介於54至40或心智商數（mental quotient）介於54至40，或於成年後心智年齡介於六歲至未滿九歲之間或臨床失智評估等於2。
	3	智商介於39至25或心智商數（mental quotient）介於39至25，或於成年後心智年齡介於三歲至未滿六歲之間或臨床失智評估等於3。

鑑定向度	障礙程度	基準
	4	智商小於或等於24或心智商數（mental quotient）小於或等於24，或於成年後心智年齡未滿三歲或臨床失智評估等於3且溝通能力完全喪失。
b122 整體心理 社會功能	0	未達下列基準。
	1	整體功能評估介於41至50。
	2	整體功能評估介於31至40。
	3	整體功能評估介於21至30。
	4	整體功能評估小於20（含）。
b140 注意力功能	0	未達下列基準。
	1	持續有重度症狀困擾（如易分心、注意力無法持續或轉移等），對社會、職業或學校功能方面有負面影響，產生中度持續顯著失能（如無朋友；無法保有工作；學業或工作時，經常需他人提醒，經常粗心犯錯，以導致成就明顯低於一般基本水平下限；生活自理經常需要他人提醒，才能勉強在最寬鬆之時限內完成）。
	2	持續有嚴重程度症狀困擾（如易分心、注意力無法持續或轉移等），難以對環境之目標依據需求警覺或專注，在社會、職業、學校或生活等多方面都難以獨立維持功能（如：在學校嚴重適應困難，需在他人協助下才能進行學習；無獨立工作能力；經常需要他人提醒或協助，才能完成生活自理，且常無法在最寬鬆之時限內完成）。
	4	持續有極嚴重程度症狀困擾（如易分心、注意力無法持續或轉移等），幾乎完全無法有目的注意任何目標，對環境之明顯刺激也難以警覺，幾乎在所有的領域都無法獨立維持功能（如在他人個別協助之下，仍難以進行學習或工作；需他人持續提醒或協助，才能完成生活自理）。
b144 記憶功能	0	未達下列基準。
	1	有顯著登錄、儲存及提取資訊的記憶困難，以致一般日常生活及學業、工作等方面之活動有明顯持續適應困難。
	2	有嚴重程度登錄、儲存及提取資訊的記憶困難，以致一般日常生活及學業、工作等方面之活動有嚴重適應困難。
	3	因登錄、儲存及提取資訊的記憶困難，幾乎在所有的領域都無法獨立維持功能。

鑑定向度	障礙程度	基準
b147 心理動作 功能	0	未達下列基準。
	1	整體功能評估介於41至50。
	2	整體功能評估介於31至40。
	3	整體功能評估介於21至30。
	4	整體功能評估小於20（含）。
b152 情緒功能	0	未達下列基準。
	1	整體功能評估介於41至50。
	2	整體功能評估介於31至40。
	3	整體功能評估介於21至30。
	4	整體功能評估小於20（含）。
b160 思想功能	0	未達下列基準。
	1	整體功能評估介於41至50。
	2	整體功能評估介於31至40。
	3	整體功能評估介於21至30。
	4	整體功能評估小於20（含）。
b164 高階認知 功能	0	未達下列基準。
	1	目標導向相關的執行功能有顯著困難，造成一般日常生活及學業、工作等功能方面有明顯持續適應困難或負二個標準差（不含）至負三個標準差（含）或臨床失智評估等於1。
	2	目標導向相關的執行功能有嚴重程度困難，在一般日常生活及學業、工作等多方面之活動有嚴重適應困難或低於負三個標準差或臨床失智評估等於2。
	3	因目標導向相關的執行功能困難，幾乎在所有的領域都無法獨立維持功能或臨床失智評估大於或等於3。
b16700 口語理解 功能	0	未達下列基準。
	1	可以聽懂簡單是非問題與指令，亦可理解部分簡單生活對話；對較複雜的語句則無法完全理解。
	2	經常需要協助，才能聽懂日常生活中的簡單對話、指令或與自身相關的簡單詞彙。

鑑定向度	障礙程度	基準
	3	完全無法理解口語訊息。
b16710 口語表達 功能	0	未達下列基準。
	1	說話時經常因語句簡短不完整、詞不達意等問題，以致只有熟悉者才能瞭解其意思，對日常溝通造成明顯限制。
	2	口語表達有顯著困難，以致熟悉者也僅能了解其部分意思，常需大量協助才能達成簡單生活溝通。
	3	幾乎完全無法口語表達或所說的別人完全聽不懂。
b16701 閱讀功能	0	未達下列基準。
	1	識字測驗得分低於就讀年級負二個標準差（不含）至負三個標準差（含）或閱讀理解測驗得分低於就讀年級負二個標準差（不含）至負三個標準差（含）。
	2	識字測驗得分低於就讀年級負三個標準差或閱讀理解測驗得分低於就讀年級負三個標準差。
b16711 書寫功能	0	未達下列基準。
	1	寫字測驗得分低於就讀年級負二個標準差（不含）至負三個標準差（含）或書寫語言測驗得分低於就讀年級負二個標準差（不含）至負三個標準差（含）。
	2	寫字測驗得分低於就讀年級負三個標準差或書寫語言測驗得分低於就讀年級負三個標準差。

肆、鑑定人員

　　以b117智力功能為例，只有「精神科、神經科、兒科且具有神經相關專業訓練、神經外科或復健科等專科醫師」，才可以進行b117鑑定，其他的專科醫師則不可以進行該向度的鑑定。

伍、鑑定方法

以b117智力功能爲例，可以使用的鑑定方法包括:

1. 臨床評估。
2. 相關病史、理學、神經學及精神狀態檢查。
3. 標準化智力量表評估。
4. 標準化發展量表評估。
5. 臨床失智評估量表評估。

陸、鑑定工具

以b117智力功能爲例，可以使用的鑑定工具包括:

1. 標準化智力量表〈如：幼兒、兒童及成人魏氏智力量表、斯比智力量表等〉。
2. 發展評估工具（如：嬰幼兒綜合發展測驗、貝莉氏嬰兒發展量表等）中相關智力功能之項目。
3. 臨床失智評估量表。

柒、鑑定基準

以b117智力功能爲例，因爲使用不同的鑑定工具，可能產生不同的鑑定基準，例如：

1. 若參照標準化智力量表，鑑定基準爲：

b117.0：未達下列基準。

b117.1：智商介於69至55。

　　b117.2：智商介於54至40。

　　b117.3：智商介於39至25。

　　b117.4：智商小於或等於24。

2. 若參考發展評估工具中，與智力功能相關項目評估結果之心智年齡（mental age）研判，鑑定基準為：

　　b117.0：未達下列基準。

　　b117.1：心智商數（mental quotient）介於69至55，或於成年後心智年齡介於9歲至未滿12歲之間。

　　b117.2：心智商數（mental quotient）介於54至40，或於成年後心智年齡介於6歲至未滿9歲之間。

　　b117.3：心智商數（mental quotient）介於39至25，或於成年後心智年齡介於3歲至未滿6歲之間。

　　b117.4：心智商數（mental quotient）小於或等於24，或於成年後心智年齡未滿3歲。

3. 若參考臨床失智評估量表（CDR），鑑定基準為：

　　b117.0：未達下列基準。

　　b117.1：臨床失智評估等於1。

　　b117.2：臨床失智評估等於2。

　　b117.3：臨床失智評估等於3。

　　b117.4：臨床失智評估等於3且溝通能力完全喪失。

捌、身心障礙綜合等級的判定原則

　　依目前身心障礙鑑定之設計，單一向度的障礙程度就等同於身心障礙的等級，亦即障礙程度1為輕度、障礙程度2為中度、障礙程度3為重度、障礙程度4為極重度。但是對於多重向度的障礙程度，就必須根據等級判定原則，其原則如下：

一、綜合等級係以各類身心障礙類別之等級整合判定之；各類身心障礙類別之等級，則由類別內各向度之障礙程度整合判定之。

1. 同時具有兩類或兩類以上不同等級之障礙類別時，綜合等級以較重等級為準；同時具有兩類或兩類以上相同等級之障礙類別時，綜合等級應晉升一級，以一級為限。

2. 在同一障礙類別中同時具有兩項或兩項以上不同程度之鑑定向度時，以較重程度為準；而同時具有兩項或兩項以上相同程度之鑑定向度時，除第二類及第七類之外，其餘類別以此障礙程度為準。

3. 第二類障礙類別中，若評定鑑定向度同時具有兩項或兩項以上之最高障礙程度相同，等級應晉升一級，但以一級為限。

4. 第七類障礙類別中，若評定鑑定向度同時具有上肢及下肢之最高障礙程度相等，等級應晉升一級，但以一級為限。

二、中央衛生主管機關所公告之罕見疾病、染色體異常、先天性缺陷疾病及發展遲緩者，若八大障礙類別無適當之鑑定向度但經評估其獨立自理生活、從事半技術性或簡單技術性工作，受到該疾病之影響者，其身體功能與結構至少應以程度1級列等。

玖、後續鑑定與追蹤

身體功能鑑定完成後，由鑑定醫師依臨床經驗與學理判斷後續鑑定的時程，依我國身心障礙者權益保障法第十四條之規定，身心障礙證明有效期限最長為五年，也就是至少每五年必須重新鑑定一次，但是同一條文第二款也提到，其障礙類別屬中央主管機關規定無法減輕或恢復、無須重新鑑定者，得逕予核發身心障礙證明。因為到目前為止，衛生福利部尚未公布無須重新鑑定的條件，因此目前原則上身心障礙者最長五年內必須重新鑑定一次。

第三節　活動與參與之評估

　　爲新制實施所需之障礙功能評估工具，以因應2012年7月新制身心障礙鑑定的正式實施，障礙鑑定功能量表編製團隊乃初步以「世界衛生組織障礙評估手冊2.0版」（WHO Disability Assessment Schedule II, WHODAS 2.0）36題爲基礎（World Health Organization, 2010；Usten et al., 2010），參考2010年「國際健康功能與身心障礙分類系統」（ICF）規劃與推動計畫之執行成果（Liao et al, 2013；吳亭芳等人，2012），進行設計「身心障礙鑑定功能量表成人版」（Functioning Scale of the Disability Evaluation System - Adult Version, FUNDES-Adult）。針對6歲（含）以上至小於18歲之兒童，則以「兒童與家庭追蹤調查表」（Child and Family Follow-up Survey, CFFS）作爲藍圖（Bedell, 2004/2009），擷取其中適合的章節，增加面向與修正回應方式，以編製「身心障礙鑑定功能量表兒童版」（Functioning Scale of the Disability Evaluation System-Child Version, FUNDES-Child）。以下簡介FUNDES成人版與兒童版之內容與信效度，以及功能量表之評估人員資格與訓練課程。

壹、身心障礙鑑定功能量表成人版

　　FUNDES成人版以WHODAS 2.0爲基礎，修訂而成。WHODAS 2.0目的在於反應出ICF的重要特性，它被設計用來評估個人活動的限制以及參與的限制和經驗，活動功能與參與和醫療診斷無一定相關。WHODAS 2.0是功能障礙測量，在某種程度，障礙測量可以決定一個人是否能工作、是否能完成必要的例行生活活動、是否能充分發揮在家庭、工作、學校及其他場域下的角色，因此其主要評估申請人日常生活之「表現」（performance）。於2013年5月18日在美國出版的「精神疾病診斷與統計手冊第五版」（The Diagnostic and Statistical Manual of

Mental Disorders 5th version, DSM-5）也參考ICF架構編制而成（American Psychiatric Association, 2013），第五軸診斷（Axis-V）為障礙向度，WHODAS 2.0目前已被列為評估工具之一（American Psychiatric Association, 2013）（http://www.psychiatry.org/practice/dsm/dsm5/online-assessment-measures#Early）。可見FUNDES成人版以WHODAS 2.0為架構是一個正確的方向。

然而「表現」為ICF參與構念之一，其比較容易受環境等情境因素之影響，是考量後續需求評估與服務提供之重要參考資料，比較不適合用其來判斷是否屬身心障礙以及障礙程度。依據ICF，「活動」被定義為個體所執行的一項任務或行動，而「參與」被定義為「融入生活情境」。「表現」為在一般或自然情境下所做的（does do），包括有沒有做？做哪些？而「能力」為在標準情境下能做的（can do）。然而，根據許多學者的觀點及實證研究分析，「參與」的意涵卻遠大於單純的「表現」，且「參與」所涵蓋的面向廣泛而龐雜，學者以「在自然情境下的能力」（capability）來補充「能力」與「表現」間之落差，也就是「在日常生活中能做的」（can do in daily environment），即是FUNDES中測量的「生活情境下能力」（黃靄雯、劉淑雯與廖華芳，2013）。為使鑑定結果也能了解身心障礙者的能力面向，「身心障礙功能量表成人版」參考WHODAS 2.0之題項內容與晤談設計，以及近代對ICF「活動」端到「參與」端之間的構念趨勢（見圖3-2-5）（黃靄雯等人，2013），於FUNDES成人版對應之六個領域詢問有無使用輔具或他人協助，並於領域1～6對應各表現題項設計「生活情境下能力」題項，並增加環境因子（領域7），及7項直接施測動作活動「能力」（capacity）面向與晤談生活情境下動作能力題目（領域8）之評估。成人版歷經多次試用與修正，至2014年6月，已至第7.1版，即「身心障礙鑑定功能量表7.1成人版」（Functioning Scale of the Disability Evaluation System 7.1-Adult Version, FUNDES 7.1-Adult）。

活動 ←---→ 參與
在標準環境下能做（Capacity; Can do in standard environment）
　　在實際生活中能做（Capability; Can do in real life）
　　　　實際生活中所做（Performance; Does do in real life）
　　　　　精神投入程度或主觀經驗（Engagement）

圖3-2-5　ICF「活動」端到「參與」端之間的趨勢

　　至2014年6月，身心障礙鑑定功能量表成人版雖已發展至第7.1版，然由第五版後，研究團隊已陸續進行信效度研究，第五版至第七版其修改主要是文字與次序之調整，第五版後之信效度研究結果，應可提供FUNDES 7.1成人版使用之參考。此外，FUNDES成人版之分數解釋與臨床運用已發表（廖華芳、嚴嘉楓等人，2013），FUNDES 7.1成人版除應用於身心障礙鑑定外，也可用於臨床介入目標之擬定，以幫助身心障礙者增加社會參與之機會與能力。

　　FUNDES-成人版是以WHODAS 2.0-36題版為基礎所設計出來，領域1～6主要是評估個人「表現」與「生活情境下能力」。若實際生活場域都有他人和／或輔具協助狀況下，只能靠個案用想像方式或回想自己或個案在某些無人或／及無輔具協助下之困難程度（問題程度）去給予「生活情境下能力」適切的限定值。此外，為使身心障礙鑑定中，個案能力可以顯現出來，領域8有直接施測動作活動「能力」（capacity）項目面向，及與之相對應之「生活情境下能力」之晤談題目。此外尚增加環境因子（領域7）之評估項目，希望能與需求評估相連結。領域8「能力」面向為參考2010年成人試用版之項目，「生活情境下能力」之晤談題目則依領域1～6之題目格式設計而成（Liao et al., 2013）。

　　「身心障礙鑑定功能量表7.1成人版」以疾病狀況穩定之18歲以上（含）成人為主要評估對象。有個案版與代理人版。個案版為溝通功能與智能無顯著障礙者適用。聽障者與語言障礙者若有陪同家屬或手語翻譯測試項目，可用個案版。視障者需要用點字方式翻譯測試項目之提示卡。代理人版為溝通與智能嚴重障礙者以致無法了解題目並適當回答者適用，如訊息接收處理有重度困難者，例

如：聽障者、視障者、語言障礙、情障及智障者，以訪談熟悉個案之重要他人之方式進行，並輔以觀察來釐清個案之困難。在領域8動作活動直接施測部分，可以字卡、圖卡以及點字板等替代溝通方式請申請人模擬試作（如：示範如何站起來、綁帶子等）。

鑑定晤談過程中，鑑定人員要同時觀察在場之申請人。觀察要點包括：觀察個案之能力，如：互動應對、改變與維持身體姿勢、手與手臂的使用、認知能力、溝通、感覺功能等能力，推斷申請人完成該項功能之困難程度。

「身心障礙鑑定功能量表成人版」共94題。領域1至領域6（認知、四處走動、生活自理、與他人相處、居家活動／工作與學習、社會參與）除表現面向參考原WHODAS 2.0量表之36題項外，（World Health Organization, 2010），另增加36題與表現面向對應之「在生活情境下能力」（capability）題項、8題環境因子（領域7）、14題動作活動（領域8）。其中領域8動作活動中有7題是晤談而得之「在生活情境下能力」，另7題是需要直接施測之「能力」題項。ICF編碼系統的限定值（qualifier），是在代碼之後加上點號再標明數字代號，限定值代表該代碼有問題或困難的程度。功能量表成人版之限定值在每題項有2個，分別是ICF手冊之第一級限定值：表現限定值（performance qualifier）；第二級限定值：能力限定值（capacity qualifier）（標準環境下無輔具和無他人協助）；或第四級限定值：「在生活情境下能力限定值」（capability qualifier）〔生活情境下無輔具和無他人協助之能力（WHO, 2001）〕。爲配合身心障礙鑑定中身體功能與構造之評估量尺，編制團隊修改原WHODAS 2.0的計分方式，採取類似ICF通用限定值之量尺做爲功能量表之問題嚴重度的回應選項。因此，領域1至6各題項之分數所代表之意義如下：0：沒有問題；1：輕度問題；2：中度問題；3：重度問題；4：極重度或不能；9：不適用。領域7環境因子，0：無需求／無阻礙；8：有阻礙。領域8動作活動，0：無協助；1：監督或提醒；2：一些協助；3：很多協助；4：完全協助。

FUNDES成人版之信效度研究樣本爲臺灣的身心障礙者或新鑑定之成人個案，以分層隨機抽樣及立意選樣方式取得，個案皆填寫同意書後進行施測，共計

4,015位，扣除無效問卷後，共計3,089位個案進行工具信效度的分析。收案期間為2011年8月至12月，所有資料皆由受訓後之物理、職能、語言治療師、臨床心理師或社工師等人以面對面晤談所得。功能量表成人版計分原則依據WHODAS 2.0手冊提供之公式加以計算，可得六領域（D1認知，D2四處走動，D3生活自理，D4與他人相處，D5-1居家活動，D5-2工作／學校活動，D6社會參與）及總量表之分數，滿分皆為100分，分數越高表示困難度越高。（嚴嘉楓等人，2012）在信度上，六領域的內部一致性，「生活情境下能力」面向Cronbach's值在0.92～0.98之間，「表現」面向則在0.93～0.98之間。於內容效度方面，FUNDES 7.1成人版與ICF各章與各題項之連結見表3-2-2、表3-2-3。

表3-2-2　身心障礙鑑定功能量表成人版與ICF活動與參與（d）各章及環境因素（e）之關聯

功能量表 ＼ ICF	d1	d2	d3	d4	d5	d6	d7	d8	d9	e
領域1認知	*	*	*							
領域2四處走動				*						
領域3生活自理					*	*				
領域4與他人相處							*			
領域5-1居家活動		*				*				
領域5-2工作／學校活動		*						*		
領域6社會參與								*	*	*
領域7環境因子										*
領域8動作活動				*						

※註：ICF：國際健康功能與身心障礙分類系統；d1：學習與應用知識；d2：一般任務及需求；d3：溝通；d4：行動；d5：自我照顧；d6：居家生活；d7：人際互動及關係；d8：主要生活領域；d9：社區、社交、公民生活；e：環境因素。

表3-2-3　身心障礙鑑定功能量表7.1成人版各題項與ICF各代碼之關聯

題目	ICF代碼
領域1　認知	
D1.1專心做事10分鐘	b140, d110-d129, d160
D1.2記得重要的事情	b144, d159
D1.3分析並解決問題	d175, d130-d159
D1.4學習新的東西	d1551
D1.5了解別人說什麼	d310
D1.6主動並保持交談	d3500, d3501
領域2　四處走動	
D2.1長時間站立	d4154
D2.2坐到站	d4104
D2.3在家中移動	d4600
D2.4從家裡外出	d4602
D2.5長距離行走	d4501
領域3　生活自理	
D3.1洗澡	d5101
D3.2穿衣	d540
D3.3吃東西	d550
D3.4一個人生活幾天	d510-d650
領域4　與他人相處	
D4.1與陌生人互動	d730
D4.2和朋友維持關係	d7500
D4.3與親近的人相處	d750, d760
D4.4結交新朋友	d7200, d7500
D4.5親密行為	d7702
領域5-1　居家活動	
D5.1照顧家人及家務	d6

題目	ICF代碼
D5.2做好重要家務	d640; d210; d220
D5.3完成需做家務	d640; d210; d220
D5.4時限內完成家務	d640; d210; d220
領域5-2　工作／學校活動	
D5.5每天工作/學習	d825; d850 / d830; d820
D5.6做好重要事務	d850; d830; d825; d820; d210; d 220
D5.7完成需做事務	d850; d830; d825; d820; d210; d 220
D5.8時限內完成事務	d850; d830; d825; d820; d210; d 220
D5.9曾因健康而必須做比較低階的工作	d850
D5.10曾因健康而賺取比較少的錢	d850
領域6　社會參與	
D6.1參加社區活動	d910
D6.2因環境限制參與	d9, e
D6.3生活的有尊嚴	d940
D6.4花時間在健康上	無法連結
D6.5情緒影響	b152
D6.6家庭經濟影響	d8700
D6.7家庭問題	無法連結
D6.8放鬆或娛樂	d920
領域8　動作活動（精細動作／粗大動作）	
D8.1拿起筆	d4400
D8.2扣一般釦子	d4402
D8.3將帶子打結	d4408
D8.4由坐到站	d4104
D8.5彎身撿東西不跌倒	d4105
D8.6行走3公尺折返	d450
D8.7由站到坐	d4103

題目	ICF代碼
領域7　環境因子	
D7.1個人食用產品或物質	e110
D7.2個人用於日常生活的產品或物質	e115
D7.3個人用於室內外行動與運輸的產品與科技	e120
D7.4溝通用產品與科技	e125
D7.5教育用產品與科技	e130
D7.6個人資產	e1650
D7.7氣候	e225
D7.8社會安全服務	e5700

註：ICF：國際健康功能與身心障礙分類系統；b：身體功能； d1：學習與應用知識；d2：一般任務及需求；d3：溝通；d4：行動；d5：自我照顧；d6：居家生活；d7：人際互動及關係；d8：主要生活領域；d9：社區、社交、公民生活；e：環境因素。

　　FUNDES成人版之建構效度，經主成分分析結果顯示，「生活情境下能力」面向上僅有領域1認知及領域6參與成分之題項，與WHODAS 2.0題項完全吻合，整體能力的累積解釋變異量達79.8%；在「表現」面向上領域2四處走動、領域3生活自理及領域5日常生活三領域之題項，都與WHODAS 2.0一致，而領域6參與領域只涵蓋5題（原來領域6有8題），整體表現的累積解釋變異量達79.7%，兩者模式適配度皆達統計上顯著意義（p <0.001）。其中領域5-1居家活動，領域5-2工作／學校活動在「表現」上被歸類同一領域，在「生活情境下能力」則被歸類為兩領域。進一步以二階之驗證性因素分析進行建構效度驗證，結果發現不管是在表現或情境下的能力，其標準化參數估計值皆在0.76～0.98之間，模式適配度（CFI）皆在0.9以上（嚴嘉楓等人，2012）。因此，FUNDES成人版具初步之內部一致性信度與建構效度。然而，其測試者間信度、再測信度與決策效度等都有待繼續研究。有關「身心障礙鑑定功能量表成人版」之分數解釋與臨床運用請參考廖華芳等人之文獻（廖華芳、嚴嘉楓等人，2013）。

貳、身心障礙鑑定功能量表兒童版

　　「身心障礙鑑定功能量表兒童版」（Functioning Scale of the Disability Evaluation System-Child Version, FUNDES-Child）方面，編制團隊也在時效及經費考量下，根據國外之「兒童與家庭追蹤調查表」（CFFS），取得其發展者美國麻州塔夫斯大學（Tufts University）Bedell博士（2009/2004）之同意，並經由跨文化編修原則修訂完成。「身心障礙鑑定功能量表兒童版」其修訂之流程以及相對應之時序如圖3-2-6顯示。其經由晤談6至18歲兒童代理人，蒐集兒童在過去六個月內之活動參與、身體功能及環境因素狀況。CFFS適用5至17歲兒童與青少年（Bedell, 2011），其設計乃根據ICF架構且具有信效度。於FUNDES兒童版編制時，CFFS只有代理人晤談版完成信效度研究，其訪談對象為個案之主要照顧者（Bedell, 2004），兒童自答版尚未發展完全。CFFS包含章節I至章節V等五個章節，功能量表兒童版之編製則參考其章節I至章節III。

　　表3-2-4為「身心障礙鑑定功能量表兒童版」各部分與ICF-CY活動與參與（d）各章、環境因素（e），與身體功能（b）之連結。FUNDES兒童版共有4部分，第一部分兒童健康概況（5題），第二部分家庭及社區的參與共有四個領域〔居家生活（參與獨立性與參與頻率各6題）、鄰里及社區生活之參與（各4題）、學校生活參與（各5題）、家庭及社區生活參與（各5題）〕。第三部分兒童身體功能的問題（15題），第四部分兒童的環境因素（19題）。第一部分偏向健康情形（health condition）、身體功能（b）及活動與參與的第三（d3）、四章（d4），第二部分測量ICF活動與參與的各章（d1～d9），第三部分著重身體功能（b）及活動參與的第一至三章（d1～d3），第四部分則是評估環境因素（e）有無阻礙。在第二部分家庭及社區的參與頻率20題為編製團隊新設計加入。因此兒童版共79題，平均約需40分鐘完成。如同成人版，兒童版也因要與身心障礙醫療鑑定之評分方式一致，因此回應量尺也與原英文版本不同，採類似通用限定值的概念，在第二部分參與獨立性面向，量尺為0～3分，0分：完全獨立；1分：監督或輕度協助；2分：中度協助；3分：完全協助；而在參與頻率面

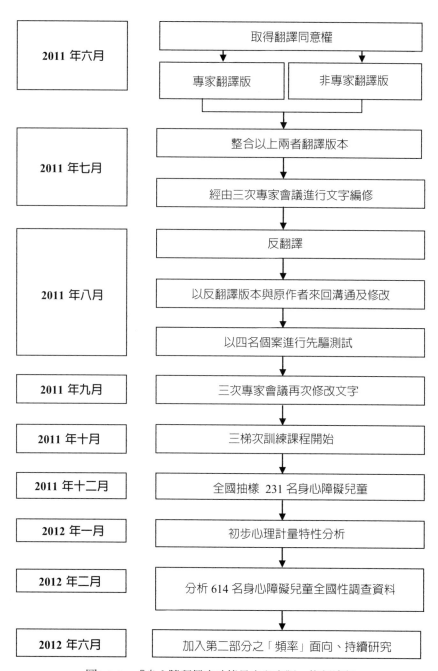

圖3-2-6 「身心障礙鑑定功能量表兒童版」修訂流程

表3-2-4　身心障礙鑑定功能量表兒童版與ICF-CY活動與參與（d）各章、環境因素（e）、與身體功能（b）之關聯

功能量表　　　　　　ICF-CY	b	d1	d2	d3	d4	d5	d6	d7	d8	d9	e
第一部分 兒童健康概況	*			*	*						
第二部分 家庭及社區的參與｜領域1 居家生活參與			*	*	*	*	*	*			
領域2 鄰里及社區社會參與			*	*	*			*	*	*	
領域3 學校生活參與		*	*	*	*			*	*		
領域4 家庭及社區參與			*	*	*		*		*	*	
第三部分 兒童身體功能的問題	*	*	*	*							
第四部分 兒童的環境因素											*

註：ICF-CY：國際健康功能與身心障礙分類系統兒童及青少年版；b：身體功能；d1：學習與應用知識；d2：一般任務及需求；d3：溝通；d4：行動；d5：自我照顧；d6：居家生活；d7：人際互動及關係；d8：主要生活領域；d9：社區、社交、公民生活；e：環境因素。

向，則0分：相同或更多；1分：少一些；2分：少很多；3分：完全沒有。理論上，參與獨立性屬「在生活情境下能力」面向，參與頻率屬表現面向。參與頻率比較受其環境有沒有提供機會或個人參與社會活動意願的影響，其受情境因素之影響高於參與獨立性。於兒童版，若實際生活場域有人及輔具幫忙，「參與獨立性」靠家長回想個案在實際生活有輔具下需要別人多大協助去給限定值。所以「生活情境下的能力」之操作定義，於成人版與兒童版略有不同。

　　「身心障礙鑑定功能量表兒童版」信效度主要結果來自於2012年六月底之

前之試辦計畫資料庫。分別是第一梯次231名（Hwang et al., 2013）及第二梯次614名（黃靄雯等人，2013）身心障礙兒童之晤談資料。「身心障礙鑑定功能量表兒童版」具信度，第二部分20題總量表之Cronbach's alpha高達0.96（廖華芳、劉燦宏等人，2013）。於效度方面，「身心障礙鑑定功能量表兒童版」具內容效度，因其各個題項均可連結至ICF-CY各代碼（見表3-2-5）。第二部分之19題（因素分析結果呈現二因子因素結構，分別為日常生活（daily living）及社會／休閒／溝通（social/leisure/communication）兩大因素。二因素之間具高度相關性（r=0.78），二因素共可解釋總變異量之64.1%（Hwang et al., 2013）。於已知族群效度方面，比較不同智力等級兒童之FUNDES 7.0-兒童版第二部分各領域及全量表分數之差異，結果顯示，較重度智能障礙兒童，除領域4家庭及社區生活參之結果趨於顯著（p=0.055，Cohen's d=0.36）之外，各領域全量表總分皆顯示較重度智能障礙兒童在獨立面向有較多之限制，且顯示小至中高效應值（Cohen's d=0.48–0.84）（黃靄雯等人，2013）。第二部分獨立性面向之羅序模式分析顯示整體模式可解釋所有題項是總變異量之83.7%，呈現單一向度。所有19題項之適配指標之均方差皆小於1.4，且具有高度之項目信度（item reliability=0.97）。最困難的題項為領域4之買東西/處理金錢，最容易之題項為領域3在學校四處移動（Hwang et al., 2013）。有關「身心障礙鑑定功能量表兒童版」之分數解釋與臨床運用請參考廖華芳等人之文獻（廖華芳、嚴嘉楓等人，2013）。

表3-2-5　身心障礙鑑定功能量表7.1兒童版各題項與ICF-CY各代碼之關聯

題目	ICF代碼
第一部分　兒童健康概況	
1.個案的身體狀況	b4-b5, hc
2.個案的情緒及心理健康狀況	b152, b180
3.個案的主要行動方式	d450-d489 & e1
4.個案的主要溝通方式	d170, d330-d349, d360 & e1
5.是否和個案住在一起	無法連結

題目	ICF代碼
第二部分　家庭及社區的參與	
領域1居家生活參與	
1.和家人互動	d7200, 7601, 7602, d7603, d8803
2.和朋友互動	d7200, d7500, d7504, d8803, d360
3.參與家務責任	d640, d650, d660
4.自我照顧	d510-d560 / d550
5.在家裡及庭院移動	d450, d4600, d465
6.在家裡跟其他孩子和大人溝通	d310, d315, d320, d330-d340
領域2鄰里及社區社會參與	
7.和朋友互動	d7200, d7500, d7504, d8803, d9103
8.組織性活動	d9100, d9102, d920, d930
9.到處走動或移動	d450, d4602, d465
10.跟其他孩子和大人溝通	d310, d315, d320, d330, d335, d340
領域3學校生活參與	
11.與同學參與課業活動	d820
12.與同學從事休閒活動	d7200, d7402, d7500, d7504, d880
13.在學校四處移動	d450, d4602, d465
14.使用教材設備	d140, d145, d155, d166, d8201, d835
15.在學校跟其他孩子和大人溝通	d310, d315, d320, d330-d345
領域4家庭及社區生活參與	
16.做家事	d6300, d6302, d6400, d6401, d6402, d6406
17.買東西／處理金錢	d620, d860
18.管理每天生活作息	d230
19.利用交通工具活動	d470
第三部分　日常生活上的問題	
1.專心或集中注意力	b140

題目	ICF代碼
2.記住人、地點或方向	b114, b144
3.解決問題或判斷	b164
4.理解或學習新事物	b163
5.控制行為、情緒、或活動量	b1304, b1521
6.有動機去做事	b1301
7.心理狀態	b152
8.說話	b310, b320, b330, b3401
9.視力	b210
10.聽力	b230
11.動作	b730, b735, b755, b760
12.體力或活力	b455
13.對感官刺激的反應	b240, b270
14.身體不舒服的症狀	b2401, b280
15.其他的健康或醫療相關狀況	hc, b
第四部分　環境因素	
1.居家環境的空間設計及擺設	e155
2.社區或鄰里之建築或場所的空間設計及擺設	e150
3.缺乏社區或鄰里的精神支持	e325
4.在社區或鄰里中，人們對個案的態度	e425
5.缺乏個案需要的輔具或設備	e115, e120, e125, e130
6.在家裡、社區、或鄰里，缺乏他人對個案的協助	e315, e325, e330
7.缺乏交通工具	e120, e540
8.社區或鄰里提供的活動方案或服務	e555, e585
9.家庭經濟狀況不佳	e165
10.家庭壓力	e310、e410
11.社區中或鄰里的治安狀況	e545
12.政府的服務或政策不良	e550

題目	ICF代碼
13.缺乏有關個案的診斷和療育等資訊	e570, e580, e5854, e5855
14.學校或工作場所的空間設計及擺設	e150
15.缺乏學校或工作場所的精神支持	e320, e330, e340, e355
16.在學校或工作場所中，別人對個案的態度	e320, e330, e340, e355
17.在學校或工作場所中，缺乏他人對個案的協助	e585

註：ICF-CY：國際健康功能與身心障礙分類系統兒童及青少年版；hc：健康情形；b：身體功能；d1：學習與應用知識；d2：一般任務及需求；d3：溝通；d4：行動；d5：自我照顧；d6：居家生活；d7：人際互動及關係；d8：主要生活領域；d9：社區、社交、公民生活；e：環境因素。

參、身心障礙鑑定功能量表之評估人員與訓練課程

　　功能量表合格之施測者建議爲從事身心障礙鑑定服務之專業人員〈具有身心障礙鑑定者相關臨床服務經驗一年以上（含）且有本國合格證照（醫療）專業人員〈物理治療師、職能治療師、語言治療師、社工師、臨床心理師、諮商心理師、護理師、聽力師、專科醫師〉、具備職業輔導評量員資格者，且從事就業服務或職業重建個案管理相關工作三年以上之職業輔導評量員，與具有特殊教育教師之本國合格證照且從事特殊教育教學服務者，服務三年以上資歷之特殊教育教師〉，並接受經由衛生福利部指派或經由認證單位審查合格之主辦單位所辦理之新制身心障礙鑑定人員一般培訓課程且考試合格者，並登錄於鑑定人力資料庫中。

　　於2013年所規畫之一般培訓課程內容，包括：ICF/ICF-CY簡介（0.5小時）、身心障礙鑑定法規及流程簡介（0.5小時）、身心障礙鑑定功能量表成人版簡介（0.5小時）、身心障礙鑑定功能量表兒童版簡介（0.5小時）、身心障礙鑑定功能量表成人版演練與討論（3小時）、身心障礙鑑定功能量表兒童版演練與討論（2小時）、身心障礙鑑定整合平臺簡介（0.5小時）。

　　種子教師課程於2013年所規畫之內容，包括：評估工具信效度簡介（1

小時）、FUNDES 7.0及其信效度簡介（1小時）、教學演練注意事項（0.5小時）、講堂教學工作坊（分組、教材演練）（2小時）、晤談指導工作坊〔分組、教材演練（包括FUNDES操作手冊Q and A）〕（2小時）。

　　身心障礙功能量表鑑定人員繼續教育課程內容，初步規劃為：鑑定人員資格取得後，須每六年完成六十點身心障礙鑑定繼續教育課程積分，始能維持鑑定資格。繼續教育課程內容須包括下列主題：身心障礙概論、身心障礙鑑定新制及需求評估法規相關補充及修正、身心障礙鑑定功能量表成人版案例評估及討論、身心障礙鑑定功能量表兒童版案例評估及討論、鑑定評估流程討論等相關課程（廖華芳、邱弘毅等人，2013）。

第四節　環境因素之評估

　　情境因子會影響健康狀況之測量結果於1970年代開始被提出（Aderson, Bush & Berry, 1977）。情境因子包括環境因素與個人因素，如前所提，因個人因素牽涉各種種族與文化之複雜性，因此WHO尚無個人因素之編碼。環境因素（e）包括物理性、社會性及價值觀等因素，其5個第一級代碼分別為，e1用品和技術；e2自然環境和對環境的人為改變；e3支持與關係；e4態度；e5服務、體制和政策。一般而言，環境有害或有利是要經由當事人自我判斷（WHO, 2001；Gray, Hollingsworth, Stark, & Morgan, 2006；黃靄雯、廖華芳、謝仔鑫與潘懿玲，2009），因此，於身心障礙鑑定之環境因素評估乃以晤談方式進行。國內針對中風病患之研究顯示，於e120個人用於室內外行動與運輸的產品與科技之阻礙較少者，其活動與參與之受限也會較低（Chang et al., 2014）。

　　FUNDES成人版環境因素，主要為要連結醫療鑑定與需求評估，因此只設計8個題項。FUNDES兒童版環境因素，主要根據CFFS章節III「兒童與青少年環境量表」（The Child and Adolescent Scale of Environment, CASE）翻譯而來，共18個題項。這些題項與ICF各代碼之連結，請見表3-2-3與表3-2-5。如何利用功能量表之資訊，尤其是環境因子之改善以促進個案之社會參與，請參考廖等人之文獻（廖華芳、嚴嘉楓等人，2013）。

結語

　　本章介紹目前臺灣身心障礙鑑定樣貌，包括簡介過去身心障礙鑑定及評估之規劃，與目前鑑定及評估之流程，並說明身心障礙鑑定新制中，醫療鑑定之身體功能與構造、活動與參與及環境因素等評估內容。由於身心障礙鑑定新制歷經5年規劃，採滾動式修正方式，於2012年7月正式實施，預期後續根據實施後之資

料分析與參與者回饋，在政府與民間之努力合作下，會繼續往增進身心障礙者社會參與之方向前進。

參考書目

一、中文部分

吳亭芳、施書驊、廖華芳、劉燦宏（2012）。〈ICF日常生活活動量表—成人版之編製及於中風族群之信效度研究〉，《臺灣醫學》，16：236～252。

身心障礙者權益保障法。中華民國九十六年七月十一日總統華總一義字第09600087331號令修正公布。

身心障礙者鑑定作業辦法（2013年08月06日）。

黃寶、吳佩霖、樊志成、梁忠詔（2012）。〈年新制身心障礙鑑定試辦結果花蓮縣資料分析〉，《臺灣復健醫誌》，40(2)：61～70。

黃靄雯、廖華芳、謝?鑫、潘懿玲（2009）。〈「國際健康功能與身心障礙分類系統—兒童及青少年版」及其環境因素之簡介〉，《中華民國物理治療學會雜誌》，34(6)：394～409。

黃靄雯、劉淑雯、廖華芳（2013）。〈學齡前發展遲緩兒童之「參與」及其測量〉，《物理治療》，38(1)：16～28。

黃靄雯、劉燦宏、嚴嘉楓、Gary M. Bedell、陳韋長、康琳茹、廖華芳、身心障礙鑑定d成分工作小組（2013年3月）。〈臺灣身心障礙兒童之參與型態全國性調查〉。「第三次ICF學術研討暨論文發表大會」，臺北，臺北醫學大學誠樸廳。

廖華芳、范家榕、劉燦宏、嚴嘉楓、吳亭芳、張本聖、……盧璐（2013）。〈身心障礙鑑定功能量表成人版之鑑定專業人員訓練課程與初步成果〉，《臺灣醫學》，17(5)：368～380。

廖華芳、邱弘毅、劉燦宏、嚴嘉楓、林靖瑛、梁忠詔、邱浩彰（2013年）。《新制身心障礙鑑定人員教育訓練計畫》。行政院衛生福利部102年度委託勞務計畫成果報告。

廖華芳、黃靄雯（2009）。〈「國際功能、失能和健康分類」（ICF）簡介及其於臺灣推行之建議〉，《物理治療》，34(5)：310～318。

廖華芳、嚴嘉楓、黃靄雯、劉燦宏、張本聖、吳亭芳……張光華（2013）。〈身心障礙鑑定功能量表之簡介與運用〉，《臺灣醫學》，17(3)：317～331。

廖華芳、劉燦宏、嚴嘉楓、張本聖、黃靄雯、吳亭芳……盧璐（2013年6月）。《身心障礙鑑定功能量表7.0操作手冊》。行政院衛生福利部102年「新制身心障礙鑑定人員教育訓練計畫」。臺北，臺灣ICF研究學會。

嚴嘉楓、廖華芳、劉燦宏、黃靄雯、吳亭芳、張本聖……紀彣宙（2012年3月）。〈臺灣身心障礙成人「活動與參與」表現與能力評估之信效度〉，「第二次ICF學術研討暨論文發表大會」，新北市，雙和醫院13樓國際會議廳。

二、英文部分

Aderson, J. P., Bush, J.W., & Berry, C. C. (1977). *Performance versus capacity: A conflict in classifying function for health status measurement.* Presented at the annual meeting of American Public Health Association, Washington, D.C., Nov.

American Psychiatric Association, (2013). *Diagnostic and statistical manual of mental health disorders: DSM-5* (5th ed.). Washington, DC: American Psychiatric Publishing.

Bedell, G. (2011). *The Child and Family Follow-up Survey (CFFS), Administration and Scoring Guidelines.* Medford, MA: Department of Occupational Therapy, Tufts University.

Bedell, G.(2009). Further validation of the Child and Adolescent Scale of Participation (CASP). *Developmental Neurorehabilitation*, 12(5), 342~351.

Bedell, G. M. (2004). Developing a follow-up survey focused on participation of children and youth with acquired brain injuries after discharge from inpatient rehabilitation. *NeuroRehabilitation*, 19(3),191~205.

Chi, W. C., Liou, T. H., Wennie Huang, W. N., Yen, C. F., Teng, S. W., & Chang, I. C. (2013). Developing a disability determination model using a decision support system in Taiwan: A pilot study. *Journal of the Formosan Medical Association*,112(8),473~481.

Chiu, W. T., Yen, C. F., Teng, S. W., Liao, H. F., Chang, K. H., Chi, W. C., Wang, Y. H. & Liou, T.H.(2013). Implementing Disability Evaluation and Welfare Services Based on the Framework of the International Classification of Functioning, Disability and Health: Experiences in Taiwan. *BMC Health Services Research,* 13,416.

Chang, K. H., Lin, Y. N., Liao, H. F., Yen, C. F., Escorpizo, R., Yen, TH., & Liou, T. H. (2014). Environmental effects on WHODAS 2.0 among patients with stroke with a focus on ICF category e120. *Quality of Life Research.*

Gray, D.B., Hollingsworth, H. H., Stark, S. L., & Morgan, K. A.(2006). Participation survey/mobility: psychometric properties of a measure of participation for people with mobility impairments and limitations. *Archives of Physical Medicine and Rehabilitation*, 87(2), 189~97.

Hwang, A. W., Liou, T. H., Bedell, G. M., Kang, L. J., Chen, W. C., Yen, C. F., ... d Component Task Force of Disability Evaluation System. (2013). Psychometric properties of the Child and Adolescent Scale of Participation – Traditional Chinese version. I*nternational Journal of Rehabilitation Research,* 36(3), 211~220.

Hwang, A. W., Yen, C. F., Liou, T. H., Bedell, G., Granlund, M., Teng, S.W., Chang, K.H., Chi, W.C., Liao, H.F. (submitted) Developing and validation of the ICF-CY based Functioning Scale of the Disability Evaluation System -Child version (FUNDES-Child) in Taiwan. *Journal of the Formosan Medical Association.*

Kwon, H. J.(1997). Beyond European welfare regimes: Comparative perspectives on east Asian welfare systems. *Journal of Social Policy,* 26, 467~484.

Liao, H.F., Hwang, A. W., Pan, Y. L., Liou, T. H., & Yen, C. F.(2013). Application of ICF / ICF-CY to physical therapy and the ICF Mobility Scale in Taiwan. *Formosan Journal of Physical Therapy,* 38(1),1~15.

Luciano, J. V., Ayuso-Mateos, J. L., Fernandez, A., Serrano-Blanco, A., Roca, M., & Haro, J. M. (2010). Psychometric properties of the twelve item World Health Organization Disability Assessment Schedule II (WHO-DAS II) in Spanish primary care patients with a first major depressive episode. *Journal of Affective Disorders, 121*(1~2), 52~58.

Teng, S. W., Yen, C. F., Liao, H. F., Chang, K. H., Chi, W. C., Wang, Y. H., ... Taiwan ICF Team. (2013). Evolution of system for disability assessment based on the International Classification of Functioning, Disability, and Health: A Taiwanese study. *Journal of the Formosan Medical Association,* 112, 691~698.

Ustün, T. B., Chatterji, S., Kostanjsek, N., Rehm, J., Kennedy, C., Epping-Jordan, J., ... WHO/NIH Joint Project. (2010). Developing the World Health Organization Disability Assessment Schedule 2.0. *Bulletin of the World Health Organization,* 88(11),815~823.

World Health Organization. (2007). *International Classification of Functioning, Disability and Health: Children and Youth version: ICF-CY. Geneva: World Health Organization.*

World Health Organization. (2001). *International Classification of Functioning, Disability and Health: ICF. Geneva: World Health Organization.*

World Health Organization. (2010). World Health Organization Disability Assessment Schedule II (WHODAS 2.0). Geneva: World Health Organization.

Yen, C. F., Lin, C. C., Liao, H.F., Chen, S.C., Lin, C. Y., Chiu, H. Y., Liou, T. H. (2012).Experience of Implementing WHO-International Classification of Functioning, Disability and Health (ICF) in Disability Welfare Policy in Taiwan. *Journal of Disability Research (Taiwan)*, 10.1~18.

Yen, C.F., Liou, T.H., Hwang, A.W., Hsu, H.Y., Chi, W.C., Chiu, T.Y., Wu, T.F., Chang, B.S., Lu, S.J., Liao, H.F., Teng, S.W., Chiu, W.T. (submitted) Validity and Reliability of the Functioning Disability Evaluation Scale-Adult Version based on the World Health Organization Disability Assessment Schedule 2.0 - 36 items. *Journal of the Formosan Medical Association.*

第三章　身心障礙者的需求評估

/ 林敏慧、柯平順、朱貽莊、曾家琪、

王綵喬、郭世明

　　本章主要介紹身心障礙者與家庭的需求、身心障礙者與家庭之需求評估的操作以及身心障礙鑑定與需求評估新制的做法：第一、二節內容摘錄自林敏慧、柯平順、朱貽莊、曾家琪、王綵喬、郭世明（2010）辦理內政部九十七年委託研究計畫的結案報告，並進行文獻的更新與擴充，第三節彙整政府所公布資訊來說明身心障礙鑑定與需求評估新制的做法。

第一節 身心障礙者與家庭的需求

本節主要針對「身心障礙者的需求」、「身心障礙者家庭的需求」、「需求評估的規劃」等三部分進行探討。

壹、身心障礙者的需求

身心障礙者的需求為何？1994年聯合國（The United Nations, UN）提出《經濟社會文化權利公約第5號一般意見書》，針對締約國在身心障礙者一般義務、履行義務手段、消除歧視的義務，及公約具體條款如平等、工作權利、社會保障、家庭、教育、健康權、參與文化權等有更明確的說明（中華民國殘障聯盟，2012）。另外2006年聯合國（UN）通過的《身心障礙者權利公約》（The Convention on the Rights of Persons with Disabilities）揭示身心障礙者為身體、精神、智力或感覺器官受到損害，且這些損害使其在與他人平等全面參與社會的基礎上產生困難；而身心障礙者的基本自由及平等機會，其中無障礙、自立生活、融入社區、獨立行動能力、提高社會認識等都是人權標準及國家責任（中華民國殘障聯盟，2012）。若就國際健康功能與身心障礙分類系統（ICF）的基本精神而言，強調障礙的產生源於人與環境的互動，例如，家住臺北市，住家與上班地點鄰近捷運，且受過定向行動與生活重建的盲人，可能在日常生活相對地獨立自主，依舊法可申請重度視障手冊，但以ICF觀點來看，則當事人可能申請到輕度功能需求的證明；然而，一旦搬家到外縣市，當地沒有捷運，僅提供以就醫為主的復康巴士，亦無計程車特約服務，則當事人可能換領重度功能需求的證明，並衍生居家服務的需求（李英琪，2013）。

內政部2011年進行身心障礙者生活狀況及各項需求評估調查，結果發現在身心障礙特性方面，障礙類別以肢體障礙占35.58%最多，其次依序為重要器官

失去功能占11.38%、聽覺機能障礙占10.89%、慢性精神病患者占10.34%、多重障礙占10.25%，其他障礙類別皆在10%以下。致殘原因以後天疾病而致者占46.95%最多，先天（出生即有）者占16.53%次之，再其次是老年退化占8.13%。障礙等級以輕度占37.97%、中度占33.28%較多，其次依序為重度占17.62%、極重度占11.14%。性別則是男性占57.24%，女性占42.76%。年齡以65歲以上及45至未滿65歲者分別各占36.00%及35.79%居多，30至未滿45歲者占15.10%次之；45歲以上者合計占71.79%。教育程度以國小占29.34%最多，高中、高職占22.28%次之，再其次是國（初）中占18.71%。婚姻狀況以有配偶或同居占48.47%最多，未婚占29.21%次之，再其次是喪偶占16.54%，離婚或分居占5.79%最少。

在居住狀況方面，目前居住家宅者為100萬7,283人，占92.84%最多，住教養、養護機構者7萬3,994人，占6.82%。植物人、失智症者、慢性精神病患者及多重障礙者住教養、養護機構比率相對較其他障礙類別者為高。住家宅者之住宅類型以無電梯透天樓房者，占51.88%最多。居住樓層方面，居住二樓以上者占56.42%，其中有9.08%需要他人協助上下樓，當中有5.41%家宅無電梯；家庭組成型態以兩代家庭者占51.04%最多，三代家庭者占27.67%次之，僅與配偶（同居人）同住者占11.17%再次之；有身心障礙親屬者占23.47%；對居家無障礙設施至少一項需要者占13.30%，並以衛浴設備之需求比率最高，其次是室內扶手；居所至乘坐大眾運輸工具地點，以步行或使用輪椅等行動輔具所需時間在15分鐘以內者占58.83%最多，臺北市及新北市分別為89.21%及86.64%相對較高；雲林縣及彰化縣者超過30分鐘以上者占51.99%及37.29%相對較高；對住家附近的整體生活機能之感受表示尚可者占46.63%最多，很方便者占39.36%次之，另表示「很不方便」者占14.01%。臺北市身心障礙者有64.73%認為很方便，雲林縣、屏東縣及彰化縣有31.12%、29.38%及29.37%認為很不方便。居住機構者以養護機構者占25.63%最多，其次是身心障礙福利機構占21.93%，再其次是護理之家或長期照護機構占20.89%；約有半數（48.92%）家人或親屬至機構探望頻率每週至少1次，而每月少於1次者有16.99%；約54%居住年數超過3

年，其中居住年數7年以上者占26.92%；滿意度調查中滿意（含非常滿意、還算滿意）者占67.06%，表示普通者占18.81%，而表示不滿意（含不太滿意、非常不滿意）者占4.94%。

在休閒活動及交通狀況方面，主要休閒活動為看電視、錄影帶，其次是散步，再其次是玩電腦、電視遊樂器等，表示幾乎沒有從事休閒活動者占7.58%、無法從事休閒活動者占6.39%。最近一個月有外出者占89.39%，其中有54.40%幾乎每天外出活動；而都沒有外出者占10.61%，沒有外出的主要原因為不宜外出。最常使用的方式為步行，其次是親友開車或騎車接送，再其次是自行騎乘機車（含特製機車）。

在生活起居狀況方面，六歲以上身心障礙者日常生活活動功能（ADL）獨自行動均無困難者占61.20%，工具性日常生活活動能力（IADL）獨自活動均無困難者占34.69%，無法獨立自我照顧生活起居之身心障礙者占42.93%，其生活起居照顧者主要為配偶或同居人，其次是母親（含配偶之母親），再其次是外籍看護工。生活起居主要照顧者以女性（占78.83%）、未滿55歲（占60.72%）、平均每日照顧時間為全天（35.55%）者居多，平均每日照顧14小時，平均每月照顧費用為21,219元。希望政府能提供照顧者的支持、照顧訓練項目，以照顧者心理支持與關懷團體及照顧者照顧技巧訓練居多，再其次是照顧者溝通訓練團體。

在家庭經濟狀況方面，家中工作人數1人者占38.20%最多，2人者占29.84%次之；另有17.30%家中無人工作；收入來源主要來自政府補助或津貼，其次為兒子（含媳婦）給予；家裡一個月支出狀況以20,000～29,999元者占26.53%最多，30,000～39,999元者占24.05%次之。

在醫療照顧需求方面，高達99.76%之身心障礙者目前有參加保險，參加全民健康保險者每百人有99.71人，參加勞保者每百人有19人、參加國民年金者每百人有18人、參加農漁民保險者每百人有12人、參加住院醫療險者每百人有11人。目前需要定期就醫者占68.77%，其中有定期就醫者占65.89%，「無」定期就醫者占2.89%；另「不需要」定期就醫者占30.66%。目前「需要接受復健治

療」者占20.96%；需要接受復健治療者中，表示有接受定期治療者占60.05%，需要復健治療的項目以物理治療占59.25%最高，未滿12歲者需要接受復健治療者相對較高。生活中需要且正使用輔具者占38.77%，有8.93%需要使用輔具但缺少輔具；輔具的需求以輪椅類、推車或四處移動相關輔具居多。認爲政府應優先辦理的醫療照護措施前三項依序爲提供醫療補助措施、提供就醫交通協助、提供醫療資源的資訊。澎湖縣及連江縣身心障礙者認爲應優先辦理提供就醫交通協助。

在福利服務需求方面，個人照顧服務項目以知道居家照顧服務的比率占39.22%、日間及住宿式照顧占21.69%，相對較其他服務項目爲高；知道並已利用的比率同樣以居家照顧服務占4.43%，日間及住宿式照顧占2.01%，相對較高。家庭支持服務項目以臨時及短期照顧知道的比率占23.79%、家庭關懷訪視及服務占21.21%，相對較高；知道並已利用者以家庭關懷訪視及服務占5.23%、臨時及短期照顧占1.66%相對較高。各項經濟補助及減免項目以身心障礙者生活補助費知道的比率占79.73%、醫療費用補助占51.68%、社會保險費補助占50.66%，相對較高；知道並已利用者同樣以身心障礙者生活補助費占45.64%、社會保險費補助、醫療費用補助占42.13%，相對較高。在其他福利服務項目以搭乘公民營公共交通工具或進入收費之風景區、康樂場所或文教設施優待，知道的比率占63.74%、知道並已利用的占45.17%，相對較其他服務爲高。而身心障礙者認爲政府應優先辦理的生活福利服務措施，前二項同爲身心障礙者生活補助費及醫療費用補助。

在教育服務需求方面，在學身心障礙者對特殊教育可提供服務之了解情形，以知道特教（輔導）老師之協助及獎助學金或就學費用減免的比率相對較高，分別占67.60%和67.14%。身心障礙者認爲政府對身心障礙者的教育，應該優先辦理的項目，前三項依序爲依需求提供學雜費補助、12年國民義務教育及提供獎助學金。聽覺機能障礙、聲音或語言機能障礙、慢性精神病患者及多重障礙者認爲第二項爲提供學習輔具。

在工作需求方面，身心障礙者勞動力人數爲19萬8,277人，非勞動力人數83

萬8,165人，勞動力參與率為19.13%。找到目前工作的方式以親朋介紹占39.76%最多，自家經營占23.44%次之，再其次為自我推薦占8.90%。從事行業以製造業占17.62%最多，批發及零售業占13.26%次之，再其次是支援服務業占10.63%。就業者有33.75%從事非典型勞動工作，另有66.25%從事典型勞動工作。86.15%的身心障礙就業者認為在工作場所沒有因身心障礙身分而受到不公平待遇，另有13.85%認為有遭受不公平待遇。遭受不公平待遇的措施，以工作配置（57%）最高，其次為薪資（29%），再次之為升遷（21%）。目前工作不滿意之主要原因為待遇太低占55.79%，工作場所欠缺無障礙設施占10.00%次之，再其次為能力無法勝任占8.96%。就業者有24.21%認為在工作場所上需要就業協助，需要協助的項目以提供在職訓練或提供第二專長訓練（48%與45%）居多，再次之為轉業諮詢（24%）。89.26%的身心障礙失業者需要政府提供就業服務措施，需要的服務措施項目，以提供就業資訊（60%）最多，其次依序為提供職業訓練（49%）、提供就業媒合（包括網路）（45%）、獎勵或補助雇主僱用身心障礙者（35%）、提供支持性就業服務員的協助（17%）、供庇護性就業（13%）。

　　綜合上述，身心障礙者的需求涵括了所有的生活層面，或源於個人功能或構造的限制，或源於社會對於身心障礙者人權的保障不足，或源於政府經費有限，以至於個人在醫療保健、教育、就業、支持、經濟安全、保護等層面，多出現使用服務困難、對現有福利與服務感到不滿意、現有福利與服務仍有不足等需求難以獲得滿足、或對新增福利與服務不了解等情形。

貳、身心障礙者家庭的需求

　　身心障礙者對同住家人帶來諸多的影響，又以主要照顧者最為明顯。所謂的主要照顧者（primary caregiver），泛指與身心障礙者共同生活一段時間，且／或花費最多時間承擔照顧任務的人，此人可能是與其有血緣或親屬關係者，亦包括受僱的保母、專業看護或幫傭（吳佳賢，2002；李鳳美，2006；邱啟潤、

許淑敏、吳瓊滿，2002；侯淑英，2004；張秀桃，2004）。國內研究顯示主要照顧者以女性為主；年齡最小20歲，最大88歲，平均年齡約分布在35～60歲之間；所受的教育程度不一，大部分集中在高中職以及大專院校階段；絕大多數為已婚或同居狀態者；與身心障礙者的關係以父母或配偶居多；在工作狀況方面，以有工作收入者居多，其他則為家管者、退休或無業者、學生身分者；對自身健康狀況的評價，多數人自覺健康狀況普通；照顧期間最長者有30年，最少者為6個月，每週最多照顧7天，每天平均照顧時數約為9小時。

　　主要照顧者擔負的照顧任務可分為二大類。首先是個人任務（personal tasks），係指負責幫忙進食、如廁、盥洗、穿脫衣物、上下床椅或室內外走動等；其次是應用任務（practical tasks），係指負責協助準備餐點、清洗熨燙／衣物、料理家事、上街購物、使用電話、服用藥物、管理財務或交通使用等；最後是其他任務（other tasks），包括情感上的支持，如多以傾聽、安慰的方式使其身心障礙者保持冷靜且對自身的感覺更好，但在照護身心障礙者的過程中，主要照顧者亦可能面對不同層面的照顧負荷（吳佳賢，2002；侯淑英，2004，張媚、吳淑瓊、莊坤洋，2004）。

　　照顧負荷的研究始於1960年代，首見於Grad & Sainsbury（1963）對精神病患者家屬的研究。後有學者主張照顧負荷宜區分為主觀負荷和客觀負荷兩種，主觀負荷意指照顧者於照顧過程中所產生的情緒感受與態度反應，例如：悲傷、失落、憂鬱、緊張、擔憂、生氣、束縛、烙印、困窘、憎恨，以及隔離等複雜感覺，其中擔憂是最常被提到的概念；客觀負荷則是指照顧者在照顧過程中，對受照顧者投入的時間、金錢、人力所引起的各層面變化，例如：角色執行、家務分配、活動安排、職業選擇、時間付出、財務負擔、社會關係等（吳佳賢，2002；Hoffmann & Mitchell, 1998；Marsh, 1992；Montgomery et al., 1985）。Thompson & Doll（1982）指出客觀負荷會影響照顧者在照顧過程中所採取的回應方式；主觀負荷會影響照顧者本人的心理健康狀況。

　　而後多位學者專家的理論觀點皆認同照顧負荷是多層面的結果，應包含照顧者對於照顧經驗的主觀評價，例如心理層面，以及照顧任務對照顧者日常生活所

造成之干擾例如生理、經濟、社會層面等（邱啓潤、許淑敏、吳瓊滿，2002；楊嘉玲、孫惠玲，2003；Browning & Schwirian, 1994；Jun, 2004；O'Neill & Ross, 1991）。綜合上述，本研究認為照顧負荷是一個多元化現象，具有複雜且動態的認知過程，係指主要照顧者因參與身心障礙者日常生活照顧任務，從實際照顧經驗中所知覺到的心理感受以及對其個人生活所引起的生理、經濟、社會等各層面變化。

國內外以主要照顧為對象的研究結果顯示：主要照顧者可能因承擔照顧身心障礙者的責任，而使其自身生活產生改變，其中包括生理、心理、經濟以及社會等層面，分別說明如下（吳佳賢，2002；吳曉華，2006；邱啓潤、許淑敏、吳淑如，2003；徐畢卿，2002；張媚等，2004；劉玉潔、黃惠玲、梁蕙芳，2006；蔡淑美，2003；Carers UK, 2009；Norton & Drew, 1994；Shu, Lung, & Chang, 2000）：

一、生理層面：身心障礙者因疾患所引起的生理限制或行為問題，需要主要照顧者花費更多的心血教養或照護，此不僅妨礙到日常生活作息之外，生活品質亦受到干擾而下降，況且若又要面對其他工作或是家務負擔，將難以有自我喘息的機會。因此，在照護過程中可能出現一些身體反應，例如：身體疲累、食欲不振、睡眠不足、全身乏力、頭痛或頭暈、腰痠背痛、脊髓損傷、關節疼痛、腸胃不適、注意力無法集中、自覺身體狀況變差或引發慢性疾病等，其生理功能逐漸受到影響而改變。

二、心理層面：主要照顧者的心理狀態與身心障礙者罹病程度、自身人格特質、家庭功能狀況以及社會支持運作等因素有關。因此，在照護過程中可能產生一些情緒感受，例如：否認、憂慮、自責、無助、茫然、沮喪、痛苦、難過、鬱悶、挫折、孤單、緊張、生氣、怨恨、束縛、羞愧、失落、絕望、內疚、罪惡感、心力交瘁或是精神崩潰等，甚至還有輕生的意念或具有罹患精神疾病的風險。

三、經濟層面：身心障礙者在生活上的開銷包括食物準備、衣服器具、居住修繕、生活照護、特殊教育、復健治療、醫療交通、社會保險以及緊急狀況

等，這些費用的支出大部分需自行額外負擔，此對主要照顧者來說可能是一筆不小的數目；除非身心障礙者找到適當的機構代為照顧，否則便需上班告假或是辭掉工作專心照顧，於是在開源無門又不能節流的情形下，經濟匱乏是常見的現象。另外，亦有不少主要照顧者兼具多重弱勢或是高危險群的特質，此類可能是單親、文化不利或是低收入戶者，經濟上的支出常令他們傷透腦筋。因此，在照護過程中可能產生一些財務困難，例如：無法支付帳單、失去工作收入或退休金、房子需要出售、減少或花光自身積蓄等。

四、社會層面：主要照顧者與外界互動的轉變主要來自於對照顧工作的付出以及社會是否接納所致。在照顧付出方面，因身心障礙者需要依賴主要照顧者協助以執行其生活功能。因此，在照護過程中可能產生一些活動限制或關係改變，例如：無法休息或放假、失去私人時間、外出行動受限、工作出現困境、人際關係疏離或緊張、減少宗教活動或休閒娛樂等，進而日漸降低與外界互動的機會或限制參與社會活動意願。在社會接納方面，因身心障礙者的外在形貌或行為表現較為特殊，使得主要照顧者陪伴其外出時，屢遭社會大眾投以異樣眼光或不適的言語刺激，以至於造成有尷尬、困窘與羞恥的烙印感受，進而減少與他人接觸，社交活動範圍逐漸縮減，最終可能面臨社會網絡隔離或支持系統缺乏。

綜合上述，當照顧身心障礙者的重擔落在主要照顧者身上，其所帶來的影響亦可能引起生理、心理、經濟以及社會等各層面的負荷。如果我們能站在主要照顧者的角度做出正確評估，主動關懷及了解其照顧負荷所在，便能期待提供真正所需的協助與支持。總言之，身心障礙對個人與家庭帶來諸多影響，影響層面涉及生理、心理、經濟及社會等；為了降低身心障礙對個體與家庭所帶來的負面影響，盼望透過政府制定法令與制度提供社會福利與服務，以期降低可能的衝擊，進而促進個人與家庭的功能與運作。

參、需求評估的規劃

吾人如欲有效地掌握身心障礙者需求,則了解個體需求為探討的起點;且個體需求往往受到外在環境的影響而時有變動,唯有從生態觀點探討身心障礙者及其家庭的需求,才能提供符合其需求的社會福利與服務。以下將就需求評估相關的理論和國外需求評估的範例進行探討。

一、與需求評估相關的理論

身心障礙是一種複雜現象,往往是個人與所居住環境之間的互動所致。Zola甚至認為隨著社會進步與醫療科技的發達,越來越多的人會受益於醫療科技而存活下來,相對的也會有更多的人在老年階段經驗身心障礙的困擾,身心障礙將是「普同」人生經驗,大家都會經歷身心障礙風險(王國羽、呂朝賢,2004)。故擬就需求理論中Alderfer(1969)的ERG理論與Bronfenbrenner生態系統論進行身心障礙者與家庭需求的探討。

(一)ERG理論

Alderfer(1969)針對Maslow所提出之需求階層理論進行修正,將其濃縮成生存需求(Existence Needs)、關係需求(Relatedness Needs)與成長需求(Growth Needs),稱為ERG理論,茲說明如下(引自江佳芳,2003):

1. 生存需求:包括各種物質的安全和生理欲望的組成。生理是指維持個體生存所需的各種資源,並促進個體處於均衡狀態,例如:身體需要獲得食物、要休閒、運動及睡眠等。安全主要是使個體免於害怕、焦慮、混亂、威脅、危險及緊張等情況,亦即個體需要一個安全、可預測、有組織、有秩序的社會。

2. 關係需求:包括安全感、歸屬與愛、和他尊。安全感較偏向於人與人之間的互信等;歸屬與愛的需求則是指避免孤立、陌生、寂寞、疏離等痛苦,希望獲得他人接納而成為團隊的成員之一的需求。他尊的需求指人需要受

到他人的尊重。如有聲望、地位、優越感、受人注意、重視及讚美等，此種需求會使人覺得自己在世上有存在的價值。

3. 成長需求：包括尊嚴和自我實現。尊嚴的需求較偏向尊重自己，例如：有能力、有成就、有支配力、自信、獨立及勝任感等；自我實現的需求主要在成全、展現個體的目標與個性，並發揮自己的潛能、協助他人的成長等。

故ERG理論主張包括：1.上述三種需求不具先後關係，可同時追求多種需求，故其和Maslow認為低層需求滿足，才會追求更高層次的需求有所不同。2.高層需求受挫時會退化強化低層需求滿足以替代之，而不像Maslow需求理論只繼續停留在該需求。3.無論哪一種層次，其滿足需求越少，則越希望被滿足。4.較低層次需求滿足後會對高層次需求的強度增強；反之，若高層次需求滿足較少對低層次需求會越覺得需要。

（二）生態系統理論

Bronfenbrenner（1979）提出的生態系統理論（ecological system theory），主張人類所面臨的生活適應問題是多面向的，端視人與其外在環境互動間取得的平衡狀態而定。個體不只被動地因應環境，且能積極主動地與其所處的環境進行互動，並經由彼此的互動而不斷發展和成長（林勝義，2003）。個人的成長來自個人與社會環境的互動，且互動過程不是僅單純受到單一、立即情境的影響，而是多層環境系統中交互形成；因此，在探究個人行為時，需由個人、家庭、同儕、學校與社區等系統一起來探討（黃迺毓，1998）。

生態系統理論將影響個體的社會環境分析成五個層面，包括微視系統（microsystem）、中系統（mesosystem）、外系統（exosystem）、鉅視系統（macrosystem）與時間系統（chronosystem）等，分別說明如下。

1. 微視系統：為環境中最核心的層級，是與個人直接接觸且互動頻繁的人、事、物等場所領域，如家庭（父母親、夫妻、孩子、其他家人）、學校（老師、同學）、工作場所（上司、同事）、朋友、鄰居等的人際關係，

是個體在一個環境中的活動、角色與關係模式，且所有的關係都是雙向的（林美珍，2009）。

2. 中介系統：係由兩個或更多的微視系統彼此間的互動所組成，包含家庭與學校之間的連結（如座談會）、家庭與工作場所的連結（如親職與工作責任的衝突），或者家庭與同儕團體之連結（鍾思嘉，2006）。若微視系統之間的關係越強，越能互助互惠，則中系統就越發達，將更有利於個人的發展（林美珍，2009）。

3. 外部系統：乃是由兩個或兩個以上的環境所組成。但與中系統不同的是，在外系統中至少有一個環境是不包含發展中的個體。因此，外系統對個人的影響是間接的。例如，當一個人在外工作遇到挫折，回家後可能會以粗暴的態度對待他的孩子或配偶（鍾思嘉，2006）。

4. 鉅視系統：鉅視系統會間接影響當事人的社會情境。如父母的工作場合、社會經濟、教育制度、大傳媒體、工作福利制度、法律、警察等。這些社會機制雖未直接影響個人或家庭，但其運作對個體必定造成影響（林美珍，2009）。

5. 時間系統：係指個人世界之穩定或變化程度。包含家庭成員、居住地、或職業的改變等；環境並非一成不變的，可能受到重要的生活事件的影響，而修正了個體與環境之間既存的關係。Bronfenbrenner提出「歷程─人─脈絡模式」，意即生命的發展是個體在其生命歷程中，個人的人格特質與所處環境的互動，而逐漸形成其個人心智發展的特質，此系統能檢驗個人及環境隨著時間的演變，以及此兩者之間的關係（引自張慧芝譯，2007）。

　　生態系統觀點強調，個人必須經常與週遭環境互動維持關係，在互動過程中產生些許變化，因此環境與個人是互相影響的。同時亦強調「人在情境中」，個人必須經常與週遭環境互動與維持關係，重視個人、環境及個人與環境間的互動，若無法調整自己或改變環境以求取新的適應與平衡，則易產生問題（鄭瑞隆，1999）。

　　綜上所述，就需求理論的觀點而言，ICF模式是透過「功能與構造」、「活動及參與」、「環境因素」和「個人因素」等面向來描述個體功能、障礙與健康的狀態與需求的情形，所包含的分類似乎尚能呼應需求理論所聚焦的個人在生存、關係與成長等需求；例如ICF模式所指的「功能與構造」、「活動及參與」等所涉個體為主的類目，似乎能對應所謂的生存需求，且可透由身心障礙者權益保障法中法定福利、服務項目的保健醫療、經濟安全、保護服務等項目來滿足。

　　就生態系統理論的觀點而言，在大系統層面，國家立法保障身心障礙者的權益，透過由身心障礙者權益保障法中法定福利與服務項目的提供，以滿足身心障礙者與其家庭的需求；似乎也呼應了ICF模式中「環境因素」所提及的「服務、制度與政策」所述。在時間系統層面，我國業已明定身心障礙需求評估須五年定期評估或需求改變時得申請重新評估。而在小系統、中系統與外系統等三個層面，則藉由掌握「個人因素」（包括性別、種族、年齡、生活方式、習慣、教養、社會背景、教育、職業、過去與現在的經歷、性格類型、個人心理優勢和其他特徵等）、「活動及參與」的表現（包括學習與應用知識、一般任務與需求、溝通、行動、自我照護、居家生活、人際關係與互動、主要生活領域、社區、社交與公民生活等）、「環境因素」（包括產品與科技、自然環境與環境中人為改造、支持與關係、態度等）的現況，藉以釐清身心障礙者與其家庭的需求。

二、國外需求評估的範例

　　各國的需求評估已然發展成一個完整的架構，包括評估的過程、需求評估工具的認定標準、需求評估的內容、需求評估人員，進而連結到後續的服務提供，將以蘇格蘭的Single Shared Assessment（以下簡稱SSA）為例進行說明。

　　SSA主要參考了整體醫療的概念，藉由電子資訊系統的協助，將需求評估、服務管理和服務遞送統整且串聯在系統架構之中，以簡化評估的過程，並加速

後續服務的遞送；尤其當個人的需求多元且複雜時，SSA提供了一個確保需求評估能夠更整體且更有效率的方法（Scottish Executive Joint Future Unit, 2001）。SSA建議在評估一開始的時候就應該判斷受評估者的需求程度最適合哪種評估的型態，對於評估工具的選擇也採取靈活的態度，服務提供單位或是工具的開發者只要遵守SSA規範，就能自由選擇或開發適用的需求評估工具。

（一）需求評估的過程：SSA的評估過程主要分成4個型態。

1. 簡易評估（simple assessment）：適用於指出需要或請求，而所需要的服務通常是簡單而且低層次的回應就可以處理。

2. 綜合評估（comprehensive assessment）：表示有更寬廣且複雜的需要，很可能需要經由專家的評估，以確認特定的服務是否適宜。

3. 專家評估（specialist assessment）：適用於簡單需求中一種特別的性質，或者特別複雜的需要，需要一名專業人士運用專門的技能才可以更詳細的調查。

4. 自我評估（self assessment）：由個人確認他們自己的需要，並且提出解決方案來滿足他們。它可能是唯一的評估方式，亦可與其他的評估方式一起進行。即使是自我的評估，也可能得到相關專業的建議或看法。

以Glasgow發展的照顧路徑（Care Pathways）為例，在依循SSA原則的前提下，整合了健康、社會照顧和住宅服務，使個人可以透過完整的評估系統，根據不同的需要，在需要的時間即能獲得所需要的服務。照顧路徑認為照顧是一個連續的過程，從最低層次到最高層次的照顧需求均應有對應的評估方式，也應該有不同的計畫策略和資源的投入，詳如圖3-3-1所示。

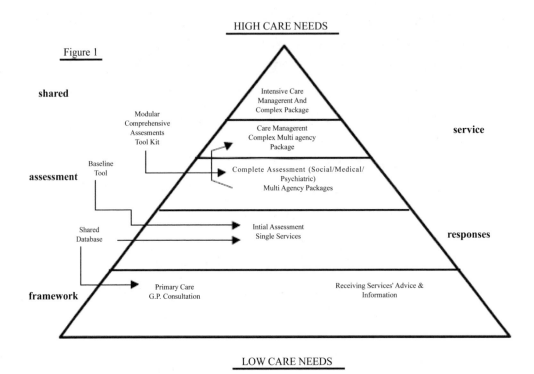

圖3-3-1　照顧路徑（Care Pathways）模型

資料來源：Scottish Executive Joint Future Unit (2001). *Guidance on Single Shared Assessment of Community Care Needs. Retrieved May* 14, 2009, from www.scotland.gov.uk/health/jointfutureunit/ssa%20guidance.pdf

　　此外，為了達到整合的目的，資料庫的共享是絕對必要的條件。SSA提出核心資料蒐集的建議，共計分為四個子類，包括：個人資訊、評估需求／需要的資訊、照顧計畫的資訊以及重要的醫療指示等。

（二）需求評估的內容：評估需求的核心內容包括13項。

　　1.服務使用者的觀點：如當事人覺知且已表達的問題或議題、期待和動機等。

　　2.照顧者的觀點：如照顧者覺知且已表達的問題或議題、期待和動機等。

　　3.關係：如家庭接觸、社會接觸、休閒、嗜好、工作和學習、照顧安排等。

4.精神、宗教、文化：如禮拜或其他宗教經驗的需要、特別飲食需要、照顧的準備安排、種族議題等。

5.風險和安全：如虐待和疏忽、公共安全和其他個人安全等。

6.直接的環境和資源：如居家照顧、日常例行性作息或活動等。

7.住宅和住所：如住宅支持、暖氣、財務的管理、當地設備和服務的使用等。

8.個人照顧：如個人衛生保健、穿衣、疼痛控制、口腔健康、足部照料、皮膚照料、移動、睡眠型態等。

9.心理健康：如認知和失智、心理健康等。

10.醫療經驗：如醫療紀錄、跌倒紀錄、藥物治療使用和自行服藥的能力等。

11.疾病預防：如血壓監控、營養、疫苗接種紀錄、飲酒和抽菸紀錄、運動型態、頭部和胸部進行放射性檢查的紀錄等。

12.感覺：如視力、聽力、嗅覺等。

13.溝通：如說話、語言、理解等。

（三）需求評估人員

至於誰可以擔任SSA的評估者？由於它可能涉及社會工作、健康和住宅服務等不同領域，因此不同專業領域的服務提供者皆可能成為評估者。SSA認同不是只有專業人員才能擔任評估者，一些實際提供服務的人在具備相當的工作經驗、資格條件、專長技術下，都可能是潛在的評估者。依據不同的評估型態，SSA建議：

1.簡易評估：評估者可以是在健康、住宅和社會工作服務時第一個接觸的專業人員、符合資格的職員、或接受過評估訓練的非專業人員；

2.綜合評估：評估者為具有社會工作或健康專業的人員；

3.專家評估：評估者則需要具有經過認可的社會工作或健康專業資格，或者在具有專業資格的人員協助下，由經過訓練的合格人員來擔任（Scottish

Executive Joint Future Unit, 2001）。

　　為了能確保評估者具備相同程度的專業技術和知識，同一型態的評估者最好能夠共同地訓練。

　　綜合上述，身心障礙者與主要照顧者的需求評估，應著眼於全人的觀點，進行全面且周延的描述。在涵括範圍方面，需求評估應包含身心障礙者與主要照顧者在「個人因素」（包括性別、種族、年齡、生活方式、習慣、教養、社會背景、教育、職業、過去與現在的經歷、性格類型、個人心理優勢和其他特徵等）、身心障礙者在「活動與參與」的表現（包括學習與應用知識、一般任務與需求、溝通、行動、自我照護、居家生活、人際關係與互動、主要生活領域、社區、社交與公民生活等）、與身心障礙者有關的「環境因素」（包括產品與科技、自然環境與環境中人為改造、支持與關係、態度等）的現況。在實施流程方面，需求評估似乎可包括蒐集個人背景資料的初階評估和確定特定需求與服務的進階評估。在實施方式方面，需求評估可兼採標準化測試、訪談等方法進行，必要時可由指定的他人代答，或使用替代方案。在專業人員方面，需求評估可依評估層次的不同，運用所謂的服務提供者或專家來進行評估。在適用對象方面，需求評估宜以身心障礙者和主要照顧者為主。在結果運用方面，需求評估結果則可應用確認需求、需求排定優先順序和服務決策等。

第二節　需求評估的操作

需求評估的操作分成「需求評估工具的編製」、「需求評估流程」、「需求評估結果」、「結語」等四部分，需求評估題項則併同需求評估結果一起說明。

壹、需求評估工具的編製

參酌國內外相關文獻及評估工具、焦點團體及行動研究所得資料，並依據身心障礙類別與程度、家庭經濟情況、照顧服務需求、家庭生活需求、社會參與需求等向度，建立適用於我國身心障礙者福利與服務需求評估的架構、指標、準則，茲說明如下：

一、需求評估架構

首先就生態系統理論將需求評估架構分為身心障礙者、家庭和環境因素等三個構面；再依需求理論Alderfer的ERG理論檢視，三個構面中不同標的之對應情形，如表3-3-1所示。例如：較能直接呼應所謂的生存需求者，首先是身心障礙者的構面中「個人特質」、「一般任務與需求」、「溝通」、「行動」、「自我照護」、「居家生活」、「主要生活領域」等，其次是家庭的構面中「家庭特質」、「主要照顧者負荷」等；最後是在環境因素構面中「產品與科技」、「自然環境與環境中人為改造」、「態度」、「服務、制度與政策」等。而較能直接呼應關係需求者，首先是身心障礙者的構面中「個人特質」、「人際互動與領域」、「社區、社交與公民生活」等；其次是家庭的構面中「家庭特質」、「主要照顧者個人特質」、「主要照顧者負荷」等；最後是在環境因素構面中「產品與科技」、「支持與關係」、「態度」、「服務、制度與政策」等。而較

能直接呼應成長需求者，首先是身心障礙者構面中「個人特質」、「學習與應用知識」、「主要生活領域」、「社區、社交與公民生活」等；其次是家庭構面中「家庭特質」；最後是在環境因素構面中「產品與科技」、「態度」、「服務、制度與政策」等。

表3-3-1　需求評估架構與需求理論、生態系統理論對照表

生態系統理論			需求理論	Alderfer的ERG理論		
				生存需求	關係需求	成長需求
外系統、鉅視系統	中系統	微視系統	身心障礙者	個人特質	*	*	*
				學習與應用知識			*
				一般任務與需求	*		
				溝通	*		
				行動	*		
				自我照護	*		
				居家生活	*		
				人際互動與領域		*	
				主要生活領域	*		*
				社區、社交與公民生活		*	*
			家庭	家庭特質	*	*	*
				主要照顧者之個人特質		*	
				主要照顧者之負荷	*	*	
			環境因素	產品與科技	*	*	*
				自然環境與環境中人為改造	*		
				支持與關係		*	
				態度	*	*	*
				服務、制度與政策	*	*	*

二、需求評估指標

　　參採ICF模式來了解身心障礙者及其家庭的需求，並進而探究與身心障礙者權益保障法中法定福利與服務項目的連結；換言之，藉由掌握「個人因素」包括性別、種族、年齡、生活方式、教育、職業、過去與現在的經歷和其他等）、「活動及參與」的表現（包括學習與應用知識、一般任務與需求、溝通、行動、自我照護、居家生活、人際關係與互動、主要生活領域、社區、社交與公民生活等）、「環境因素」（包括產品與科技、自然環境與環境中人為改造、支持與關係、態度等）等現況，以釐清身心障礙者及其家庭的需求，如表3-3-2所示。

表3-3-2　身心障礙者與主要照顧者之需求評估指標

構面	標的	第一層指標	第二層指標
身心障礙者	1.個人特質	1-1基本背景	1-1-1 姓名 1-1-2 性別 1-1-3 出生日期 1-1-4 身分證字號 1-1-5 戶籍地址 1-1-6 居住地址 1-1-7 聯絡方式
		1-2身分類別	1-2-1 經濟補助身分 1-2-2 特別補助身分 1-2-3 身心障礙證明 1-2-4 重大傷病證明 1-2-5 其他身分
		1-3居住狀況	1-3-1 居住類型 1-3-2 住屋持有狀況 1-3-3 居所特徵
		1-4交通與生活範圍	1-4-1 主要生活區域 1-4-2 主要交通工具
		1-5教育狀況	1-5-1 接受教育概況

構面	標的	第一層指標	第二層指標
		1-6工作狀況	1-6-1 目前工作狀態
		1-7資源使用現況	1-7-1 使用服務現況
			1-7-2 獲得補助現況
	2.學習與應用知識	2-1有目的之感官經驗	2-1-1 看
			2-1-2 聽
			2-1-3 其他有目的之感覺
		2-2基本學習	2-2-1 模仿
			2-2-2 背誦
			2-2-3 學習閱
			2-2-4 學習書寫
			2-2-5 學習計算
			2-2-6 學得技能
		2-3應用知識	2-3-1 集中注意
			2-3-2 思考
			2-3-3 閱
			2-3-4 書寫
			2-3-5 計算
			2-3-6 解決問題
			2-3-7 做決定
	3.一般任務與需求	3-1一般任務與需求	3-1-1 從事單項任務
			3-1-2 從事多項任務
			3-1-3 執行日常例行事務
			3-1-4 處理壓力與其他心理需求
	4.溝通	4-1溝通－接受	4-1-1 口語訊息的溝通－接受
			4-1-2 非口語訊息的溝通－接受
			4-1-3 正式手語的溝通－接受
			4-1-4 書面文字訊息的溝通－接受
		4-2溝通－產生	4-2-1 說話
			4-2-2 產生非口語的訊息
			4-2-3 產生正式手語的訊息
			4-2-4 書寫訊息

構面	標的	第一層指標	第二層指標
		4-3交談與溝通裝置及技術的使用	4-3-1 交談 4-3-2 討論 4-3-3 使用溝通裝置與技術
	5.行動	5-1改變與維持身體姿勢	5-1-1 改變身體基本姿勢 5-1-2 維持身體姿勢 5-1-3 自行移位
		5-2攜帶、移動與處理物品	5-2-1 舉起與攜帶物品 5-2-2 用下肢移動物品 5-2-3 手部的精細使用 5-2-4 手與手臂的使用
		5-3步行和移動	5-3-1 步行 5-3-2 四處移動 5-3-3 在不同地點四處移動 5-3-4 使用設備四處移動
		5-4使用運輸工具四處移動	5-4-1 使用運輸工具 5-4-2 駕駛 5-4-3 騎乘動物作為運輸工具
	6.自我照護	6-1自我照護	6-1-1 清洗個人 6-1-2 照護身體部位 6-1-3 如廁 6-1-4 穿著 6-1-5 進食 6-1-6 飲用飲料 6-1-7 照料個人健康
	7.居家生活	7-1取得必需品	7-1-1 取得住所 7-1-2 取得商品與服務
		7-2家庭任務	7-2-1 準備餐點 7-2-2 做家事
		7-3照護家用物品與協助他人	7-3-1 照護家用物品 7-3-2 協助他人
	8.人際互動與關係	8-1一般人際互動	8-1-1 基本人際互動 8-1-2 複雜人際互動

構面	標的	第一層指標	第二層指標
		8-2特別人際關係	8-2-1 與陌生人相處 8-2-2 正式人際關係 8-2-3 非正式社會關係 8-2-4 家庭關係 8-2-5 親密關係
	9.主要生活領域	9-1教育	9-1-1 非正式教育 9-1-2 學前教育 9-1-3 學校教育 9-1-4 職業訓練 9-1-5 高等教育
		9-2工作和就業	9-2-1 學徒（職前準備） 9-2-2 取得、保有或終止一份工作 9-2-3 有報酬工作 9-2-4 無報酬工作
		9-3經濟生活	9-3-1 基本經濟交易 9-3-2 複雜經濟交易 9-3-3 經濟自給自足
	10.社區、社交與公民生活	10-1社區、社交與公民生活	10-1-1 社區生活 10-1-2 娛樂與休閒 10-1-3 宗教與信仰 10-1-4 人權 10-1-5 政治生活與公民權
家庭	11.家庭特質	11-1家庭狀況	11-1-1 同住家人概況
		11-2家庭收支狀況	11-2-1 家庭可支配所得概況 11-2-2 家庭收支狀態
	12.主要照顧者之個人特質	12-1基本背景	12-1-1 姓名 12-1-2 性別 12-1-3 國籍 12-1-4 出生日期 12-1-5 身分證字號 12-1-6 戶籍地址 12-1-7 居住地址 12-1-8 聯絡方式

構面	標的	第一層指標	第二層指標
		12-2 身分類別	12-2-1 經濟補助身分 12-2-2 特別補助身分 12-2-3 身心障礙證明 12-2-4 重大傷病證明 12-2-5 其他身分
		12-3 教育程度	12-3-1 接受教育概況
		12-4 照顧狀況	12-4-1 照顧障礙者及其家人概況
		12-5 資源使用現況	12-5-1 使用服務現況
	13.主要照顧者之負荷	13-1 生理層面	13-1-1 生理症狀
		13-2 心理層面	13-2-1 心理反應
		13-3 經濟層面	13-3-1 經濟收入
		13-4 社會層面	13-4-1 生活獨立 13-4-2 社交活動 13-4-3 職場工作 13-4-4 學校教育 13-4-5 休閒娛樂
環境因素	14.產品與科技	14-1 產品與科技	14-1-1 個人食用產品或物質 14-1-2 個人用於日常生活的產品與科技 14-1-3 個人用於室內外行動與運輸的產品與科技 14-1-4 溝通用產品與科技 14-1-5 教育用產品與科技 14-1-6 就業用產品與科技 14-1-7 文化、娛樂及運動用產品與科技 14-1-8 實行宗教及信仰活動用產品與科技 14-1-9 公用建築物之設計、建造及建築的產品與科技 14-1-10 私用建築物之設計、建造及建築的產品與科技

構面	標的	第一層指標	第二層指標
			14-1-11土地開發的產品與科技
			14-1-12資產
	15.自然環境與環境中人爲改造	15-1自然環境與環境中人爲改造	15-1-1 自然地
			15-1-2 人口
			15-1-3 植物群與動物群
			15-1-4 氣候
			15-1-5 自然事件
			15-1-6 人爲事件
			15-1-7 光線
			15-1-8 與時間有關的改變
			15-1-9 聲音
			15-1-10振動
			15-1-11空氣品質
	16.支持與關係	16-1支持與關係	16-1-1 核心家庭
			16-1-2 擴展家庭
			16-1-3 朋友
			16-1-4 熟人、同儕、同事、鄰居與社群成員
			16-1-5 權威者
			16-1-6 部屬
			16-1-7 個人照護提供者與個人助理
			16-1-8 陌生人
			16-1-9 馴養的動物
			16-1-10健康專業人員
			16-1-11其他專業人員
	17.態度	17-1態度	17-1-1 核心家庭成員的個人態度
			17-1-2 擴展家庭成員的個人態度
			17-1-3 朋友的個人態度
			17-1-4 熟人、同儕、同事、鄰居與社群成員的個人態度
			17-1-5 權威者的個人態度
			17-1-6 部屬的個人態度

構面	標的	第一層指標	第二層指標
			17-1-7 個人照護提供者與個人助理的個人態度
			17-1-8 陌生人的個人態度
			17-1-9 健康專業人員的個人態度
			17-1-10 健康有關專業人員的個人態度
			17-1-11 社會的態度
			17-1-12 社會常模、作法與意識形態
	18.服務、制度與政策	18-1服務、制度與政策	18-1-1 消費品生產的服務、制度與政策
			18-1-2 建築和建造的服務、制度與政策
			18-1-3 開放空間規劃的服務、制度與政策
			18-1-4 住房服務、制度與政策
			18-1-5 公用事業的服務、制度與政策
			18-1-6 通訊服務、制度與政策
			18-1-7 運輸服務、制度與政策
			18-1-8 民事保護服務、制度與政策
			18-1-9 法律服務、制度與政策
			18-1-10 社團與組織的服務、制度及政策
			18-1-11 媒體服務、制度與政策
			18-1-12 經濟服務、制度與政策
			18-1-13 社會安全服務、制度與政策
			18-1-14 一般性社會支持服務、制度與政策
			18-1-15 健康服務、制度與政策
			18-1-16 教育與訓練服務、制度與政策
			18-1-17 勞動與就業服務、制度與政策
			18-1-18 政治服務、制度與政策

三、需求評估準則

需求評估準則分為共通準則、特定準則兩類，所對應的各項法定福利與服務項目係以身心障礙者權益保障法（2009）第50條、第51條及第71條為主。各類準則說明如下。

（一）共通準則

1. 需求評估參採身心障礙者ICF編碼，因ICF編碼在身心障礙鑑定時可能評值到第三層，在「活動及參與」部分，可能評值出表現與能力的狀態，在「環境因素」可能評值出「沒有阻礙」和「有阻礙」兩種情形，故需求評估採用ICF編碼時，亦維持此準則；另考量ICF編碼對於身心障礙者實際狀態描述若有不足之處，兼採補充性的文字描述。

2. 需求評估以身心障礙者及主要照顧者為對象。在進行需求評估時，應以呈現當事人的意見、想法與願望為優先考量，故須提供有助於身心障礙者及主要照顧者表達所需協助的替代方案。

3. 需求評估除了掌握身心障礙者在「活動及參與」等九個領域的表現狀態之外，進一步釐清與法定福利與服務項目之間的關聯性與所需支持的程度。

4. 評估人員在進行需求評估時，宜使用積極的觀察、傾聽、回答問題，並透過多方管道蒐集各項相關資訊，得採整體性的描述身心障礙者和主要照顧者的需求。

5. 需求評估所得的訊息須經過服務使用者的同意，然後與其他服務提供者分享資訊，以盡量減少重複篩選與評估。

6. 由於少數法定福利與服務項目對於年齡或其他個人條件有特定規範，例如：婚姻及生育輔導、課後照顧服務等，則需求評估亦採用同一準則。

7. 所指的「所需支持程度」定義，如表3-3-3所示。

表3-3-3 所需支持程度的定義

所需支持程度	4 全面協助	3 大部分協助	2 一些協助	1 少部分協助	0 不需協助
概念性 定義	在最近的30天之內，超過95%的時間需要協助。	在最近的30天之內，約50～94%的時間需要協助。	在最近的30天之內，約25～49%的時間需要協助。	在最近的30天之內，約5～24%的時間需要協助。	在最近的30天之內，約0～4%的時間需要協助。
操作性 定義I （個人照顧家庭支持）	在最近的30天之內，幾乎每天都需要協助。	在最近的30天之內，每2天至少有1天需要協助，但未達到每天的程度。	在最近的30天之內，每星期至少有2~3天需要協助，但未達到每2天至少有1天的程度。	在最近的30天之內，每二星期至少有1~2天需要協助，但未達到每星期1~2天的程度。	在最近的30天之內，至多只有1天或1次需要協助。
操作性 定義I （經濟補助）	未達最低生活費標準。	已達最低生活費標準，未達最低生活費的1.5倍。	已達最低生活費的1.5倍，未達最低生活費的2.5倍。	已達最低生活費的2.5倍，未達最低生活費的4倍。	已達最低生活費的4倍以上。

8. 所指的「附帶條件」可分為限制條件與補充條件，兩者係用以補強說明該項法定福利與服務項目之使用資格，如表3-3-4所示。

(1) 限制條件：此必須符合下列編碼的表現狀態或條件，例如：所對應的ICF d碼或e碼之評定值似應為0或8，才得以適合使用該項福利與服務。

(2) 補充條件：此必須符合下列編碼的表現狀態或條件，例如：所對應的ICF b碼或s碼之評定值似應為.1。

以上或是身心障礙者之年齡須達到一定標準，才得以適合使用該項福利與服務。

表3-3-4 附帶條件一覽表

法定福利與服務項目		限制條件	補充條件
個人照顧	1.居家照顧	1.當事人經鑑定為身心障礙者。 2.e310.8與e340.8必須「全部項目」符合。	無。
	2.生活重建	1.當事人經鑑定為身心障礙者。	b210、b215、b220、s210、s220、s230等.1以上僅須「任一項目」符合。
	3.心理重建	1.當事人經鑑定為身心障礙者。	b1.1以上僅須「任一項目」符合。
	4.社區居住	1.當事人經鑑定為身心障礙者。 2.以d4與d5開頭之ICF編碼必須「同時」為0。	無。
	5.婚姻及生育輔導	1.當事人經鑑定為身心障礙者。	年滿18歲以上。
	6.日間及住宿式照顧　日間照顧	1.當事人經鑑定為身心障礙者。	無。
	全日型照顧	1.當事人經鑑定為身心障礙者。	無。
	夜間照顧	1.當事人經鑑定為身心障礙者。 2.夜間照顧：d4與d5開頭之ICF編碼必須「同時」為0。	無。
	7.課後照顧	1.當事人經鑑定為身心障礙者。	12歲以下（含12歲）。
家庭支持	1.臨時及短期照顧	1.當事人經鑑定為身心障礙者。 2.e310.8與e340.8僅須「任一項目」符合。	無。
	2.照顧者支持	1.當事人經鑑定為身心障礙且主要照顧者出現照顧負荷情形。 2.其他經需求評估專業團隊認定確有表現的困難而需要支持者。 3.e310.8、e315.8、e340.8、e410.8、e415.8、e440.8僅須「任一項目」符合。	無。

附帶條件 法定福利與服務項目		限制條件	補充條件
	3.家庭托顧	1.當事人經鑑定爲身心障礙者。 2.e340.8、e570.8、e575.8僅須「任一項目」符合。	無。
	4.照顧者訓練及研習	1.當事人經鑑定爲身心障礙且主要照顧者出現照顧負荷情形。 2.其他經需求評估專業團隊認定確有表現的困難而需要支持者。 3.e310.8、e315.8、e340.8僅須「任一項目」符合。	無。
經濟安全	1.生活補助費	1.當事人經鑑定爲身心障礙且並未使用機構服務者。 2.其他經需求評估專業團隊認定確有困難而需要補助者。	無。
	2.日間照顧及住宿式照顧費用補助	1.當事人經鑑定爲身心障礙且使用日間照顧或住宿式照顧服務者。 2.其他經需求評估專業團隊認定確有困難而需要補助者。	無。
	3.醫療費用補助	1.當事人經鑑定爲身心障礙且有就醫或住院事實者。 2.其他經需求評估專業團隊認定確有困難而需要補助者。	無。
	4.居家照顧費用補助	1.當事人經鑑定爲身心障礙且使用居家照顧服務者。 2.其他經需求評估專業團隊認定確有困難而需要補助者。	無。
	5.輔具費用補助	1.當事人經鑑定爲身心障礙且需要使用輔具者。 2.其他經需求評估專業團隊認定確有困難而需要補助者。	無。

附帶條件／法定福利與服務項目	限制條件	補充條件
6.房屋租金及購屋貸款利息補助	1.當事人經鑑定為身心障礙且在居家生活方面之取得住所有表現的困難而需要支持者。 2.其他經需求評估專業團隊認定確有困難而需要補助者。 3. d610.0須符合。	無。
7.購買停車位貸款利息補貼或承租車位補助	1.當事人經鑑定為身心障礙且在行動方面之在不同地點四處移動有表現的困難而需要支持者。 2.其他經需求評估專業團隊認定確有困難而需要補助者。 3.e120.0須符合。	無。

（二）特定準則

本研究所指的「特定準則」可分為個人照顧、家庭支持與經濟安全，三者係用以補強說明該項法定福利與服務項目之所需支持程度，如表3-3-5到表3-3-7所示。

表3-3-5　個人照顧服務特定準則

所需支持程度／法定福利與服務項目			4 全面 協助	3 大部分 協助	2 一些 協助	1 少部分 協助	0 不需 協助
個人照顧	身體照顧	1.居家照顧					
		d410 改變身體基本姿勢 d420 自行移位 d510 清洗個人 d520 照護身體部位 d530 如廁－無法自行如廁 d540 穿著 d550 進食 d560 飲用飲料 d570 照料個人健康	.4 .3	.2	.1		

法定福利與服務項目	所需支持程度	4 全面協助	3 大部分協助	2 一些協助	1 少部分協助	0 不需協助
家務及日常生活照顧	d210 從事單項任務 d220 從事多項任務 d230 執行日常例行事務	.4	.3	.2	.1	
	d630 準備餐點 d640 做家事	.44	.4	.3	.2	.1
	d325 書面文字訊息的溝通—接受 d345 書寫訊息 d620 取得商品與服務		.4	.3	.2	.1
2.生活重建						
日常生活訓練	d1 學習應用知識 d2 一般任務與需求 d3 溝通 d4 行動	.44	.4	.3	.2	.1
	d5 自我照顧 d6 居家生活	.4 .3	.2	.1		
	d7 人際互動與關係 d8 主要生活領域 d9 社區、社交與公民生活	.4	.3	.2	.1	
定向訓練	d450 步行 d455 四處移動 d460 在不同地點四處移動 d465 使用設備四處移動	.4	.3	.2	.1	
3.心理重建						
	d1 學習應用知識 d2 一般任務與需求 d3 溝通 d4 行動	.44	.4	.3	.2	.1
	d5 自我照顧 d6 居家生活	.4 .3	.2	.1		

所需支持程度 法定福利與服務項目	4 全面 協助	3 大部分 協助	2 一些 協助	1 少部分 協助	0 不需 協助
d7 人際互動與關係 d8 主要生活領域 d9 社區、社交與公民生活	.4	.3	.2	.1	
4.社區居住**					
d1 學習應用知識 d2 一般任務與需求 d3 溝通	.44	.4	.3	.2	.1
d6 居家生活	.4 .3	.2	.1		
d7 人際互動與關係 d8 主要生活領域 d9 社區、社交與公民生活	.4	.3	.2	.1	
5.婚姻及生育輔導					
d660 協助他人 d760 家庭關係 d770 親密關係	.44	.4	.3	.2	.1
6.日間及住宿式照顧					
日間照顧　d1 學習應用知識 d2 一般任務與需求 d3 溝通 d4 行動	.44	.4	.3	.2	.1
d5 自我照顧 d6 居家生活	.4 .3	.2	.1		
d7 人際互動與關係 d8 主要生活領域 d9 社區、社交與公民生活	.4	.3	.2	.1	

所需支持程度 法定福利與服務項目		4 全面 協助	3 大部分 協助	2 一些 協助	1 少部分 協助	0 不需 協助
全日型照顧	d1 學習應用知識 d2 一般任務與需求 d3 溝通 d4 行動	.44	.4	.3	.2	.1
	d5 自我照顧 d6 居家生活	.4 .3	.2	.1		
	d7 人際互動與關係 d8 主要生活領域 d9 社區、社交與公民生活	.4	.3	.2	.1	
夜間照顧**	d1 學習應用知識 d2 一般任務與需求 d3 溝通	.44	.4	.3	.2	.1
	d6 居家生活	.4 .3	.2	.1		
	d7 人際互動與關係 d8 主要生活領域 d9 社區、社交與公民生活	.4	.3	.2	.1	
7.課後照顧						
基本學習d130-d159（icf-cy）		.4 .3	.2	.1		
應用知識d160-179（icf-cy）		.4 .3	.2	.1		
d820 學校教育		.4	.3	.2	.1	

備註：所需支持程度評定越高，可視為優先提供該項福利與服務，惟註記**部分相反。

表3-3-6　家庭支持服務特定準則（修正版）

法定福利與服務項目		所需支持程度	4 全面 協助	3 大部分 協助	2 一些 協助	1 少部分 協助	0 不需 協助
家庭支持		**1.臨時及短期照顧**					
	臨時照顧	d3 溝通 d4 行動 d5 自我照護	.4	.3	.2	.1	
		照顧負荷	極重度	重度	中度	輕度	
	短期照顧	d3 溝通 d4 行動 d5 自我照護	.4	.3	.2	.1	
		照顧負荷	極重度	重度	中度	輕度	
		2.照顧者支持					
	諮詢服務	d1 學習應用知識 d2 一般任務與需求 d3 溝通 d4 行動 d5 自我照護 d6 居家生活 d7 人際互動與關係 d8 主要生活領域 d9 社區、社交與公民生活	.4	.3	.2	.1	
		照顧負荷	極重度	重度	中度	輕度	
	關懷訪視服務	d1 學習應用知識 d2 一般任務與需求 d3 溝通 d4 行動 d5 自我照護 d6 居家生活 d7 人際互動與關係 d8 主要生活領域 d9 社區、社交與公民生活	.4	.3	.2	.1	
		照顧負荷	極重度	重度	中度	輕度	

所需支持程度 法定福利與服務項目		4 全面 協助	3 大部分 協助	2 一些 協助	1 少部分 協助	0 不需 協助
心理諮商輔導與協談	d1 學習應用知識	.4	.3	.2	.1	
	d2 一般任務與需求					
	d3 溝通					
	d4 行動					
	d5 自我照護					
	d6 居家生活					
	d7 人際互動與關係					
	d8 主要生活領域					
	d9 社區、社交與公民生活					
	照顧負荷	極重度	重度	中度	輕度	
心理成長團體	d1 學習應用知識	.4	.3	.2	.1	
	d2 一般任務與需求					
	d3 溝通					
	d4 行動					
	d5 自我照護					
	d6 居家生活					
	d7 人際互動與關係					
	d8 主要生活領域					
	d9 社區、社交與公民生活					
	照顧負荷	極重度	重度	中度	輕度	
3.家庭托顧						
家庭托顧	d3 溝通	.4	.3	.2	.1	
	d4 行動					
	d5 自我照護					
	照顧負荷	極重度	重度	中度	輕度	
4.照顧者訓練及研習						

所需支持程度 法定福利與服務項目		4 全面 協助	3 大部分 協助	2 一些 協助	1 少部分 協助	0 不需 協助
到宅提供照顧技巧指導	d1 學習應用知識 d2 一般任務與需求 d3 溝通 d4 行動 d5 自我照護 d6 居家生活 d7 人際互動與關係 d8 主要生活領域 d9 社區、社交與公民生活	.4	.3	.2	.1	
	照顧負荷	極重度	重度	中度	輕度	
提升親職能力之活動	d1 學習應用知識 d2 一般任務與需求 d3 溝通 d4 行動 d5 自我照護 d6 居家生活 d7 人際互動與關係 d8 主要生活領域 d9 社區、社交與公民生活	.4	.3	.2	.1	
	照顧負荷	極重度	重度	中度	輕度	

表3-3-7　經濟安全服務特定準則（修正版）

所需支持程度 法定福利與服務項目		4 全面 協助	3 大部分 協助	2 一些 協助	1 少部分 協助	0 不需 協助
	1.生活補助費					
經濟安全	e165資產	未達最低生活費標準。	已達最低生活費標準，未達最低生活費的1.5倍。	已達最低生活費的1.5倍，未達最低生活費的2.5倍。	已達最低生活費的2.5倍，未達最低生活費的4倍。	已達最低生活費4倍以上。

所需支持程度 法定福利與服務項目	4 全面 協助	3 大部分 協助	2 一些 協助	1 少部分 協助	0 不需 協助
2.日間照顧及住宿式照顧費用補助					
e165資產	未達最低生活費標準。	已達最低生活費標準，未達最低生活費的1.5倍。	已達最低生活費的1.5倍，未達最低生活費的2.5倍。	已達最低生活費的2.5倍，未達最低生活費的4倍。	已達最低生活費4倍以上。
3.醫療費用補助					
e165資產	未達最低生活費標準。	已達最低生活費標準，未達最低生活費的1.5倍。	已達最低生活費的1.5倍，未達最低生活費的2.5倍。	已達最低生活費的2.5倍，未達最低生活費的4倍。	已達最低生活費4倍以上。
4.居家照顧費用補助					
e165資產	未達最低生活費標準。	已達最低生活費標準，未達最低生活費的1.5倍。	已達最低生活費的1.5倍，未達最低生活費的2.5倍。	已達最低生活費的2.5倍，未達最低生活費的4倍。	已達最低生活費4倍以上。
5.輔具費用補助					
e165資產	未達最低生活費標準。	已達最低生活費標準，未達最低生活費的1.5倍。	已達最低生活費的1.5倍，未達最低生活費的2.5倍。	已達最低生活費的2.5倍，未達最低生活費的4倍。	已達最低生活費4倍以上。
6.房屋租金及購屋貸款利息補助					
e165資產	未達最低生活費標準。	已達最低生活費標準，未達最低生活費的1.5倍。	已達最低生活費的1.5倍，未達最低生活費的2.5倍。	已達最低生活費的2.5倍，未達最低生活費的4倍。	已達最低生活費4倍以上。

所需支持程度 法定福利與服務項目	4 全面 協助	3 大部分 協助	2 一些 協助	1 少部分 協助	0 不需 協助
7.購買停車位貸款利息補貼或承租車位補助					
d460在不同地點四處移動	.4	.3	.2	.1	
e165資產	未達最低生活費標準。	已達最低生活費標準，未達最低生活費的1.5倍。	已達最低生活費的1.5倍，未達最低生活費的2.5倍。	已達最低生活費的2.5倍，未達最低生活費的4倍。	已達最低生活費4倍以上。

備註：

1. 有關經濟安全評估原則，仍依我國社會救助法所定低收入戶標準，以家庭總收入平均分配全家人口，每人每月在最低生活費以下，且家庭財產未超過中央、直轄市主管機關公告之當年度一定金額者為基準，俾與其他福利法規原則一致。

2. 各項經濟補助所需支持程度的區分方式，係參採現行相關補助規定所列資格條件，依家庭經濟情況區分為五個層次，分別為：

   (1)最低生活費以下（依據「社會救助法」低收入戶相關規定）。

   (2)達最低生活費以上，未達1.5倍（依據「中低收入老人生活津貼發給辦法」津貼核發相關規定）。

   (3)達最低生活費1.5倍以上，未達2.5倍（依據「身心障礙者生活托育養護費用補助辦法」生活補助費相關規定）。

   (4)達最低生活費2.5倍以上，未達4倍（依據「身心障礙者生活托育養護費用補助辦法」托育補助費及養護補助費相關規定）。

   (5)最低生活費4倍以上（依據「身心障礙者生活托育養護費用補助辦法」托育補助費及養護補助費相關規定）。

貳、需求評估流程

　　身心障礙者福利與服務之需求評估流程分成四個部分，分別為「評估前期」、「評估中期」、「評估後期」等。評估前期包括「籌組評估團隊」、「確認受評者資料」和「準備前置作業」等階段；評估中期包括「進行需求評

估」階段；評估後期包括「登錄評估資料」、「參與專業團隊審查會議」等階段，茲說明於下。

一、評估前期

（一）籌組評估團隊

1. 由社會局身心障礙者福利科（含身心障礙福利會館、早療中心）及身心障礙者社區資源中心等單位籌組評估團隊。

2. 辦理需求評估專業人員訓練課程，授課講義除了需求評估工作手冊外，建議應發放身心障礙者福利與服務資源手冊，內容須包含早期療育、特殊教育、身心障礙福利與服務、職業重建和長期照顧等生涯各階段相關資源；師資則是由各專業領域之專家學者擔任。

（二）確認受評者資料

1. 評估人員以電訪方式向受評者說明需求評估的內容。聯絡受評者需注意事項如下：

(1) 自我介紹（含社會局委託事由、服務單位與職稱）。

(2) 說明需求評估的目的、實施方式、結果應用的情形。

(3) 確認評估時間與地點。

(4) 確認有無主要照顧者。若有主要照顧者（限定家屬），另須確認身心障礙者及主要照顧者是否分開評估。

(5) 確認溝通語言或其他特殊需求，例如：需要口譯、手譯、輔具設備、相關人員陪同等。

(6) 與受評者約定後，須留下評估人員或社會局的聯絡方式，以利受評者或家屬來電求證或聯繫事宜。

2. 每位評估人員須以電子郵件方式聯繫社會局窗口，告知受評者姓名、住址、聯絡方式、評估日期、評估時間、評估地點、有無他人陪同及其特殊

需求等，並得以準備相關人力或輔具設備等。

3.請評估人員多複習需求評估指標、專用停車證與輔具需求評估指標及各項表單的填寫等。

（三）準備前置作業

1.社會局準備身心障礙福利會館諮商室做為公共安全場所，以供評估人員建議邀約地點之使用。

2.評估人員可先進入社會福利管理系統查詢受評者基本資料，並先填寫需求評估表單基本資料欄位。

3.在進行需求評估前，評估人員應備妥的相關表單及工具如下：

(1) 調閱病歷同意書乙份。

(2) 需求評估同意書各乙式兩份（含身心障礙者、家庭主要照顧者）。

(3) 受評者基本資料表各乙份（含身心障礙者、家庭主要照顧者）。

(4) 需求評估表單各乙份（含身心障礙者、家庭主要照顧者）。

(5) 專用停車證與輔具需求評估表單乙份。

(6) 需求評估各題項重點說明乙份。

(7) 勞工局身心障礙者接受職業重建服務評估紀錄表乙份（有就業需求意願者才須填寫）。

(8) 交通地圖。

(9) 識別證（服務單位與職稱）。

(10)需求評估指標。

(11)專用停車證與輔具需求評估指標。

(12)身心障礙者福利與服務資源手冊。

(13)錄音筆。

4.注意事項：評估人員與受評者或案家聯絡時，若遇到任何問題或困難，請與社會局聯繫窗口反應。

二、評估中期

1. 請評估人員與觀察員準時到達評估地點，並隨身配戴識別證件（含點字版）。

2. 請評估人員依國民身分證、身心障礙手冊核對受評者身分。

3. 請評估人員自我介紹（出示識別證，含介紹觀察員身分），並說明需求評估的目的、實施方式、結果應用的情形。

4. 評估人員須使用受評者可理解的方式進行訪談並全程錄音、摘要記錄。

5. 評估一開始時，可先以關心身心障礙者與及家屬目前生活情形並予以同理方式切入，慢慢地導入評估內容。評估時若對受評者與家屬回覆內容不甚清楚時，亦可婉轉詢問，請其多說一點。

6. 訪談時可依受評者的體力或精神狀態給予必要休息。原則上需完成需求評估試評表單所有的問題才可終止評估，但如遇受評者身體不適或欠缺配合的意願而中斷評估，建議在一週之內由雙方再議定適宜的時間和地點完成其餘部分。

7. 在簽署調閱病歷同意書的部分，若已完成鑑定者則無須填寫；未完成鑑定者則須向受評者或家屬說明後，經其同意方可填寫，若不同意不予勉強。

8. 身心障礙者及其家庭主要照顧者的需求評估平均約需40～50分鐘；專用停車證與輔具需求評估平均約需20～30分鐘。

9. 若受評者或家屬對量化內容無法說明（例如：工作內容為臨時工、家庭代工、家庭自營工廠），或是有關工作時間無法具體呈現時，請受評者或其家屬說出概約數即可。

10. 評估時需注意造成受評者生活問題的原因應為障礙而非年齡。

11. 若針對評估內容無法填入時，待受評者研討會議提出討論。

12. 若有手語翻譯人員陪同時，請手譯老師全程同步翻譯。

13. 受評者或家屬若對相關資源不清楚，評估人員可先提供簡單諮詢或請洽詢社會局窗口。

14. 進行需求評估時，應以受評者需求為主，非家屬需求。

15. 當家屬幫受評者回答時，請婉轉告知先請受評者回答，稍後再詢問家屬意見。

16. 評估時若發現受評者有需求，但未申請該項資源時，評估人員可做適當提醒或介紹。

三、評估後期

（一）登錄評估資料

1. 由社會局寄發需求評估資訊系統網址、帳號、密碼及資訊人員聯絡方式給評估人員。

2. 評估人員須將評估資料登入系統中。

    (1) 登入帳號、密碼。

    (2) 鍵入「受評者基本資料維護」：進行「基本資料」的更新。

    (3) 鍵入身心障礙者訪視查詢作業：進行「主畫面」、「評估的基本資訊」、「個人基本資料」及「福利與服務需求評估」的彙編。

    (4) 主要照顧者訪視查詢作業：進行「主畫面」、「評估的基本資訊」、「個人基本資料」、「照顧狀況」及「福利與服務需求評估」的彙編。

    (5) 身心障礙者需求評估作業：進行「主畫面」、「評估的基本資訊」、「身心障礙者ICF編碼清單」、「需求評估」、「未獲得的服務需求」及「總結」的彙編。

3. 為避免因系統不穩定所造成的登錄問題，評估人員可先在需求評估紀錄紙（word檔）繕打需求評估資料，之後再轉移至資訊系統儲存。

4. 請於需求評估完成後7日內完成資料鍵入。

（二）參與專業團隊審查會議

1. 參加會議時可將需求評估結果初審意見帶入審查會中，藉由其他專業團隊

成員進行審查，例如：受評者背景簡介、提供法定服務項目初審意見。

2.由社會局寄發公文或電子郵件通知會議時間。

3.參加者請於會議進行前三天提供需求評估紀錄紙供審查委員參考。

參、需求評估結果

需求評估評估結果來源包括由身心障礙鑑定的ICF編碼和需求評估進行訪評所得的資料，且透過需求評估資訊系統進行資料的統整與判讀，提供給需求評估人員初步的建議以便進行確認；內容包括「評估的基本資訊」、「需求評估」、「未獲得的服務需求」和「總結」等四部份，茲分別說明如下。

一、評估的基本資訊

評估的基本資訊分成身心障礙者和家庭主要照顧者兩部分，內容包括身心障礙者的姓名、性別、身分證字號、出生日期、身障手冊／類別／等級、戶籍地址／居住地址、聯絡方式；另外有關於需求評估所需的資訊，包括身心障礙者是否本人受測、主要溝通方式、特殊需求、有無家庭主要照顧者、進行評估的起迄時間和方式等；家庭主要照顧者也蒐集類似的資料，不再贅述。

二、需求評估

需求評估包括「需求的總評」、「資源使用現況」、「對未來生活的期待」、「法定福利或服務的項目與依據」等四部分，茲分別說明如下。

（一）需求的總評

需求的總評包括身心障礙者與家庭主要照顧者兩部分。身心障礙者需求包含生活樣態和需求樣態。

在生活樣態方面，主要呈現身心障礙者典型的生活情境，與家人關係、家庭

收支、居住狀況、交通與生活範圍、教育與工作等的現況。在需求樣態方面，主要是呈現身心障礙者在活動及參與的實際表現情形，且同時納入鑑定所得的ICF編碼、身心障礙者自己的觀點和家庭主要照顧者的觀點等重點。

　　家庭主要照顧者需求則包含照顧負荷和所需的協助。在家庭主要照顧者的負荷方面，主要就家庭主要照顧者在協助與照顧身心障礙者時，其生理症狀、生理反應、經濟收入、人際互動、職場工作、學校教育、休閒娛樂等可能受影響的層面進行了解。對於家庭主要照顧者表達照顧身心障礙者所需要的協助方面，包括有人協助照顧身心障礙者、跑腿或購物、清潔工作、準備三餐、提供經濟及財務處理的建議、提供照顧所需的資訊與方法、遇到困難挫折有人可傾訴等項目進行了解。由資訊系統提供初步結果，且必須由評估人員進行確認，若需要改變時則須敘明其更正理由。

（二）資源使用現況

　　資源使用現況係針對最近半年來身心障礙者在各項福利與服務的使用情形，包括醫療服務、個人照顧、家庭支持、職業重建、特殊教育、早期療育、輔具協助、經濟補助等類別進行了解，並透過公部門相關資訊系統進行核對。

（三）對未來生活的期待

　　對未來生活的期待，包括身心障礙者和家庭主要照顧者兩部分；蒐集資料的重點在於未來三年內，個人對生活、就學、就業或居家環境等方面有哪些期待或可能還需要哪些協助？

（四）法定福利與服務的項目與依據

　　需求評估資訊系統會將身心障礙者由鑑定所得的ICF編碼和各法定或非法定的福利與服務項目對應的ICF編碼進行比對，計算ICF編碼對應的一致性比率，針對所需支持程度和是否適合使用該服務提供建議，且由評估人員確認身心障礙者是否適合使用該服務，若需要改變時則須敘明其更正理由。另外，身心障礙者

與評估人員進行討論，決定使用「居家照顧、日間照顧或住宿式照顧」、「臨時照顧、短期照顧或家庭托顧」等服務項目的優先順序。

三、未獲得的服務需求

需求評估資訊系統列出身心障礙者ICF編碼但未獲得法定福利與服務項目對應的清單，目的在於蒐集個人可能尚未獲得服務的需求，進一步匯集全國身心障礙者未獲得服務的需求樣態或數量以作為政策訂定的參考。

四、總結

總結包括法定福利與服務的建議次序、所需福利與服務項目的建議、宜轉介相關單位提供協助的項目等，茲說明如下。

（一）法定福利與服務的建議次序

需求評估資訊系統就個人ICF編碼對應一致性比率與所需支持程度建立一個矩陣，且自動帶入身心障礙者在法定福利與服務項目和優先順序，對應一致性比率落入61～100%且所需支持程度越高者，宜優先獲得服務，如表3-3-8所示。

表3-3-8 個人照顧服務的優先順序（範例）

所需支持程度	ICF編碼對應一致性比率		
	61-100%	31-60%	0~30%
4	服務項目（優先順序）		
3			
2			
1			
0			

（二）所需福利與服務項目的建議

評估人員可依上述的矩陣資料進行綜合性研判後，針對個人照顧、家庭支持或經濟安全等法定或非法定項目提供統整性的建議。

（三）宜轉介相關單位提供協助的項目

轉介原則在於評估身心障礙者有需求、現在未使用該服務，且有利及處理之必要。需求評估人員得就各項服務或單位的轉介參考依據進行檢視，只要符合其中一項者即可進行轉介。需求評估資訊系統可依評估人員所勾選的任一轉介參考依據，自動勾稽轉介單位的名稱。轉介單位包括社區心理衛生中心、發展遲緩兒童早期療育通報轉介中心／服務窗口、各縣市政府教育局（處）、職業重建中心／服務窗口、長期照顧管理中心、社會福利中心、家庭暴力暨性侵害防治中心、身心障礙受評者管理中心／服務窗口或其他必要轉介的單位等。

肆、結語

簡言之，身心障礙者與主要照顧者的需求評估宜參照ICF的精神與內容、需求理論及生態系統理論統整研擬，方足以周延地蒐集其生活與需求的樣態；且須避免與鑑定有太多的內容重疊，不應造成身心障礙者被重複鑑定和評估；此外，亦應避免與身心障礙者日常生活和實際需求脫節，部分議題需要採用文字描述。

但對於我國身心障礙者需求評估的發展，仍有若干未臻完善之處，仍需有志者持續地投入。就現有法定的福利與服務而言，我國大多數社會福利與服務的申請資格對照ICF編碼後，的確顯示透過該項服務能改變個人障礙或環境阻礙的情形；惟若干服務或福利項目或新增或尚未實際開辦，例如心理重建、婚姻及生育輔導、照顧者支持、照顧者訓練及研習、購買停車位貸款利息補貼或承租，不足以由申請資格或服務內容找出ICF中所對應的d碼、e碼或p碼。為求身心障礙者

需求評估能有效地完成，評估人員的培訓為核心關鍵。培訓課程內容除了需求評估工具本身的研習與實務演練之外，周邊的準備工作亦對需求評估的進行有所影響，例如編纂縣市身心障礙者福利與服務資源手冊，內容須包含早期療育、特殊教育、身心障礙福利與服務、職業重建和長期照顧等生涯各階段之福利與服務資源，亦能提升評估人員的工作知能與品質。

第三節　身心障礙鑑定與需求評估新制的做法

　　身心障礙者權益保障法修正公布自民國101年7月11日全面實施。換言之，身心障礙鑑定新制正式上路，主責的行政部門為衛生福利部和各縣市政府。本節彙整政府所公布資訊來說明身心障礙鑑定與需求評估新制的做法，分成「需求評估的法定流程」、「需求評估的內容和方式」等兩部分，後針對新制做法進行討論。

壹、需求評估的法定流程

　　目前正式上路的身心障礙鑑定需求評估流程，係依據身心障礙者權益保障法第106條及身心障礙鑑定作業辦法第12條的規定辦理。目前對於身心障礙鑑定時間，並無明確規範，需視申請鑑定的科別及內容而定，但醫院在完成鑑定報告後10日內，會將鑑定報告送達申請人戶籍所在地之直轄市、縣（市）衛生主管機關，該衛生主管機關接獲鑑定報告後，亦將在10日內核轉直轄市或縣（市）社政主管機關。直轄市、縣（市）主管機關應於取得直轄市或縣（市）衛生主管機關核轉之鑑定報告後，將主動進行必要陪伴者的優惠措施、復康巴士服務及行動不便資格的評估與判定，作業時間以15個工作天為限。簡單來說，從鑑定報告完成到核發身心障礙證明，最長作業時間為35日。

　　身心障礙證明的申請方式分為兩種：方式1「一般流程」與方式2「併同辦理流程」。若選擇方式2「併同辦理流程」，必須配合公告指定醫院的門診時間與診次，不能指定特定醫師進行鑑定。如或希望指定鑑定醫師，請您選擇方式「一般流程」。身心障礙證明申請流程如下圖所示：

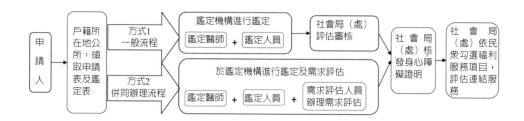

　　若目前領有身心障礙手冊且註記效期在104年7月10日以前，在醫療鑑定部分，可申請「重新鑑定」或「依原領身心障礙手冊，重新發給鑑定報告」兩種方式。申請「重新鑑定」方式，會由醫師鑑定身體結構及功能，鑑定人員進行活動參與及環境因素之鑑定，證明效期由醫師判定，最長5年。申請「依原領身心障礙手冊，重新發給鑑定報告」方式，會由醫師進行依現有障別等級轉換，鑑定人員進行活動參與及環境因素之鑑定，證明效期由醫師判定，最長至104年7月10日。申請「依原領身心障礙手冊，重新發給鑑定報告」以一次為限，證明屆期時，仍需辦理重新鑑定。鑑定流程如下圖所示：

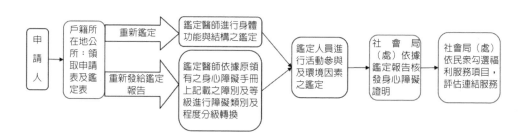

　　身心障礙手冊屆期將重新鑑定或新申請者，應至鑑定醫院由醫師及鑑定專員進行鑑定，符合規定者將可取得身心障礙證明；另當事人可依自己的福利服務需求，選擇是否接受社會局需求評估。到區公所申辦身心障礙證明時，請先確認是否已攜帶下列資料：1.申請者之近三個月內1吋半身照片3張；2.身分證影本或戶口名簿影本；3.印章；4.如委託他人代辦者，請記得檢附代辦人身分證影本及印章。當事人取得身心障礙證明後，如僅需下列服務，可直接申辦或使用，無須

接受社會局之需求評估；服務項目包括1.身心障礙者專用停車位識別證明；2.大眾運輸工具必要陪伴者優惠；3.出入公民營風景區、文教設施、康樂場所必要陪伴者優惠；4.輔具服務（諮詢、到宅評估）；5.復康巴士；6.身心障礙者經濟補助；7.居家照顧等。

　　若取得身心障礙證明者需要日間及住宿式照顧服務、生活重建服務、社區居住、社區作業設施服務、自立生活支持服務、臨時及短期照顧服務、家庭托顧、照顧者支持及訓練與研習服務，必須先由社會局派員進行需求評估訪談，社會局將以書面通知需求評估結果，可依評估結果申辦相關福利服務。取得身心障礙證明後，如短期內不需上述福利服務，唯日後如有需求，再向社會局提出需求評估申請即可（衛生福利部，2013）。

貳、需求評估的內容和方式

　　身心障礙者福利與服務需求評估及證明核發辦法第七條中明定直轄市、縣（市）主管機關確認身心障礙者有本法第50條個人照顧服務、第51條家庭照顧者服務及第71條經濟補助需求時，應進行需求評估，並籌組專業團隊確認評估結果後，以書面通知申請人，並依需求評估結果提供相關服務或進行轉介。前項需求評估，除另有規定外，應於需求訪談後依身心障礙者福利服務標準表為之。

　　身心障礙者需求評估訪談表、身心障礙者福利服務標準表如表3-3-9、3-3-10。換言之，目前政府進行需求評估的方式係採訪談為主，針對受評者的常態生活（以過去30天為一般基準），在該題項涵蓋範圍之「活動及參與」所面臨問題（或困難）之時間與強度等，採綜合評定；之後再以需求評估的結果作為基礎，進一步評定身心障礙者是否符合身心障礙福利與服務評估標準，作為提供各項法定服務與福利的依據（身心障礙者福利與服務需求評估及證明核發辦法，2012）。

一、需求評估的訪談項目

表3-3-9 身心障礙者需求評估訪談表

訪談項目	定義	表現	能力	重要環境／個人因素
1-1看	有意識地用視覺去經驗視覺刺激。包含平日近距離、遠距離、居家、學校、工作、戶外活動、交通過程中所有看的活動。			
1-2聽	有意識地用聽覺去經驗聽音刺激。包含平日近距離交談、使用電話或手機、居家、學校、工作、戶外活動、交通過程中所有聽的活動。			
1-3學習閱讀	指以學生身分學習發展閱讀書面文字材料（包括點字）能力的活動，包括中途致心智功能損傷者的重新學習閱讀。			
1-4學習書寫	指以學生身分學習發展書寫符號或語言（包括點字）以傳達資訊能力的活動，包括中途致心智功能損傷或上肢動作功能損傷者的重新學習書寫。			
1-5學習計算	指以學生身分學習發展計算能力的活動，包括中途致障者的重新學習計算。			
1-6學得技能	平日居家、學校、工作及相關活動中所有關於學得基本和複雜技能的活動，包括學習操作工具。			
1-7閱讀	平日居家、學校、工作及相關活動中所有關於閱讀書寫文字或點字形式的書籍、說明書、報紙、單張、公告、跑馬燈、電視螢幕或手機簡訊等活動。			
1-8書寫	平日居家、學校、工作及相關活動中所有關於使用或產生符號或語言文字（含點字）以傳達資訊的活動，包含使用筆、電腦以及發簡訊等書寫活動。			
1-9計算	平日居家、學校、工作及相關活動中所有關於進行數字或方程式計算的活動。			

訪談項目	定義	表現	能力	重要環境 / 個人因素
1-10解決問題	日常生活所有關於解決簡單和複雜的問題的活動，包含平日居家、學校、工作、戶外活動、交通過程中、溝通與人際互動等解決問題。解決問題過程包含經由確認和分析問題、發展出取捨和解決方案、評估執行解決方案的可能後果、執行所選擇的解決方案等。			
1學習與應用知識活動綜合評量				
2-1從事單項任務	平日居家、學校、工作及相關活動中所有關於獨立或在群體中從事一項簡單或複雜任務，包含執行、完成和維持任務。			
2-2從事多項任務	平日居家、學校、工作及相關活動中所有關於獨立或在群體中從事多項簡單或複雜任務，包含執行、完成和維持任務。			
2-3執行日常例行事務	平日居家、學校、工作及相關活動中所有關於規劃、管理、執行和完成日常例行事務，包含安排各項事務個人時間以及協調個人各項行動。			
2-4處理壓力與其他心理需求	平日居家、學校、工作及相關活動中所有關於處理壓力和危機以及處理職責的心理適應狀況。			
2一般任務與需求活動綜合評量				
3-1口語訊息的溝通-接受	平日居家、學校、工作及相關活動中所有關於理解口語訊息中字面和隱含意思的溝通活動。			
3-2非口語訊息溝通-接受	平日居家、學校、工作及相關活動中所有關於理解身體姿勢動作、交通標誌、警示符號、音樂或科學記號及圖示、圖畫和相片的溝通活動。			
3-3正式手語的溝通-接受	平日居家、學校、工作及相關活動中所有關於理解正式手語（職訓局訓練之手語）之字面和隱含意思的溝通活動。			

訪談項目	定義	表現	能力	重要環境／個人因素
3-4書面文字訊息的溝通-接受	平日居家、學校、工作及相關活動中所有關於理解書面文字語言（包括點字、單張、公告、跑馬燈、電視螢幕、手機簡訊或報紙等）所傳達之字面和隱含意思的溝通活動。			
3-5說話	平日居家、學校、工作及相關活動中所有關於以口語表達的溝通活動。			
3-6產生非口語的訊息	平日居家、學校、工作及相關活動中所有關於以身體姿勢動作、信號、符號、圖畫和相片表達的溝通活動。			
3-7產生正式手語的訊息	平日居家、學校、工作及相關活動中所有關於以正式手語（職訓局訓練之手語）表達的溝通活動。			
3-8書寫訊息	平日居家、學校、工作及相關活動中所有關於以書面文字語言（包括點字）表達的溝通活動，包含使用筆、電腦以及發簡訊等書寫溝通活動。			
3-9交談	平日居家、學校、工作及相關活動中所有關於以口語、書面文字（包括筆談、點字）、信號、符號、圖畫和相片、身體姿勢動作和正式手語，與一個或多人開始、持續和結束交談的溝通活動。			
3-10使用溝通裝置與技術	平日居家、學校、工作及相關活動中所有關於使用電話、手機、傳真機、電腦、視訊設備、點字機／板、溝通輔具和溝通技術（例如讀唇）等的溝通活動。			
3溝通活動綜合評量				
4-1改變身體姿勢：坐	平日居家、學校、工作及相關活動中所有關於擺出和轉換坐姿以及改變身體姿勢從坐到任何其他姿勢的活動，例如：坐起來、坐下、從坐到站起來或躺下等。			
4-2改變身體姿勢：站	平日居家、學校、工作及相關活動中所有關於擺出和轉換站姿或改變身體姿勢從站姿到任何其他姿勢的活動，例如站起來或從站到坐下、躺下或蹲下等。			

訪談項目	定義	表現	能力	重要環境／個人因素
4-3改變身體姿勢：翻身	平日居家及相關活動中所有關於轉換臥姿，包含翻身成側躺、趴躺或仰躺的活動。			
4-4維持坐姿	平日居家、學校、工作及相關活動中所有關於用腳或不用腳支撐以保持坐姿的活動。			
4-5維持站姿	平日居家、學校、工作及相關活動中所有關於在不同地面上保持站姿的活動。			
4-6坐時的自行移位	平日居家、學校、工作及相關活動中，所有關於坐時從一個座椅移至另一個相同或不同高度的座椅的活動。			
4-7舉起與攜帶物品	平日居家、學校、工作及相關活動中所有關於用手或手臂、肩、背或身體其他部位等舉起、攜帶及放下物品。			
4-8手部的精細使用	平日居家、學校、工作及相關活動中所有關於撿起、抓握、操作和放開物品等活動。			
4-9手與手臂的使用	平日居家、學校、工作及相關活動中所有關於拉或推物品、伸手取物、轉動或扭轉手或手臂以操作物品、丟擲、抓住等活動。			
4-10短距離步行	平日居家、學校、工作及相關活動中所有關於少於一公里的步行活動，包括居家、其他建築物內或室外的步行活動，以及包括部分障礙者以柺杖支撐之雙腳擺盪式步行活動。			
4-11攀登（樓梯、臺階等）	平日居家、學校、工作及相關活動中所有關於上或下臺階、階梯、樓梯、人行道鑲邊石等活動（也可包含攀岩活動）。			
4-12在住家內四處移動	日常活動中，所有關於在個人的住家及整個居住或生活區域（含陽臺、庭院、住家所屬之公共區域）的步行和四處移動。			

訪談項目	定義	表現	能力	重要環境／個人因素
4-13在非住家的建築物內四處移動	日常活動中，所有關於在非個人居住的建築物內或封閉區域內，日常活動中所有關於步行和四處移動的活動。			
4-14在住家和其他建築物外四處移動	在不使用大眾或私人的運輸工具情形下，日常活動中所有關於步行和四處移動於住家鄰近處或遠處。			
4-15使用設備四處移動	平日居家、學校、工作及相關活動中所有關於使用非運輸工具之個人行動輔具在不同地點四處移動的活動。若障礙者尚未有但建議使用非運輸工具之個人行動輔具，則均需被評估此項活動之能力與表現。			
4-16使用大眾動力運輸工具	日常活動中所有關於以乘客身分使用大眾動力運輸工具的活動。			
4-17使用私人人力或動力運輸工具	日常活動中所有關於以乘客身分使用私人動力運輸工具的活動。			
4-18駕駛	日常活動中所有關於以司機身分使用私人交通工具的活動。			
4行動活動綜合評量				
5-1清洗個人	平日居家、學校、工作及相關活動中所有關於清洗和擦乾自己全身或身體部位。			
5-2照顧身體部位	平日居家、學校、工作及相關活動中所有關於清洗和擦乾以外之身體部位的照料。			

訪談項目	定義	表現	能力	重要環境／個人因素
5-3如廁	平日居家、學校、工作及相關活動中所有關於排尿、排便和月經的排泄與完成相關步驟，含所需之清潔身體。			
5-4穿著	平日居家、學校、工作及相關活動中所有關於穿脫衣服、鞋襪、帽子和手套以及選擇合適的衣服。			
5-5進食	平日居家、學校、工作及相關活動中所有關於把食物切開（切成小塊）、食物送進口中、打開瓶罐，使用餐具、吃飯、赴宴或進餐。			
5-6飲用液態食物	平日居家、學校、工作及相關活動中所有關於混合、攪拌和倒出液體以飲用、打開瓶罐、使用吸管飲水或飲用飲水機之流水等，含幼兒喝奶或吸母乳。			
5-7照料個人健康	平日居家、學校、工作及相關活動中所有關於確保身體舒適、健康和良好的身心狀態，例如維持平衡飲食、適當身體活動量、保持溫暖或涼爽、避免對健康損害、遵循安全性行為、接種疫苗和定期體檢。			
5-8照料個人安全	平日居家、學校、工作及相關活動中所有關於確保個人安全與避免危險之行為，包含有安全意識。			
5自我照顧綜合評量				
6-1取得住所	關於購買、承租、裝修和布置房屋、公寓或其他住處之活動。 （未滿十八歲不評）			
6-2取得商品與服務 （未滿7歲不評）	居家生活中所有關於挑選、獲得、運送和儲存食物、飲料、衣服、清潔用品、燃料、家用品、用具、烹調器具、居家器具和工具，以及獲得水、電、瓦斯、電話、網路等公用事業服務和其他家庭服務等活動。			

訪談項目	定義	表現	能力	重要環境／個人因素
6-3準備餐點（未滿7歲不評）	居家生活中所有關於為自己和家人製作菜單、挑選適合食用的食物和飲料、烹飪前的洗菜、切菜等準備、烹飪，以及提供簡單或複雜的餐點的活動，包含上菜和購買外食。			
6-4做家事（未滿7歲不評）	居家生活中所有關於清洗、晾衣和燙衣服、清潔烹飪區域和用具、清潔生活區域、使用家用器具、儲存生活必需品和清理垃圾等活動。			
6居家生活活動綜合評量				
7-1基本人際互動	平日居家、學校、工作及相關活動中所有關於用社會及情境適宜的方式與人互動，例如在適當的時候表現出體諒和尊重、對別人的批評和社會暗示有反應、以及在人際關係中使用適當的身體接觸等互動與關係。			
7-2複雜人際互動	平日居家、學校、工作及相關活動中所有關於形成和終止人際關係、互動中管控行為、根據社會規則互動，和維持適當社交的距離等互動與關係。			
7-3正式人際關係	平日居家、學校、工作及相關活動中所有關於以正式的形式產生並維持特定的人際互動與關係，例如與雇主或與各項支持與照顧服務方案之專業人員或服務提供者等之互動與關係。			
7-4非正式社會關係	平日居家、學校、工作及相關活動中所有關於與非正式關係的朋友、鄰居、熟人、同住者和同儕等互動與關係。			
7-5家庭關係	產生並維持親屬互動與關係，例如與核心家庭、擴展家庭（大家庭）、養育和收養家庭以及再婚關係成員、血緣更遠的例如遠房堂（表）兄弟姊妹或法定監護人間的互動。			
7-6親密關係（未滿7歲不評）	產生並維持婚姻、性關係或好朋友等互動與關係。			

訪談項目	定義	表現	能力	重要環境／個人因素
7人際互動與關係綜合評量				
8-1非正式教育	從事在家教育或在其他某些非正式學程或非在職培訓的學習。			
8-2學前教育	從事學前（幼托園所）教育階段的學習。			
8-3學校教育	從事國民義務教育階段或高中教育階段之普通科的學習。			
8-4職業訓練	從事為準備在某行業、工作或專業就業所需職業訓練課程的學習，包含技職體系高職科、科技大學技職教育、職訓單位的職業技能訓練等。			
8-5高等教育	從事高等教育階段的學習，包含大學學士以及所有碩、博士教育等。			
8-6學徒（職前準備）（未滿15歲不評）	從事與準備就業有關的課程，例如完成學徒、實習、定有年限契約的學習和在職培訓所需的任務；含社區日間作業設施服務。 ◆社區日間作業設施服務：□有□無			
8-7取得、保有或終止一份工作（未滿15歲不評）	從事關於求職、準備個人簡歷或履歷、與雇主聯繫並準備面試，維持工作（含審視自己的工作表現）和在工作中得到升遷或其他晉升，以及以適當方式離開工作；含庇護工場的工作。			
8-8有報酬工作（未滿15歲不評）	以全職或兼職、或自己開業的方式，從事有報酬的職業、行業、專業或其他各項就業形式，例如尋找工作並獲得一份工作、做工作所要求的任務、按要求準時上班、督導其他工作人員或被其他人管理、和以獨自或群體形式完成所要求的工作任務。			

訪談項目	定義	表現	能力	重要環境／個人因素
8-9基本經濟交易（未滿7歲不評）	從事任何形式的簡單經濟交易，例如用錢購買食物或以物易物、交換商品或服務；或儲蓄。			
8-10經濟自給自足（未滿15歲不評）	從事處理私人經濟來源以及公部門經費補助資源，以確保經濟安全。			
8主要生活領域綜合評量				
9-1社區生活	從事家庭以外之有組織的社區社交生活，例如從事慈善組織、宗族團體、服務性俱樂部、區域性的社交俱樂部、專業性社會組織（學會、公會等）或其他專屬社會團體，以及參加非宗教性典禮或社會儀式，例如婚禮、喪禮或地區特殊民俗活動等。			
9-2娛樂與休閒	日常生活中所有關於娛樂與休閒的活動，包含從事任何形式的嗜好活動①居家娛樂與休閒活動②國內康樂場所活動③國內文教設施活動④國內風景區活動⑤其他			
9社區、社交與公民生活綜合評量				

資料來源：身心障礙者福利與服務需求評估及證明核發辦法（2012）。上網日期：2013年12月30 日，取自全
國法規資料庫網頁http://law.moj.gov.tw/Law/LawSearchResult.aspx?p=A&t=A1A2E1F1&k1=%E8%BA
%AB%E5%BF%83%E9%9A%9C%E7%A4%99%E8%80%85%E7%A6%8F%EF%A7%9D%E8%88%87
%E6%9C%8D%E5%8B%99%E9%9C%80%E6%B1%82%E8%A9%95%E4%BC%B0%E5%8F%8A%E8
%AD%89%E6%98%8E%E6%A0%B8%E7%99%BC%E8%BE%A6%E6%B3%95。

二、需求評估項目的分級標準

需求評估訪談項目之能力與表現困難程度或問題分級，爲針對受評者的常態生活（以過去三十天爲一般基準），在該題項涵蓋範圍之活動及參與所面臨問題（或困難）之時間與強度等，採綜合評定；分級標準定義如下：

分級爲《0》：表示無問題，對應常模爲在正常範圍。

　　分級爲《1》：表示輕度問題，在受評者的常態生活中，問題出現小於25%的時間，問題強度爲受評者能忍受的情形，且很少出現。

　　分級爲《2》：表示中度問題，在受評者的常態生活中，問題出現小於50%的時間，問題強度爲偶爾干擾受評者日常生活。

　　分級爲《3》：表示重度問題，在受評者的常態生活中，問題出現大於50%的時間，問題強度爲經常干擾受評者部分日常生活。

　　分級爲《4》：表示完全問題，在受評者的常態生活中，問題出現大於95%的時間，問題強度爲每日干擾受評者全部日常生活。

　　分級爲《8》：表示非特定，評估者無足夠資訊判斷問題的有／無或嚴重程度。

　　分級爲《9》：表示非適用，對應常模，受評者的常態生活應無此活動。

三、身心障礙福利與服務評估標準

　　國內各法定福利服務項目之評估準則，以受評者過去三十天，在該服務標準項目涵蓋範圍之活動及參與所面臨問題（或困難）之時間頻率及強度，其定義如下：

1. 沒有困難：在受評者的日常生活中，問題出現小於5%的時間，問題強度爲幾乎不干擾受評者日常生活。

2. 很少困難：在受評者的日常生活中，問題出現小於25%的時間，問題強度爲很少干擾個案日常生活且受評者能忍受的情形。

3. 偶爾困難：在受評者的日常生活中，問題出現小於50%的時間，問題強度爲偶爾干擾受評者日常生活。

4. 經常困難：在受評者的日常生活中，問題出現大於50%的時間，問題強度爲經常干擾受評者部分日常生活。

5. 全部困難：在受評者的日常生活中，問題出現大於95%的時間，問題強度爲每日干擾個案全部日常生活。

表3-3-10　身心障礙者福利服務標準表

（一）個人支持及照顧

法定福利服務項目	服務內容	服務標準
生活重建	日常生活能力培養（社區式或機構式）	日常生活能力培養（社區式或機構式）之對象為經評估同時符合下列條件者： 1.須為中途致障者。 2.在學習與應用知識、溝通、行動、自我照顧或居家生活活動能力偶爾、經常或全部有困難，以相關專業人員在其社區或機構，提供日常生活能力訓練服務可促進該活動表現之中途致障者。
	日常生活能力培養（居家式）	日常生活能力培養（居家式）之對象為經評估同時符合下列條件者： 1.須為中途致障者。 2.在學習與應用知識、溝通、行動、自我照顧或居家生活活動能力經常或全部有困難，以相關專業人員到宅提供日常生活能力訓練服務可促進該活動表現者。
	社交活動與人際關係訓練	社交活動與人際關係訓練之對象為經評估同時符合下列條件者： 1.須為中途致障者。 2.在人際互動與關係活動能力偶爾、經常或全部有困難，以社交技巧指導、情緒管理訓練或心理支持與輔導服務可促進該活動表現者。
心理重建	心理重建	心理重建對象為經評估符合下列各項能力標準之一者：在學習與應用知識、一般任務與需求或人際互動與關係活動能力經常或全部有困難，以心理衛生相關專業人員提供服務可促進該活動表現者。
社區居住	社區居住	社區居住服務對象為經評估同時符合下列條件者： 1.十八歲以上之身心障礙者且有居住社區意願者。 2.在學習與應用知識、溝通、行動、自我照顧、居家生活以及人際互動與關係之綜合活動能力偶爾有困難，以一般社區住宅房舍及專業服務人員提供非機構式之居住服務可促進活動及參與表現者。

法定福利服務項目	服務內容	服務標準
婚姻及生育輔導	婚姻及生育輔導	婚姻及生育輔導之對象爲經評估符合下列各項能力標準之一者： 在親密關係（含性行爲、性教育、婚姻生活或生育保健）活動能力偶爾、經常或全部有困難，以婚姻及生育輔導服務可促進該活動表現者。
日間及住宿式照顧服務	日間照顧服務	日間照顧服務對象爲經評估同時符合下列條件者： 1.十八歲以上之身心障礙者；或未滿十八歲經主管機關同意者。 2.在一般任務與需求或自我照顧活動能力偶爾、經常或全部有困難，以社區式或機構式日間照顧服務可促進該活動表現者。
	社區日間作業設施服務	社區日間作業設施服務之對象爲經評估同時符合下列條件者： 1.十五歲以上身心障礙且有社區日間作業設施活動意願者。 2.在學得技能活動能力經常或全部有困難，但自我照顧（照料個人健康或安全除外）活動能力爲偶爾、很少或無困難，以社區日間作業設施活動可促進活動及參與表現者。
日間及住宿式照顧服務	住宿式照顧服務（全日型）	住宿式照顧服務（全日型）對象爲經評估同時符合下列條件者： 1.十八歲以上身心障礙者；或未滿十八歲經主管機關同意者。 2.在自我照顧活動能力經常或全部有困難，以全日型之住宿照顧服務可促進該活動表現者。
	住宿式照顧服務（夜間照顧）	住宿式照顧服務（夜間照顧）對象爲經評估同時符合下列條件者： 1.十八歲以上身心障礙者；或未滿十八歲經主管機關同意者。 2.在照料個人健康、照料個人安全、居家生活或家庭關係活動能力經常或全部有困難，以夜間照顧服務可促進該活動表現者。

法定福利服務項目	服務內容	服務標準
課後照顧	課後照顧（輔導）	就讀國民中小學之身心障礙學生。
自立生活支持服務	自立生活支持服務	自立生活支持服務對象爲經評估同時符合下列條件者： 1.十八歲以上且有自立生活意願之身心障礙者 2.以提供自立生活能力增進與支持、合適住所的協助與提供、社會參與及人際關係協助服務、健康支持服務、同儕支持、社會資源連結與協助等自立生活支持服務可促進活動及參與表現者。
其他服務	復康巴士服務	依法定身心障礙者之實際需要提供，但以使用輪椅者爲優先。
	情緒支持	經評估以社會工作師（員）、受過訓練之志工、同儕支持員或心理衛生相關專業人員提供情緒支持服務，可促進身心障礙者生活適應，提升其面對及解決問題的能力者。
其他服務	行爲輔導	對有行爲問題，如自傷、傷人、破壞物品、社會不易接受、性偏異、過度退縮、混亂、睡眠異常、自殺或其他特殊行爲，嚴重影響生活適應之身心障礙者，提供行爲輔導可促進其適應社會生活者。
	輔具服務	經評估使用輔具諮詢、評估、取得、使用訓練、追蹤、維修、調整及到宅評估居家無障礙環境及其改善服務，可促進其活動表現者。

（二）身心障礙者家庭照顧者服務

法定福利服務項目	服務內容	服務標準
臨時及短期照顧	臨時及短期照顧	臨時及短期照顧之對象爲經評估符合下列各項能力標準之一者： 在一般任務與需求或自我照顧活動能力偶爾、經常或全部有困難，以臨時或短期照顧服務，給予家庭照顧者支持與協助，可減輕照顧者壓力者。

法定福利服務項目	服務內容	服務標準
家庭托顧	家庭托顧	家庭托顧服務對象爲經評估同時符合下列各款之條件者： 1.十八歲以上之身心障礙者；未滿十八歲者須經主管機關同意者。 2.在一般任務與需求或自我照顧活動能力經常或全部有困難，以家庭托顧服務，給予家庭照顧者支持與協助，可促進該活動表現並減輕照顧者壓力者。
照顧者支持及訓練與研習	照顧者支持及訓練與研習	身心障礙者之主要照顧者有參與照顧者支持及訓練與研習意願者。
家庭關懷訪視及服務	家庭關懷訪視及服務	經評估須到宅關懷家庭照顧者，及提供相關支持與資源連結服務，可提高身心障礙者家庭生活品質者。

（三）其他身心障礙者支持服務及優惠

法定福利服務項目	服務內容	服務標準
行動不便之身心障礙者專用停車位		使用行動不便之身心障礙者專用停車位對象爲經評估符合下列條件之一者： 1.未滿二歲之身心障礙兒童，且須隨身攜帶必要且大體積或大重量的醫療器材（如呼吸器、抽痰器、氧氣筒等）。 2.二歲以上之身心障礙者，在沒有人力或導盲犬協助以及不使用個人行動輔具或矯具義具的情況下，於戶外平坦地面持續行走至少一百公尺以外的指定短距離目的地，活動能力爲偶爾、經常或全部有困難。
搭乘國內大眾運輸工具必要陪伴者優惠		搭乘國內大眾運輸工具必要陪伴者優惠對象爲經評估符合下列條件之一者： 1.未滿十二歲之身心障礙兒童。 2.十二歲以上之身心障礙者，在使用個人輔具、利用無障礙環境設施設備和大眾運輸業者應提供之服務的情況下，搭乘大眾運輸，包含取得運行資訊、購票、場站內移行、上下及乘坐運輸工具等的過程中，符合下列任何一項困難，以必要陪伴者可促進該活動表現：

法定福利服務項目	服務內容	服務標準
		(1)使用大眾運輸工具活動能力與表現經常或全部有困難。 (2)看或閱讀活動能力經常或全部有困難且活動表現偶爾、經常或全部有困難。 (3)交談活動能力與表現經常或全部有困難。 (4)如廁或進食活動能力經常或全部有困難且在無人力協助之活動表現經常或全部有困難。 (5)照料個人安全活動能力偶爾、經常或全部有困難且在無人力協助之活動表現偶爾、經常或全部有困難。
參與休閒文康活動必要陪伴者優惠		參與休閒文康活動必要陪伴者優惠對象為經評估符合下列條件之一者： 1.未滿十二歲之身心障礙兒童。 2.十二歲以上之身心障礙者，在使用個人輔具、利用無障礙環境設施設備和營運業者應提供之服務的情況下，進入風景區、康樂場所或文教設施，包含取得利用資訊、購票、園區內移行、以及使用設施設備等的過程中，符合下列任何一項困難，以必要陪伴者可促進該活動表現： (1)在戶外不同地點四處移動活動能力與表現經常或全部有困難。 (2)看或閱讀活動能力與表現偶爾、經常或全部有困難。 (3)交談活動能力與表現偶爾、經常或全部有困難。 (4)如廁或進食活動能力偶爾、經常或全部有困難且在無人力協助之活動表現偶爾、經常或全部有困難。 (5)照料個人安全活動能力有困難且在無人力協助之活動表現有困難。

資料來源：身心障礙者福利與服務需求評估及證明核發辦法（2012）。上網日期：2013年12月30日，取自全國法規資料庫網頁http://law.moj.gov.tw/Law/LawSearchResult.aspx?p=A&t=A1A2E1F1&k1=%E8%BA%AB%E5%BF%83%E9%9A%9C%E7%A4%99%E8%80%85%E7%A6%8F%EF%A7%9D%E8%88%87%E6%9C%8D%E5%8B%99%E9%9C%80%E6%B1%82%E8%A9%95%E4%BC%B0%E5%8F%8A%E8%AD%89%E6%98%8E%E6%A0%B8%E7%99%BC%E8%BE%A6%E6%B3%95。

參、結語

　　身心障礙鑑定與需求評估新制在推行的過程中，難免有許多的困難和問題需共同面對。首先，鑑定端的成人及兒童功能量表和需求評估端的訪談表，似乎皆以ICF中的「活動與參與」的編碼發展而成的評量工具，則當事人則面臨重複評估的問題；此外，若兩階段在「活動與參與」所得資料出現不一致的情形，則應如何處理呢？是否對當事人使用法定服務或福利造成限制呢？

　　其次，需求評估工具以「活動與參與」的編碼和分級評定為主，雖提示應進行綜合研判，但似乎難以充分地呼應ICF著眼於個人所處的障礙情形或情境的描述。在需求評估時僅以身心障礙者個人為主，並未針對家庭照顧者蒐集資料，難以充分地顯示家庭照顧者同時須面對兩人以上身心障礙家人的處境，則身心障礙者家庭照顧者服務難以滿足當事人及家庭的需求。

　　最後，需求評估訪員和需求評估表的品質攸關需求評估的正確性及穩定性。在需求評估訪員方面，包括訓練的內容與方式、需求評估分級的判斷、法定服務與福利的評定；在需求評估工具方面，包括效度、信度和其他參照指標等，似乎尚未公布相關的品質指標建立的方法和結果，也就難以確認需求評估結果的正確和穩定性了。

參考書目

一、中文部分

內政部（2013）。〈民國100年身心障礙者生活狀況及各項需求評估調查結果摘要分析〉。上網日期：2013年6月10日，取自內政部統計處網頁http://sowf.moi.gov.tw/stat/Survey/%E8%BA%AB%E9%9A%9C/100/%E5%B9%B4/100%E5%B9%B4%E8%BA%AB%E5%BF%83%E9%9A%9C%E7%A4%99%E8%80%85%E7%94%9F%E6%B4%BB%E7%8B%80%E6%B3%81%E5%8F%8A%E5%90%84%E9%A0%85%E9%9C%80%E6%B1%82%E8%A9%95%E4%BC%B0%E8%AA%BF%E6%9F%A5%E7%B5%90%E6%9E%9C%E4%B8%AD%E6%96%87%E6%91%98%E8%A6%81%E5%88%86%E6%9E%90.pdf

中華民國殘障聯盟（2012）。〈身心障礙者人權影子報告書—回應兩公約國家人權報告〉。上網日期：2013年6月6日，取自中華民國殘障聯盟網頁http://crpd.enable.org.tw:8081/article.asp?id=251。

行政院衛生福利部（2013）。〈鑑定與需求評估程序〉。上網日期：2013年12月30日，取自衛生福利部網頁http://www.102icf.com.tw/introduction_02.html。

吳佳賢（2002）。《學前自閉症兒童主要照顧者照顧負荷、社會支持與心理健康之相關研究》。未出版碩士論文，國立暨南國際大學社會政策與社會工作學研究所，南投縣。

吳曉華（2006）。《重度智能障礙兒童之家庭照顧與早期療育使用經驗之研究》。未出版碩士論文，私立玄奘大學社會福利研究所，新竹市。

身心障礙者福利與服務需求評估及證明核發辦法（2012）。上網日期：2013年12月30日，取自全國法規資料庫網頁http://law.moj.gov.tw/Law/LawSearchResult.aspx?p=A&t=A1A2E1F1&k1=%E8%BA%AB%E5%BF%83%E9%9A%9C%E7%A4%99%E8%80%85%E7%A6%8F%EF%A7%9D%E8%88%87%E6%9C%8D%E5%8B%99%E9%9C%80%E6%B1%82%E8%A9%95%E4%BC%B0%E5%8F%8A%E8%AD%89%E6%98%8E%E6%A0%B8%E7%99%BC%E8%BE%A6%E6%B3%95。

李英琪（2013）。〈ICF基本概念與精神〉。上網日期：2013年7月10日，取自財團法人愛盲基金會網頁http://www.tfb.org.tw/new/ICF/icf_1000418.html。

李鳳美（2006）。《探討青少年精神病患主要照顧者生活壓力、社會支持對照顧負荷之影響》。未出版碩士論文，國立臺北護理學院護理研究所，臺北市。

林美珍（2009）。《發展心理學：兒童發展。》臺北：雙葉。

林勝義（2003）。《社會工作概論》。臺北：五南。

林敏慧、柯平順、朱貽莊、曾家琪、王綵喬、郭世明（2010）。《「我國在國際健康功能與身心障礙分類系統（ICF）分類架構下身心障礙者福利與服務需求評估之流程、指標與工具之建

立與實務操作模式」委託研究計畫總報告》。內政部九十七年度委託研究計畫。

邱啓潤、許淑敏、吳淑如（2003）。〈居家照護病患之主要照顧者綜合性需求調查〉，《醫護科技學刊》，5(1)：12～25。

邱啓潤、許淑敏、吳瓊滿（2002）。〈主要照顧者負荷、壓力與因應之國內研究文獻回顧〉，《醫護科技學刊》，4(4)：273～290。

侯淑英（2004）。《精神分裂病患者生活品質及主要照顧者負荷之探討》。未出版碩士論文，私立高雄醫學大學?為科學研究所，高雄市。

徐畢卿（2002）。〈智能障礙兒的婦女家庭照顧者－以自閉兒母親爲例〉，《護理雜誌》，49(2)：22～28。

張秀桃（2004）。《精神分裂病患者主要照顧者照顧負荷之探討：以某醫學中心復健及門診個案爲例》。未出版碩士論文，私立高雄醫學大學?為科學研究所，高雄市。

張媚、吳淑瓊、莊坤洋（2004）。〈社區認知障礙者之照護需要〉，《臺灣公共衛生》，23(3)：181～187。

張慧芝（譯）（2007）。《人類發展－兒童心理學》。臺北：桂冠。

黃酒毓（1998）。〈由生態系統理論探討父母教養方式之影響因素〉。《全國教育研討會議實錄》，頁73～88。

楊嘉玲、孫惠玲（2003）。〈照顧者負荷概念分析〉，《馬階學報》，3，15-27。

劉玉潔、黃惠玲、梁蕙芳（2006）。〈一位中度智障病患之主要照顧者的護理經驗〉，《護理雜誌》，53(2)：95～101。

蔡淑美（2003）。《智障兒母親之照顧者緊張、社會支持與憂鬱的相關性》。。未出版碩士論文，私立高雄醫學大學護理研究所，高雄市。

鄭瑞隆（1999）。〈幫派入侵校園與其因應之社會工作觀點〉，《學生輔導》，65，頁32～41。

鍾思嘉（2006）。《人類發展—兒童心理學》。臺北：桂冠。

二、英文部分

Alderfer, C. (1969). An empirical test of a new theory of human needs. *Organization Behavior and Human Performance*, 4, 142~175.

Browning, J. S., & Schwirian, P. M. (1994). Spousal caregivers' burden: Impact of care recipient health problems and mental status. *Journal of Gerontological Nursing*, 20(3), 17~22.

Carers UK (2009). *Carers UK the voice of carers*. Retrieved July 25, 2009, from http://www.carersuk.org/Home.

Hoffmann, R. L., & Mitchell, A. M. (1998). Caregiver burden: Historical development. *Nursing Forum*, 33(4), 5~11.

Jun, K. S. (2004). *The Korean Canadian experience of caregiver burden*. Retrieved September 15, 2009, from http://proquest.umi.com/dissertations/preview_pickup/56/92/1135692/1/00001.gif

Marsh, D. T. (1992). Families and mental retardation: New direction in professional practice. New York: Praeger.

Montgomery, R. V., Gonyea, J. G., & Hooyman, N. R. (1985). Caregiving and the experience of subjective and objective burden. *Family Relations*, 34, 19~26.

Norton, P., & Drew, C. (1994). Autism and potential family stressors. *The American Journal of Family Therapy*, 22(1), 67~76.

O'Neill, G., & Ross, M. M. (1991). Burden of care: An important concept for nurses. *Health Care for Women International*, 12(1), 111~121.

Scottish Executive Joint Future Unit (2001). *Guidance on Single Shared Assessment of Community Care Needs*. Retrieved May 14, 2009, from www.scotland.gov.uk/health/jointfutureunit/ssa%20guidance.pdf

Shu, B. C., Lung, F. W., & Chang, Y. Y. (2000). The mental health in mothers with autistic children: A case-control study in southern Taiwan. *The Kaohsiung Journal of Medical Sciences,* 16(6), 308~314.

Thompson, E. H. & Doll, W. (1982) . The burden of families coping with the mentally ill: an invisible crisis. Family Relation, 31, 379~388.

第四篇
身心障礙者權益與福利

第一章　身心障礙者的服務輸送模式

/林萬億

第一節　社會福利的供給

　　理論上，身心障礙者有什麼經濟安全、健康、教育、就業與社會照顧需求，政府與民間社會福利部門就應該提供相對稱的服務以滿足其基本需求。事實上，社會福利的供給通常少於需求。主要受到幾個變項的影響：資源的稀少性、資格要件（eligibility）、社會配置（social allocation）、財源和輸送體系，以及服務方式。也就是，身心障礙者及其家人有權依法獲得需求的滿足與服務的提供。但是，由於資源的有限性，通常能獲得的服務，往往少於其需求。其中資格的限制是首要的政策工具，政府會以較嚴苛的資格要件，限制服務使用者的數量。例如，在英國新濟貧法（1832年）通過後，即採用低於最低工資的濟貧原則，也就是較少合格原則（less eligibility）來限制貧民獲得救濟的人數。

　　又例如，布斯（Charles Booth）於1886年進行倫敦的貧窮研究，1892年出版《倫敦人民的生活與勞動》，發現勞工聚集的東倫敦有35.2%，全倫敦有30.7%的人民生活支持不適足（inadequate）。而1889年英格蘭與威爾斯的地方政府委員會的報告是貧窮率2.8%，1899年是2.6%，相差達10倍之多（Rose, 1986）。可見，貧窮人口不等於可以獲得貧民救濟的人口。相似的情形當然也會發生在身心障礙者身上。身心障礙者需求調查的結果不等於身心障礙者福利提供的質與量。

　　社會福利提供的變數決定「誰可以得到何種服務？數量多少？及如何得到。」（Gates, 1980：22）。

壹、資格要件

　　誰可以得到社會福利？是最常被社會大眾關切的議題。是不是所有身心障礙者都能得到社會福利？這個問題在社會福利界的爭議較少，因為身心障礙者通常

被認定為弱勢者（the disadvantaged），社會大眾對弱勢者有道德上的歉疚感，容易想到直接給予福利的補救，以補償身心障礙者的不具與缺損。

　　一般來說，社會福利的受益者之所以能夠得到服務的提供，是基於下列5個理由或指標（Gates, 1980:29; Gilbert & Terrell, 2009）：

一、資產調查（means-test）

　　資產調查是規範性的判準，作為決定一個人或一個家庭是否符合資格以獲取社會福利資源，目的是判定其是否為「值得幫助」（deserved）的窮人。任何社會都會有個判準來界定誰是窮人，誰不是。不論是依絕對或相對的判準，資產調查作為一個工具，用來判定被調查的個人或家庭資產、所得，是否低於這個標準，進而區分出窮人與非窮人。由於對窮人的救助是人類社會長久以來即有的道德，因此經資產調查後的救助對象，即是貧戶或低收入戶。這是基於經濟指標來判定需求的個人配置（individual allocation），例如，社會救助針對窮人的需求提供給付。即使是身心障礙者也有貧窮與否的議題。貧窮的身心障礙者適用社會救助法的規定，獲得應得的社會救助給付。

二、診斷的差異（diagnostic differentiation）

　　藉由專業診斷來判定其有特殊的需求，如重大傷病患者、精神病患者、身心障礙者。這一類對象因個人差異而得到個別的社會福利資源配置這是身心障礙者作為福利的受益人最主要的依據。例如：早期療育、特殊教育、心理衛生服務、個人支持服務、定額僱用、復健、輔具、庇護性或支持性就業服務等。

三、補償（compensation）

　　社會中有一些人因下列兩種狀況應得社會福利：1.曾經對社會與經濟有貢獻，如退伍軍人、社會保險的被保險人、農民等；2.處於不利地位下的社會受害者，例如：原住民、失業者、偏遠或離島地區住民、制度化的被歧視者，如女

性與身心障礙者、戰爭遺族等。這是基於「集體取向的配置」（group oriented allocations），和為了追求恢復公平的規範性的判準而賦予的社會福利。例如：原住民福利、榮民福利、勞工職業災害補償、失業給付、身心障礙者的特殊教育、定額僱用等。

四、社會人口屬性需求（attributed need）

某些人因身分地位的特性而不須經過資產調查即可得到福利，例如：兒童可以得到兒童津貼（child allowance），老人可以領到老人年金，身心障礙者可領取失能津貼等。因為這一類人口被認定有特殊需求，隨著年齡或身體條件的改變，需求也將跟著改變，當其條件消失時，服務的提供也將自動消失。而社會人口屬性的福利則包括職業身分，如勞工、公務員、軍人、農民等，因不同職業地位而有不同的福利。

五、普及的社會公民權（social citizenship）

這是英國社會政策學者馬歇爾（Marshall, 1950）所提出的概念，認為作為一位現代公民，「應該依社會普遍的標準，擁有少量的經濟福利與安全、完整地分享社會遺產，以及生活在文明的水準。」這是人類擁有公民權、政治權以外的第三個權利，慣稱社會權（social rights）。依此權利，人人可以獲得經濟安全（年金）、健康（全民健康保險）、教育（國民教育）等普及的權利賦予。

從以上5個資格要件來看，身心障礙者得到社會福利是基於多重的資格，而非單一資格要件。低收入的身心障礙者可以經由資產調查取得福利身分，而有低收入戶相關救助；同時，也可能因為被鑑定出身體結構或功能的差異，而有如輔具、復健的特殊服務需求；或因社會對弱勢者的補償而有身心障礙者就業促進基金的提撥，以補救其就業的不利。而在ICF體系下，同是身心障礙者也會因不同的身體結構與功能、活動與參與能力、經濟條件、社會環境而有不同的服務需求，其決定是透過鑑定與需求評估。當然，也可能因為社會人口屬性而有身心

障礙者的健康照護、特殊教育。而作爲一個國民，身心障礙者如同其他國民一樣，有社會參與、接近資訊、無差別待遇等的基本人權保障需求。

從本書第一篇身心障礙者定義觀點的演進，可以看出身心障礙者作爲一個社會福利「服務使用者」的改變。如本書第一篇第一章所述，早期是以個人模式（individual model）來界定身心障礙者，1976年之後，社會模式（social model）逐漸成形（Oliver, 1996）。如前所述，社會模式觀點是近年來研究與探究身心障礙的一個主要典範，對於因環境所引起的障礙重新加以定義與論述，並重新的建構他們的公民權利，和建立責任，並且去克服自己的障礙。社會模式承認了身心障礙者的權利與地位被社會所邊陲化（marginalization）。社會模式將傷殘重新詮釋，讓社會環境負起造成身心障礙者障礙的責任。但是，這並非意謂身心障礙者能自行處理所有事務，而是指對身心障礙者的協助必須提供身心障礙者選擇與渴望。但是，社會模式這種來自白人中產階級的觀點，也可能忽略種族、階級、性別對身心障礙的差異性。因此，身心障礙者的差異仍必須被看見（Llewellyn, Agu and Mercer, 2008）。

進一步，Bigby and Frawley（2010）指出，晚近權利觀點（rights perspective）被英國社會工作界廣泛接納，作爲服務適應社會有困難的人們，包容每一個差異的個體。權利觀點採納了社會模式的主張，更強調人人在道德上的價值均等，社會中所有人民不論其是否有身體功能與結構的損傷，都有權利納入社會，且獲得結果的均等。據此，制度與結構必須改變，以利這些處於不利地位的人們包容入社會。例如，智能障礙者有權要求社會補償其處在不利的地位，協助渠等參與生活與社區的各個面向。亦即，權利觀點更重視結果得均等，而非機會均等。差異對待條件不同的人，而不是計較差異對待產生的不公平。

貳、社會配置

社會配置是一個社會願意提供多少量與多好品質的社會福利給上述有需求的

個人或團體。通常，這會受到成本效益考量的影響，和一個國家的社會福利意識形態的左右。成本效益考量包括（Gilbert and Terrell, 2009）：

1. 工作誘因（work incentive）。指社會福利提供是否會影響勞動意願，例如：失業給付太高，怕傷到工作意願；低收入家庭的生活補助如果高於基本工資，是否會鼓勵貧窮者不去工作，形成福利依賴（Himmelweit, 2004；Knijn, Martin and Millar, 2007）。

2. 生育誘因。指提供社會福利是否會帶來更高的結婚率、生育率等，例如：提供兒童津貼、新婚家庭的房租津貼等，以鼓勵結婚生育。反之，就會有對於未婚懷孕的未成年提供的福利如果太好，是否會鼓勵未婚懷孕，造成道德風險（Cocca, 2002；Bullen & Kenway, 2000；Collins, 2000；Bissell, 2000）？或對於窮人或身心障礙者的子女生活補助如果不限制人數，是否會鼓勵窮人或身心障礙者多生育子女，落入世代貧窮的惡性循環的爭議？

3. 家庭穩定的效果。有人擔心社會福利是否會取代家庭照顧功能，造成家庭的瓦解，出現所謂的去家庭化（de-familization）的情形。相反地，另有人主張透過社會福利可以支持家庭，因而產生針對低收入單親家庭的經濟補助應該從嚴或從寬的論爭。

4. 烙印（stigma）vs.社會整合的效果。資產調查式的福利使用者容易被刻印上「窮人」、「懶惰者」的汙名；反之，普及的社會福利，被認為較具有社會整合的效果。例如：將低收入老人納入國民年金保險，而不是依賴低收入老人生活津貼；將貧民施醫納入全民健康保險，去除汙名化。將身心障礙者的教育融入（inclusion）一般學校與班級，而不宜一再使用「特殊教育」的概念。因此，不只是將特殊教育整合（integration）於一般教育內，也不是教育身心障礙學生準備被主流社會所接納的主流化（main-streaming）。

就福利意識形態而論，一個國家傾向擁護新自由主義的福利意識形態，則不主張提供普及的社會公民權的社會福利。他們認為社會福利會弱化家庭、破壞社區結構、惡化種族關係，同時不鼓勵工作、造成懶惰和不道德，至於形成政府的

財政負荷更是不在話下。

反之，如果一個國家越具有社會主義的意識形態，則越主張國家應提供普及的社會公民權式的社會福利。他們認為社會福利可增強勞工階級的團結，同時也使老人、失業者、單親家庭、身心障礙者、原住民等社會弱勢者獲益。雖然從馬克斯主義的觀點看來，社會福利與資本主義是相互矛盾的，具有正反兩面的特質，可能阻擋勞動階級的團結，但也可能使勞工階級獲得經濟安全的保障。不過，兩害相權之下，支持社會福利是務實的考量（George & Wilding, 1994；Fitzpatrick, 2001；Fives, 2008；林萬億，2010）。

居於兩者之間的中間路線（the middle way）以及民主社會主義（Democratic Socialism），對社會福利的支持也有一定程度。英國的貝佛里奇（William Beveridge）、凱因斯（John M. Keynes）都被歸為中間路線，他們不認為市場體系是唯一美好的制度，但卻是組織經濟與社會生活最好的方式。然而，政府為了管理資本主義市場體系，應適度的介入以保障人民最低所得（minimun income）。中間路線的支持者認為經濟與社會政策是可平衡的，提供機會均等是保障適足的生活條件最有效的手段（George & Wilding, 1994；Fitzpatrick, 2001；Fives, 2008；林萬億，2010）。

比中間路線稍靠社會主義的是民主社會主義、社會民主主義、市場社會主義。基本上，這是左派（the Left）的一種，他們主張社會福利是消除社會中痛苦、滿足人類需求的好制度，透過社會福利可刺激經濟成長、促進人類利他主義（altruism）的發揮，進而達成社會整合（George & Wilding, 1994；Fitzpatrick, 2001；Fives, 2008；林萬億，2010）。

除了上述幾種社會福利意識形態，如果一個國家的女性主義（Feminism）傾向較強，對資本主義國家體制與父權制度下女性地位都會有強烈的批評。「女性主義」一詞起源於19世紀的法國，意指婦女運動，在近兩個世紀內，因使用廣泛而被賦予不同意義。一般人傾向把女性主義看作是為了中止女性在社會生活中的附屬地位所做的種種努力。換言之，女性主義之所以產生是肇因於人們主觀上開始感受到男女不平等或是女性被壓迫的事實，而企圖以行動謀求改

善。事實上，不平等或受壓迫的現象或許早已客觀存在（例如，溺殺女嬰、毆妻等），但若非人們主觀上感受到了不平等或者不再願意忍受，否則不會主動去尋求改變。同時，也認知到女性受到壓制的起因是人為的、制度的，而非生物性的，才可能以人為的力量加以改變。因此，要求一種對女性友善（women-friendly）的政策與性別敏感的政治經濟制度是非常明確的。社會福利被視為達成兩性平權的機制之一。當然，女性主義也反對以男性為中心的福利制度設計（George & Wilding, 1994；Fitzpatrick, 2001）。

　　晚近，綠色主義（Greenism）或環境主義（Environmentalism）也加入對社會福利的主張。綠色主義者主張經濟成長的限制，反對大量使用科技來解決人類環境的危機，反對個人主義的思潮，反對過度專業化，反對大型組織。因此，綠色主義者通常支持社會福利是重要的社會經濟發展指標，就是所謂的綠色國民所得。不過，他們訴求將環境因素納入福利議題中，主張人與其他生物共存共榮（George & Wilding, 1994；Fitzpatrick, 2001）。

　　如果用最簡單的二元論來分析社會配置的差異。依普及與選擇（Titmuss, 1958）或制度與殘補（Wilensky & Lebeaux, 1958）的兩分法，可獲得社會配置原則如下圖4-1-1所示。

　　選擇式的福利是少數或特定人口群才能獲得的社會福利；普及式則是指所有具國民身分的人都有資格取得的社會福利。制度模式社會福利指福利扮演現代工業社會中常態的第一線功能角色，在於預防社會事故發生所導致的個人或家庭危機；相反地，當個人、家庭、市場破敗後才由社會福利補救，則稱為殘補式社會福利。而普及的公民權是所有國民不分社會人口屬性都可以獲得公平正義的福利。

圖4-1-1　社會福利概念與社會配置的原則

參、社會福利提供的形式

　　基本上，社會福利提供的形式有現金給付（in cash）與實物給付（in kind）兩大類。現金給付較便利、行政成本低、服務使用者選擇性高；反之，實物給付可因大量生產降低成本、容易標準化控制、對服務使用者需求滿足保證效果。不過，當代社會福利的提供形式已擺脫現金給付與實物給付兩種基本形式。依西方國家的作法，可分為六大類（Gilbert & Terrell, 2009）：

一、現金給付

　　現金給付是指直接提供金錢給社會福利的受益人，例如：老人年金、身心障礙者津貼、兒童津貼、低收入戶生活補助、照顧津貼、托育補助、房租津貼、老農津貼等，這是社會福利的大宗。如果把社會安全（Social Security）等同於社會福利，那麼，社會福利幾乎是以現金給付為主。因為，社會安全的本質是所得維持（Income Maintenance），或社會保障（Social Protection）。前者常見於工業民主國家，指國家利用各種方案以保證人民有最起碼的收入以維持基本生活；後者常用於發展中國家，指結合政府、市場、公民社會、家庭提供各種給付給個人或家庭，以減少多面向的剝奪（multi-dimensional deprivation）。所謂多面向的剝奪是指貧窮、文盲、疾病、失業、居無定所、被壓迫等。社會安全體系通常包括以下4大類：

1. 繳保費的給付（contributory benefits）

也就是慣稱的社會保險，由被保險人與雇主（有時包括政府）先繳保險費，一定期限後，俟保險事故發生，例如：老年、疾病、生育、死亡、傷殘、職災與失業時，即可請領該事故的給付。

2. 資產調查給付（means-tested benefits）

也就是慣稱的公共救助（public assistance）或社會救助（social assistance）。請領給付者一定要經過資產或所得調查，其資產或所得低於規定水準以下者，不足部分才由給付補足。

3. 普及的非繳保費與非資產調查的事故給付（universal non-contributory, non-means-tested, contingent benefits）

是指只要是國民遇到某種法定社會事故，例如：生育、單親家庭（lone parents）、身心障礙、老年等，或是族群身分，例如：原住民、新移民等，可依規定領取家庭津貼（family allowance）、兒童津貼（child allowance）、失能者照顧津貼、房租津貼、老農津貼、原住民學生就學補助等，統稱社會津貼（social allowance）。

4. 自由裁量的給付（discretionary benefits）

這是指由主責社會工作者、社會行政人員，或是主管社會福利的官員，依其專業判斷，或主管權責，決定欲提供的給付。通常這種給付是短期的、臨時的、緊急的、非常態的。

現金給付的優點如下（Gilbert and Terrell, 2009）：

1. 簡便：直接提供現金給福利受益人，不論是撥入銀行、郵局戶頭，或是領取現款，手續相對簡便。尤其直接入帳方式，更是方便，可省去福利受益人奔波於途，更不必擔心被偷被搶。

2. 行政成本低：政府不須自行設置社會服務機構、庇護工廠、中央餐廚、被服工廠、農場、倉庫等設施來生產實物或服務，省去許多固定成本。

3. 使用者選擇性（choice）高：現金給付讓服務對象可以依照自己的偏好，

選擇滿足需求的方式，而極大化補助的效用（utility）。

然而，現金給付也有以下缺點（Gilbert and Terrell, 2009）：

1. 有限理性：人們的理性是有限度的，不可能每個人在每件消費上都能理性地選擇自己的最佳利益。福利受益人面對各種促銷、廣告、壓力等誘因，往往無法依自己的理性獨立判斷，而產生依賴效應（dependence effect）（Galbraith, 1958），致被服務提供者影響而誤用現金補助；甚至產生供給創造需求效應，過度使用不需要的服務，而浪費有限的福利資源。

2. 管理能力不足：福利受益人大多數是社會、經濟、文化、身體、智能上相對弱勢者，其選擇能力與理財能力是有限的，很難避免服務對象不會濫用現金補助。福利受益人可能因家政管理能力不足、個人喜好，或道德瑕疵，而將現金挪用。

3. 資訊不對等：理性選擇（rational choice）需要充分的資訊。社會福利提供者為降低成本，或囿於商業行銷的限制，無法提供足夠的資訊；或因服務對象的知識與經驗限制，再加上社會服務的專業性，例如：心理諮商、家族治療、長期照顧等，服務對象及其家屬很難輕易理解服務的質量與內涵，致供需雙方的資訊嚴重落差，服務對象無法進行高效率與高效用的選擇。

4. 市場供給不足：社會服務市場基本上只是個準市場（quasi-markets），它與一般市場有很大的差異。供給面上，一般市場是產品價格與品質、生產者的產能間的競爭；而社會服務市場是由獨立的公私立機構競爭服務對象，且不以極大化利潤為目標；需要面上，一般市場的消費者以現金購買產品與服務；社會服務市場的消費者則多以預算、兌換券或抵用券交易。且服務對象與購買者常不是同一人，而是由第三者（照顧者、社會局、照顧管理專員、家庭醫師、保險公司等）代理選擇服務項目與質量。因此，其非營利化成分高、非現金交易比例重、他人代理決策機會多（Le Grand and Bartlett, 1993）。既然社會服務市場的營利性不強，營利的社會服務機構會選擇容易生產、獲利高的服務項目提供，低消費能力、多重問題的

案主便無法買到其所需的服務。於是，出現篩選容易服務的對象的錦上添花效果（creaming effects），而非社會福利所強調的雪中送炭、劫富濟貧效果。無利可圖的方案很少會成為營利的社會服務提供者的首選，致服務對象的選擇權受限。

5. 政府的財政赤字：現金給付滿足服務對象眼見白花花的銀子到手的感動；也解決服務提供者（政府或民間機構）缺乏人力、專業知識與技術的困境；同時，又滿足政客以福利討好選民的偏好。於是，在社會福利制度不成熟的國家與地方就出現大量現金給付式的福利，國家或政府成為「現金給付共和國」。復因現金給付方案易放難收，每逢選舉就加碼。結果社會福利體系依然支離破碎、政府財政卻負債累累，人民被養成只有給錢才有福利的習性，社會需求不見得得到滿足。

二、實物給付

實物給付則是直接提供服務對象所需的食物、衣被、油料、輔具、住宅、教育、托兒照顧、健康照顧、居家服務、家事服務、諮商服務等。瑞典經濟學者摩達爾（Myrdal, 1968）在討論兒童福利時，主張國家應直接提供實物給付給家庭，因為實物給付的優點如下：

1. 大量生產降低成本：政府直接生產，或大量採購，可達到經濟規模而降低成本。例如，由政府設中央餐廚生產營養午餐，直接分配給學生，必然會因大量採購米、油、果菜、肉品而降低單位成本。如果是現金補助學生自家準備午餐，或向餐廳購買便當，其單位價格一定較高，品質又不見得更好。

2. 社會控制：可從生產面來控制使用者的消費行為，避免服務對象濫用、誤用社會福利。不但可以回應社會大眾對資源使用效率的責信（accountability）要求，同時由於服務對象均享有相同的服務，容易達到社會團結的效果。

3. 保證滿足服務對象的需求效果：實物提供可針對服務對象的需求，直接提供實物，達到立即直接的需求滿足效果。

但是，實物給付也被批評（Gilbert and Terrell, 2009）：

1. 公部門效率差：公部門供給較有效率的說法必須是在清廉、執行力強、專業度夠、資訊透明的前提下，才可能達成。在公部門壟斷下，服務提供缺乏競爭，不見得能提供物美價廉的服務。更甚者，公部門最常被詬病的是重視媒體觀感、數字管理。例如，為了降低失業率，投資龐大預算在短期就業方案上，雖然官方失業率好看，但是投資的金錢與真正達到的就業促進效果不成比例，失業者也不一定獲得好處。

2. 行政官僚不了解人民需求：公部門官僚不一定具備社會工作專業知能，尤其社會服務既是勞力密集（labor intensive），也是密集科技（intensive technology）工作，社會問題與科技發展日新月異，並非公務員的專長所及。即使公務員能力所及，也因長期待在冷氣房中，無法真正了解人民需求，致常有「何不食肉糜」的荒腔走板回應。例如，千篇一律地提供美髮、烘焙、電腦文書處理等職訓課程給未升學、未就業的少年，一旦少年不領情，就責怪這些少年沒有工作意願。

3. 公共服務無法迅速回應社會需求：政府的公務預算必須於前一年春即提出概算，年中前完成預算編列送立法機關審查，年度結束始能通過立法程序，一旦碰到立法杯葛，可能拖到第一季結束都還不能動用本年度預算。再加上依採購法規定公開招標程序，又要拖一段時日；且預算執行須依預算法規定，不能任意變動。如此，在時效與彈性上均難以回應快速變遷的社會需求。

從以上的分析看來，現金給付與實物給付看似相剋。其實不然，個人選擇與社會控制是可以調和的，其折衷點是在政府提供社會福利責任下考量人民最大的選擇自由。例如：將部分實物給付的提供外包給民間部門提供；或將實物給付增加供給的種類與項目，以利使用者選擇；或在提供現金給付的同時，提供社會工作服務，以利協助服務使用者提高管理現金使用能力等。

三、機會（0pportunities）

過去的實物給付並不包括機會的開創，例如：許可、鼓勵、保證及誘因等。雖然這些也是由政府提供，但是機會更能滿足公民權利的保障，或外加機會（extra chance）。例如：退伍軍人轉任公職考試，使退伍軍人增加就業機會；原住民特考、身心障礙特考也是外加機會，且考試及格標準相對降低，使這些弱勢考生可以在一般公職考試之外，多一些機會擔任公務人員，增加其就業機會。又例如：在採購法中明訂公務機關保證優先採購原住民、身心障礙者所生產的貨品與勞務，也讓這些弱者增加就業機會。

機會均等（equality of opportunity）是左右兩派均可接受的概念。但是，左派更強調均等，亦即積極行動對待弱勢者，創造平等的結果；右派強調機會，亦即保障公平對待、公平競爭，結果可以不均，但力求公正（fairness）（Blakemore, 1998）。對於身心障礙者來說，機會均等是不夠的，用羅爾斯（Rawles, 1971）的正義（justice）理論來說明，正義即是公正，必須進一步達到對最差階級有利的差異原則（difference principle）。羅爾斯（Rawles, 1971）認為，每一個人對最廣泛的基本自由，和他人一樣具有平等權利，即是正義的第一原則：平等自由權。以身心障礙者為例，身心障礙者應擁有與一般人同等的自由，不能有差別對待，否則即是歧視。其次，對於社會和經濟不平等的安排，必使之能同時達到：1.對最差階級有利（差異原則）；2.地位和職務對所有人開放（機會公正均等原則）（fair equality of opportunity）。依羅爾斯的意思，機會公正均等原則先於差異原則。亦即，當機會公正均等賦予之後，仍然不足以弭平社會和經濟不平等，則應給予差異優惠對待。亦即，身心障礙者應該與一般國民一樣擁有各種追求地位與職務的公正平等機會。然而，由於身心障礙者處在相對社會與經濟的不平等下，因此，要給予有利於身心障礙者實現社會與經濟平等的差異對待。

用仙恩（Sen, 1980）的說法即是要讓身心障礙者有功能（functionings），例如：受教育、交通工具等，他們才有可能履行基本權利，成為自由之人，即所稱的可能性（capability）。例如，身心障礙擁有參政權，這僅是消極的自由（negative freedom）。當身心障礙者沒有受教育機會，也沒有交通工具，更沒

有經濟安全保障時，他們不可能行使這個被保障的參政權。因此，必須增加其追求自由的可能性。亦即，提供教育、交通、經濟安全等功能。這才是積極的自由（positive freedom）。

四、兌換券（voucher）與信用（credits）

兌換券是發給服務對象一種經官方保證支付的證明。憑此證明，服務對象就可換取所享有的實物與服務權利。此時，服務對象的身分就從服務使用者（service users）或公民轉變爲消費者（customer）。最出名的是美國的食物券（Food Stamp）（或稱糧票），這是自1964年起推行的方案，補助低收入戶憑票到超級市場購買食物，之前採紙本的點券，目前已改用電子憑證，像信用卡般，由使用者刷卡購買食物。另一項與食物有關的方案是低收入孕婦、嬰兒、兒童的營養補給品的兌換券（Special Supplemental Food Program for Women, Infants, and Children, WIC），憑券可向指定的超商換取指定品牌的牛奶、麥片、蛋、乳酪、鮪魚、果汁、花生醬等。食物券補助一般糧食、盆栽與種子，WIC則是針對孕婦、嬰兒、兒童的指定營養補給品。

其實，更早以前，經濟學家佛利曼（Friedman, 1962）就倡導美國政府應該發放教育券（educational voucher）給家長，讓家長可以自由爲其子女選擇學校就讀，而不必然要進入指定學區的公立學校就讀。這是一種自由放任主義的作法，認爲政府管得越少越好，讓公立學校進入市場競爭。

此外，還有房租補助券（housing vouchers）也是，補助低收入家庭憑券向指定的房東租用住宅。這些都是試圖同時處理實物給付與現金給付的缺失，既滿足服務使用者的選擇自由，又達到社會控制效果。

目前美國推行的工作所得稅退稅（earned income tax credit, EITC）是一種結合就業、兒童照顧的社會福利方案。由國稅局退稅給有工作的低收入戶。1975年開始實施時僅提供給有兒童需要照顧的單親低所得就業家庭，作爲補償其兒童照顧的支出。1986年以後逐漸提高減稅或免稅、退稅額度。2009年起，適用範

圍擴大到有兒童需要照顧的雙親家庭，或家中有三個以上兒童的家庭。兒童年齡較大，但仍全職在學學生可適用到23歲；兒童永久性身心障礙，則不論年齡均適用。沒有兒童的低收入工人家庭也可以獲得額度較低的所得稅退稅。這是一種既不直接給現金，也不直接提供兒童照顧的社會給付，同時又可鼓勵就業。這種新自由主義意識形態下結合工作倫理與對抗單親貧窮的福利制度後來被英國採借，稱工作所得稅退稅（working tax credits），也傳散到加拿大、紐西蘭、奧地利、比利時、丹麥、法國、荷蘭、芬蘭、瑞典等國家，只是適用範圍沒有美國這般廣泛。

五、權力（Power）

權力是指重分配實物與服務提供的控制過程。例如：增加身心障礙者參與就業促進基金的決策過程；引進低收入戶參與社區行動方案，讓服務對象極大化參與的可能，有助於提升需求評估與社會介入的效果。這也符合充權（empowerment）的理念，讓弱勢者的權力感增強、能力提升。

六、工具儲備（Instrumental Provision）

這是一種間接的社會介入方式，發展給付方案執行的工具，具體作法是政府補助、鼓勵民間社會福利機構發展新方案，以利提供更多創新方案給需要幫助的對象。例如：小額貸款、微型創業、就業會所模式（club house）、支持型就業、社區家園、團體之家、支持型社會住宅等。

對於身心障礙者來說，這六種服務都是必要的。固然社會中有一種聲音認為「給他魚吃，不如給他釣竿」，彷彿在說不要給身心障礙者現金給付或實物，而應提供工作機會或服務（如職訓）。這是刀之兩刃。這種論調基本上是保守主義的觀點，不希望給身心障礙者魚吃，擔心他們養成福利依賴，或道德危機。但是，有釣竿沒有魚池，或魚池都被強勢者占據一空，光有釣竿也活不下去；反而，給釣竿成為不給魚吃（現金給付或實物給付）的藉口，這對身心障礙者來說

未必是福氣。因此，魚與釣竿都應兼顧，需要魚吃時先要給魚，才能談有能力拿釣竿去釣魚（林萬億，2013）。

以瑞典「身心障礙者的國家行動計畫」為例，包括10項服務（Dychawy-Rosner, 2008：39～46）：

1. 諮商與其他對個人支持服務。
2. 額外需求支持者的個人救助。
3. 參與社區生活所需要的個人陪伴。
4. 減少社會隔離的個人接觸。
5. 居家的救援服務。
6. 短期的臨托服務。
7. 短期的少年監護服務。
8. 居家或特殊服務住宅的協助。
9. 住宿機構服務的安排。
10. 工作生活安排。

這些服務的目的在於協助身心障礙者擴大其獨立（自立）生活（independent living）與平等生活條件的機會。獨立生活仍然是當今工業先進國家對待身心障礙者的主流價值。獨立生活運動源於反機構收容照顧（asylum care）與醫療模式（medical model），認為身心障礙者不是因個人的疾病而有障礙，而是因社會、政治、經濟的限制而有障礙。這樣的觀點後來被概念化為障礙的社會模式（social model）（Llewellyn, Agu and Mercer, 2008）。

以美國的經驗言，1850年代以前，家內有重度障礙子女的家庭，鮮少有其他的選擇，因而多半由家庭負擔照顧責任；儘管第一家以心智障礙者為服務對象的機構成立於1766年，但無論是在美國或世界各地，此類服務的發展都相當緩慢。至1880年代，機構照顧政策立基在慈善觀點上逐步發展，障礙者被視為「不幸」、「無辜」的，但若施予妥當的照料與訓練，則可在家庭或社區中扮演正向的角色。但這趨勢隨即被新達爾文主義「物競天擇（Natural Selection）」的主張所逆轉，社會資源轉移至「最適」的社會階層，而非資源缺乏的中低階

層，以蓬勃型塑「最適」的社會遠景（Cummins, 2001：83～100）。

此外，1890年代門戶開放的移民政策，帶進大批來自歐陸的人口群，防範移入人口道德或精神上缺陷的恐慌氣氛四起，因而將心智障礙者從社區中隔離轉爲安置於收容機構的風氣興起。1890到1910年間，美國機構收容的心智障礙者數量遽增。1950年代，質疑機構化取向的聲音浮現，取而代之的是「正常化（normalisation）」與「最小限制環境（the least restrictive environment）」的觀念，服務走向另闢一條新途徑，形成1960年代去機構化（deinstitutionalisation）的風潮（Cummins, 2001：83～100）。

美國的獨立生活運動與1964年的公民權利法案同源，但是直到1973年的復健法案（the Rehabilitation Act）才受到重視，而真正獲得實現則是到1990年的美國身心障礙者法案（the Americans With Disabilities Act, ADA）通過以後的事了。但是，若沒有1999年最高法院對Olmstead vs. L. C.案的判例，美國以個人協助服務（Personal Assistant Services）輸送來取代機構安置，也不可能普遍被推廣（Stout, Hagglued and Clark, 2008：44～51）。

在英國，1974年英國的身心障礙者發起殘障者對抗隔離聯盟（the Union of the Physically Impaired Against Segregation），反對住宿型機構照顧，主張殘障者的住宅及個人協助服務，以利參與社會。於是，獨立生活運動就成爲英國身心障礙者追求去機構化的替代方案（Morris,1993）。獨立生活本身就代表著一種目的：這是人們行使人權與公民權的一種管道。身心障礙者和非身心障礙者共同享有一樣的人權與公民權益，但身心障礙者的不同點在於他們有額外的需求，例如，與其損傷與能力阻礙相關聯的社會照顧等。如果這些需求沒有被滿足，將會造成其人權與公民權被剝奪。換言之，若是援助資源只有在居住照護機構裡才能使用，那麼將會抑制了個人擁有家庭生活與隱私的權利。此外，被抑制的人權可以把「損傷」創造出更深一層的意義：例如，每天被社會排除的經驗會造成心理健康的問題（Morris, 1993; Llewellyn, Agu and Mercer, 2008）。

獨立生活運動的哲學基礎是：

1.所有人類生活都有其價值，

2.任何人，不論殘缺都有選擇的能力，

3.各類型的身心障礙者，不論是肢體、智能、感官或是情緒，都有全力控制
其自身的生活權利，

4.身心障礙者有權完整地參與社會。

獨立生活就成為後來英國發展社區照顧（community care）的重要基礎。但是，獨立生活並非等同於去機構化，也不是非正式照顧化。亦即離開機構，回到家庭、社區的身心障礙者如果沒有前述像瑞典的完整支持服務，身心障礙者不必然能成為獨立的人，能控制其自身的生活（Morris, 1993）。

雖然英國身心障礙運動在爭取獨立生活已取得了重大的成就。然而，現今的社區照顧架構對於身心障礙者獨立生活仍存在許多障礙，例如：就業機會、養育、休閒，以及社會服務專業人員對於身心障礙者的「危險」及其因應「能力」的失能看法與態度也是主要障礙之一。誠如前述，除非獨立生活的權利被修法納入立法架構，否則身心障礙者會持續被剝奪其充分的人權和公民權利。

而所謂平等生活機會指的是身心障礙者如同其他國民一樣被平等對待。這在瑞典的「身心障礙者的國家行動計畫」中即揭櫫「從病人變成公民」（From Patient to Citizen），亦即身心障礙者不再是病人，而是與其他公民一樣有權利與義務（Swedish Institute, 2007）。

荷蘭的身心障礙政策也明示身心障礙者與慢性病人有平等機會成為公民。據此，其身心障礙政策的目標是促進身心障礙者的生活品質，並促成社會是一個整體，其要素如下（Ministry of Health, Welfare and Sport, 2004）：

1.身心障礙者能完全參與社會，社會不能造成障礙，

2.資源與設施應足以補償人們的限制，

3.身心障礙者不必要生活在隔離的設施或生活情境中，

4.身心障礙者應有個別的，或集體型態的組織與設施品質，足夠讓其使用。

肆、社會福利的輸送

　　1980年代以來，在新自由主義與第三條路政策的推波助瀾下，福利國家傳統上由公部門提供福利服務，逐漸混合了委託第三部門，或是由私部門補充的形式。這種混合著追求利潤的私部門、非營利組織的第三部門及家庭親友的非正式部門，共同提供服務的多元途徑，被稱為「福利的混合經濟」（the mixed economy of welfare）（Kamerman, 1983：5-10；Kramer, 1985：377-391；Pinker, 1992：273-285）。類似的概念也有以公私部門合夥（public-private partnerships）、福利多元主義（welfare pluralism）（Johnson, 1987, 1999）、福利社會（welfare society）等，強調以非營利組織的擴展來補充過去以家庭或公共部門的福利體系，並加入市場的元素，例如：競爭的機制、自由選擇的機會和資本的累積等。

　　隨著新的服務輸送形式的發展，服務輸送系統的檢視成為當前重要的議題。如McDonald & Zetlin（2004, 267-282）所言，英國在新公共管理主義和契約主義的影響下，地方政府如何再建構社會服務輸送系統是主要的發展方向；美國則是著重「協調」（coordination）問題的討論，以服務輸送系統的整合為發展的重點，並朝向市場和網絡（network）的建立；在澳洲則發展服務整合（service integration）、夥伴關係（partnerships）和地方管理（place management）三者相互聯結的改革方向。而服務輸送方式的實施受到三個因素交互影響：1.機構被介紹的方式；2.服務提供者使用的方式；3.能提供較廣泛的服務內容（Kaner, Steven, & Vardy, 2003：519-527）。

　　社會福利的提供者有了多元的可能性，包含中央政府、公共基金會、地方政府、非營利機構、營利機構、企業、非正式組織等多種。任何一種社會福利方案都可能由兩種以上的服務提供者執行，例如：全民健康保險由中央政府主辦，醫療照顧的提供者則是由公部門與私部門醫院共同執行，而私部門醫院又有非營利的財團法人基金會醫院與教會醫院，也有營利為目的的私人醫院。身心障礙者就業也不例外，有政府部門提供的定額僱用的推廣與執行，也有民間非營利組織

（NPOs）提供的就業輔導、庇護工場，以及支持性就業。

若將社會福利財源也納入考量，則可看出公、私部門財源與提供服務分工的複雜度。進一步，將政府提供財源，由民間機構團體供應福利服務的部分抽離來看，政府移轉其財源至民間機構團體，以取得其所提供的服務主要途徑，大抵有四大類（林萬億等，1997；林萬億，1999）：

1. 政府向民間購買服務給福利受益人。
2. 政府補助（補貼或贊助）民間機構團體，以提供服務給福利受益人。
3. 政府直接提供金錢給福利受益人，不管其是否以此金額向民間機構購買服務。
4. 政府直接提供金錢給福利受益人，規定其向民間機構團體購買服務。

由政府向另一個政府或民間購買服務給其受益人的社會服務提供方式，稱為「購買式服務（purchased services）」，這種服務購買通常透過契約來規範，稱之為購買服務契約（purchase-of-service contracts, POSC）或服務外包（contracting out）（Kettner and Martin, 1987）。政府將服務設施委託民間來經營是另一種政府與民間的服務提供分工關係，通常稱為公設民營，亦即由政府提供設備，由民間機構、團體來管理。不過，大部分公設民營的機構，仍然由政府提供部分的經費補助，而非全然民間自籌財源。

英國1980年代到90年代中期，成為繼美國之後採行社會福利民營化的急先鋒，推動購買者與供給者分離的準市場模式（quasi-market）（Le Grand and Bartlett, 1993）。其策略是強制競標（compulsory competitive tendering, CCT），逐漸使社會服務商品化。然而這種只強調競爭、節省成本，卻不保證服務品質的提升。到了1990年代末，新工黨執政推出「現代化地方政府——以最佳價值提升地方服務」白皮書。所謂最佳價值（Best Value）是指在合理價格下有更佳的服務品質及給地方政府更多的決定權（黃源協，2002：80-105）。價格不是唯一的選項，商品化不是社會服務的最佳選擇。從此，配合身心障礙者的需求，提供有品質的服務成為工業先進國家身心障礙服務輸送的主流價值（Ministry of Health, Welfare and Sport, 2004；Dychawy-Rosner, 2008：39-46）。

伍、社會福利的財源

社會福利的財源是指誰支付錢給社會福利的受益者。通常稱之為社會福利，不論哪一種給付方式，受益者所得到的給付與支出的代價一定不對等，也就是受益者中的弱勢者付出少於得到的；強者或富有者通常付出高於得到的給付，也就是所得重分配的功能。弱勢者得到的給付既然高於支付，財源哪裡來？主要包括以下幾種：

1. 使用者付費。例如全民健保的掛號費、保險費、自付額等；又如身心障礙者日托費用。
2. 私人捐款。由個人小額捐款、聯合勸募、宗教、基金會或企業界所捐款項。
3. 稅收，即政府預算。稅收財源包括中央稅（國稅）與地方稅兩者。而地方政府的社會福利財源除了地方稅收支付外，也有來自中央補助的款項。
4. 罰款。如身心障礙者就業基金，是由定額僱用義務進用單位，未依法聘足身心障礙者時所繳的款項。

第二節　身心障礙服務的輸送模式

　　社會福利的輸送涉及誰有資格獲得服務、服務的性質與品質、服務提供如何被組織，以及由誰付帳。對社會福利機構來說，必須有足夠的資訊、社會認可、財力與政治支持，以及有能力支撐員工薪資，才能提供有效果、效率及負責任的服務。

　　基本上，任何社會服務不外乎是在滿足人們以下四個功能，對身心障礙者的服務亦不例外（Azarnoff and Seliger, 1982）：

1. 接近（access）其他服務。例如：提供轉介資訊、外展服務、交通服務等。
2. 保護服務（protective）。例如：兒童保護、家庭暴力防制、性交易防制、身心障礙者的保護、犯罪預防、物質濫用預防等。
3. 個人成長（personal growth）。例如：提升生活品質所需的休閒、教育、藝術活動等。
4. 維持生存（survival）所需的健康、照顧與住宅等。

壹、社會服務的輸送模式

　　Azarnoff與Seliger（1982）指出社會服務的輸送模式可分下列兩個取向：

一、服務使用者（案主）服務模式（client service model）

　　服務使用者服務模式主要以滿足消費者的需求為主，服務重點包括：接案、服務與結束的過程。因此，組織的考量重點在於4A's：可得到（available）、可接近（accessible）、可接受（acceptable）、適切的（appropriate）。

　　「可得到」是指倘若機構或方案承諾協助身心障礙者獲得就業機會，就應該

讓有資格獲得此項服務的身心障礙者能真正獲得服務，也就是機構或方案要能提供足夠量的服務。

「可接近」是指可得到的服務不能再有各種限制與障礙，使有資格獲得該項服務的身心障礙者被阻礙在服務範圍之外。

「可接受」是指所提供的服務必須是吻合身心障礙者的社會與心理取向的需求，例如，認為給他魚吃不如給他釣竿，而不提供現金給付，一再指望所有身心障礙者均能就業。但是，社會並非完全接受身心障礙者的就業，且身心障礙者的就業服務配套也不足以支撐永續就業。反之，因為部分身心障礙者形貌、能力不如一般人，而反對提供身心障礙者教育與就業，主張機構收容或現金補助。這些都是不可接受的服務。

「適切」係指服務真的有效滿足需求。例如，提供的身心障礙者轉銜服務要真能協助身心障礙者增加教育機會、就業機會，而不是將就業轉銜服務當成是一個服務方案而已。

二、社區服務模式（community service model）

社區服務模式是機構取向的服務，以建立一個廣泛適用的需求服務系統為目標，而非專為特定地域、群體、個人所設計。這樣的服務模式通常由中央層級規劃服務方案，釋出資源由社區中的機構提供服務。因而此類的機構服務決策往往來自於資源取得的便利性，甚於社區需求優先性。值得慶幸的是，中央層級的服務規劃雖無法涵蓋所有社區中的需求，但方案服務項目的中的某些部分若適用於社區裡特定群體（且具備使用該項服務的資格），社區機構便會在可運用的範圍內調節資源的使用，創造更多符合社區獨特性的服務。

社區服務模式重點在於需求評估、目標設定、服務策略（方案）發展、服務提供，以及評鑑的一系列過程。而消費者與社區的投入增加服務方案的可行性、可接受性。此外，服務提供機構與組織透過與其他機構的協調、合作，使服務方案的資源可得性更高，服務銜接更好，效果更佳。

　　直到今日，對於老人、身心障礙者的長期照顧模式，仍然無法全面走向獨立生活模式。常見的有三個模式（Batavia, 2002：67-73）仍同時並存著：

1. 非正式支持模式（informal support model）：由家屬、親友等非正式人際網絡資源，提供照顧。

2. 醫療模式（medical model）：在醫療專業的督導下，由健康照護系統培訓的工作者提供服務，並給予服務使用者補助。

3. 獨立生活模式（independent living model）：由服務消費者自主僱用、培訓且支付費用給他們的照顧服務人員，並於必要時得解僱。這是一種消費者導向的照顧服務模式，此類的模式廣受到較為年輕、勞動年人口層的身心障礙者所支持，因他們深信這樣的導向，才可提供身心障礙者最佳的服務條件。相關研究也指出此種模式引起較佳的服務使用滿意度，並支持身心障礙者在社區中同時維持健康與經濟上的生產性。

　　如前所述，獨立生活是晚近身心障礙者政策的主流價值。據此，選擇權就是身心障礙者控制其生活的必要條件。這是前述的獨立生活與社會模式，亦即身心障礙者在家、工作，及成為社區成員等方面有與一般公民般的選擇、控制與自由（Glasby, 2007）。而在相同的概念下，直接支付與個人預算制（direct payments and individual budgets）也應運而生，尤其是針對學習障礙者。主張身心障礙者能控制、組織、管理其照顧套案，無須他人代勞，這也是熟悉的以個人為中心的計劃（person-centred planning）（Llewellyn, Agu and Mercer, 2008）。從2006年英國即公布促進以個人為中心的照顧上前線（promoting person-centred care at the frontline），讓第一線服務人員上緊發條。

　　個人為中心的服務模式由以下元素組成：（Chakrabarti, 2011）

1. 將個人放在服務的中心。

2. 將服務使用者視為一位個體來對待。

3. 服務使用者選擇與控制服務。

4. 設定目標。

5. 服務使用者與實務工作者的關係至為重要。

6.傾聽服務使用者的聲音。

7.更新適切、可近的服務資訊給使用者。

8.彈性。

9.積極正向。

貳、身心障礙服務的輸送模式

提出身心障礙者社會模式的英國學者奧立佛（Oliver, 2009）指出身心障礙服務模式依歷史發展，可區分為以下三種模式：

一、人道模式（the Humanitarian Model）

1.針對不幸者提供善心的服務。

2.服務的提供決定在專家、行政人員的手上。

3.障礙者被視為有問題的人、次等公民。

4.服務提供者期待被服務者感恩言謝。

5.服務使用者的抱怨會被服務提供者批評為要求太多。

6.服務提供者與使用者間的關係是衝突的、互不信任的與不滿意的。

二、依從模式（the Compliance Model）

1.政府的政策與立法決定服務的提供。

2.依法提供最低標準的服務。

3.服務提供不完全依身心障礙者的支持需求與權利。

4.服務提供者依法定服務清單（checklist），或任務取向提供項目服務，不完全考慮使用者的需求。

5.服務提供者考量使用者的公平重於個別化需求的滿足。

6.服務提供者與使用者間的關係常是衝突的、低期待的、不適足的與低滿意

度的。

三、公民模式（the Citizenship Model）

1. 身心障礙者被視為是具有完整權利與責任的平等公民。

2. 在經濟上，身心障礙者被認為是社會中有貢獻的成員，包括生產與消費。

3. 政治上，身心障礙者是被充權的個體、選民與有力量的利益團體。

4. 道德上，身心障礙者是行使權利與責任的積極公民。

5. 服務使用者有權選擇其服務提供者並直接付費。

6. 服務使用者有權終止服務提供者的服務。

7. 服務提供者界定服務關係非以特定任務項目視之，而是以完整的服務目標為之。

8. 服務使用者轉換服務提供者時，能立即得到其他的服務承諾。

9. 服務提供者決定其所期待的服務如何被提供。

除了觀點的進步外，國際組織對身心障礙者的政策主張，深深地影響各國的社會政策。例如，1993年聯合國提出「障礙者的機會均等標準規則」（The Standard Rules on the Equalization of Opportunities for Persons with Disabilities）影響到各國的身心障礙政策，如瑞典於1994年指派障礙監察官（Disability Ombudsman）負責障礙者的申訴。2000年瑞典國會通過「身心障礙者的國家行動計畫」，期望建立一個普遍可接近的社會（universally accessible society）。2006年12月聯合國通過「身心障礙者權利公約」（the Convention on the Rights of Person with Disabilities），世界各國已有超過100個國家簽署（周月清，2008，79-105），將進一步引導各國強化身心障礙者的人權。

據此，以瑞典為例，該國的身心障礙政策就以下列三點為主：（Swedish Institute, 2007）

1. 界定與移除阻礙完全參與和完全平等社會的障礙。

2. 預防與打擊歧視。

3.促進身心障礙者的性別平等，不論是兒童或成人。

這也是周月清（2008，79-105）、王國羽（2008b，106-116）特別強調的「身心障礙者權利公約」給我們的啓示。

參、財務機制與服務模式

Bigby and Frawley（2010）指出晚近身心障礙服務模式在個人爲中心的服務（Person-centred services）的潮流下，若依財務的使用，可以區分爲以下兩個模式：

一、個案管理（Case management）

個案管理發展於1960年代心理衛生的去機構化運動（deinstitutionaliza-tion），大型機構被關閉，精神病人回到社區，需求各種協助，例如：醫療、住宅、就業、社會關係、社區參與等。因此，需要有人結合與安排這些服務資源，以利回到社區的精神病患獲得全人的支持。所以，又稱仲介模式（brokeage model），在於仲介社區資源給服務需求者。這種作法也被運用在美國的健康照護體系，針對需求綜合健康照護的個人或家庭，經由專業人員提供評估、規劃、催化、照護協調、評鑑，以及倡議的過程，使服務資源得以送達需求者手中。其間溝通與資源的取得是關鍵，才能促成服務效果達到與品質的提升。而扮演這個仲介角色的人即爲個案管理者（case manager）。個案管理者不再提供直接服務，而是扮演資源的仲介者。個案管理也被運用於老人長期照顧、身心障礙者服務、早期療育、兒童與少年服務、就業服務、司法矯正服務等領域。

身心障礙者服務的個案管理出現在1980年代末，多重服務需求的身心障礙者透過個案管理者來仲介個人需求與服務提供者。個案管理者扮演以下功能：

1.資訊蒐集、評估、計畫與安排需求的優先順序。

2.配置、發展與協商資源。

3.執行、監控與檢討支持計畫。

身心障礙的個案管理模式在英國常與照顧管理（care management）或服務協調（service coordination）交互使用。其間的差別在於個案管理者兼具治療、資源協調、資源配置、計畫執行與檢討角色。而照顧管理者、服務協調者可能只扮演資源協調、資源配置、計畫執行與檢討角色，也就是身心障礙服務的個案管理應該是完成社會工作者的完整角色；照顧管理、服務協調僅完成其中評估、計畫、管理、評鑑的角色。

二、個人基金模式（Individualized funding models）

個人基金模式比個案管理模式更容許個人選擇與控制自己的服務需求與提供。就是依身心障礙者的需求評估結果，撥給個別身心障礙者一筆可自行運用的預算，由身心障礙者自行決定基金分配於購買服務上。其過程是：

1.政府提供政策、預算、責信。
2.身心障礙者進行計畫、選擇、僱用、付款、管控服務提供者。
3.服務提供者提供各種身心障礙者需求的服務。
4.獨立的仲介（independent brokerage）提供忠告、資訊、技術協助、發展、成本分析、協商與受託執行計畫。
5.配套措施：所得維持方案、證照制度、監控系統、倡議、支持團體、監督。

這就是前述的獨立生活模式、直接支付與個人預算制、以個人為中心的計畫下的產物。2001年以後，英國、澳洲、荷蘭均有試辦這種模式的服務。這是一種將資源配置與資格決定者、服務提供者、服務使用者、服務仲介者分離的模式。政府擔任資格界定者與資源配置者角色，不直接介入服務提供，或減少直接提供服務。但是，必須參與建構周邊配套措施；民間部門則扮演服務提供者的角色；專業工作者扮演服務仲介的角色；而身心障礙者本人則是最了解自己需求的服務使用者、規劃者與服務品質的評鑑者。

　　要實施這個模式，身心障礙者必須有足夠的知識、資訊、能力進行選擇，或是有家庭照顧者的協助，扮演利害關係人的角色；且社會有足夠的倡議與監督機制存在；同時，服務的提供是適足、多元、可及的，足以提供服務使用者選擇。更重要的是政府預算一定要充足，配置要公平，否則很難實現。

第三節　身心障礙服務的使用

　　並非所有有需求的個人或團體都會使用到社會福利服務，通常是使用者少於需求者。一方面因供給不足，產生供需落差；另一方面是主、客觀因素造成需求者被淘汰出局，得不到服務提供。而在輸送過程中，服務品質（例如：服務內容規畫、決策、預算、經費流通、人力資源管理、服務提供等）的提升及服務方式的改變最受到重視（Pery, 1996）。

　　影響服務使用的因素（見圖4-1-2），根據Rosenstock（1966：98）對服務使用模式的研究，從服務使用者對服務的「認知」角度切入，發現服務使用者對本

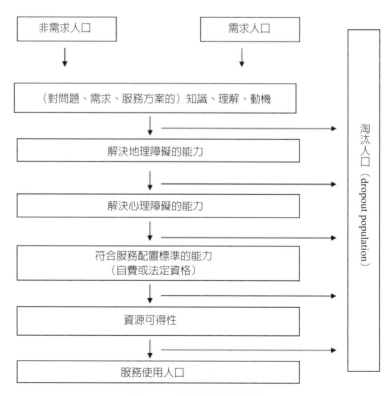

圖4-1-2　服務使用過程圖

資料來源：Gate (1980)

身問題的意識感、對服務效果的認知、相信使用服務可以解決其問題、使用服務的成本較低，都會影響其服務的使用。Suchman（1967）認為服務使用是社區團體與服務使用者本身交互作用的結果，因此影響服務使用的不只是使用者的認知，社區對服務的態度、福利機構本身因素亦扮演重要角色。例如：在低社經或少數民族社區，服務的資訊較不足，對機構服務持害怕懷疑的態度，會傾向尋求親屬、朋友、鄰居等非正式支持，較少使用正式支持網絡的服務。

另外，Gates（1980）則視服務使用是一個克服障礙的過程。個人從意識到問題至真正使用服務，中間會遭遇許多障礙，例如：個人心理障礙、社會障礙、地理障礙等，若無法克服則會從服務輸送體系中被淘汰，而無法獲得服務。

綜合以上，可能影響服務使用的因素與遭遇的障礙包括：個人認知、心理與社會障礙、性別與族群障礙與服務輸送體系內的障礙。

一、個人認知

包括對需求的認知、問題的認知、對福利訊息的認知。個人需求指個人自覺並表達出來的需求，個人意識到問題的存在，需要改變現狀，然自身能力無法處理，必須向外求助。在此階段中，許多研究指出個人首先求助的事「非正式社會網絡」中的成員，如父母、親戚、朋友、鄰居等，非正式網絡扮演「轉介（referral）」福利使用的角色。

二、心理與社會障礙

Gates（1980）指出使用服務的心理障礙有：害怕曝露自己的無能、害怕向朋友或陌生人揭露自己的問題、害怕使用服務所附帶的烙印。而設計不當的服務輸送體系甚至可能強化這些心理障礙。

從單親家庭對接受服務的看法中，McLanahan & Garfinkel（1986）指出「福利」被認為是有害的，因為接受福利會帶來社會烙印，造成福利接受者無助

（helpless）、失去自我控制（loss of control）的感覺。當社會對社會福利持負面的態度時，即會對接受社會福利的人產生烙印，身心障礙者自然會受到這些社區態度的影響。因此身心障礙者對接受福利的看法，會影響其福利的使用。

三、性別障礙

　　Ugerson（1985）認為婦女與社會服務間存在著緊密關係，其關係是雙重的，一方面女性扮演社會服務的主要人力，不只是專業的社會工作者女性化，而且半專業的照顧服務也也是女性占大多數。另一方面，女性也是社會服務的主要服務使用者，因於女性較長壽，成為老人照顧的主要對象；又因於女性與兒童、家庭照顧、家庭暴力高度關連，使女性的社會服務需求比男性為高。

　　此外，女性陷入貧窮的機會遠較男性為高，才會有女性貧窮化（feminization of poverty）的議題（Peirce, 1978；引自Kirst-Ashman, 2007）。又性別歧視（sexism）使女性容易陷入家庭暴力、貧窮、低薪工作中（Karger and Stoesz, 2006）；公共移轉方案又是性別不均的。女性勞動參與率低，致較少女性加入社會安全制度。若有加入社會安全制度也會因家庭照顧壓力而減少投保年資，對其退休給付不利。性別職業區隔（occupational segregation）更使女性從事的職業薪資偏低，或兼職工作，都不利於其投保薪資，使失業、退休、身心障礙給付等均較男性不利。

四、族群障礙

　　少數族群也經常處在無福利（diswelfare）的狀態下，例如：貧窮、單親家庭比率高、勞動參與率低、犯罪率高、住宅條件差、健康條件差、福利依賴率高等（Karger and Stoesz, 2006）。種族歧視（racism）使少數族群很難在主流社會中爭取到較高的政治、社會、經濟地位。這種經驗也往往滲入社會福利的制度設計與服務輸送裡。少數族群集中的偏遠地區，社會服務設施與方案通常較匱乏。再加上文化與語言的隔閡，少數族群的社會服務障礙至為明顯。

　　據此，身心障礙本身已經很容易被歧視，若再加上性別與族群的歧視，將形成多重的接近服務的障礙。

五、服務輸送體系障礙

　　Gates（1980）認為個人能夠意識其問題、克服心理障礙與社會障礙、符合資格標準，仍未必能夠使用到福利，其中關鍵的因素是「資源可得性」。如前所述，目前福利供給與需求之間有相當大的落差，需求量遠高於供給量，在資源有限的情況下，自然有部分人能夠使用服務，另一部分則否。

　　Gilbert & Terrell（2009）指出，當福利資源有限時，福利提供者通常採取「限量配給（rationing）」與「使用者付費」的策略。從供給面與需求面控制資源。

（一）供給面

　　從服務供給面控制資源的策略，首先是以「資格標準」限制可取得福利者的資格，除了政府規定的資格外，再另加條件或以「專業人員評估」作為附加條件；其次是「稀釋服務品質」的策略，例如提供較少時數、較少服務項目、提早結案、以非專業人員替代專業人員等。

（二）需求面

　　從需求面控制資源的策略有：(1)物理環境障礙，地點、環境的障礙，例如：太遠、交通不便、環境惡劣、空間限制等；(2)時間障礙，指利用時間延宕降低需求，例如：排隊等待、拖延服務提供時間、預約時間拉長、複雜化轉介等；(3)社會障礙，例如：減少福利訊息的傳播，提出令人尷尬的問題、貼標籤等。

　　實證研究中，Foster（1983）認為專業人員可能利用其專業裁量權篩選掉棘手的服務使用者，或利用非正式的守門策略（gatekeeping devices）拒絕服務使用者。而Dattalo（1994：25-49）研究美國失依兒童的家庭補助（AFDC）的服

務使用發現，服務輸送體系越分離，服務使用越低；「專業的」服務輸送管道越少，服務使用越低。因為此種服務輸送體系中，服務使用者在尋找資源時，必須花費較多時間、金錢、機會成本（林萬億，1999a）。而就服務輸送系統的整合來說，Gilbert & Terrell（2009）指出片段（fragmentation）、不可近（inaccessibility）、不連續（discontinuity）和無責信（unaccountability）四個服務輸送系統整合的問題。所謂「片段」涉及服務的協調，由於服務未能合理協調，導致服務的地點、特性無法相互配搭，或是產生了服務的重疊。「不可近」是指有需求的服務使用者無法進入服務網絡內。可能是因於服務的資格是依據收入、年齡、成功的潛力或其他的排除條件，而使服務使用者無法申請服務。「不連續」指的則是服務使用者在服務網絡內移動時，會面臨轉銜上的障礙和鴻溝；而「無責信」指涉的則是機構決策者和服務使用者間的關係，例如，服務使用者是否能影響與其相關的決策？決策者是否不夠敏感，或對服務使用者的需求沒有反應。以上這些面向，可提供作為檢視服務輸送系統轉銜合作的重要面向。能提供適足、可及、連續、無接縫、負責的服務才是身心障礙者所寄望。

基於服務輸送的公私伙伴關係與權力下放（devolution），著重地方資源與結合社會團體、地方性的社會服務是當前社會服務發展的方向，然而其所產生的合作和協調的問題卻是服務輸送系統最被詬病之處。Robinson（2007：1-6）指出，這樣的分散化服務系統是立基於四個假設：

1. 地方政府應負起社會服務的責任，並且可擁有相當的自主性決定服務的形式。
2. 中央政府在這樣的體制中，轉移責任和權力給地方。
3. 財政資源能夠結合中央和地稅收來支持地方的社會服務。
4. 地方的行政能力可以足夠支援地方的社會服務。

但是，往往我們在檢視服務輸送系統的整合問題時，卻常發現地方層級是處於權力較勁和財源匱乏的狀態。而服務輸送系統的設計、執行並沒有相對應地在統整結構與必要的經濟基礎上做調整，而造成了服務輸送系統的問題。

服務輸送系統常見的另一問題為城鄉差距。以鄉村地區而言，地方缺乏各類

專業人員提供服務，充分影響鄉村地區的需求滿足。而鄉村地區的地形限制，更限制了健康照顧與資源提供。服務地域性的限制也影響了專業人員倫理維護的兩難議題。小社區因較難確保服務的保密原則而對使用者產生較多的傷害，以致未能直接符合需求者對實際服務面的需求（Judd et al., 2002：771-781）。

據此，澳洲政府提出三種衛生福利服務的輸送，以解決服務輸送問題：

1.衛星式服務：大型機構與小型機構間網絡安排提供定點服務。

2.移動／訪視服務。

3.電訪：運用溝通科技提供遠距門診服務。

服務模式的選擇依據下列指標：

1.地理環境：視地域提供所需的服務，社會經濟劣勢狀況會產生服務密度與距離問題。

2.經濟狀況：基金來源，工作人力缺乏，僱用與維持有能力的專業人員，及既存的設施與適當支持。

3.政治因素：因政府政策，不同的社區需求，及當地人口比例而定。

4.暫時性服務：滿足立即性需求。

如前所述，即使身心障礙者多了選擇機會，Watson, Townsely, & Abbott（2002：367-375）指出身心障礙服務輸送仍有一些障礙，概略可分為「健康照顧輸送障礙」、「社會照顧與教育輸送障礙」、「家內與社區中的輸送障礙」與「資訊障礙」四類討論：

1. 健康照顧的輸送障礙

包含：(1)銜接不良的新生兒出院安排，社區內健康照顧服務常處於尚未準備好的狀態，出院醫院也通常並未通知社區機構，使身心障礙的新生兒帶著複雜的健康需求返回社區，卻未能獲得適切的照顧；(2)高科技的醫療設備仍普遍缺乏，家庭得不到足夠的支持以協助他們照料孩童；(3)急性醫療資源與社區健康服務間連結的薄弱，社區裡的健康照護人員經常缺乏經驗來提供服務給此類需求的家庭，更甚於此的是現有的特殊專業團隊仍相當有限，不足以負荷提供協助社

區專業人員的需求。

2. 社會照顧與教育的輸送障礙

非父母照顧者的權利義務尚未法制化，使得非父母的照顧者缺乏管道獲得即時的訓練資源以增進照顧知能；而且，政策方針在此方面的引導與規劃仍然相當缺乏，無論是非父母照顧者的訓練與服務提供資源來源、提供者各方面，都在尚待釐清之中。

3. 家內與社區中的輸送障礙

包括：(1)家庭成員隨著身心障礙孩童而來的龐大身心負荷，他們需要的往往不限於照顧技能或資源的獲得，尚有照顧負荷的抒解等，須整合式的家庭照顧管理服務；(2)此外，這些家庭在社區中孤立與隔離的處境，亦是服務可近性的阻礙；(3)是社會工作者時常無法提供家庭照顧者需要的情緒支持，因專業人員常將情緒支持的義務歸於非正式人際網絡；(4)身心障礙兒童家庭的就業與貧窮的高風險，亦會造成獲得服務的劣勢；(5)相關研究發現身心障礙兒童的家長相信若擁有較佳的居住環境，則可減少對服務的需求，然而多數的身心障礙兒童居住於不適宜的環境中，同時意味著不利於照顧者養育的居住條件。

4. 資訊障礙

包含資訊的缺乏與錯誤的資訊等。

5. 理想與現實的差距

服務輸送過程中，服務使用者與提供者也有可能產生理想與實際的差距如下：(1)忽略服務資格些許不符但卻有急切需求的使用者；(2)有些服務輸送系統明知有長期問題存在，但卻缺乏完備的評鑑與階段性監控系統；(3)服務提供者過多的個案負荷量，影響服務品質；(4)資源的缺乏使服務提供者無法提供最好的服務給使用者，而製造負面的壓力氣氛；(5)專業機構間缺乏分享合作的視野（Kaner et al., 2003：519-527）；(6)同時，由於案量太大與工作習性，服務提供者常以書面方式溝通，造成與服務使用者間的距離拉大。

以上種種，都是身心障礙者服務亟需克服的障礙。尤其是身心障礙者受限

於智力、語言、視覺、聽覺、肢體、行動的障礙，比其他社會福利服務使用者更甚，更需要加強服務輸送障礙的排除。而許多降低服務障礙的設施，往往只是供評鑑之用，例如：公共部門或身心障礙服務機構在入口處設有身心障礙者的服務按鈴，但是，卻常被停靠的機車、貨物擋到；手語翻譯人手不足，需要用到時，卻找不到；專業人力不足無法進行家庭與社區外訪等；許多服務項目的服務供給量不足，空有名目，難以滿足需求。

參考書目

一、中文部分

王國羽（2008）聯合國身心障礙者權利公約對我國的啓示。社區發展季刊，123期，頁106～116。

林萬億等（1997）社會福利公設民營模式與法制之研究。內政部委託研究。

林萬億（1999）社會福利民營化—停看聽。編入林萬億主編《臺灣社會福利的發展—回顧與展望》。臺北：五南。

林萬億（2010）社會福利。臺北：五南。

林萬億（2013）當代社會工作：理論與方法。臺北：五南。

周月清（2008）身心障礙者權利公約。社區發展季刊，123期，頁79～105。

黃源協（2002）後民營化時代的身心障礙福利機構管理—最佳價值與標竿計畫的實踐。社區發展季刊，97期，頁80～105。

二、英文部分

Azarnoff, R. S. & Seliger, J. S. (1982). *Delivering Human Services*. NJ: Prentice-Hall.

Batavia, A. (2002). Consumer Direction, Consumer Choice, and the Future of Long-Term Care. *Journal of Disability Policy Studies*, 13:2, 67~73.

Bigby, C. and Frawley, P. (2010). *Social Work Practice and Intellectual Disability*. Basingstoke: Macmillan.

Bissell, M. (2000). Socio-Economic Outcomes of Teen Pregnancy and Parenthood: a review of the literature, *The Canadian Journal of Human Sexuality*, 9:3, 191~204.

Bullen, E. & Kenway, J. (2000). New Labour, Social Exclusion and Educational Risk Management: the case of 'gymslip mums', *British Educational Research Journal*, 26:4, 441~456.

Chakrabarti, S. (2011). *Supporting People: towards a person-centred approach*. Bristol: Policy Press.

Cocca, C. (2002). From Welfare Queen to Exploited Teen: Welfare Dependency, Statutory Rape, and Moral Panic, *NWSA Journal*, 14:2, 56~79.

Collins, Mary E. et al., (2000). Teenage Parents and Welfare Reform: findings from a survey of teenagers affected by living requirements, *Social Work*, 45:4, 327~338.

Cummins, R. A. (2001). The Subject Well-Bing of People Caring for a Family Member with a Severe Disability at Home: A Review. *Journal of Intellectual & Developmental*, 26:1, 83~100.

Dattalo, P. (1994). Agency and Community Characteristics Associated with Level of AFDC Client Use of Social Service. *Administration in Social Work*, 18:4, 25~49.

Dychawy-Rosner, I. (2008). Swedish Approach to Services for People with Development Disabilities. *TILTAI*, 3, 39~46.

Debord, Karen et al., (2000). Understanding a Work-Family Fit for Single Parents Moving from Welfare to Work, *Social Work*, 45:4, 313~324.

Fives, A. (2008). *Political and Philosophical Debates in Welfare*. NY: Palgrave.

Fitzpatrick, T. (2001). *Welfare Theory: an Introduction*. NY: Palgrave.

Foster, P. (1983). *Access to Welfare: An Introduction to Welfare Rationing*. London: Macmillan.

Friedmann, J. (1992). *Empowerment: the politics of alternative development*. Oxford: Blackwell.

Galbraith, J. (1958). *The Affluent Society*. NY: Mentor Books.

Garfinkel, I. and Mclanhan, S. (1986). *Single Mothers and Their Children.: a new American dilemma.* Washinton, D. C.: The Urban Institute.

Gates, B. (1980). *Social Program Administration: The Implementation of Social Policy*. NJ: Prentice-Hall.

George, V. & Wilding, P. (1994). *Ideology and Social Welfare*. London: RKP.

Gilbert, N. & Terrell, P. (2009). *Dimensions of Social Welfare Policy*. 6th ed. Boston: Allyn & Bacon.

Glasby, J. (2007). *Understanding Health and Social Care*. Bristol: the Policy Press.

Himmelweit, S. (2004). Dialogue on Lone Mothers: What is to be done, *Feminist Economics,* 10(2), 237~264.

Johnson, N. (1999). *Mixed Economies of Welfare: A Comparative Perspective.* London: Prentice Hall Europe.

Johnson, N. (1987). *Welfare State in Transition: the Theory and Practice of Welfare Pluralism*. Brighton: Wheatsheaf.

Judd, F., Fraser, C., Grigg, M., Scopelliti, J., Hodgins, J., Donoghue, A., & Humphreys, J. (2002). Rural Psychiatry Special Issues and Models of Service Delivery. *Dis Manage Health Outcomes, 10:12*, 771~781.

Karger, H. J. and Stoesz, D. (2006). *American Social Welfare Policy: a pluralist approach*. 5th ed. Boston: Pearson.

Kamerman, S. B. (1983). The Mixed Economy of Welfare: Public and Private, *Social Work*, 28(1): 5~10.

Kaner, E., Steven, A., Cassidy, P., & Vardy, C. (2003). Implementation of a Model for Service Delivery and Organisation in Mental Health Care: a Qualitative Exploration of Service Provider Views. *Health and Social Care in the Community, 11:6*, 519-527.

Kettner, P. and Martin, L. L. (1987). *Purchase of Service Contracting*. Newbury Park: Sage.

Kirst-Ashman, K. (2007). Introduction to Social Work and Social Welfare: critical thinking perspectives. Belmont, CA: Thomson Brooks/Cole.

Knijn, T.; Martin, C. and Millar, Jane (2007). Activation as a Common Framework for Social Policies towards Lone Parents, *Social Policy & Administration*, 41:6, 638~652.

Kramer, R. (1985). 'The Future of the Voluntary Agency in the Mixed Economy', *The Journal of Applied Science*, 21(4):377~391.

Le Grand, J. and Bartlett, W. (1993). *Quasi-Markets and Social Policy.* London: Macmillan.

Liewellyn, A., Agu, L., & Mercer, D. (2008). *Sociology for Social Workers.* Cambridge: Polity.

Marshall, T. H. (1950). *Citizenship and Social Class and Other Essays.* Cambridge: Cambridge University Press.

McDonald, C., & Zetlin, D. (2004). The Promotion and Disruption of Community Service Delivery Systems. *Australian Journal of Social Issue, 39:3*, 267~282.

Ministry of Health, Welfare and Sport (2004). People with Disability in the Nedtherlands—the government's health and welfare policy.

Morris, J. (1993). Independent Lives: community care and disabled people. London: The Macmillan Press.

Myrdal, A. (1968). *Nation and Family.* Cambridge, Ma: MIT Press.

Oliver, M. (1996). *Understanding Disabilities: from theory to practice.* Basingstoke: Macmillan.

Oliver, M. (2009). *Understanding Disabilities: from theory to practice.* 2nd ed. Basingstoke: Macmillan.

Pinker, R. (1992). Making Sense of the Mixed Economy of Welfare, *Social Policy & Administration*, 26:4, 273~285.

Rawles, J. (1971). *A Theory of Justice.* Boston: Harvard University Press.

Robin, M. (2007). Introduction: Decentralising Service Delivery? Evidence and Policy Implications. *IDS Bulletin, 38:1*, 1~6.

Rose, M. (1986). *The Relief of Poverty 1834-1914*, 2nd ed. Macmillan.

Rosenstock, I. (1966). Why People Use Health Services. *Milbank Memorial Fund Quarterly*, July, p.98.

Sen, A. (1980). "Equality of What?" in The Tanner Lectures on Human Values, v. 1, pp. 197-220.

Stout, B., Hagglund, K. and Clark, M. (2008). The Challenge of Financing and Delivering Personal Assistant Services. *Journal of Disability Policy Studies*, 19:1, 44~51.

Suchman, E. (1967). *Evaluative Research: principles and practice in public service & social action programs.* NY: Russell Sage Foundation.

Swedish Institute. (2007). *Swedish Disability Policy.*

Titmuss, R. M. (1958). *Essays on the Welfare State.* London: Allen and Unwin.

Ungerson, C. (1985). *Women and Social Policy: a reader.* London: Macmillan.

Watson, D., Townsley, R., & Abbott, D. (2002). Exploring Multi-Agency Working in Services to Disabled Children with Complex Healthcare Needs and Their Families. *Journal of Clinical Nursing*, 11, 367~375.

Wilensky, H. L. & Lebeaux, C. N. (1958). *Industrial Society and Social Welfare*. NY: Free Publish.

第二章　身心障礙者的福利

/林萬億

在殘障福利法立法以前，我國身心障礙者的福利，幾乎是以機構收容養護為主，教育與職訓為輔。顯示當時國人對身心障礙者的看法是採隔離主義，眼不見為淨，而主要針對身心障礙者的收容養護機構，也大多是西方基督教會與天主教會來臺所創設。

1980年的殘障福利法中明示殘障福利由消極的養護，轉變為積極的扶助；並期待殘障人口能自立更生。然而，從法條中發現，該法所規定的殘障福利事項，除了福利身分界定外，大多數已在1980年代以前就有了。質言之，當時的殘障福利法的宣示意義大於實質。即使有殘障福利法存在，殘障者的權益仍然沒有受到普遍的保障。

1990年的修法，首次納入強制無障礙環境、定額僱用制的規定。1997年4月殘障福利法第3度修正，擴大為65條，並更名為「身心障礙者保護法」，專章列有醫療復健、教育、就業、福利服務、福利機構等，並明確劃分主管機關與目的事業主管機關的權責。2007年6月5日完成立法的身心障礙者權益保障法，才視身心障礙者為獨立自主的個體，與一般人一樣享有相同的權益。除修正各專章名稱，彰顯政府保障身心障礙者健康權、教育權、就業權、經濟安全、人身安全的決心外，對於個別身心障礙者的特殊需求，則給予支持服務。此外，為能符合國際潮流趨勢，該次修法更有數項重大變革，強調以就業、教育機會的提升，增進身心障礙者的生活品質，不再偏重金錢補助，以積極的福利取代消極的救濟等，另參採聯合國世界衛生組織（WHO）頒布的國際健康功能與身心障礙分類系統（ICF），定義身心障礙者為其身體系統構造或功能有損傷或不全，且因此影響其社會功能者，以正本清源，明確區辨服務對象，俾因應身心障礙者確切之需求，提供適切服務。

關於身心障礙者的社會福利，Lightfoot（2009）在討論美國針對身心障礙者的社會政策時，將之分為幾個重要的方案：反歧視立法、所得維持、社區與住宿照顧、教育、就業。而Bigby and Frawley（2010）以澳洲、英國為例，針對智能障礙者的社會工作提出幾項立法與管制策略，包括反歧視政策、身心障礙行動計畫、發展社區組織能量、建構社會網絡。在本書中已將身心障礙者的教育、

就業、輔具、無障礙環境獨立成章討論。本章就針對其他重要福利項目加以闡
述。

第一節　反歧視

壹、美國的反歧視立法

美國於1990年的美國身心障礙者法案（Americans with Disabilities Act, ADA）納入反歧視條款，是世界上第一個立法對抗歧視身心障礙者。在此之前，有一些州已通過反歧視立法。反歧視立法是逐步到位的，首先是美國聯邦於1968年導入建築障礙法案（The Architectural Barriers Act），規定聯邦建築物或承租建物必須讓身體障礙者可接近。

而1973年的復健法案（Rehabilitation Act）第504條規定：「沒有任何美國認定的個別身心障礙者會因障礙理由被排除於參與之外，被拒絕給付，或被任何接受聯邦政府補助的方案或活動所歧視。」該法條規範來自聯邦政府預算補助的任何方案或活動必須納入身心障礙者，包括合理地僱用身心障礙者、讓所有國民均能接近這些方案或活動，保證新的建築物必須讓身心障礙者可接近。這是首次見到聯邦政府立法保障身心障礙者。但是，該條並沒有立即被落實。直到1977年，身心障礙者到美國「健康、教育與福利部」靜坐抗議，萌芽了美國身心障礙者運動，政府才執行該法條。從公民權利運動的角度來看，復健法案帶動了美國身心障礙者權利運動。此後，一些州層級的立法也加入反歧視身心障礙者條款。

接著，1984年的老人與殘障投票無礙法案（The Voting Accessibilities for the Elderly and Handicapped Act）強制規定投票所要能使老人與障礙者便利投票。1986年的航空器接近法案（The Air Carrier Access Act）禁止航空公司歧視身心障礙者。1988年，公平住宅法修正（The Fair Housing Act Amendments），增加保護身心障礙者免於被居住歧視。但是，這些分別的立法很難落實讓身心障礙者免於被歧視。

1990年美國身心障礙者法案在兩大政黨與身心障礙者團體支持下通過。該

法主要內容如下：

一、定義身心障礙者

　　美國身心障礙者法案定義身心障礙者為：1.任何個人有身體或心理損傷（impairment），導致一個或數個主要的生活功能受到實質上的限制，例如：行、說、聽、或學。2.任何個人有損傷紀錄，例如，損傷歷史和已不復見到損傷或無法歸類為損傷。3.任何個人被歸類為有以下損傷：該損傷雖無實質上的限制，但是被認為有限制。

　　美國身心障礙者法案並沒有特定的表列損傷清單，且是以個人為基礎的身心障礙定義。然而，該法案已足以涵蓋那些沒有實質限制的身心障礙，例如，顏面損傷。該法也特別將某些特殊人格納入，例如：物質濫用者、性行為疾患者，包括：戀童癖、暴露狂、窺視狂、強迫賭博症、竊盜狂、縱火狂等。該定義就成為一般美國聯邦政府與州政府共同遵循的定義。

二、就業

　　美國身心障礙者法案首先要阻止的歧視是就業，規定僱用15人以上的事業單位不得歧視身心障礙者。依據該法，任何身心障礙者具有完成某種功能所需的知識、技巧、能力與資格者均不得歧視之。企業不得在僱用、補償、訓練、升遷、終止僱用上對身心障礙者有歧視。同時，規定雇主必須提供合理的空間以利身心障礙者執行工作，例如：調整工作環境、改變工作程序、重組工作責任、或提供合格的解說。

三、公共服務

　　美國身心障礙者法案禁止任何州、地方政府於提供公共服務時對身心障礙者有歧視行為；也禁止任何形式的公共運輸工具對身心障礙者有歧視對待。州與地方政府必須合理地調整其政策、實施、程序，以及進行非根本改變該項服務本質的修正。州與地方政府不得對身心障礙者遂行就業歧視。進一步，任何新的建築

物必須是可接近的。最後，強制政府的服務也必須讓身心障礙者易於接近。

四、公共空間（public accommodation）

　　公共空間包括任何私人企業或組織擁有運作作爲公共空間的地方，例如：零售商店、餐廳、劇院、旅館、醫院、博物館、休閒設施、私立學校、治療院所、公園、日間托顧中心等。但是私人俱樂部、私人宗教組織不適用。上述這些公共設施，必須合理地修正以利身心障礙者平等地接近利用，包括其政策、實施與程序。但以非根本改變該項服務本質爲原則。該公共空間必須提供身心障礙者一個具整合設施的物品與服務。既有的設施，不論是建築上、結構上，或是溝通上的障礙必須被移除；且要增加溝通的支援，消除一切具歧視的服務資格標準，且所有新的建築設施必須是可近的。

五、電信（Telecommunication）

　　該法要求所要電信業者提供聽障者相當功能的設備，以利溝通。實施上，爲了減除電信溝通障礙，各州必須建置聾人公共電信設備（Telecommunication Devices for the Deaf, TDD），並提供電信轉接服務（Telecommunication Relay Services, TRS），俾利聽障者經由電話溝通。

貳、澳洲的反歧視立法

　　澳洲聯邦反歧視立法包括以下內涵：（Bigby and Frawley, 2010）

　　1.盡可能地消除一切加諸在身心障礙者生活各領域上的歧視。

　　2.實際上，保證身心障礙者在法律之前人人平等，成爲社區的一份子。

　　3.促進社區了解與接納身心障礙者，以利其擁有社區生活的基礎權利。

　　1992年澳洲的反歧視立法包括直接與間接歧視。直接歧視（direct discrimination）是指在相同情境下對待身心障礙者比對待其他人較不受歡迎，例如：拒

絕租屋給身心障礙者、在同樣條件下不提供就業機會給身心障礙者等。這是不給身心障礙者平等的機會。間接歧視（indirect discrimination）是指採「一體適用」（one size fits all）的政策，排除或不利於身心障礙者。例如：銀行開戶手續必須由本人簽名始完成、公用電話筒必須用常人的手指撥號、陪同無法自行移動的身心障礙者進入電影院必須額外付費等，都是間接歧視身心障礙者。

參、瑞典的反歧視法

1994年瑞典通過支持與服務功能損傷者法案（Support and Service for Persons with Certain Functional Impairments , LSS），提供最大機會給身心障礙者獨立生活的可能：保證其能擁有平等的生活條件、充分參與社區生活。提供服務的形式包括：日常生活的個人協助、諮商、住宅特殊服務、協助身心障礙者家長等。但是，該法案如其名並未涵蓋所有身心障礙者。於是，2009年瑞典通過歧視法案（The Discrimination Act）強化法律保護任何可能被歧視的個人，例如：性別、跨性別身分認同、種族、宗教、信仰、性取向、年齡、身心障礙，以及被一分為二者。該法案課以政府責任採取積極行動，以關切就業生活與教育體系。禁止就業、教育，以及社會的各個領域的歧視。公平監察官（The Equality Ombudsman, DO）負責該法案的執行。

肆、臺灣的反歧視立法

臺灣雖然沒有單獨的反歧視立法，但是在身心障礙者權益保障法第16條規定「身心障礙者之人格及合法權益，應受尊重及保障，對其接受教育、應考、進用、就業、居住、遷徙、醫療等權益，不得有歧視之對待。公共設施場所營運者，不得使身心障礙者無法公平使用設施、設備或享有權利。公、私立機關

（構）、團體、學校與企業公開辦理各類考試，應依身心障礙應考人個別障礙需求，在考試公平原則下，提供多元化適性協助，以保障身心障礙者公平應考機會。」

第39條亦規定「各級政府機關、公立學校及公營事業機構爲進用身心障礙者，應洽請考試院依法舉行身心障礙人員特種考試，並取消各項公務人員考試對身心障礙人員體位之不合理限制。」

第40條第1項也規定「進用身心障礙者之機關（構），對其所進用之身心障礙者，應本同工同酬之原則，不得爲任何歧視待遇，其所核發之正常工作時間薪資，不得低於基本工資。」

第82條更規定「直轄市、縣（市）主管機關、相關身心障礙福利機構，於社區中提供身心障礙者居住安排服務，遭受居民以任何形式反對者，直轄市、縣（市）政府應協助其排除障礙。」

除了身心障礙者權益保障法之外，住宅法第45條亦規定「居住爲基本人權，任何人皆應享有公平之居住權利，不得有歧視待遇。」第46條也規定「任何人不得拒絕或妨礙住宅使用人爲下列之行爲：

1. 自費從事必要之居住或公共空間無障礙修繕。
2. 因協助視覺功能障礙者之需要而飼養導盲犬。
3. 合法使用住宅之專有部分及非屬約定專用之共用部分空間、設施、設備及相關服務。」

此外，就業服務法第5條也規定「爲保障國民就業機會平等，雇主對求職人或所僱用員工，不得以種族、階級、語言、思想、宗教、黨派、籍貫、出生地、性別、性傾向、年齡、婚姻、容貌、五官、身心障礙或以往工會會員身分爲由，予以歧視；其他法律有明文規定者，從其規定。」

教育基本法第4條亦揭櫫「人民無分性別、年齡、能力、地域、族群、宗教信仰、政治理念、社經地位及其他條件，接受教育之機會一律平等。對於原住民、身心障礙者及其他弱勢族群之教育，應考慮其自主性及特殊性，依法令予以特別保障，並扶助其發展。」可見臺灣的反歧視立法已照顧到諸多面向。

　　這些反歧視立法是臺灣過去發生過若干次嚴重的弱勢民眾被社區排斥的居住權、參與權、就業權剝奪事件的累積反應。首先是早在1983年，第一兒童發展中心受到臺北市信義路楓橋新村居民歧視抗爭。社區居民以暴力抵制發展遲緩兒童日間照護中心的一連串抗議行動，包含阻撓日照中心的建築工程、不讓第一兒童發展中心的工作人員進入社區、破壞中心的設備，甚至恐嚇威脅工作人員們的生命安全等。此事件充分顯示當時臺灣社會對身心障礙者的歧視與排斥。為了回應社區的強烈抵抗，7位日照間顧中心的家長代表帶著超過500人聯署的請願書向當時的總統蔣經國先生請願，要求政府保障他們孩子的權利。這是臺灣第一次由智能障礙者家長爭取障礙者權利的公開集體行動（張恆豪、顏詩耕，2011）。

　　事隔二十多年後，臺灣社會仍在原地踏步，社區居民用盡各種方法要將身心障礙機構或團體趕出社區。臺北市政府社會局在2002年10月招標委託育成社會福利基金會辦理健軍國民住宅的社區家園，作為身心障礙者的生活園地，卻遭到國宅住戶激烈抗爭，社會局多次協調無果，最後甚至動用警力站崗，才能讓社區家園裝潢。2002年12月，桃園縣啓智技藝訓練中心買了桃園中壢市「官邸社區」的兩戶房舍，要讓可以自主生活的身心障礙者居住，但入住不到3天，就被鄰居將其強拖出門，甚至被毆倒地。

　　2003年1月15日殘障聯盟指控花蓮海洋公園以安全理由禁止沒有監護人陪同的身心障礙者等入園，明顯歧視殘障者。交通部觀光局遂責請花蓮縣政府行文海洋公園，應確實依照消費者保護法、身心障礙者保護法的規定，修正原訂的入園注意事項。

　　接著，收容愛滋病友與帶原者的「臺灣關愛之家」，2005年6月17日，由三重遷往臺北市文山區再興社區。因消息曝光，遭社區居民以懼怕傳染愛滋病為由，要求須儘速遷離，居民並向法院提出限期搬離訴求，臺北地方法院一審判決「關愛之家」敗訴，須在三個月內遷出，全案可上訴。當時本文作者正擔任政務委員，在審議「人類免疫缺乏病毒傳染防治及感染者權益保障條例」時，網路信件被社區居民干擾灌爆，仍依時程審議通過，並送立法院於2007年7月修正通過反歧視愛滋病患條款。高院才改判「關愛之家」勝訴定讞，再興社區不得以規約

拒絕愛滋病患居住在社區。

　　臺北縣康復之友協會的新莊工作坊歷經兩年的爭取，終於在2006年2月獲得立案執照，得以經營精神障礙者職業復健服務。但當時，社區居民仍進行著激烈的抗爭，他們將鮮豔的油漆潑在其鐵捲門上，猶如精神障礙者穿戴在身上揮之不去的汙名一般，顯示精神障礙者走回社區、邁向就業是如何舉步維艱。

　　這些案例凸顯反歧視立法的重要性。然而，不只是身心障礙者、愛滋病人會受到社區居民的排斥。不論購屋或租屋，遊民、老人、家暴受害者也常被拒絕租屋，理由是怕髒、亂、病、死等。此外，擔心房價下跌也是關鍵。甚至，連內政部規劃的5處社會住宅基地，於2010年底公布後，也屢屢被鄰近居民以會拉低房價為由抗爭。

　　即使，身心障礙者權益保障法於2007年6月修正通過。歧視身心障礙者的案例仍層出不窮。2011年的第二個周末，一群身心障礙朋友相約到麥當勞臺北市光復店吃漢堡，但卻因為門口的幾個階梯障礙，讓這群身心障礙朋友在寒風中，罰坐在門口不得其門而入。這群身心障礙者中，有一位坐輪椅的小女孩，和坐在店內的小朋友對望，小女孩說，她很想可以進去吃麥當勞。其實，這次相約聚餐，事先都有將訊息傳送給麥當勞公關，並確認公關有收到訴求信，然而即便是事先的提醒，麥當勞高層仍舊無視於身心障礙者「顧客需求」，當天僅派出店內工作人員在門口「服務」身心障礙者，事先完全不準備，連「斜坡道」都是臨時去其他商家借來，借來的斜坡道也無法發揮功能，簡直是白忙一場。無法進門用餐的身心障礙朋友，在門口喊著「吃漢堡、喝可樂，階梯讓我不快樂！」時，卻引來店內一位用餐的男子不滿，除了破口大罵外，更與抗議的身心障礙者拉扯、動手。

　　2011年3月31日家住臺南的蔡小姐是位身心障礙者，從臺南火車站搭車前往林鳳營站，未料林鳳營站王姓副站長當著她的面大喊：「殘障的又來了」，還揚言應公告「禁止輪椅殘障的來」。蔡小姐寫下事發經過上網後，引起其他身心障礙者的憤怒，4月3日集齊臺南火車站抗議，還搭車到林鳳營站，親自體驗臺鐵的「無障礙」措施做得如何？事後，臺鐵除了對王姓副站長記過處分，並由臺鐵

運務處長率領段長、站長到現場服務身心障礙者。王姓副站長也手捧鮮花行九十度鞠躬向蔡小姐說「對不起」，但未被接受。身心障礙者希望臺鐵改變心態、改善無障礙設施，「這已不是一個人的問題，是臺鐵的問題」。

2011年5月臺灣警察專科學校第30期專科員警班的招生簡章，明明白白的寫著複試項目，包括體能測驗與口試標準，體能測驗中有一項是全身各部無紋身或刺青者，口試標準則把儀容欠端正（包括麻面、有缺陷或頸部以上有嚴重影響觀瞻之黑痣或疤痕、胎記超過二公分以上者）列為不及格。臉上有疤就是儀容欠端正，身上有刺青（即使是在隱密的位置，沒有不雅圖案或字句）就是體檢不合格；這些規定跟能不能成為警專學生，接受警察教育無關，甚至對將來從事警察工作的職能亦無關連，是明顯的五官容貌歧視，可是教育部竟然通過備查，顯然教育單位對「歧視」的認知缺乏敏感度（王幼玲，2011）。

2011年11月2日罹患小兒麻痺的林小姐獨自搭乘國泰航空班機要飛往香港轉機至德國，以行動不便無自理能力又無人隨行為由，登機入座10分鐘後竟被要求下機拒載。事後，臺灣的民航局只說「對於境外航空公司無法可管」。

2013年6月21日麥當勞高雄市右昌店來了一名唐氏症的女子想買冰淇淋，沒想到店家竟認為影響觀感，報警謊稱有「流浪漢鬧場」，要把人趕走，引發網友痛批沒同理心，揚言發動拒吃。隔日臺灣麥當勞公關部襄理表示：「麥當勞不會道歉，歡迎她（指唐氏症女）繼續來用餐。」然而，眼看雪球越滾越大，原本不道歉的麥當勞，經殘障聯盟、唐氏症關愛者協會率工作人員與十多名唐氏寶寶在臺北市臺灣麥當勞總公司聚集抗議，訴求麥當勞要公布店內錄影帶，還原真相；為歧視身心障礙者行為公開道歉，當面向受辱的王女士道歉，進行員工教育，確保不再歧視障礙者。麥當勞公關部始對王女士和她的家人及社會大眾鄭重的、嚴正的致歉。

這些案例凸顯的不只是民眾，包括企業、政府都還很欠缺平等對待多樣性人群的思維。可見，臺灣仍不是一個友善身心障礙者的社會。雖然，法條散見各處，臺灣其實不缺乏反歧視立法，端賴公權力執行與反歧視教育是否徹底罷了。

第二節　經濟安全

壹、社會保險

一、美國身心障礙者的社會保險

1. 社會安全殘障保險（Social Security Disability Insurance, SSDI）

　　社會保險體系是各工業民主國家對身心障礙者的經濟安全保障主體。以美國為例，身心障礙者的經濟安全保障主要是靠社會安全法案（Social Security Act）中的社會安全殘障保險。保障對象是參加社會安全保險的勞工，於未達退休年齡前因失能致無法工作。當1935年社會安全法案剛施行時，殘障給付必須達年齡50歲以上，目前已是適用所有納保的年齡層。給付對象也包括失能勞工的配偶與子女。必須提醒的是，社會安全法案中的殘障定義與美國身心障礙者法案的定義不一樣，社會安全法案定義的殘障是指個人因完全與永久殘障，而不能工作（目前的工作或其他工作）。該項給付屬需繳保費的給付，故無須資產調查。

2. 醫療照顧保險（Medicare）

　　有些身心障礙者也符合醫療照顧的資格要件。醫療照顧也是從1965年開辦。這是一項健康保險，無須資產調查。涵蓋資格是65歲老人、領取前述的社會安全殘障保險或鐵路退休員工保險的殘障給付兩年以上的身心障礙者、腎臟病末期，以及需要器官移植者。給付範圍包括：住院治療（A）、可選擇的補充門診治療（B）、論人計價的醫療照顧計畫（Medicare Advantage plans, MAP）（C）、處方藥（Prescription Drug Plan, PDP）（D）。

二、臺灣的身心障礙者保險給付

　　我國的社會保險屬於職業分立的保險體系，每位國民依職業不同加入不同的社會保險。每一種社會保險的給付額度也不一。到2013年止，國民年金保險、

勞工保險給付已年金化，其餘則還是以殘障等級換算爲基數計算一次給付。而且除了國民年金、勞工保險、農民健康保險已改用新的身心障礙，或失能概念之外，其餘都還停留在殘廢的舊思維裡。

1. 國民年金保險

國民年金的保險給付包含：老年年金給付、生育給付、身心障礙年金給付、喪葬給付、遺屬年金給付5項。此外，爲保障在國民年金保險開辦時，已達65歲以上老人、身心障礙者、55歲原住民得發給老年基本保證年金、身心障礙基本保證年金、原住民給付。依據國民年金法第35條規定，衛生福利部每月發給身心障礙基本保證年金4,700元。

2. 農民健康保險

農民健康保險的保險事故，分爲生育、傷害、疾病、身心障礙及死亡5種；目前僅提供生育、身心障礙給付及喪葬津貼3項現金給付。最新的身心障礙給付標準是100年8月1日內政部會銜行政院衛生署發布「農民健康保險身心障礙給付標準」，並自101年1月29日起施行。

3. 勞工保險

我國的勞工保險給付有普通事故保險，包括：生育、傷病、失能、老年及死亡5種給付。職業災害保險分：傷病、醫療、失能及死亡4種給付。依勞工保險條例53條規定被保險人遭遇普通傷害或罹患普通疾病，經治療後，症狀固定，再行治療仍不能期待其治療效果，經保險人自設或特約醫院診斷爲永久失能，並符合失能給付標準規定者，得按其平均月投保薪資，依規定之給付標準，請領失能補助費。前項被保險人或被保險人爲身心障礙者權益保障法所定之身心障礙者，經評估爲終身無工作能力者，得請領失能年金給付。其給付標準，依被保險人之保險年資計算，每滿一年，發給其平均月投保薪資之1.55%；金額不足新臺幣4,000元者，按新臺幣4,000元發給。

復依勞工保險條例54條規定被保險人遭遇職業傷害或罹患職業病，經治療後，症狀固定，再行治療仍不能期待其治療效果，經保險人自設或特約醫院診

斷為永久失能，並符合失能給付標準規定發給一次金者，得按其平均月投保薪資，依規定之給付標準，增給50%，請領失能補償費。前項被保險人經評估為終身無工作能力，並請領失能年金給付者，除依第53條規定發給年金外，另按其平均月投保薪資，一次發給20個月職業傷病失能補償一次金。

4. 軍人保險

軍人保險給付包括：死亡、殘廢、退伍及育嬰留職停薪4項。殘廢給付規定如左：(1)作戰成殘：一等殘：給付40個基數。二等殘：給付30個基數。三等殘：給付20個基數。重機障：給付10個基數。(2)因公成殘：一等殘：給付36個基數。二等殘：給付24個基數。三等殘：給付16個基數。重機障：給付8個基數。(3)因病或意外成殘：一等殘：給付30個基數。二等殘：給付20個基數。三等殘：給付12個基數。重機障：給付6個基數。前項所列殘廢等級，由國防部定之。

5. 公教人員保險

公教人員保險給付包括：殘廢、養老、死亡、眷屬喪葬及育嬰留職停薪5項。被保險人發生傷害事故或罹患疾病，醫治終止後，身體仍遺留無法改善之障礙，符合殘廢標準，並經中央衛生主管機關評鑑合格地區醫院以上之醫院鑑定為永久殘廢者，按其確定成殘當月之保險俸（薪）給數額，依下列規定予以殘廢給付：(1)因執行公務或服兵役致成全殘廢者，給付36個月；半殘廢者，給付18個月；部分殘廢者，給付8個月。(2)因疾病或意外傷害致成全殘廢者，給付30個月；半殘廢者，給付15個月；部分殘廢者，給付6個月。前項所稱全殘廢、半殘廢、部分殘廢之標準，由主管機關定之。承保機關對請領殘廢給付之案件，得加以調查、複驗、鑑定。

6. 社會保險保費補助

依據身心障礙者權益保障法第73條規定：「身心障礙者加入社會保險，政府機關應依其家庭經濟條件，補助保險費。前項保險費補助辦法，由中央主管機關定之。」據此，依「身心障礙者參加社會保險保險費補助辦法」，對身心障礙

者參加全民健康保險及公務人員保險、勞工保險、農民健康保險、私立學校教職員保險、軍人保險及退休人員保險等社會保險所需自行負擔的保險費，按照其障礙等級予以補助。該項補助經費由戶籍所在地之直轄市或縣（市）政府負擔，但極重度、重度及中度身心障礙者參加全民健康保險之自付部分保險費補助由中央政府負擔。針對身心障礙者健保保費補助：中度以上身心障礙者參加全民健康保險保費由衛生福利部補助二分之一，重度以上身心障礙者全額補助。

貳、社會救助

一、美國的身心障礙者社會救助

1. 補充安全所得給付（supplemental security income, SSI）

美國身心障礙者的經濟安全保障還包括補充安全所得給付，這是一種由稅收支應的資產調查給付，從1974年施行迄今。SSI領取資格必須是65歲以上老人、盲人或其他障礙者。SSI定義身心障礙的兒童與成人不一樣，兒童（18歲未滿）必須是永久性生理或心理損傷，致嚴重功能限制者。而成人身心障礙者的定義是指其從事有薪工作受到實質的限制者。因此，SSI的補助對象是所得受到嚴重的限制，或資源有限。2011年，一位未婚的成年人能得到的SSI補助，其個人每月所得必須不到2,000美元，夫妻則是3,000美元，單親家長與其一位子女則是4,000美元，雙親家庭與一位子女是5,000美元。其資產不計入汽車、房屋與其他生活必需。

2011年，SSI的補助額度是個人698美元，夫婦1,011美元。有些州有自訂的加給，例如，加州自訂州補充方案（State Supplementation Program, SSP），每人每月至多加發171美元，使得老人與身心障礙者每人每月領取總額增加到845美元。許多州，符合SSI領取資格者自動成為醫療救助（Medicaid）與食物券（Food stamps）的領取對象。

2. 醫療救助（Medicaid）

美國的醫療救助是身心障礙者的主要健康照顧方案，建立於1965年。不像社會安全法案與補充安全所得給付般，由聯邦政府執行，醫療救助是由州政府執行，但是，經費來自聯邦與州政府合資，聯邦政府提供部分經費補助與指導原則，州政府可以設定自己的給付資格與額度。州政府至少必須提供聯邦政府所設定的基本健康照顧服務，再依州的財力增加給付項目。聯邦政府所設定的基本健康照顧服務包括：門診、住院、居家健康照護、診斷、治療、護理之家照護等。州政府可額外提供個人協助服務、智障者的中介照顧服務等。醫療救助也是需要資產調查的服務，在美國有32州只要具有SSI領取資格者，就可自動成為醫療救助的服務對象。

二、臺灣的身心障礙者社會救助

依身心障礙者權益保障法第71條規定「直轄市、縣（市）主管機關對轄區內之身心障礙者，應依需求評估結果，提供下列經費補助，並不得有設籍時間之限制：

1. 生活補助費。
2. 日間照顧及住宿式照顧費用補助。
3. 醫療費用補助。
4. 居家照顧費用補助。
5. 輔具費用補助。
6. 房屋租金及購屋貸款利息補貼。
7. 購買停車位貸款利息補貼或承租停車位補助。
8. 其他必要之費用補助。

前項經費申請資格、條件、程序、補助金額及其他相關事項之辦法，除本法及其他法規另有規定外，由中央主管機關及中央目的事業主管機關分別定之。

依立法旨意所謂依需求評估結果是指依家庭經濟條件、身心障礙鑑定結

果、個人社會人口統計特性、環境條件等。不得有設籍限制旨在防範福利不銜接的空窗期，避免生存權利受到威脅。其中最主要的兩項簡述之：

1. 身心障礙者生活補助

依身心障礙者權益保障法第71條規定授權訂定「身心障礙者生活補助費發給辦法」，對家庭總收入及財產符合下列標準之身心障礙者，每月核發生活補助費3,500～8,200元：

(1) 家庭總收入平均分配全家人口之金額，未達當年度每人每月最低生活費2.5倍，且未超過臺灣地區平均每人每月消費支出1.5倍。

(2) 家庭總收入應計算人口之所有存款本金及有價證券價值合計未超過1人時為新臺幣200萬元，每增加1人，增加新臺幣25萬元。

(3) 家庭總收入應計算人口之所有土地及房屋價值合計未超過新臺幣650萬元。

據此，至2013年止，列冊低收入戶之身心障礙者發給「身心障礙者生活補助費」，其中極重度、重度及中度身心障礙者每人每月核發8,200元，輕度身心障礙者每人每月核發4,700元；列冊中低收入戶之極重度、重度及中度身心障礙者每人每月核發4,700元，輕度身心障礙者每人每月核發3,500元。此外，社會救助法第12條規定，對於低收入戶中之老人、懷孕滿3個月之孕婦，以及身心障礙者，主管機關得依其原領取現金給付之金額增加最高不得逾40%之補助。惟為避免救助給付過於優渥，影響工作意願，反而不利其自立與脫離貧窮，亦於社會救助法第8條中明文規定，依本法或其他法令每人每月所領取政府核發之救助金額，不得超過當年政府公告之基本工資。

2. 身心障礙者日間照顧及住宿式照顧費用補助

對於經政府轉介安置於身心障礙福利機構之身心障礙者，其所需日間照顧及住宿式照顧費依據「身心障礙者日間照顧及住宿式照顧費用補助辦法」規定，除低收入戶者由政府全額補助外，對家庭總收入平均未達當年度每人每月最低生活費2倍、3倍、4倍者，依其家庭經濟狀況，分別給予75%、50%、25%不等之

托育養護費補助：身心障礙者年滿30歲或年滿20歲其父母之一方年齡在65歲以上或家中有2名以上身心障礙者，家庭總收入平均未達最低生活費2倍、3倍、4倍、6倍者，分別補助85%、70%、60%、35%。

第三節　社區與住宿生活支持服務

壹、美國的身心障礙者社區與住宿生活支持政策

一、醫療救助豁免（Medicaid waiver）

　　醫療救助除了提供機構的醫療服務外，也包括住宿型機構的資源。1981年起，醫療救助豁免方案出現，稱為居家與社區為基礎的服務（Home and Community-based services, HCBS），授權州政府可以使用醫療救助基金支付身心障礙者的居家與社區為基礎的服務。亦即，聯邦健康與人群服務部（DHHS）豁免某些醫療救助經費，讓州政府可以用在不想將身心障礙者安置在機構中，而代之以在家中受到照顧者，得以獲得以社區為基礎的服務。例如：支付居家健康照護、個人照顧服務、喘息服務、標定個案管理、家庭修繕。但是，這些開銷不得高於機構照顧費用。該項費用補助是需要資產調查的。2003年，就有超過140萬人的身心障礙者使用醫療救助豁免方案。但是，遺憾的是，社區設施不足，至少還有15萬7千位身心障礙者正在等待該項服務。亦即，醫療救助彈性化經費的使用，但是，社區服務設施不足，還是無法真正讓身心障礙者得到社區支持服務（Lightfoot, 2009）。

二、歐姆史提德決策（Olmstead Decision）

　　歐姆史提德決策是關於兩位美國女性的故事。科提思（Lois Curtis）與威爾森（Elaine Wilson）患有心理疾病與發展性障礙，她們志願進入州立的喬治亞區域醫院（Georgia Regional Hospital）精神科就診。在經過一段初步療程結束後，醫療專家認為每位病患都可以準備出院，進入社區為基礎的方案（Community-based program）。但是，幾年後，唯獨這兩位女性仍被拘禁在醫院中。她們就依美國身心障礙者法案控訴醫院，1999年6月22日，美國高等法院判決歐姆史提德對科提思（Olmstead v. L.C）認為不能以身心障礙為由進行不正義的分離，此乃

違反美國身心障礙者法案第二章，最高法院要求公立設施必須提供以社區為基礎的服務給身心障礙者，這些服務必須是合用的、居民不反對社區為基礎的治療，以及公共設施必須提供足夠的空間與資源，以利身心障礙者獲得服務。法官做此判決的基礎有二：（一）是認為機構安置無法永遠保證這些被隔離於社區設施之外的被安置者，是不可能與不值得參與社區生活的。（二）是機構監禁嚴重限制個人每天日常生活，例如：家庭關係、社會接觸、工作選擇、經濟獨立、教育成就，以及文化豐富。

　　為配合歐姆史提德決策，聯邦政府於2001年推出新自由啟動（The New Freedom initiatives）要求州政府提供身心障礙者最少限制的環境與整合的設施。同時，要求州政府必須保證提供相對於機構安置的社區為基礎的服務。

貳、臺灣的身心障礙者社區與住宿生活支持服務

　　依身心障礙者權益保障法第50條規定「直轄市、縣（市）主管機關應依需求評估結果辦理下列服務，提供身心障礙者獲得所需之個人支持及照顧，促進其生活品質、社會參與及自立生活：

　1. 居家照顧。
　2. 生活重建。
　3. 心理重建。
　4. 社區居住。
　5. 婚姻及生育輔導。
　6. 日間及住宿式照顧。
　7. 課後照顧。
　8. 自立生活支持服務。
　9. 其他有關身心障礙者個人照顧之服務。」

再依身心障礙者權益保障法第51條規定「直轄市、縣（市）主管機關應依

需求評估結果辦理下列服務，以提高身心障礙者家庭生活品質：

　　1. 臨時及短期照顧。

　　2. 照顧者支持。

　　3. 家庭托顧。

　　4. 照顧者訓練及研習。

　　5. 家庭關懷訪視及服務。

　　6. 其他有助於提升家庭照顧者能力及其生活品質之服務。

　　前條及前項之服務措施，中央主管機關及中央各目的事業主管機關於必要時，應就其內容、實施方式、服務人員之資格、訓練及管理規範等事項，訂定辦法管理之。」

　　據此可見，臺灣的身心障礙者權益保障法對於身心障礙者的社區生活支持服務規定是相當完整的。舉凡針對身心障礙者的個人支持、家庭支持，以及社會參與支持等。如同反歧視條款一樣，端視執行是否落實了。目前做到的項目大致如下：

一、身心障礙者居家服務

　　自90年度由行政院主計總處設算社會福利經費由各縣市政府辦理身心障礙者居家服務。依身心障礙者權益保障法第50條與第51條規定，居家式服務之法定項目有：身體照顧服務、家務服務、友善訪視、送餐到家、居家無障礙環境及其改善到宅評估、其他相關的居家服務。基本上，各縣市身心障礙者居家服務資源普遍嚴重不足（林萬億，2012）。

二、身心障礙者社區照顧服務

1. 身心障礙者社區照顧

　　本項也是自90年度起設算社會福利經費由各縣市政府辦理身心障礙者社區照顧服務。依身心障礙者權益保障法第50條與第51條規定，社區式服務之法定

項目為：日間照顧、臨時及短期照顧、社區居住、餐飲服務、復康巴士服務、休閒服務、照顧者訓練及研習、其他相關的社區服務。基本上，各縣市身心障礙者的社區照顧服務資源也是普遍嚴重不足（林萬億，2012）。

2. 推展多元社區服務計畫

(1) 推動身心障礙者社區樂活補給站：為促進身心障礙者社會參與及讓其家庭照顧者有喘息機會，中央主管機關自98年度「推展社會福利補助經費申請補助項目及基準」增列補助辦理身心障礙者社區樂活補給站，補助民間單位辦理，提供身心障礙者多元選擇文化休閒、體能活動等課程或園藝、手工藝、簡易代工等技藝陶冶作業活動。2012年有34單位辦理。

(2) 辦理成年心智障礙者社區居住與生活服務計畫：為提供成年心智障礙者多元化居住服務，本計畫於95年試辦結束後，自96年度起已檢討納入中央主管機關推展社會福利補助經費申請補助項目及基準，以協助各地方政府輔導民間機構團體推展辦理。本計畫以組成專業服務團隊方式，協助成年心智障礙者居住生活於社區一般住宅中，居住單位之規模為6人以下，期提供心智障礙者非機構式之居住服務。至2012年止，有67單位，共服務322人。

三、機構式照顧

截至2012年底止，全國身心障礙福利機構計271所，可服務2萬3,813床，已服務1萬9,092人，尚餘兩千餘床，服務使用率80.17%。顯示，機構式照顧並不缺乏。其主要服務項目有：早期療育、日間照顧、技藝陶冶、住宿養護及福利服務等。為因應機構提升服務之需要，每年亦編列經費，依據「衛生福利部推展社會福利補助作業要點及其補助經費申請補助項目及基準」補助機構採小型化、社區化興建（新建、改建、修繕）建築物、充實設施設備、教養服務費、教養交通費補助等相關服務經費，促進身心障礙者利用之可近性與便利性。

四、推展個案管理服務

為使身心障礙者獲得最適當之輔導及安置，各縣市政府經由專業人員之評估，依身心障礙者實際需要，提供身心障礙者諮詢、社會支持、輔導、安置及轉介等服務。本項經費設算社會福利經費由各縣市政府辦理，由各直轄市、縣（市）政府委託民間單位或自行辦理身心障礙者成人個案管理服務，運用社會工作方法，並結合醫療、教育、職訓、福利等相關服務資源，協助面臨多重問題與需求之身心障礙者解決問題並滿足需求。然而，假設服務提供者能相互合作，就會有充足的資源；假設彼此分裂，就不可能正確評估資源的可得性？Moore（1992, 418-423）認為這是一種謬誤的假設，服務的輸送整合是否為解決福利輸送問題的解決途徑？不無疑問。資源不足，個案管理無從發揮功能。

五、生涯轉銜服務

為使地方政府於辦理身心障礙者接受社會福利轉銜有所依循，內政部於94年11月21日函頒「身心障礙者接受社會福利服務轉銜實施要點」，復修訂「身心障礙者生涯轉銜服務整合實施方案」並經行政院社會福利推動委員會於95年6月20日第11次委員會議通過，以促進身心障礙者獲得持續而完整的全方位專業服務，各直轄市、縣（市）政府於97年底，除已依方案規定成立身心障礙者生涯轉銜服務工作小組，並結合轄內勞政、教育及衛生部門共同推動身心障礙者生涯轉銜服務，而內政部亦於100年起依身心障礙者權益保障法第48條授權，研訂身心障礙者生涯轉銜計畫實施辦法，作為相關中央部會及各直轄市、縣（市）政府辦理身心障礙者生涯轉銜服務之依據。

此外，為利相關政府部門、地方專業服務組織之轉銜資料均能透過網際網路進行交換及彙整，達到身心障礙者服務總歸戶、服務無接縫的目標，內政部於97年12月起推廣「全國身心障礙者生涯轉銜個案服務資料管理系統」至各縣（市）身心障礙者生涯轉銜服務單位及基層身心障礙福利機構，各單位持續運用該系統，已達服務無接縫之主要目標。

六、長期照顧

依據民國96年4月行政院核定的「我國長期照顧十年計畫」，年滿50歲以上的身心障礙者也列入長期照顧的服務對象。推估2010年50～64歲身心障礙者有13,121人可以獲得長期照顧服務。身心障礙者的長期照顧有部分服務項目，如居家服務、社區照顧、機構式照顧、輔具服務等已分別提供如上述。未來中高齡的身心障礙者的長期照顧服務將如同老人一樣可獲得較完整的服務。

然而，依據衛生福利部「長期照顧十年計畫：101至104年中程計畫」修正「我國長期照顧十年計畫」如下：(1)預訂103年起將49歲以下領有身心障礙手冊且失能者納入服務對象。(2)擬自104年，依長照服務網計畫，視長照服務資源整備及財源情形，逐步將全失能人口納入。

對於身心障礙者是否納入長期照顧制度，各國作法不同。目前長期照顧制度建立較完善的國家中採社會保險制的國家有：德國的社會依賴保險（Social Dependency Insurance, SDI）、日本的介護保險、法國的長期照顧保險、韓國的長期照顧保險，以及荷蘭的額外健康支出法案（the Exceptional Medical Expenses Act, AWBZ）。其中德國的社會依賴保險不限年齡，只要需求長期照顧者均納入為服務對象。日本的介護保險則是以老人為主要對象，擴及40歲以上的身心障礙者。荷蘭的額外健康支出法案先是以身心障礙者與慢性精神疾病人為主要對象，再擴及老人（林萬億，2010）。

丹麥、瑞典、英國、義大利、奧地利等都是採稅收制的長期照顧體系國家，且其長期照顧制度服務對象都包括老人與身心障礙者（Ležovič and associ-ates, 2008，21-25）。但是，服務設施仍依各自特性發展。

而我國是否適合於長照體系尚未完善建立的階段，將本分屬兩種不同法律與服務體系的老人長期照顧與身心障礙者長期照顧合而為一，實務上看法分歧。分與合各有利弊。主張合者是認為不論是何種原因造成生活自理能力的喪失或退化，都應該給予同樣的長期照顧服務，且有利於推動以社會保險為主的給付制度，讓資源整合，事權統一。反對者認為兩種對象生命歷程不一，老人是因年齡造成身體機能退化而失能，身心障礙者是因身體與結構損傷造成失能或障礙，兩

者明顯不同,其服務模式有異,且長期以來一直如此,不宜混爲一談。只要分別有完善的長期照顧服務,無須強求整合。

隨著長期照顧制度的規劃,身心障礙者權益倡導團體要求行政院將身心障礙者納入長期照顧計畫,然因身心障礙者的權益其實超出長期照顧之外甚多。又配合身心障礙者保護法修正爲身心障礙者權益保障法的修法過程,行政院社會福利推動委員會遂於民國95年底決議推動「我國身心障礙者權益保障白皮書」的制定,於97年6月初擬草案,並已在98年5月底通過。此將身心障礙者的權益保障推動工作統合,以利中長程計畫推動。

比較務實的做法是將兩種不同服務對象的長期照顧體系分別建立完善,若有相通之處則逐項加以整合,保留其差異的服務體系。如此才能眞正滿足各自差異性的需求。

第四節　保護服務

依身心障礙者權益保障法第74條規定「傳播媒體報導身心障礙者或疑似身心障礙者，不得使用歧視性之稱呼或描述，並不得有與事實不符或誤導閱聽人對身心障礙者產生歧視或偏見之報導。身心障礙者涉及相關法律事件，未經法院判決確定其發生原因可歸咎於當事人之疾病或其身心障礙狀況，傳播媒體不得將事件發生原因歸咎於當事人之疾病或其身心障礙狀況。」

復依第75條規定，對身心障礙者不得有下列行為：

1. 遺棄。
2. 身心虐待。
3. 限制其自由。
4. 留置無生活自理能力之身心障礙者於易發生危險或傷害之環境。
5. 利用身心障礙者行乞或供人參觀。
6. 強迫或誘騙身心障礙者結婚。
7. 其他對身心障礙者或利用身心障礙者為犯罪或不正當之行為。

這些規定採納家庭暴力防治法所規範的保護程序，強調身心障礙者是社會的弱勢者，如同兒童一樣，其人身、財產安全應受法律保障。

此外，第81條規定「為使無能力管理財產之身心障礙者財產權受到保障，中央主管機關應會同相關目的事業主管機關，鼓勵信託業者辦理身心障礙者財產信託。」衛生福利部編印有「身心障礙者信託操作實務手冊」供有意辦理財產信託之家長參考。目前配合信託法及信託業法之公布施行，已有中央信託局、中國農民銀行、交通銀行、臺灣銀行、臺灣土地銀行、合作金庫銀行、第一商業銀行、華南商業銀行、彰化商業銀行、華僑商業銀行、上海商業儲蓄銀行、國泰世華商業銀行等55家銀行開辦信託相關業務。

第五節　社區參與

壹、澳洲的身心障礙者社區參與

澳洲的身心障礙者行動計畫（Disability action plan）藉由政府與社區組織的力量，幫助身心障礙者行動無障礙與參與社區生活。這些包括：（Bigby and Frawley, 2010）

1.減少身心障礙者接近貨品、服務與設施的障礙。

2.降低身心障礙者獲得與維持就業的障礙。

3.促進身心障礙者融入（inclusion）與參與社區的障礙。

4.達成對身心障礙者歧視的態度與實踐上具體的改變。

身心障礙者的行動計畫也包括任何組織的活動，例如：治理、公司管理、資訊與溝通、基礎建設、計畫與發展、服務、經濟發展、人群資源、環境管理等，讓身心障礙者在社會生活各面向均能參與自如。

其中，發展社區組織的能量是實現身心障礙者行動計畫的基礎。建構社區組織能量使社區成為調解結構（mediating structures），例如：身心障礙者團體、會社，藉此連結個別身心障礙者與他人，使身心障礙者能參與社區活動與建立個人關係。例如：澳洲維多利亞省（Victoria）的接近所能（Access All Abilities, AAA）就是針對社區發展方案，讓地方政府、體育與休閒團體等，將身心障礙者融入社區活動。其做法是改變團體的治理結構、發展教導身心障礙者體育的訓練方案與技巧、建立整合與分別的競爭項目等。

除此之外，還有計程車談話方案（Talking Taxi program），教導計程車司機如何與身心障礙者溝通，以利計程車載到聽障、語障者時，能溝通無障礙。

進一步，建立社會網絡（social networks）也是重要的媒介。網絡建立幫助身心障礙者將各種服務資源連結。例如：加拿大的計畫生活倡導網（Planned Lifetime Advocacy Network）、澳洲的計畫個人網（Planned Individual Network）。這些大部分是由家長組織所推動的個人網絡。透過這些網絡，讓個別的身心障礙者提升其生活品質，包括：

1. 為其自身倡議。
2. 連結其他社群。
3. 搜尋與監控支持與服務。
4. 花時間在一起。
5. 規劃、夢想、社會化與發現樂趣。
6. 提供一個安全與家人可信賴的感覺。
7. 扮演資源、執行與信託的功能。
8. 提供潛在的執行者與信託者。
9. 隨時通知上線者資訊。
10. 代表與決策的支持。
11. 提供成員論壇的功能。

這是一個身心障礙者互惠與互助的網路社群，通常，這些網絡的建立由家長團體、身心障礙服務提供者建立，也可能由政府補助身心障礙者團體建立。其議題的開發、資訊提供則必須靠身心障礙者加入，始能貼近其需求。至於，維持網絡運作則必須有成員志願加入，才能生生不息。

貳、臺灣的身心障礙者社區參與

依身心障礙者權益保障法第52條規定「各級及各目的事業主管機關應辦理下列服務，以協助身心障礙者參與社會：

1. 休閒及文化活動。
2. 體育活動。
3. 公共資訊無障礙。
4. 公平之政治參與。

5.法律諮詢及協助。

6.無障礙環境。

7.輔助科技設備及服務。

8.社會宣導及社會教育。

9.其他有關身心障礙者社會參與之服務。

前項服務措施屬付費使用者，應予以減免費用。第一項第三款所稱公共資訊無障礙，係指應對利用網路、電信、廣播、電視等設施者，提供視、聽、語等功能障礙國民無障礙閱讀、觀看、轉接或傳送等輔助、補助措施。

前項輔助及補助措施之內容、實施方式及管理規範等事項，由各中央目的事業主管機關定之。

第一項除第三款之服務措施，中央主管機關及中央各目的事業主管機關，應就其內容及實施方式制定實施計畫。」

關於臺灣身心障礙者的社會參與，最可貴的是非政府組織（NGOs）、非營利組織（NPOs）的蓬勃發展。幾乎每一種障別或疾病都有組成全國性的團體，為其倡議發聲，並組成中華民國殘障聯盟。例如：五眼協會、視覺障礙人福利協會、愛盲基金會、視障聯盟、智障者家長總會、啓能基金會、唐氏症關愛者協會、啓智協會、喜憨兒社會福利基金會、第一兒童發展基金會、啓聰協會、聲暉聯合協會、聽障人協會、社區重聽福利協會、學習障礙協會、康復之友聯盟、腦性麻痺協會、自閉症總會、關懷魚鱗症協會、小腦萎縮症協會、唇額裂兒童基金會、黏多醣症協會、無喉者復聲協會、工作傷害受害人協會、肌萎縮症病友協會、脊椎損傷者聯合會、運動神經元疾病病友協會、結節硬化症協會、癲癇之友協會、失智症協會、罕見疾病基金會、陽光社會福利基金會、羅慧夫顱顏基金會、創世社會福利基金會、伊甸社會福利基金會、心路文教基金會、育成社會福利基金會等。

這些身心障礙者團體針對各自障別或疾病的議題進行政策與立法倡導，並進行服務執行監督。有時，他們也會採取複式動員方式，集結不同障別團體相互聲援。同時，殘障聯盟也會適時站出來糾集不同障別團體，爭取身心障礙者的權

益。例如，前述的花蓮海洋公園案、國泰航空公司案、麥當勞歧視唐氏寶寶案等。

這些團體也扮演服務提供者的角色，除了自行募款開發服務項目之外，也承接政府委外服務招標案，包括公辦民營與方案委外。當然，不可避免地會陷入監督者與被監督者的角色兩難中。尤其是家長團體本是倡議政策、立法與服務提供，並監督政府的執行。一夕之間角色轉換，成為服務提供者。而此時，政府反而變成服務執行的監督者、管制者、資源分配者、評鑑者。而這些家長團體的子女仍然是不折不扣的服務使用者。反過來，變成政府代表身心障礙子女在監督其家長。如果這些家長團體沒能好好服務其子女，除了對不起其身心障礙子女外，也很難再要求政府多做些什麼？這是外包政府下的怪現象。

其實，比較正常的狀況是家長團體仍然扮演倡議與監督的角色，政府與民間專業組織扮演服務提供者角色。政府將部分服務外包給民間專業組織提供服務。形成公私夥伴關係，而家長與身心障礙者監督這種夥伴關係的運作。如此一來，才可能要求政府與專業組織提供更好的福利給身心障礙者。而身心障礙者家長團體則如同澳洲的身心障礙者團體一樣，耕耘更多的身心障礙者社區參與方案。

參考書目

一、中文部分

王幼玲（2011）國家考試不應歧視身心障礙者，2011-05-19，中國時報。

林萬億（2010）社會福利。臺北：五南。

林萬億（2012）臺灣的社會福利：歷史與制度的分析。臺北：五南。

張恆豪、顏詩耕（2011）從慈善邁向權利：臺灣身心障礙福利的發展與挑戰，社區發展季刊，133期，頁40～416。

二、英文部分

Bigby, C. and Frawley, P. (2010). *Social Work Practice and Intellectual Disability*. Basingstoke: Macmillan.

Le?ovi?, M. and associates. (2008). Long-term Care in Developed Countries and Recommendations for Slovak Republic. *Cent Eur J. of Public Health*, 16:1, 21~25.

Lightfoot, E. (2009). Social Policy for People with Disabilities, in J. Midgeley and M. Livermore (eds) *The Handbook of Social Policy*, 2nd.ed, Los Angeles: Sage, pp.445~462.

Moore, S. (1992). Case Management and the Integration of Services: How Service Delivery System Shape Case Management. *Social Workers*, 37:5, 418~423

第三章　特殊教育體系

/王華沛

第一節　臺灣特殊教育的起源與發展

臺灣特殊教育的起源，可以回溯到19世紀末期傳教士的引進。這些懷抱宗教熱忱的西洋人，以基督精神對弱勢族群的關愛，把普世的價值帶到這個東方的小島。隨著臺灣島的逐步開發加上日本人治臺的殖民政策，特殊教育也從南到北漸次傳播。臺南、臺中和臺北盲聾學校的設立，印證了此一發展趨勢，也顯示早期特殊教育以視覺障礙和聽覺障礙學生教育為主體的發展軌跡。

回顧臺灣特殊教育百餘年之發展，在發展過程中可概分下列各階段（吳武典，2011）。

一、啓蒙植基期（1889年～1962年）

本階段以特殊教育機構和學校之設立為主：1889年甘為霖（William Campbell）牧師在臺南教堂設立訓瞽堂，開啓臺灣特殊教育之新頁。日治時期稱為臺南盲啞學校，從私立改為公立。臺灣光復後，改為省立臺南盲啞學校（即為國立臺南大學附屬啓聰學校前身），並陸續成立豐原盲啞學校（後分為臺中啓明學校與臺中啓聰學校）。1917年日人在臺北設立木村啞盲教育所（現今改制為臺北啓明學校與臺北啓聰學校）。基督教兒童福利基金會在1956年創立盲童育幼院（現為惠明盲校），是私人興辦特殊教育之典範，也是臺灣現存唯一私立特殊教育學校（教育部，1999）。

二、實驗推廣期（1962年～1983年）

實驗推廣階段乃是一般學校建立特殊技育服務體系的萌芽期，也是特殊教育普及化的濫觴：一般學校開始辦理特殊教育，始於1962年臺北市中山國小試辦啓智班，而後陸續以實驗計畫為名，在屏東縣仁愛國小設立肢體殘障特殊班；1966年實施盲生就讀國民小學混合教育計畫（俗稱盲生走讀計畫）；在高雄市福東國小推行語言障礙兒童教育計畫。1968年頒布的「九年國民教育實施條

例」，第10條規定：「對於體能殘缺、智能不足及天才兒童，應施以特殊教育或予以適當就學機會」。這是我國首次在教育相關法令中明訂對於特殊需求學生的教育保障，雖然教育對象有限，卻也是奠定後續立法保障身心障礙學生就學權益的基礎。

特殊教育專屬法規的頒布，以1970年的「特殊教育推行辦法」具有特別意義。隨之辦理的「全國第一次特殊兒童普查」（1976年），首次調查全臺特殊需求的學生，雖然在障礙類別部分未臻完整，但卻是我國官方第一次擁有特殊兒童的基本資料，得以作為規畫特殊教育師資培育、設班需求和課程研發等參考。

三、法制建置期（1984年～1996年）

經由立法院通過的特殊教育法是確保特教發展的法治基石；1984年我國第一次訂定「特殊教育法」，建置法制規範特殊教育之推動，保障特殊教育學生之學習權益，強化鑑定與診斷評量，並落實多元社區化之安置理念，積極推展各種實驗研究推廣，使身心障礙之國民均能接受適性之教育機會。

1990至1992年間實施「第二次全國特殊兒童普查」，除將年齡層向上擴增至15足歲之學生外，障礙類別除第一次普查的智能、肢體、視覺、聽覺和多重障礙等學童，亦增加了語言障礙、行為異常、學習障礙、顏面傷殘及自閉症等五類；教育部依普查結果於1993年訂定「發展與改進特殊教育五年計畫」，計畫之執行，除擴大接受特殊教育服務學生數量，亦提升特殊教育服務品質，使特殊教育措施全面推展。此時期以法制規範特殊教育之計畫與措施，保障特殊教育學生學習權益。

1995年舉辦全國身心障礙教育會議，完成我國第一份特殊教育白皮書——「中華民國身心障礙教育報告書—充分就學、適性發展」。

四、蓬勃發展期（1997年～迄今）

1997年依據特殊教育白皮書修訂「特殊教育法」，本次修法幅較大：將身心障礙學生之類別擴增爲12類；規範特殊教育行政人員需具有特殊教育專業，保障特殊教育經費占教育經費的比例，身心障礙教育年齡層向下延伸到三歲；學制、課程與教學的彈性、落實最少限制環境原則及提供相關專業服務等。隨之在1998年訂定「發展與改進特殊教育五年計畫」，以提升身心障礙學生發現率、落實多元安置、提供專業輔導及輔助支援等。

爲擴大學前身心障礙兒童服務量並落實早期療育，2003年執行「身心障礙學前五年發展方案」。2001年推動「十二年就學安置計畫」，協助完成國民教育之身心障礙學生自願、免試、就近升學高中職，開啓身心障礙教育向上延伸之新頁。

2007年爲因應12年國民基本教育政策，訂定「十二年國民基本教育—身心障礙學生就學輔導發展方案」，提供國中畢業身心障礙學生順利升學就讀高中職，並以彈性多元安置方式，期能達到免試升學及入學普及化，並落實就學與生活在地化，促進受教機會均等及適性發展。爲推動身心障礙教育學生繼續接受大專教育，積極推動身心障礙學生大專甄試及鼓勵大專校院辦理身心障礙學生單獨招生；並設置資源教室提供各項學習與生活協助，提高學習效果。此階段身心障礙學生從學前、國民教育、高中職及大專教育階段在各項身心障礙教育政策引導下均蓬勃發展。

檢討前階段身心障礙教育報告書及特殊教育發展計畫，開拓更具前瞻之發展方向，教育部於2008年訂頒「特殊教育發展報告書」，並訂定「特殊教育發展五年計畫」，著手修訂特殊教育法，設計優質適性之教育機會，營造優質精緻之教育環境，滿足學生個別之特殊需求，提供多元適性之支持措施，以全面推展適性服務邁向精緻化之特殊教育，乃爲未來特殊教育發展方向與目標（吳武典，2011）。

第二節　特殊教育對象：鑑定與分類

　　我國特殊教育服務對象係依照特殊教育法有關身心障礙學生的鑑定規範，經由特殊教育學生鑑定及就學輔導會（簡稱鑑輔會）確認之學生。在鑑定對象的分類方面，我國與美國和日本等國相類似，也就是通稱爲傳統分類模式。雖然過去三十年來不斷有討論分類的合宜性，甚至主張不分類，統一稱爲「特殊需求學生」（students with special needs）。但是，歷經多次特殊教育法的修訂，仍然未改變分類的模式。

　　現行特殊教育法對於身心障礙學生之分類，第3條規定：「所謂身心障礙者，指因生理或心理之障礙，經專業評估及鑑定具學習特殊需求，須特殊教育及相關服務措施之協助者；其分類如下：（一）智能障礙。（二）視覺障礙。（三）聽覺障礙。（四）語言障礙。（五）肢體障礙。（六）腦性麻痺（七）身體病弱。（八）情緒行爲障礙。（九）學習障礙。（十）多重障礙。（十一）自閉症。（十二）發展遲緩。（十三）其他顯著障礙。」

　　2007年通過之身心障礙者權益保障法新制，有關身心障礙鑑定與需求評估制度於2012年7月11日起實施，其身心障礙類別已由舊制16類別改由新制8類別（簡稱ICF），但2009修訂通過的特殊教育法仍然採行舊模式分爲12類，2013年增列腦性麻痺成爲13類，由於二法分類不同，對於身心障礙者的福利保障和教育需求自然產生若干困擾。

　　比較身心障礙者權益保障法和特殊教育法二者鑑定標準，除智能障礙、肢體障礙、多重障礙及自閉症等大致相同，其他類別在特殊教育法所訂鑑定標準較寬，學習障礙在身權法的鑑定標準中又過於嚴格。ICF與身心障礙學生分類之對照如表4-3-1：

表4-3-1　ICF與身心障礙學生分類之對照表

區分	智能障礙	視覺障礙	聽覺障礙	語言障礙	肢體障礙	身體病弱	腦性麻痺	情緒行為障礙	學習障礙	多重障礙	自閉症	發展遲緩	其他障礙
神經系統構造及精神、心智功能損傷	✓						✓	✓	✓	✓	✓	✓	✓
眼、耳及相關構造與感官功能及疼痛損傷		✓	✓										✓
涉及聲音和言語構造及其功能損傷				✓									
循環、造血、免疫與呼吸系統構造及其功能損傷						✓				✓			✓
消化、新陳代謝與內分泌系統構造及其功能損傷	✓					✓				✓			✓
參與生殖系統構造及其功能損傷						✓				✓			✓
神經、肌肉、骨骼之移動相關構造及其功能損傷					✓					✓			✓
皮膚與相關構造及其功能損傷					✓					✓			✓

資料來源：教育部（2012b）

　　在鑑定執行方面，不同發展階段的特殊需求學生，分屬不同教育行政機關管轄。特殊教育法規定各級主管機關應成立特殊教育學生鑑定及就學輔導會，作為評估及鑑定身心障礙學生之主責單位。學前暨國民教育階段（國小到國中）的鑑定安置工作由直轄市或縣（市）政府負責，高級中等學校則由教育部國民及學前教育署統籌辦理，高等教育階段則由教育部學生事務及特殊教育司負責。

　　根據特殊教育法，各級主管機關為實施特殊教育，應依鑑定標準辦理身心障礙學生之鑑定。此外，規定幼兒園及各級學校應主動或依申請發掘具特殊教育需求之學生，經監護人或法定代理人同意者，依規定鑑定後予以安置，並提供特殊教育及相關服務措施。各主管機關應每年重新評估前項安置之適當性。監護人或法定代理人不同意進行鑑定安置程序時，幼兒園及高級中等以下學校應通報主管機關。主管機關為保障身心障礙學生權益，必要時得要求監護人或法定代理人配合鑑定後安置及特殊教育相關服務。

　　在選擇安置的場所時，障礙的程度並非為唯一的考量，還需根據特教學生的學習能力、社會適應能力、學業成就、家庭需求、家長意願以及社區化等因素來綜合判斷。而且，為避免錯誤安置對學生造成身心的傷害，在安置之後應每年重新評估安置的適當與否，遇有安置不適當的情形，應立即給予重新安置，以期身心障礙學生均能安置在最符合其需要的教育環境，充分發展其潛能。

　　由於身心障礙學生類別多元，在鑑定流程上稍有不同。傳統感官（視聽語）障礙、肢體障礙、身體病弱或多重障礙的學生，通常以醫學診斷結果為主。自閉症除了學校教師觀察外，兒童心智科醫師的診斷也是重要依據。此外，智能障礙、學習障礙和情緒行為障礙則以學校的教育診斷為主，各縣市均成立跨校心理評量小組，由受過專業訓練的特教老師，配合心理師等專業人員進行教育診斷。茲以桃園市辦理國民教育階段身心障礙學生鑑定安置為例，說明其中占多數特殊需求學生的學習障礙類與情緒行為障礙類鑑定流程：

桃園市學習障礙學生鑑定流程

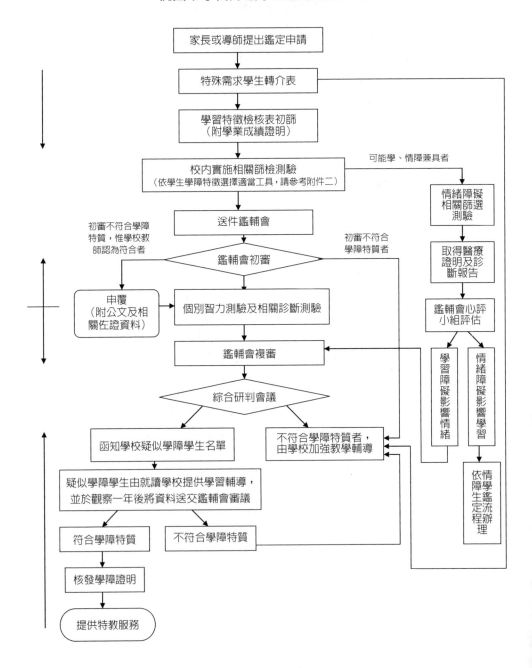

桃園市嚴重情緒障礙學生鑑定流程

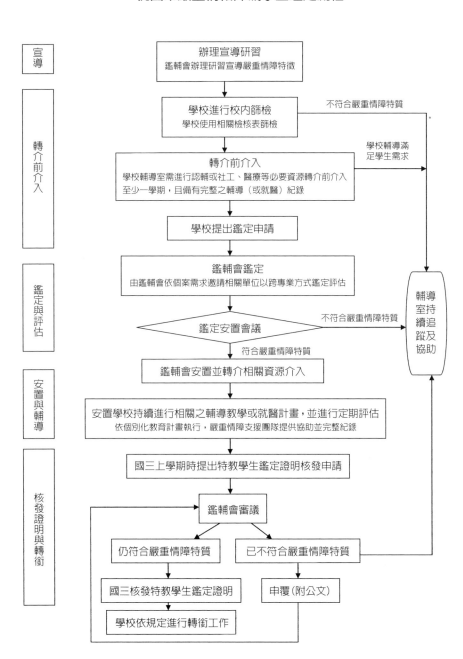

　　各縣市之鑑定流程大致如桃園市的模式，申請方式通常由教師向所屬學校特教業務承辦單位提出，但需經家長（或監護人）同意。家長也可以隨時向學校提出申請；學校為協助學生之鑑定，配合準備以下資料：(1)學生學籍資料卡、輔導紀錄卡、健康檢查紀錄表影本；(2)個別化教育計畫或相關教學輔導資料；(3)相關測驗評量資料（如轉介表、相關測驗、訪談紀錄、觀察紀錄、個人作業）；(4)校內評估意見報告或個案會議記錄等。

　　縣市級鑑輔會所屬工作小組彙齊各項檢附資料後，按梯次或於固定時間安排心評人員至學校或家裡進行鑑定事宜，其鑑定方式為：測驗、觀察、晤談、作業分析、轉介相關專業人員進程評估等。

　　心評人員就鑑定所得到之資料進行分析，完成該個案之評估報告，並針對該個案提出安置建議（包括個案就學所需相關服務），同時心評人員、學生家長、及就讀學校就學生安置環境、相關服務內容初步討論，尋求共識。

　　心理評量工作完成後必須召開鑑定安置會議，鑑輔會開會時間各縣市依照案量的不同而有所差異，某些縣市每月召開。人數最多的新北市每年至少召開四梯次鑑定安置會議，依個案提報日期排入最近之議程。鑑輔會出席人員包括：專家學者、醫師、行政人員、社會局代表、家長協會代表、學生家長、心評人員、提報學校代表、安置學校代表等。

　　鑑輔會彙整鑑定安置會議決議事項並作成紀錄，於會議結束後七日內以公文方式公告相關單位，並請學校針對鑑定安置會議決議結果通知家長。後續學校依據鑑輔會公文安排身心障礙學生報到、設籍、編班，提供適性教育。

　　總之，目前身心障礙學生之鑑定及就學輔導，依其障礙類、健康功能缺損及教育需求，適性安置，提供特殊教育及服務。必要時教育單位須協調衛生福利部提供身心障礙鑑定報告，各主管機關督導鑑輔會依身心障礙鑑定報告所列身體系統構造或功能，有損傷或不全導致顯著偏離或喪失，評估影響學習活動與參與校園生活情形，提供適性特殊教育及相關支持服務，期待ICF分類能與現行特殊教育法之身心障礙學生分類能密切結合。

第三節　特殊教育學制

　　臺灣特殊教育學制採用特殊教育學校與一般學校雙軌並行：在國民教育階段，以融合教育（inclusive education）為原則，因此，絕大多數學生安置於普通學校，並接受特殊教育資源服務，只有少數重度或極重度學生安置於普通學校特教班或特殊教育學校。圖4-3-3為我國當前特殊教育學制。圖中顯示就階段別可分為學前教育階段（學生年齡2～5歲）、國民教育階段（6～15歲）、高級中等教育階段（16～18歲），其年齡階段與普通教育學生大致相同，唯一的區別在於身心障礙學生得以申請延緩入學或是延長修業年限。高等教育階段（19歲以上）並未設置特殊教育學校，身心障礙學生完全融合於一般學校之中。

特殊教育學制

階段別	年齡	特教學校	一般學校	
高等教育	22—19	大專院校		
高級中等教育	18—16	高中職部	高中職【特殊教育班、普通班】	五專
國民教育	15—13	國中部	國民中學【特殊教育班、普通班】	
	12—6	國小部	國民小學【特殊教育班、普通班】	
學前教育	5—2	幼兒部	幼兒園【特殊教育班、普通班】	

圖4-3-3　臺灣特殊教育學制

細究高級中等以下學校，身心障礙學生之安置型態包括特殊教育學校、一般學校集中式特殊教育班、分散式資源班、巡迴輔導、床邊教學及普通班接受特教方案等方式，簡要說明如下：

一、特殊教育學校

特殊教育學校以招收單一類中、重度障礙學生為原則，學校名稱則依類別稱之，故有啓智、啓明及啓聰等學校。啓智學校以招收中、重度智障及多重障礙學生為主；啓明學校以招收重度視障及全盲學生為主；啓聰學校以招收重度聽障或全聾學生為主。1997年公布修正特殊教育法後，專招收身心障礙學生新設立之學校，校名均稱為特殊教育學校，因此，國內現有特殊教育學校共有27所，分為特殊教育學校、啓聰學校、啓明學校、啓智學校及實驗學校。

二、一般學校

從學前到國民教育階段的一般學校，普遍設置有特殊教育班級，其類別包括：集中式特殊教育班、分散式資源班、巡迴輔導、床邊教學及普通班接受特殊教育方案服務等，分別說明如下：

（一）集中式特殊教育班

指一般學校以身心障礙學生為招收對象的特殊教育班，學生進入該班後，一切的活動均在班級內進行。各班學生可能有單一類別，也有混合不同類別學生，包括智障集中式、聽障集中式、肢障集中式、自閉症集中式、多障集中式、不分類集中式及高職特教班等。

（二）分散式資源班

資源班是指接受該種措施的特教學生部分時間在普通班與一般學生一起上課，部分時間到資源教室接受特教教師的小組教學及個別指導。希望身心障礙學生在這種安排下，發揮最大的潛能，並發展社會適應能力順利在一般學校就讀。

　　國內資源班的種類包含單類資源班、跨類資源班二種。所謂單類資源班是指資源班僅提供某類特教學生的服務，如聽障資源班僅服務聽障學生、語障資源班僅服務語障學生等。所謂跨類資源班則是指該資源班提供二類或二類以上特教學生所需的服務，如不分類資源班所服務的對象就包含輕度智障、學習障礙、輕度聽障及弱視等身心障礙學生。

（三）巡迴輔導

　　巡迴輔導是指將特教學生安置於普通班中，但由經過專業訓練的巡迴教師機動性的巡迴有身心障礙學生的學校，到校提供直接服務，或對教師、家長提供諮詢等間接服務。

　　國內最早採取巡迴輔導的安置型態首推1967年起所推行的「視覺障礙學生混合教育計畫」，將視覺障礙學生安排在普通班中由受過專業視障教育訓練的巡迴輔導教師定期前往輔導。

　　此外，基於教育機會均等之理念，政府對於學齡階段（指6至15歲）無法到校接受教育的重度障礙學生，自1987年起提供「在家教育」巡迴輔導措施。接受在家教育措施的學生多為重度智障、重度肢障以及多重障礙，並經各主管機關特殊教育學生鑑定及就學輔導會鑑定無法到學校就學者。1993年起，更擴大至自閉症、植物人以及其他類的嚴重障礙者。畢竟在家教育並非常態性特殊教育安置選擇，教育部規定各主管機關特殊教育學生鑑定及就學輔導會，應每年評估在家教育學生至校上課可行性，以減少在家教育學生數。

　　巡迴輔導型態尚包括床邊教學，其對象為：(1)臥病治療期間在三個月以上，為免學業中斷，影響康復後上學的學習進度；(2)病情嚴重，不宜繼續上學，但須提早準備將來生活適應者；(3)臥病於醫院或療養院中，無法離開病床者。國內早就由臺大醫院社會服務部針對長期臥病學童聘請教師實施床邊教學，1971年起則由臺北市政府教育局指派合格國中小教師各一人長期駐院負責住院學童之教學工作，方式則以個別或小組輔導為主。之後高雄市也仿照臺北市作法提供學齡住院病童床邊教學服務。

（四）普通班接受特殊教育方案

　　就讀普通班未安置於資源班及巡迴輔導以外的身心障礙學生，學校依據評估後設計的個別化教育計畫，提供該生所需要的特殊教育、相關專業服務、教育輔助器材、無障礙環境或行政支援等直接或間接的協助。

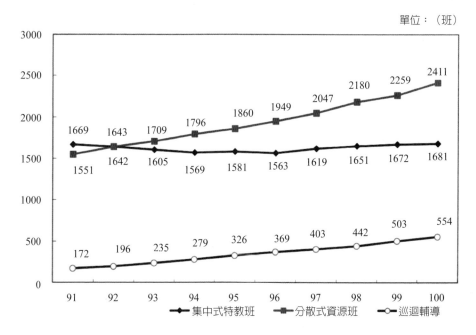

單位：（班）

圖4-3-4　91～100學年度我國一般學校設置特殊教育班概況（教育部，2012a）

　　綜上所述，國內特殊教育安置型態從最早隔離式的特殊教育學校是身心障礙學生唯一的選擇，逐漸擴展到集中式特教班、分散式資源班、巡迴輔導、在家教育、普通班接受特殊教育方案等。而且，從歷年的教育統計資料也顯示，越來越多特教班逐漸轉型為安置輕度障礙學生的身心障礙資源班（如圖4-3-4所示）。由此可見，國內身心障礙學生的安置型態也逐漸朝向聯合國以及國際倡導組織所呼籲的融合教育的方向邁進。

第四節　特殊教育服務人數

　　身心障礙學生的出現率（Prevalence rate）大約在10%左右（郭爲藩，1987）。但是，1976年臺灣進行的第一次全國特殊兒童普查，在6～12歲學童中共有31,053名身心障礙兒童，包含智能、視覺、聽覺、肢體、病弱和多重障礙等六類，出現率僅爲當時全國學童人數的1.321%。1992年完成的「第二次全國特殊兒童普查」，障礙類別增加爲11類，年齡對象擴增爲6～15歲，普查結果共有75,562名特殊兒童，占當年全國學童的2.121%。兩次普查所得資料顯示我國特殊兒童出現率不但遠低於學者推估的數值，與先進國家相較，顯然也是低估（郭爲藩，1987）。

　　第二次全國特殊兒童普查後，教育部成立全國特殊兒童通報網，除建立線上即時查詢資料庫（http://www.set.edu.tw），並且逐年公布統計資料。該資料庫按月由各縣市鑑輔會彙整各級學校身心障礙學生通報資料，故能充分掌握學生概況。以101學年度爲例，根據統計資料全國小學階段身心障礙學生共42,712人，約占國小學童數的2.93%。國中階段有26,418人，約占國中學童數的3.03%，顯示過去二十年間，我國身心障礙學生出現率從2%提升到3%。

　　我國身心障礙學生接受學校教育機會逐年提高，茲就101學年度身心障礙學生人數統計如表4-3-3，依照學前、國民教育、高級中等教育、和大專教育階段簡要說明：

表4-3-3　2012年身心障礙學生統計一覽表

類型	特徵類別	學前	國民小學	國民中學	高中職	總計
身心障礙類	智能障礙	1217	11954	8195	8035	29401
	視覺障礙	74	476	309	455	1314
	聽覺障礙	405	1278	754	877	3314
	語言障礙	501	1268	156	112	2037
	肢體障礙	543	1598	1207	1231	4579
	腦性麻痺	33	126	85	106	350
	身體病弱	295	1507	827	875	3504
	情緒行為障礙	91	2886	1243	1055	5275
	學習障礙	0	11365	8590	6503	26458
	多重障礙	821	3424	2140	1895	8280
	自閉癥	1089	5072	2436	1813	10410
	發展遲緩	8880	-	-	-	8880
	其他障礙	263	1758	476	324	2821
	小計	14212	42712	26418	23281	106623

資料來源：教育部（2012a）

一、學前教育階段

　　101學年度學前教育階段身心障礙學生有14,212人，其中男生有9,996人（70.33%），女生4,216人（29.67%）。以障礙類別而論，發展遲緩類8,880人（62.48%），智能障礙類1,217人（8.56%）次之，自閉症類有1,089人（7.66%），而多重障礙類也有821人（5.78%）。

二、國民小學教育階段

　　國民小學教育階段身心障礙學生有42,712人，其中男生有28,695人

（67.18%），女生有14,017人（32.82%）。其中以智能障礙類11,954人（27.99%）最多，學習障礙類有11,365人（26.61%）次之，多重障礙類也有3,424人（8.02%）。

三、國民中學教育階段

　　國民中學教育階段身心障礙學生有26,418人，男生有17,565人（66.49%），女生有8,853人（33.51%）。智能障礙類有8,195人（31.02%）占多數，學習障礙類有8,590人（32.52%）次之，自閉症類有2,436人（9.22%）。

四、高中職教育階段階段

　　高中職教育階段身心障礙類數23,281人，男生有15,170人（65.16%），女生8,111人（34.84%）。智能障礙人數8,035人（34.51%）仍居多數，學習障礙6,503人（27.93%）次之，多重障礙1,895人（8.14%）又次之。

五、大學教育階段

　　大學教育階段身心障礙學生人數如表4-3-4。

　　101學年度就讀大專院校身心障礙學生數有12,288人。肢體障礙類有2,826人（23.00%）最多，學習障礙類有2,272人（18.49%）次之，身體病弱類有1,320人（10.74%）更次之。在12,288位大專院校身心障礙學生中，男生為7,743人，女生為4,545人，男女比約為5:3。各類障礙人數都顯示男生多於女生，其中除了其他障礙和聽覺障礙男女比較為接近外，其餘障礙均顯示男生遠高於女生。其中自閉症男女人數接近10：1比例較為為懸殊,學習障礙約為7：3,肢體障礙約為8：5。

表4-3-4　2011年大學教育階段身心障礙學生數

人數＼障礙＼縣市	智能障礙	視覺障礙	聽覺障礙	語言障礙	肢體障礙	腦性障礙	身體病弱	情緒行為障礙	學習障礙	多重障礙	自閉癥	其他障礙	總計
新北市	75	140	138	17	263	25	139	96	194	53	138	102	1380
臺北市	63	122	234	23	512	52	244	210	224	53	195	170	2102
臺中市	32	65	129	17	385	10	193	66	213	34	56	115	1315
臺南市	96	58	205	16	268	9	142	57	461	48	46	94	1500
高雄市	47	50	85	27	335	13	200	58	212	43	58	83	1211
宜蘭縣	23	4	8	5	57	7	30	30	48	8	19	13	252
桃園縣	37	34	75	14	189	2	59	42	89	24	56	86	707
新竹縣	23	4	16	4	35	0	20	11	82	6	4	11	216
苗栗縣	53	30	25	6	55	0	23	14	88	13	19	36	362
彰化縣	71	44	51	7	133	1	48	34	203	32	22	39	685
南投縣	14	11	18	3	28	0	16	14	53	5	10	11	183
雲林縣	17	5	72	9	82	1	16	14	35	6	13	38	308
嘉義縣	42	28	29	8	95	2	41	21	58	11	16	33	384
屏東縣	63	20	43	13	148	20	54	26	140	23	31	49	630
臺東縣	3	1	5	4	16	0	5	4	16	1	4	7	66
花蓮縣	40	12	29	2	52	4	18	12	40	17	16	23	265
澎湖縣	0	0	1	0	10	0	4	1	6	0	1	1	24
基隆市	16	7	11	0	37	2	17	14	32	5	23	16	180
新竹市	5	30	28	4	90	4	37	25	46	11	34	28	340
嘉義市	19	2	29	0	23	2	13	10	26	3	7	13	147
金門縣	0	1	2	0	13	0	1	0	6	2	1	5	31
連江縣	0	0	0	0	0	0	0	0	0	0	0	0	0
總計	739	668	1233	177	2826	154	1320	759	2272	398	769	973	12288

資料來源：教育部（2012a）

第五節　當前特殊教育重要議題與挑戰

　　雖然我國特殊教育的發展已經達到一定品質，尤其融合教育的推動更是亞洲國家中名列前茅者，但並不代表我們的身心障礙學生都能得到高品質的學習機會。基於「止於至善」的教育理念，吾人深信臺灣的特殊教育尚有極大的成長空間。以下僅就特殊教育經費運用、在家教育制度、高中職特殊教育發展、大專身心障礙學生之輔導、特教新課綱、提升融合教育學生學習品質以及專業團隊整合等七大議題逐一說明。

一、特殊教育經費的妥善運用

　　立法保障特殊教育經費是我國特殊教育發展特色之一，除了中央和地方政府教育預算必須固定比例從事特殊教育外，其經費必須優先用於身心障礙教育。特殊教育法第九條明文規定：「各級政府應從寬編列特殊教育預算，在中央政府不得低於當年度教育主管預算4.5%；在地方政府不得低於當年度教育主管預算5%。地方政府編列預算時，應優先辦理身心障礙教育。」

　　檢視教育部近年來的特殊教育預算，確實達到法定4.5%的目標。然而，仔細研究預算科目，不難發現其中藏有玄機。以教育部101年度特殊教育預算為例，教育部整體主管預算為新臺幣1,925億8,288萬8千元，其中特殊教育經費總額為88億8,774萬9千元，占總預算4.62%，高於法定4.5%之標準。特殊教育預算中，身心障礙教育為87億9,569萬元，占98.96%，資賦優異教育為9,205萬9千元，占1.04%。

　　在身心障礙教育預算科目中，包含(1)特殊教育推展、(2)私立學校教學獎助、(3)中等教育管理、(4)國際教育交流、(5)國立大學校院教學與研究補助、(6)國立高級中等學校教學與訓輔輔助、(7)國立高級中等學校校務基金、以及(8)學校體育與衛生教育等八個科目。上述科目很難看出究竟有多少經費直接運用在推動特殊教育？

依「身心障礙學生、身心障礙人士子女就學費用減免辦法」規定，身心障礙學生或身心障礙人士子女，就讀國內學校具有學籍，於修業年限內，其前一年度家庭所得總額未超過新臺幣220萬元，得減免就學費用。其減免額度依障礙程度區分為全額減免、減免十分之七和減免十分之四等三級。前述教育部身心障礙教育預算中，私立學校教學獎助科目總額為 26 億 6,780 萬元，中等教育管理科目中高達7億 2,850 萬3千元，用以支付身心障礙學生與身心障礙子女就讀私立學校之學雜費減免與優待費用。兩項經費合計將近34億元，占身心障礙教育預算總額超過38%（教育部，2011）。以上數字顯示，教育部的特殊教育預算符合法定標準，但其中將近四成經費在於補貼身心障礙學生或身障人士之子女就讀私立高中職和大專院校，用意在於減少家庭負擔。身心障礙學生本人的就學補助，固然符合特殊教育之經費運用；然而，身心障礙人士子女之就學補助，應編列為「福利」科目，不宜混在特殊教育經費中，造成膨脹預算規模達成法定標準的假象。

二、在家教育政策的延續與檢討

「在家教育」配合巡迴輔導乃是保障極重度或多重障礙學生教育權的權宜措施，應該是特殊教育服務模式中的特例。但是，過去十年來，我國在家教育學生雖然逐步減少，從2001年的2,160人降到2010年1,425人（葉瓊華，2011），但是，2012年仍有1,176位高中職以下學生在家教育（教育部，2012a）。

以特殊教育的理想而言，在家教育學生的服務品質，向來受到極大質疑（吳武典、蔣興傑，1995；葉瓊華，2011）。家長會顧慮學生到校學習的安全、健康與學習品質，並且為了便於照顧，高達八成四主張讓子女在家教育；學校行政人員也顧慮對學生照顧不周，甚至因為安全問題背負巨大壓力，有七成九主張讓學生在家教育（葉瓊華，2011）。然而，以目前的在家教育巡迴輔導模式，學生所能獲得的教育在質與量方面都嚴重不足。因此，如何檢討在家教育學生人數並提升在家教育學生之服務品質，成為當前特殊教育體系中，行政單

位、家長和學者之間必須面對面討論的議題。

三、高中職階段特殊教育的發展

　　當前臺灣教育最受爭議的議題乃是十二年國民基本教育的實施，其中與特殊教育密切相關者，包含身心障礙學生的鑑定安置輔導機制、高中職的教育目標與課程規劃以及高中職特殊教育師資等問題，亟待解決。

（一）適性安置仍需檢討

　　當前高中職身障學生之安置，除了特殊教育學校招收重度認知功能障礙學生、感官功能障礙者之外，其餘學生皆以安置普通高中職為主，頗符合融合教育的初衷。然而，十二年安置時多數學生還是以學習能力（如國中基測分數）作為安置比序的依據，多數安置區皆採取現場撕榜方式安置，導致學習能力較弱學生因為排序在後面，反向安置在升學競爭激烈的普通高中，實在無法符應適性安置的基本原則。今後國中畢業身心障礙生是否全面進入高中職就讀？應該如何安置方能落實適性安置？應該深入研究。

（二）高中職教育目標的釐清

　　傳統高中均以大學預科的角色辦學，其教育目標以升入大學為導向；高職則以專門職業技術之培養為導向！但是，近年來高中和高職的界線逐漸模糊，兩類學校均以畢業生直接升入大學為辦學方針。對於就讀高中職的身心障礙學生，除了重度認知發展障礙學生之外，其他融合的身障學生是否和其同儕一致發展升學目標？乃是當前辦理高中職特殊教育工作的重大挑戰。目標不同，手段策略相對改變，更直接影響課程設計與評量方式，許多高中職教師對於身心障礙學生尚難全面包容或接納，部分原因在於對於身心障礙學生就讀高中職目標的質疑，轉銜與生涯發展均有待落實。

（三）高中職特教師資人力短缺

特殊教育專業服務最具體指標無非是人力支援，尤其是專業合格的特殊教育教師，乃是高品質特教服務的保證。100學年度統計資料顯示，國民中學階段特殊教育教師總數為4,784人，其中3,845人以服務身心障礙學生為主。高中職階段特殊教育教師為2,672人，其中1,919人服務身心障礙學生（教育部，2012）。若以兩階段身心障礙學生人數比較，發現兩階段師生比出現極大落差（高中職師生比1:11.68，國中則為1:6.83），顯示高中職階段特殊教育教師負擔之沉重。進一步分析合格教師比率，發現高中職特殊教育合格教師比例明顯較低，許多特教職缺不是進用一般合格教師就是以代理教師充任！導致校內欠缺完整的特教服務體系，個別化教育計畫之研擬與執行難以落實，尤其在私立高中職校，幾乎難以找到合格特殊教育師資，特殊教育學生的處境堪虞！

四、大專院校身心障礙學生之輔導

2012年就讀大專院校的身心障礙學生數有12,288人，其中不僅包括傳統占多數的肢體障礙與感官功能障礙學生，甚至包括認知功能障礙學生。101學年度就讀大專之智能障礙學生高達739人。

為協助大專校院輔導身心障礙學生，教育部近年積極推動大專院校身心障礙學生的輔導工作，包含「推動多元入學與鑑定安置」、「提供獎補助金與學費減免」、「推動學習生活支持與生涯轉銜」以及「建構無障礙校園環境與輔具補助」等措施（林坤燦、羅清水、林銘欽，2011）。

具體補助內容包括：補助各校設置資源教室，101學年度大專校院計有167所學校，設置資源教室計有155所，占大專校院92.8%，並補助159所大專校院相關輔導經費（教育部，2012）。為提供輔具支援學習，另委託淡江大學設置視障輔具中心，高雄師範大學設置聽語障輔具中心及在臺中復健醫院設立肢障學習輔具中心，提供教育部所屬高級中等以上學校學生學習輔具。

高等教育以培養學術研究人才和高深專業技能為目標，智能障礙學生認知發展受到限制，本應以生活自理、社會適應和基礎技術工作養成為教育目標，以我

國當前中等以下學校提供之特殊教育服務內容，理應可以滿足認知發展障礙學生需求。然而，每年百名以上智能障礙學生進入大專院校就讀，學校可以提供何種輔導機制？尤其身心障礙學生就讀大專院校之經費多數由政府支出，如此高等教育投資是否妥當？應深入探討建立共識。

五、特殊教育課程之修訂

2009年修正特殊教育法公布施行後，明定特殊教育朝向融合教育發展，並於2010年修正發布「特殊教育課程教材教法及評量方式實施辦法」，該辦法第2條第3項明定：「特殊教育課程大綱，由中央主管機關視需要訂定之，並定期檢討修正。」其宣示探普通學校課程綱要為主，特教課程大綱為輔之課程發展架構，並以加深、加廣、重整、簡化、減量、分解或替代等方式彈性調整普通學校課程綱要能力指標，以規劃及調整課程，並加上「職業教育」、「學習策略」、「自我管理」、「社會技巧」、「情緒管理」、「定向行動」、「點字」、「溝通訓練」、「機能訓練」、「輔具應用」、「領導才能」、「創造力」等特殊需求領域學習內涵，形成特殊教育學生適性課程。

為推動特殊教育適性課程發展，教育部編製「特殊教育課程大綱總綱」、「特殊需求領域課程大綱」、「高中職以下階段之認知功能輕微缺損學生實施普通教育課程領域之調整應用手冊」、「九年一貫課程綱要於認知功能嚴重缺損學生之應用手冊」、「職業學校服務類群科課程大綱」等相關配套措施，並由主管機關辦理試行（參考網址：http://www.ntnu.edu.tw/spc/drlusp_1/home.html）。

然而，正當特殊教育新課綱即將全面上路之際，社會上對於新課綱的內容又有許多爭議，尤其重度認知功能障礙學生在高中職的課程與學習，究竟應以功能性考量，維持現有生活教育、社會適應、綜合職能訓練的模式？或是配合普通教育進行簡化、減量或替代調整？成為不同立場者攻防的焦點，後續發展尚需主管教育機關、學界與家長共同在理性基礎上透過實證研究與對話，找出最終解決方案。

六、融合學生學習品質之提升

　　隨著融合教育安置的落實，大部分的身心障礙學生就讀普通班，部分時間接受特殊教育服務。這些學生可以參與班級一般性活動，但由於感官、認知和動作上有所障礙，而讓他們參與普通教育課程產生困難。爲了讓身心障礙學生可以充分參與課程學習，過去即有「課程調整」的概念與做法，期待老師可透過提供多元的教材形式、調整課程目標、調整課程內容等方式，讓學生能夠參與普通教育課程的學習。近來則有「全方位學習設計」（universal design for learning, UDL）運動的興起（鈕文英，2011），進一步強調在課程或教材發展之初即要考量這些身心障礙學生的需求，建置彈性的教材形式與教材互動的方式，而不是讓班級老師視學生的個別差異，再一一考量如何調整。

　　但不管是課程調整或全方位學習設計，在以紙本教材和黑板上課的教室裡，教師要考量身心障礙學生的需求，讓他們可以使用合適教材並參與課堂的學習活動，難度相當高。例如：面對班上的閱讀障礙學生，很難要求老師把所有學習的文字教材，都轉成有聲教材，提供學生使用；亦很難要求老師讓行動不便的腦性麻痺學生上臺圈選答案，而讓其他學生等待他／她操作輪椅緩慢地移動到講臺。如此一來，身心障礙學生雖已在普通班上課，但卻無法眞正參與學習活動。

　　課程參與是融合教育的重要挑戰，而資訊化的學習環境是身心障礙學生公平參與普通教育課程的契機。透過資訊化學習環境中可以彈性轉換教材形式的優勢，文字教材可以彈性的改變字體尺寸和顏色、調整文字的間距、轉成語音或點字格式，多媒體教材可以改變播放的速度、聲音大小，省略老師重製或錄音的耗時費力；藉由多樣互動方式的優勢，則可以讓學生選擇適合的方式來使用教材，例如無法拿書的肢障生可以用特殊電腦輔具來閱讀，而有書寫障礙的學生則可以用打字方式來做筆記，增加學生學習的主動性。因此，要實踐支持身心障礙學生課程學習的理想，資訊化學習環境是一個可能。

七、專業團隊整合服務之加強

　　專業團隊服務向來是特殊教育的特色，我國特殊教育法第22條規定：「身心障礙教育之診斷與教學工作，應以專業團隊合作進行為原則，集合衛生醫療、教育、社會福利、就業服務等專業，共同提供課業學習、生活、就業轉銜等協助；身心障礙教育專業團隊設置與實施辦法，由中央主管教育行政機關定之。」所稱專業團隊，指為因應身心障礙學生之課業學習、生活、就業轉銜等需求，結合衛生醫療、教育、社會福利、就業服務等不同專業人員所組成之工作團隊，以提供統整性之特殊教育及相關服務。團隊成員包括特殊教育教師、普通教育教師、特殊教育相關專業人員及教育行政人員等，並得依學生之需要彈性調整之。

　　雖然法律有明文規定，教育部也補助專業團隊專業人員及助理人員經費，以評量學生能力及其生活環境；參與個別化教育計畫，依個別化教育計畫，提供學生所需之教育、衛生、醫療及轉銜輔導等專業服務，提供家長諮詢等家庭支援性服務，期能精緻服務成效。然而，專業團隊服務如何有效運作牽涉人力資源的調配，臺灣除了在特殊教育學校配備有專任治療師或社工師等專業人力，一般學校較少獲得充分的專業團隊支援。教育部的補助款僅能聘用兼任專業人員，其服務量與品質如何落實？尚待努力。

參考書目

一、中文部分

吳武典（2011）。我國特殊教育之發展與應興應革。載於國家教研究院主編：我國百年教育之回顧與展望（頁199～220）。臺北：編者。

吳武典、蔣興傑（1995）。「在家自行教育」學生之家長對其身心障礙子女教育安置之意見調查研究。特殊教育學刊，12，51～73。

林坤燦、羅清水、林銘欽（2011）。我國大專院校身心障礙教育推動沿革探究。刊於2011年中華民國特殊教育學會年刊：特殊教育的創新與永續發展。頁1～17。臺北：中華民國特殊教育學會。

教育部（1999）。中華民國特殊教育概況。臺北：教育部。

教育部（2012a）。101年度特殊教育統計年報。臺北：教育部。

教育部（2012b）。教育部對身心障礙學生分類與新制分類（ICF）因應說明。上網日期：2013年8月12日，取自http://nrr.spc.ntnu.edu.tw/news/news.php?Sn=65。

教育部（2013）。102年度特殊教育統計年報。臺北：教育部。

郭為藩（1987）。特殊兒童心理與教育。臺北：文景。

鈕文英（2008）。擁抱個別差異的新典範──融合教育。臺北：心理。

葉瓊華（2011）。國民教育階段在家教育最近十年現況與發展。刊於2011年中華民國特殊教育學會年刊：特殊教育的創新與永續發展。頁19～40。臺北：中華民國特殊教育學會。

第四章　身心障礙者的就業促進

／葉琇姍

第一節　身心障礙者的就業問題與政策

就業是人們獲得薪資所得的主要途徑，也是經濟安全的來源，近代對於就業的研究，更強調就業是人們建立社會關係的重要途徑，是獲得成就感及心理滿足感的重要來源，它已超越薪資所得的經濟意涵，這使得就業對現代人的意義倍增。

然而對身心障礙者而言，進入就業市場卻有不同的軌跡與困難。不論是雇主或一般社會大眾，對於身心障礙者是否能夠就業，各有不同的想法或疑慮，有些來自社會的偏見或歧視，有些則來自結構性的限制。就業市場近十餘年的變化，不僅在高度競爭中，用快速的工作步調，提升生產效能，企業更以業務外包或派遣方式，減少直接僱用勞工，或往勞動成本較低的國家遷移，造成勞工工作不穩定。這些發展，對於身心障礙者的就業，更添加不確定的變數。

從歷史發展來看，身心障礙者就業並不全然是問題，例如，英國15至18世紀的濟貧法實施時期，成人身心障礙者是符合被救助的資格，不論是基於對身心障礙者的偏見，或對他們的憐憫，都同意他們可以不需工作，但一般成人則應工作，甚至如果不工作，會被懲罰。在早期的農業社會或莊園經濟時期，身心障礙者可以和其他勞動者或家人合作，從事農務生產工作。然而工業革命，重塑了工作的意義，生產模式改變，生產的目的也改變了，不能工作遂成為一個大問題。而人類歷史上的戰爭與職業災害，製造許多身心障礙者，在醫療科技逐漸進步後，因戰爭或工傷而受傷的人，存活機率提高，士兵返鄉多半正值青壯年，國家必須面對他們未來生活安置的問題。近代社會經濟模式的發展，工作成為獲取生活最主要所得的方式，對於不能工作的人施以社會救助的正當性，在福利改革的潮流下，也開始受到諸多挑戰，如對單親養育學齡前子女無法外出工作的家長，其接受社會救助的條件開始限縮。而人權觀念的進展，也使人們開始反省是什麼原因使某些人不易進入勞動市場。身心障礙者能否工作，以及如何進入勞動市場，是在這些社會條件及觀念的轉變下，慢慢被建構成一個問題，受到重

視，許多國家亦藉由社會政策加以回應。

壹、身心障礙者的就業問題

　　身心障礙者與非身心障礙者在身體功能或心智功能有所差異，但一般就業職場之生產、管理與績效表現等，均是以非身心障礙者員工為主體所設計，這使身心障礙者在職場上遭遇各類問題，需藉助許多不同專業的合作努力，才能順利的在職場就業。綜合各研究或分析，身心障礙者在求職或工作過程經常遇到的問題如下：

一、社會與雇主認知與態度問題

　　一般人較少機會接觸身心障礙者，因而對於身心障礙者普遍存有錯誤認知，或部分資訊不正確，造成對身心障礙者可否勝任職場工作的疑慮，如果沒有法律規定一定要僱用，雇主傾向不僱用身心障礙者。許多企業的人力資源主管，對於身心障礙者的了解有限，因此也無法提供雇主更好的僱用決策，至於雇主在僱用過程中的哪一個階段決定不僱用，或者即便僱用身心障礙者，卻在勞動條件、福利待遇上有不同待遇，其程度或嚴重性為何，可能涉及就業歧視之認定；然而就業歧視之舉證困難，雇主對於身心障礙者工作能力的偏見仍是造成身心障礙者不易進入職場的主要原因之一。

二、身心障礙者人力資本不足問題

　　就業職場的求職者，在競爭職位時，最基礎的條件之一就是學歷與經歷，然而由於目前教育制度中，對於身心障礙者仍有許多限制，使他們往往無法獲得較高的教育程度，例如在一般學校中，視障學生需要特殊的教學輔具，聽語障學生需要手譯員或聽打員，行動不便的學生需要無障礙的校園環境，這些支持或資源如果不足，就會限制身心障礙的學習範圍。此外，高中職以上的在校學生會利用

在校期間打工或實習，累積工作經驗，但身心障礙者卻不容易獲得這些機會，這使他們不容易累積實習或工作經歷，在求職中的競爭力也相對降低。

三、環境支持度不足問題

除了極少數以居家方式就業的身心障礙者之外，大部分身心障礙者就業都必須走出家門，但對很多身心障礙者而言，走出家門，往往是障礙的開始。不論是一般的道路、建築物或交通工具，都充滿高低差的障礙，使行動不便的障礙者寸步難行，視障者要如何在街道行走或搭車，聽語障者在外與人接觸、購物、詢問，也經常難以溝通，包括目前在大眾傳播媒體上的資訊傳播，尚未普遍提供手語翻譯服務，各類圖書資源也欠缺視障者可閱讀的書籍，這些環境面的支持度不足，或不夠友善，也會造成身心障礙者怯步不願離家就業。

四、職場輔助措施不足問題

當前職場辦公場所的設計，都是爲一般員工所使用，在辦公場所內，每位員工分配到的辦公空間都極爲有限，亦使得走道、公共空間狹小，這些對於行動不便的身心障礙者更爲不便，而職場內的廁所，大部分不具備無障礙設施，更是身障就業者的一大困擾，如果要調整職場辦公環境，雇主往往會以各種理由拒絕，或者由於辦公場所是租用而來，房東拒絕更動建物裝潢等；至於其他身心障礙者所需使用的輔具，如視障者使用的電腦、軟體、或聽語障者使用的助聽器或傳真機等，固然較容易安裝調整，但是許多事業單位自行設計之內部作業用的資訊系統，卻不見得能順利轉換與視障者可使用電腦相容，這些限制，也會使身心障礙者不易發揮能力執行工作。

五、身心障礙者本人及家庭的問題

不容否認的，即便從職場到外部環境都具備足夠的支持服務，仍有部分身心障礙者不願走出家門就業，其原因則來自家庭的保護或擔心，不願身心障礙的

家人在職場上遭受挫折，或者身心障礙者本人因較少和他人接觸，而擔心人際關係處理不良，其他原因尚包括因為個人生理的因素，需要經常就醫，造成無法穩定工作，因而不願嘗試應徵工作，或只願意擔任部分工時工作；因學習技能之能力受限，無法趕上就業市場需求，履次求職失敗後，失去求職動機，不願再嘗試。

貳、身心障礙者就業政策之取向

為解決身心障礙者就業的困難，各國政府運用各種政策工具，並發展專業服務，依身心障礙者特性建議不同的安置模式。接下來就說明主要的身心障礙者就業政策。

OECD在2003年曾提出兩種身心障礙政策取向，分別是補償政策取向（compensation policy approach）與整合政策取向（integration policy）。補償政策取向採取津貼或福利給付來解決身心障礙者的問題，整合政策取向則主張透過獎助僱用或支持促進就業為主，降低雇主僱用成本，對於津貼或福利，傾向於緊縮資格或降低給付水準，以鼓勵身心障礙者就業，促成融合（Marin, Prinz, & Queisser, 2004）。

Mont整理出三種主要用以促進身心障礙者就業的政策，包括（Mont, 2004）：

1. 規制政策（Regulations）：透過立法規範要求雇主採取必要的僱用行為，如一定規模之事業單位需僱用一定比例之身心障礙員工，對未達標準者，給予罰款，有些國家則透過反歧視的立法，讓身心障礙者可透過特定管道，對於疑似在僱用過程中（包括僱用、解僱或職場上應有的適度調整）產生差別待遇時，可提出申訴，並加以審理。因此本政策的假設是立基於就業權利，為維護權利，應採取積極立法規範的作為，僱用的成本應是微小，可由企業自行吸收。

2. 均衡（Counterbalances）政策：分別從供需雙方著力，在供應面提供必要的協助，如職業訓練、職業復健、支持性就業等，在需求面，則提供一些僱用獎助或輔具補助，以降低雇主的僱用成本。本政策的假設則認知身心障礙者與非身心障礙者的就業表現，有一定差距且會引起雇主額外成本，因此透過補貼或支持作爲，縮小二者的差距，進而促成僱用。

3. 替代政策（Substitution）：由於某些身心障礙者就業困難度太高，故採用特殊的僱用模式，如庇護性就業，或由公部門僱用。本政策則認爲身心障礙者與非身心障礙的能力落差懸殊，不易藉由規制或均衡政策解決，故需尋求另類的解決之道。

Heyer（2005）將身心障礙政策取向區分爲權利模式與福利模式，前者以美國1990年代的身心障礙者法案（the Americans with Disabilities Act, ADA）爲代表，認爲障礙是社會建構出來，而非身心障礙者自身造成；社會排除則是歧視的結果，其政策聚焦於改變社會環境及隔離的服務，該政策相信只要增加身心障礙者與非身心障礙者的互動，自然而然能化解彼此的誤解與偏見，進而成爲包容的社會。爲了促成這種結果，本取向反對定額進用制度，認爲那是基於憐憫同情的產物，澳洲政府在立法中要求公部門應訂定身心障礙者行動計畫（Disability action plan），在政策制定或執行過程中，應考慮身心障礙者做爲使用者或公民參與者的意見，也是基於權利觀點的考量，希望藉由政府的政策，帶動對身心障礙者的關注程度，並能落實在政策設計及執行中。後者則是立基於傳統的醫療模式，聚焦於個人的治療、處遇與復健，當代的政策內容是以憐憫、慈善與社會責任感爲論述，而社會應該協助這些脆弱與依賴的人。爲此政府會提供他們需要的服務，特別會以隔離化的方式爲之，如特殊教育、庇護工場或輔助生活中心，並且認爲只有在特殊性下，才能好好照顧到這些障礙者的獨特需求，而定額進用制度亦爲本政策取向的重要內涵。

吳秀照、陳美智（2012）整理出四種促進身心障礙者之政策目標，分別是：消除就業歧視、擴大職場就業機會、增強就業能力與適應、保障工作權益及促進社會參與等，爲達成目標，運用的政策工具包括反歧視或積極性差別待遇政

策（affirmative action）、獎助僱用、降低僱用成本、職業訓練、就業服務等。

綜合上述，有關促進身心障礙者就業之政策，不外乎以立法強制規範僱用比例、對雇主之獎助與對求職身心障礙者之支持服務等三大類，定額僱用制度雖經常受到關注，但對於這種政策工具究竟是立基於權利，還是憐憫的產物，則有不同見解。儘管某些政策立場涇渭分明，但很多國家仍同時採行不同取向的政策，發展介入模式或工具，但由於不同政策所代表的價值不同，如一方面主張不應對身心障礙求職者有差別待遇，另一方面卻又補貼雇主僱用成本，等於接受了雇主會因為僱用身心障礙者提高成本，在解決問題的同時，可能又深化了對身心障礙者的刻板化印象，這亦是造成當今身心障礙者就業問題複雜化的原因之一。

第二節 促進身心障礙者就業之措施

依據國際勞工組織的定義，勞動力人口指15歲以上、65歲以下者，對於身心障礙者就業政策的實施對象，也以此一年齡層爲準，不過，由於身心障礙者有提早老化的情形，對於退休年齡各國或有不同的規範。以下簡介經常運用的促進就業措施及服務模式。

一、企業定額僱用措施

定額僱用係指要求一定規模的企業，僱用一定比例或人數的身心障礙者，以增加其就業機會。許多國家則在第一次世界大戰後，陸續實施定額僱用制度，以解決戰後傷兵就業的問題。二次大戰後，國際勞工組織（International Labor Organization）於1944年也推薦此一制度。目前如臺灣、日本、韓國都實施定額僱用制度。

二、雇主獎勵措施

雇主的僱用意願，是影響身心障礙者能否被僱用的重要因素，如前所述，許多雇主不願意僱用身心障礙者的原因，在於他們較少接觸身心障礙者，因而不了解，或甚至有誤解，但許多雇主一旦僱用了身心障礙者，加上專業人員的協助後，都能慢慢了解如何協助他們發揮工作能力，或與其相處，因此如何打開關鍵的大門，讓雇主願意僱用，是促進身心障礙者就業非常重要的一步，許多國家都訂有對僱用身心障礙者之企業，提供成本補貼、薪資補貼或差額薪資補貼的制度，有些國家則透過特殊方案，提供初始僱用期間的獎勵，以提升雇主的僱用意願。

三、職務再設計與科技輔具之運用

職務再設計的概念始於20世紀初，原是在科學管理學派的生產模式下，認

爲透過職務或工作流程的設計，可有效提高生產效能。然而身心障礙者所面對的問題不同，由於功能的差異，使他們在一般生產模式下，不容易達到雇主所期待的成果，因此藉由職務再設計的概念，調整工作的流程或操作方式，能有效降低身心障礙者執行工作的困難，進而達到雇主的期待，進而提升身心障礙勞工的滿足感。

身心障礙者就業中所需的職務再設計實務，最早見於美國1973年的立法，經過數十年的演變，目前身心障礙者職務再設的內容至少包括五項，分別是改善職場工作環境、改善工作設備或機具、提供就業輔具、改善工作條件及調整工作方法等，透過這些改變，可因應身心障礙者的不同就業條件，使他們方便操作生產工具，或參與工作流程，並能達到安全勞動的目的。

隨著科技的進展，在職務再設計中，也運用更多科技輔助工具，尤其應用在溝通輔具或視覺性輔具上，藉由資訊科技的運用，智能障礙者可運用電子化的溝通板與外界溝通或完成工作，視覺障礙者更可利用擴視儀器、電腦軟體等，進行閱讀、書寫與溝通，進而完成工作。至於科技或硬體設備無法提供的協助，仍必須仰賴人力的協助，如有些國家提供職場人力協助員、手語翻譯員或聽打員的服務，以支持不同障別的工作者在職場可以順利完成任務。

四、職業重建服務

職業重建服務是促進身心障礙者就業的模式之一，其重點在有系統運用輔導與支持的策略與資源，以重建個人能力的概念，培養或協助身心障礙者建立進入職場的能力與條件，進而安置就業，並提供必要的持續支持，透過穩定就業，實現參與社會的目標。爲達到上述目的，職業重建服務必須運用多重的理論與實務技巧，包括運用社會工作的理論、復健諮商理論、心理學理論等，爲身心障礙者擬定完成就業準備的計畫，透過晤談、行爲改變、職業輔導評量、技能訓練、乃至職場的職務再設計等策略，使他們具備就業職能，再透過適性的就業安置模式，安置於不同的職場，同時藉由就業服務人員在職場提供一定期間必要的支

持，提高穩定就業的效果。

五、就業安置服務

職業重建服務的目的在於達到就業安置的結果，由於身心障礙者的能力與條件各不相同，為協助他們在職場發揮最大效能及獲得工作成就，而形成三種主要的就業安置模式。

1. 一般性就業

指身障者如具有就業能力及就業意願，能獨立工作，不需要訓練、專業輔導或輔導員的支持與協助，僅需提供就業資訊、工作媒合推介、追蹤等，即能獨立於競爭性就業市場工作之安置模式。

身障者如其障礙類別與程度較輕微，甚至不易辨識，在教育求學過程中，與一般人無異，則求職時多半可採自行就業或一般性就業模式即可安置就業。求職者可至公、私立就服機構登記就業或查詢工作機會，自行前往應徵、面試，不需專人陪同或協助。一般而言，教育程度較高、障礙程度較低之身障者，大多會採此種就業模式。

2. 支持性就業

支持性就業係於1980年代由美國發展出、針對心智障礙者的就業安置模式，並於1986年之復健法修正案（1986 Amendment of Rehabilitation Act），將支持性就業的服務對象、就業安置場所、工時與薪資給予明確的規範。根據學理與實務的界定，支持性就業係指對於有就業意願與工作能力，但暫時無法進入競爭性就業市場之身心障礙者，應依其工作能力，提供個別化就業安置、訓練及其他工作協助等支持性措施，使其能融合且安置於競爭性職場。而這些支持性措施可包括由專業就業服務人員在職場支持、輔導訓練工作技巧、適應環境、建立人際關係等，以強化身障者在職場之適應力，最後能獨立工作。為使其內涵更為明確，事實上，在1986年的復健法修正案中就將支持性就業四項特質更明確的範定，包括：

(1) 服務對象：支持性就業服務之對象必須是障礙程度嚴重，必須透過深入且持續之職場支持才能獨立工作的最重度身心障礙者為優先。

(2) 薪資所得：求職者安置的工作必須是正式的、有薪給的工作，指全職或至少每週平均工作20小時以上的半職工作，而其薪資需符合勞工法令的，給予公平合理之待遇。

(3) 工作環境：強調在融合的工作環境工作，指身心障礙者要能與一般非障礙者一起工作；若該場所是安置一組身心障礙者一起工作，其人數必須不超過八人，且必須與非障礙員工有互動機會。

(4) 持續支持：包括工作機會的取得與工作初期的密集協助，如：工作技巧的訓練、環境的適應、交通的協助、以及社交、健康與財物的支持等。此外當求職者足以勝任該職務的要求後，尚須提供持續的、必要的支持，以使其得以繼續成功的保有該工作。

在支持性就業中，另有採群組安置的模式，亦即藉由支持性的現場輔導方式，將兩個以上的身心障礙者同時安置在一個職場，以分擔工作的方式，共同完成一項工作，或者便於進行職場內之訓練與支持；而工作隊的模式，則是由專業人員帶領一組身心障礙者至特定地點完成一項工作，最常見的就是清潔工作隊，這種模式可採群組方式，同時由數位身障者共同打掃一處，完成一份工作；也可能是庇護性就業安置方式，二者之差異在於身障就業者能力與職場支持度的差異。

3. 庇護性就業

庇護性就業或庇護工場是針對障礙程度較重或就業問題較複雜，而無法進入一般職場的身心障礙者發展出之安置模式，在一個高度支持及管理的工作場所內，僱用大量無法進入一般職場的身心障礙者，提供工作薪資，同時輔導其就業技能的就業安置，因此它不僅提供真實的就業機會，同時還對就業者施以輔導，具備雙重功能，這些工作場所稱為庇護工場。但由於各國就業服務制度的設計不同，庇護性就業的實務定義也有很大落差，如在澳洲，庇護性就業稱為身心

障礙企業，並不歸屬於主流就業模式，企業與就業者之間屬於勞雇關係；在臺灣，早期的庇護性就業被視爲一種訓練，目的在於銜接至競爭性職場，亦有將庇護性就業視爲日間托育的型態，就業活動只占一部分，其餘時間從事不同活動，但目前臺灣的庇護工場已成爲正式職場，身心障礙者就業立法中也明確含蓋庇護性就業模式，視爲就業的一種型態。

　　由於庇護性就業適用的對象是無法進入一般職場的身心障礙者，因此庇護工場的生產能量往往受到考驗，要能與一般產業的生產者競爭，亦有相當難度，許多國家對於庇護工場的身心障礙員工都訂有依產能核薪或次級工資的特殊規定，允許雇主給付較低的薪資，並透過國家力量，要求特定部門向庇護工場採買一定比例或數量的產品，以確保庇護工場的生存。然而，庇護工場的定位與經營，仍受到許多質疑與挑戰，包括薪資偏低、透過政府補貼不公平競爭等問題。

第三節　臺灣身心障礙者就業措施與現況

壹、身心障礙者就業相關立法發展

　　臺灣對身心障礙者就業相關的立法，可追溯到民國46年10月訂定的「按摩業管理規則」，爲保障盲人就業，限制明眼人不得從事按摩工作；另68年5月訂定「國民教育法」第14條規定：「國民教育階段，對於資賦優異、體能殘障、智能不足、性格或行爲異常學生，應施以特殊教育或技藝訓練；其辦法由教育部定之。」民國69年殘障福利法立法之前，對身心障礙者的主要服務是以機構收容教養、社會救助爲主，透過機構安置，也提供技藝訓練，是主要的就業協助措施，內政部在泰山設有一職訓中心，提供職業訓練，當時臺北市社會局及國民就業輔導會依技藝訓練之職種（縫紉、皮鞋製作及刻字），協調北市縫紉、製革及刻字等同業公會提供工作機會，輔導就業[1]。

　　民國69年的殘障福利法是我國首部完整的身心障礙者立法，有關就業部分，當時採取鼓勵性質，該法第17條規定：「各級政府機關，公、私立學校及公、民營事業機構，對於曾經職業重建合格並具有工作能力或資格條件之殘障者，應視業務需要，僱用從事適當工作。公、民營事業機構，僱用殘障者人數超過其僱用總人數百分之三以上者，應予獎勵。」這是當時唯一有關就業促進的法律內容，本條文對於雇主是否願意僱用身心障礙者，採取鼓勵的方式，並無強制性。

　　民國79年，殘障福利法進行一次重要的修法。在修法之前，臺灣社會發生重要的社會事件，即由臺灣省政府發行的愛國獎券於民國76年12月停售。由於當年許多低收入者及身心障礙者都以販售愛國獎券謀生，人數約兩、三萬人（謝東儒、張嘉玲、黃容，2005），停售的政策，一時之間使許多身心障礙者

---

[1] 立法院69年審查殘障福利法會議紀錄內容。

失去工作，臺北市政府為解決此一問題，曾於79年發行刮刮樂彩券，但不久後仍因引發賭風疑慮，由行政院下令停售。這段期間，身心障礙者就業的問題，浮上檯面，因而由民間身心障礙團體發起「一一九拉警報、快伸手救殘胞」的集體行動，由劉俠女士於民國78年，結合全省73個身心障礙團體，成立「促進殘障福利法修正行動委員會」，並透過和立法委員的合作，進行殘障福利法提案修法，始將定額僱用的強制規定納入，79年通過修法內容為：

第17條　各級政府機關、公立學校及公營事業機構員工總人數在五十人以上者，進用具有工作能力之殘障者人數，不得低於員工總人數百分之二。

私立學校、團體及民營事業機構員工總人數在一百人以上者，進用具有工作能力之殘障者人數，不得低於員工總人數百分之一。

僱用殘障者人數，未達前二項規定標準者，應繳納差額補助費，其金額依差額人數乘以每月基本工資計算，按月向直轄市或縣（市）主管機關設立之殘障福利金專戶繳納，作為辦理殘障福利事業之用。

進用殘障者人數超過第一項及第二項規定比例者，直轄市及縣（市）主管機關除以殘障福利金專戶補助其超過部分人事費之二分之一外，並應補助其因進用殘障者必須購置、改裝或修繕器材、設備及試用期間所需之經費。

本次修法，奠定我國對促進身心障礙者就業的主要架構，即透過定額僱用提供工作機會、透過差額補助費達到強制僱用的目的，另提供僱用獎助及輔具之補助，降低雇主僱用成本。另該次修法亦增列兩條就業保障的條文，分別是第4條規定：「殘障者之人格及合法權益，應受尊重與保障，除能證明殘障者無勝任能力，不得以殘障為理由，拒絕入學、應考、僱用或予其他不公平之待遇。」；以及第18條亦規定：「政府對於具有工作能力、資格條件之殘障者，應輔導其就業。薪資應比照一般待遇，如產能不足時，可酌予減少。但不得低於百分之七十。」除此之外，並無明確的輔導就業之模式或具體措施，也就是說，當時立法並沒有提出整個就業服務輸送體系的規劃，只有零星的概念，依據當時調

查，全國有14萬3,970名身心障礙者，其中接受職業訓練、創業、安置福利工場者合計有1,981人，養護及收容托育的人數則高達五千餘人，顯見當時就業與職訓亦非主要的服務內容[2]。

民國86年，殘障福利法再度修法，該次修法主要的三個背景，包括身心障礙者自身意識的覺醒、社會對身心障礙者全面參與的接納以及世界發展趨勢[3]，採取日本立法經驗，同時受到聯合國對身心障礙人權的重要宣示影響，對身心障礙者的福利、權利與就業等，具有重要意義，也是目前身心障礙者就業相關立法的重要里程碑。在本次修法有幾項重要進展突破：

一、將立法名稱由殘障福利法修訂為身心障礙者保護法，使我國對殘障者的稱謂改變為身心障礙者。

二、將身心障礙者各項福利服務、權益及保障事項，分專章立法，並明訂不同主管機關，啓動政府部門全面的重視身心障礙者的需求與權益。

三、在就業部分，明訂職業重建服務模式，內容包含職業訓練、職業輔導評量、就業服務、追蹤及輔導再就業等內容，並將職業輔導評量訂為就業輔導中的必要評估措施，強調個別化及無障礙的服務。同時界定支持性就業與庇護性就業兩種安置模式。

經過86年的修法，殘障福利法修訂為身心障礙者保護法，由原來的31條條文修訂為75條，大幅擴張我國身心障者之福利及權益事項，就業部門的中央主管機關明訂為行政院勞工委員會（103年更名為勞動部），各縣市政府則由勞工主管機關主管[4]。除了原先的定額僱用制度外，也展開了職業重建服務模式為主的實務服務發展，由中央主管機關訂定相關子法，建立日後身心障礙者就業的主要服務體系。86年之後，有關就業的部分條文，亦歷經數次修法，其中於96年再次規定職業重建服務之內容包括職業輔導評量、職業訓練、就業服務、職務再

---

[2] 立法院公報，78卷、92期，委員會紀錄，頁3。
[3] 立法院公報，84卷、31期，委員會紀錄，頁55。
[4] 各縣市政府勞工主管機關名稱各不同，如臺北市為勞動局、新北市為勞工局、桃園縣為勞動及人力資源局。

設計、創業輔導及其他職業重建服務。另有關定額進用的比例，也由79年訂定的標準提高到私人企業進用達67人、公務機關構進用達34人，即應強制僱用身心障礙者，並自99年開始實施新制。另最大的變動，則是有關庇護性就業之員工薪資可不受基本工資限制，由庇護工場與庇護性就業者議定工資。

貳、身心障礙者就業促進實務發展

我國目前提供身心障礙者就業的體系，分為一般性就業與職業重建服務兩種。

一、一般性就業服務

由勞動部勞動力發展署在全國設立五個分署，包括北基宜花金馬區分署、桃竹苗區分署、中彰投區分署、雲嘉南區分署、高屏澎東區分署，另臺北市政府設有就業服務處，高雄市政府勞工局設有訓練就業中心，提供廠商求才及民眾求職服務，身心障礙者可就近至這些就業服務機構或附設的服務站、臺尋求服務。

二、職業重建服務模式

我國身心障礙者就業的服務概念，早在民國69年初次訂定殘障福利法時，就出現「職業重建」的立法文字，但並無實質內容，民國86年修法時，立法委員徐中雄等人之提案即主張身心障礙者福利應以「建立全人格之整體復健為目標」[5]，應建立職能復健制度，設置職能復健諮商員，該次修法對於整套制度設計，並無爭議與疑問，正式將身心障礙者就業服務模式確立為職業重建模式，並逐漸發展為目前的實務。

---

[5] 立法院公報，84卷、31期，委員會紀錄，頁55。

　　職業重建服務的概念與實務是逐漸發展出來，該項制度最早起源於民國75年，少數身心障礙福利機構應用「支持性就業」的理念輔導智能障礙者進入社區中競爭性職場就業，其後分別於民國82年，由行政院勞工委員會職業訓練局訂定「支持性就業試行草案」，並委託臺北第一兒童發展中心編製「支持性就業工作手冊」，復於民國84年度再委託陳靜江等人，將支持性就業與社區化理念結合，擴大服務對象，發展「身心障礙者社區化就業服務」之運作模式，以兩年的時間發展更細部之流程與實務，至民國86年時，全國已有7個就服中心及18個公私立身心障礙福利機構與團體接受勞委會職訓局補助推動此一模式之運作（行政院勞工委員會職業訓練局身心障礙就業開門網）。

　　藉由支持性就業服務模式的發展，臺灣慢慢的建立起更多身心障礙者就業的資源網絡，如各縣市陸續設立庇護工場，早期可接受就業能力薄弱的身心障礙者以訓練或就業的方式安置，自97年起，庇護工場已成為勞雇關係型的職場，同時提供職能提升的輔導及直接安置就業。其次，由於身心障礙者就業服務專精化的發展，各縣市也針對身心障礙者單獨辦理職業訓練，甚至有些縣市提供職場所需的生涯諮商輔導、高中及大專身心障礙畢業學生的就業轉銜服務等，這些資源固然可提供身心障礙者更好的選擇，但欠缺一個單一、有系統的連結資源架構，支持性就業服務專注於安置身心障礙者到職場，以及後續的職場支持與追蹤，無法負荷更多的任務，因此需要一套更有系統的服務資源管理及配置模式。

　　臺北市在民國88年首先展開重度、極重度身心障礙求職者的個案管理服務，透過職業輔導評量，連結求職者所需的資源，再安置就業，是職業重建服務的開始，91年4月正式成立職業重建管理的單位，對於因障礙限制或個人家庭因素造成就業上之困境的身心障礙求職者，嘗試發展及協調內部資源，並進一步連結外部資源以提供服務。職訓局接續於民國96年訂定「身心障礙者職業重建服務窗口計畫」，選擇4個縣市試辦，復於98年將此一制度推行至各縣市政府，以職業重建個案管理員做為核心專業人員，執行此業務。職業重建案管理員受理來自不同轉銜來源之身心障礙者（教育、社政、勞政、醫療等單位），透過直接面

談，了解身心障礙求職者全盤性需求，進而判斷是否進入職業重建個案管理接受服務，再擬訂職業重建服務計畫。在服務過程中，職業重建個案管理員可以運用職業輔導評量，評估求職者的能力及需要支持的程度，並可連結職業訓練、心理諮商輔導、定向行動訓練等資源，協助求職者完成就業準備，再指派給支持性就業服務員，完成後續的就業安置工作。這一整套服務輸送模式，即為目前臺灣所實施的身心障礙者職業重建服務模式，服務流程參見圖4-4-1。

三、就業安置與服務資源

在職業重建服務模式下，可選擇的服務資源包括以下幾項：

1. 就業安置服務：可分為支持性就業與庇護性就業安置模式，其具體內容如第二節所述。

2. 雇主獎勵與職務再設計補助：由各縣市政府依據財政能力及中央補助的經費，訂定企業僱用身心障礙者之獎勵措施，包括僱用達一定期間以上，提供一定金額、一定期間之就業獎勵金，以及依安置職場所需，提供企業修改、購置身心障礙員工專用設施設備之費用，以協助身心障礙者能順利執行工作。

3. 職業訓練：由勞動部勞動力發展署及各縣市政府自行辦理或委託辦理各職類職業訓練課程。

4. 職場見習服務：協助具就業意願但尚未達到庇護性就業能力之身心障礙者，提早適應庇護性就業職場環境，由地方政府所轄庇護工場提供見習機會，補助庇護工場訓練輔導費辦理身心障礙者庇護職場就業準備、職場適應與強化工作職能之見習訓練服務，最長不超過6個月。

5. 職場扎根計畫：對於具有就業意願及就業能力，尚不足以獨立在競爭性就業市場工作，需較長時間學習或工作類化能力較低之身心障礙者。經地方政府職業重建服務窗口之職業重建個案管理員評估推介，可至職場進行職前學習及職場適應等兩階段課程，合計以1年為限，其中職場適應課程至

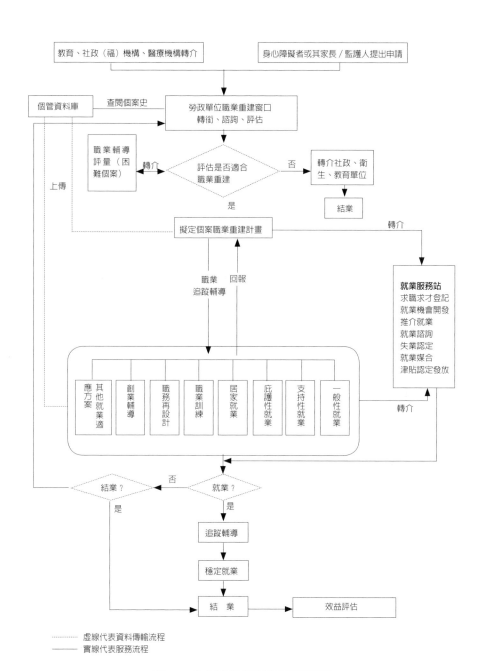

圖4-4-1 身心障礙者職業重建流程圖

資料來源：國立臺灣大學「北部地區區域性身心障礙者職業輔導評量資源服務網」

少3個月。內容包括：身心障礙者專業技能（含學、術科）及就業準備課程（如工作態度與認知、職涯規劃、就業環境分析、求職技巧、勞動法規、職場安全等相關課程）。並應結合職場適應單位辦理職場適應課程，與職場適應單位訂定契約，並約定參加計畫結束後僱用率至少應達50%，且留用至少3個月。

6. 身心障礙者社區日間作業設施服務：身心障礙求職者如經職業重建管理人員評估，暫時無法進入就業服務體系，接受見習、訓練或安置就業時，可連結各縣市之社政主管機關補助之社區日間作業設施服務。它是介於庇護工場與日托機構的新型服務模式，讓能力不足以進入庇護工場，又不想被安置在照顧機構內的心智障礙者，有不同的選擇機會。社區作業設施不以營利為目的，「作業」只占每日活動的一部分，其餘時間會提供課程，培養身心障礙者的生活能力。

7. 其他資源：如精神衛生醫療體系之社區復健中心、醫療院所之精神科日間病房、職能工作坊、各非營利身心障礙福利機構之服務方案、創業補助等。

參、臺灣身心障礙者就業問題分析

儘管政府投入許多資源與專業人力，提供身心障礙者就業所需的服務，但臺灣的身心障礙者就業情形卻並不理想，其就業率遠低於非身心障礙者，總體之平均薪資也低於一般人，將近70%就業年齡層的身心障礙者都無法進入勞動市場，無法依賴薪資為主要所得來源。即便臺灣自2008年開辦國民年金，提供身心障礙者年金，但這項年金之申請人需經證明為「無工作能力」始能申請，並不適用於有意就業的身心障礙求職者。因此，臺灣的身心障礙者面對的求職困境或就業問題，恐怕不只是實施的措施能否有效執行，及專業技術面要如何調整的問題，而是如何發展一個結合就業與福利而能提升身心障礙者權利與福祉的政策觀

點，再據以發展策略與措施。

　　現行從政策制度，到實務措施之問題，說明如下。

一、政策取向不明確

　　雖然我國從民國69年訂定殘障福利法就出現「職業重建」的名詞，民國80年代起也慢慢發展專業的就業服務，但在長期的發展中，有關身心障礙者就業的政策方向卻十分模糊不清。透過英美等國自1960年代陸續展開的身心障礙者權利運動，身心障礙者的就業問題在障礙的社會模式詮釋下，已不再是身心障礙者個人的問題，而是環境、制度、文化與政策共同建構的效果，也是這些框架之下，身心障礙者失去充分參與經濟生活的機會，才出現社會排除的現象，使他們被隔離於主流之外，或陷在勞動市場邊緣。要回應這個結構面的問題，得由從結構面的介入著手，包括社會意識的喚醒、歧視防制、權利維護，乃至軟硬體公共環境的建構等，如教育制度、交通建設、文化參與。但我國對於如何形成身心障礙者就業政策的論述仍十分薄弱，如101年9月26日行政院勞工委員會（現更名為勞動部）於立法院第8屆第2會期向立法院施政報告指出針對特定就業對象及身心障礙者實施「就業融和計畫」；民國97年9月24日於立法院第7屆第2會期之施政報告則表示「運用深度化及客製化就業服務……達成協助個人融和於社會之目標」，民國95年之施政報告中未來施政重點，針對身心障礙者提出「協助其自立並獲得正常生活」，由此過程中可歸納，政府對於身心障礙者就業的政策目標是融合於社會，然究竟應如何落實融合，則並無具體內容，而以各式就業安置模式的服務成果來表述。

　　相較於1990年代起，英美等國訂定身心障礙歧視防制的立法，我國只有就業服務法及性別工作平等法，並沒有普遍性的針對身心障礙者在生活或就業上遇到歧視情形的立法回應，因此我國也不是以反歧視為主要的政策方針。而欠缺完善的所得維持政策，我國的身心障礙者也並無普及式或資產調查式的年金或津貼，所以亦無如1990年代歐美國家展開的從福利到就業的政策改革動機。而身

心障礙者權益保障法於2008年修法時，納入ICF評鑑制度，希望強調環境因素及參與，但是做爲身分鑑定的關鍵工具，ICF是否能帶動相關政策的調整，仍有待觀察。

在此政策取向不明確的狀態下，使得身心障礙者就業一直沒有明確目標，亦無法納入必要的資源、建構發展策略與服務的架構。如果政府部門以融和爲主要的政策取向，就必須有更清楚的策略與執行方法，不可能僅仰賴就業服務去落實融和的政策。

二、職業重建服務模式的限制

許多對於當前職業重建服務模式的評論，多偏向技術層次，如職業輔導評量的運用有效性，或資源連結的問題，然而，職業重建服務模式本身是否爲臺灣身心障礙者就業的唯一服務模式選擇，這是值得討論的。

以澳洲爲例，澳洲在2006年以前也採行職業重建模式，然而政府部門的檢視發現此模式太過強調個人問題解決，無助於身心障礙者進入職場，因此在2008年重新調整實務模式，強調客製化、工作取向的個案管理模式，透過資訊系統評估將求職者依求職難易程度分類，再依工作能力訂定每週可工作的下限時數，依這兩項結果決定如何提供服務，他們無意去探究身心障礙者心理層面的問題，而完全以就業爲導向擬定具體計畫，同時並不主張直接在職場進行支持，避免將求職者標籤化，也減少對雇主的干擾，這套特有的服務模式稱爲「開放就業」（open employment）。雖然這套模式也受到一些批評，但也說明了職業重建模式並不是唯一促進身心障礙者就業的選擇。

臺灣從民國80年代由專家學者將美國的支持性就業模式引入臺灣，就一直延用美國職業重建的服務模式，而這套模式強調的是如何透過各種專業的介入，調整求職者至就業準備的狀態，然後將他們送入一個既定成形的勞動市場，這些專業的介入，是運用常模去評估求職者的表現水準，了解他們與常態的就業表現之間有多少落差，依此加以分流至一般性就業、支持性就業或庇護性就

業。在就業準備的策略上，運用職業訓練、職場試做、見習等方式，提升求職者符合職場要求的能力、操作的項目或速度。這些實務運作已將求職問題個人化，只要求職者能改變行為，具備能力，似乎就有了成功的條件，這套模式沒有訴求結構面的阻礙，如企業文化中對身心障礙者的疑慮與限制，運用大眾交通工具的困難，以及各工作場所無障礙環境的建構，反而是順服於這些結構去調整身心障礙的行為。因此，依賴單一的輔導技術，不僅無法有效改善身心障礙者求職過程中的困難，也無法提高他們的就業結果，更強化身心障礙者就業問題個人化的刻板印象。職業重建服務勢必要整合在一個多元包容防制歧視的政策架構下，才能發揮合理的效果，包括它如何有系統的納入環境面向的評估，並且發動環境的改變與發展倡導策略，有效的政策必須納入教育的改革，打破教育管道的限制，讓身心障礙者有公平參與學習的機會，才能累積人力資本，建立合理的就業期待，在這個過程中，相對的刺激關連政策的改進，如交通與公共建設、文化休閒建設、社區生活建設等，全面的鋪陳一個尊重及接納的環境，包括職場環境，再者，它也必須更提高對當前勞動市場變動的敏感度，包括部分工時、企業外包、派遣勞動等發展，在職業安置的效果上會產生什麼影響。臺灣欠缺對勞動市場的敏感度，對於障礙者安置就業後產生的所得增加效果沒有長期追蹤，反而容易使身心障礙者淪為企業的低薪勞動力，同時它的實務運作，也偏向醫療診斷，與障礙的社會模式趨勢背道而馳，這都是職業重建模式偏向個人取向在本質上的限制。

三、社會福利與就業資源網絡薄弱

自1980年代陸續出現的福利改革主張，對於無法就業者進行申請福利的資格限縮，並透過各種方案累積失業者持續參與工作活動的經驗，一方面希望降低他們過度仰賴福利給付的情形，減輕國家長期財政負擔，但一方面，則希望透過就業達到促進社會包容的效果。這種轉變，是化消極為積極（from passive to active），在政府作為上，加強就業資訊的公開透明，運用訓練或激勵措施，鼓勵

求職者就業，在個人層面，則是透過以求職行為換取福利津貼的做法，以共同責任（mutual obligation）強化求職者對就業的承諾，具體而言就是從福利到工作（from welfare to work）、勞動福利（workfare）的政策取向。雖然這些政策的效果南轅北轍，也有許多批評聲浪，但是它們的實施條件，都是在國家具備多元福利津貼之下產生，希望將福利申請人由福利津貼體系移向就業所得體系，在這個過程中，或能保有以工作薪資為主體、福利津貼為補償的綜合性所得政策。

　　回到臺灣的場域，對於身心障礙者，並無法定生活津貼保障，要取得國家經濟補貼，需透過低收入身分，或者透過所得稅寬減額、學費減免等管道，而失業給付係採社會保險制，申請人必須具備一年工作年資才能在失業期間請領保險給付，保險給付時間只有6個月，因此臺灣的身心障礙者勢必要努力求職，才能謀求穩定生活，但由於社會結構、環境與文化的多重影響，使身心障礙者無法依工作能力或教育程度尋得適合的工作或獲致滿意的薪資水準，甚至目前庇護性就業尚可透過產能評定，由雇主與受僱者議定薪資，可免受國家基本工資限制的保障，在這些條件限制下，臺灣或許應該思考建立對身心障礙者的多元所得架構，以福利津貼補足就業薪資之不足，除保障其基本生活水準，亦能提高參與社會生活的動機，具備消費能力。未來可就國民年金、社會救助與薪資之整合，再評估有無實施工作者年金的可行性，運用綜合的所得來源，來減緩因無法就業，對身心障礙者生活品質的影響。

　　其次，也由於我國並無普及式或資產調查式的年金制度，在社會福利體系，尚無法藉由求職系統追蹤身心障礙者，了解其所得狀況，即便能進入職場的身心障礙者，或許更需要發展獨立生活，而有社區服務的需求，乃至於未來身心障礙者因提早老化退出職場，亦應發展專屬的老人安養服務，這兩個高度關連的服務，目前經由職業重建服務體系的評估切割，適合就業者進入就業服務體系，不適合就業者則進入福利服務體系，忽略了身心障礙者的需求會變動，以及長期需求的規劃，尤其在社會意識倡導的環節，社會福利部門可著手之處亦不少。

四、庇護性就業的爭議

庇護性就業係針對有工作意願但工作能力不足、經職業輔導評量評估後，適合就業安置於庇護工場之身心障礙者所提供的一種安置與服務模式。根據新修訂的身心障礙者權益保障法第34條規定，各級勞工主管機關對於具有就業意願，而就業能力不足、無法進入競爭性就業市場，需長期就業支持之身心障礙者，應依其職業輔導評量結果，提供庇護性就業服務。

但是庇護性就業模式長期以來一直有若干爭議。在民國96年身權法修訂以前，醫療機構或社會福利機構都曾設立若干工作坊或清潔隊，服務對象從事代工、出外打掃等不同性質的工作，但設立機構與服務對象之間，沒有勞雇關係，亦不發給薪資，所領金錢稱為獎勵金。以醫院為例，主要是提供日間留院之精神病患者於留院期間有較為豐富的活動內容，以促進其各方面能力的進步，未來融入社會生活。由於機構與服務對象之間關係不明確，在管理上不易釐清，資源的運用也較無明確績效指標可資衡量。在民國96年修法後，確立了庇護工場應為具有勞雇關係的工作職場，服務之對象即為員工，應符合勞動相關法令規範，才使庇護工場的性質確認。

庇護性就業安置必須經過一個判斷機制，即職業輔導評量。庇護性就業安置的對象，無法進入一般職場，也無法以支持性就業安置於競爭性職場的身障者，換言之，其功能或適應力都較為薄弱，亦有可能其所保有的身體或心智功能，即便在很密集的專業支持下，亦無法完成一份工作的部分作業項目。為了不犧牲任何一位身障者的就業意願，但亦不能讓能力過於薄弱的身障者在職場中受挫，因此藉由職業輔導評的專業判斷，做為身障者是否適合庇護性就業安置的判斷機制。

其次，庇護工場與一般職場最大的差異，在於薪資計算方式，非庇護工場之職場內勞工的薪資是不得低於基本工資，且各行各業有一定的薪資水準可供參考，但庇護工場卻是完全不同的計薪方式，依身權法第40條規定：「庇護性就業之身心障礙者，得依其產能核薪；其薪資，由進用單位與庇護性就業者議定，並報直轄市、縣（市）勞工主管機關核備。」在此規定之下，僱用庇護性就

業者之庇護工場，會依其生產的產品或服務，訂定出要求的產能，如數量或項目，再將這些數量或項目所需的能力分析出來，用以評估庇護性就業可達到的程度，也就是產能，並依產能計算應給付之酬勞。例如，以烘焙業為例，製作西點之流程可能需要五個步驟，而庇護性就業者因功能的限制，只能完成其中二至三個步驟，或者其完成五個步驟所需的時間較長，以致產量較一般人少，核算其薪資可能就只及於一般人的八成或七成；又例如雖然其可完成所有步驟，且時間在可接受的範圍內，但因功能所限，每日工作時間較短，或中斷時間較長、休息時間較長，亦會影響其每日生產效能，也會造成其薪資較一般人為低，這使得庇護性就業者的薪資會低於基本工資，這也是庇護性就業較大爭議之處。此外，庇護工場內除一般經營管理人員外，尚需配置庇護性就業服務員，專責庇護性就業者之訓練與工作適應、產能提升等事項。

　　由於庇護工場的生產能量受到許多限制，雇主除了要經營管理及開發客戶，還必須兼顧庇護性就業者的訓練及輔導，往往分身乏術，為此，身權法第36條規定：「各級勞工主管機關應結合相關資源，協助庇護工場營運及產品推廣。」第69條另規定：「身心障礙福利機構或團體、庇護工場，所生產之物品及其提供之服務，於合理價格及一定金額以下者，各級政府機關、公立學校、公營事業機構及接受政府補助之機構、團體、私立學校應優先採購。各級主管機關應定期公告或發函各義務採購單位，告知前項物品及服務，各義務採購單位應依相關法令規定，採購該物品及服務至一定比率。前二項物品及服務項目、比率、一定金額、合理價格、優先採購之方式及其他應遵行事項之辦法，由中央主管機關定之。」另內政部（現更名為衛福部）據此於97年訂定「優先採購身心障礙福利機構團體或庇護工場生產物品及服務辦法」，由政府部門率先主動採購庇護工場之產品，以增加其工作機會，內政部每年並在重要節慶中，為各庇護工場及身心障礙福利機構團體促銷產品。不過，目前這項辦法將庇護工場與身心障礙福利機構團體混為一談，各政府機關只要採購二者的產品或服務之金額，達到該機關總採購金額的5%，即符合規定。這也使得各機關會在庇護工場與身心障礙福利機關團體之間選擇，庇護工場因屬於勞雇關係型之職場，其生產成本

較高，相對於此，身心障礙福利機構團體生產之產品，係由其服務之身心障礙者，以日間活動之方式參與生產，並不發給薪資，而以獎勵金方式來激勵服務對象，其生產成本相對較低，致使庇護工場不見得能完全受到此一政策之美意。

第四節　結論

　　身心障礙者就業是一個錯綜複雜的議題，往前延伸到教育階段的政策效果，往後又延伸到社會福利政策的銜接，在就業促進的過程中，不僅面對勞動市場的變動，還有服務模式本身的局限性。未來身心障礙者的就業，仍面對許多挑戰。說明如下：

　　一、受到新自由主義的影響，各國在失業給付與社會救助制度的改變，有朝向限縮給付或縮短給付期間之傾向，並呈現若干效果，因此執政者會考慮將這些政策工具運用在身心障礙者身上，但受到全球化下就業市場的重新分工或核心邊緣勞動市場雙元發展的影響，身心障礙者透過進入職場，而實現包容社會的效果是受到考驗的，缺乏社會福利津貼或相關給付的支持，又無法在職場獲得足夠的薪資，使身心障礙者會長期陷在一種就業與不就業的兩難處境中。

　　二、受到年金改革的影響，年長者不再如以往一般，傾向提早退出勞動市場，職位的空缺數亦減少。這個情形又碰上全球性的經濟不景氣，自2008年以來幾次的金融危機，使得許多邊緣就業者都處在就業困境中，包括青年、低技術勞工、中高齡勞工，和二度就業婦女，在經濟景氣時，身心障礙者即便就業條件薄弱，仍可在邊緣勞動市場中找工作，但由於長期的不景氣，使前述各類對象都掉到勞動市場邊緣，彼此成為競爭者，爭取邊緣勞動市場的職位，身心障礙者的就業弱勢地位論述也漸漸失去正當性。身心障礙者被職場排斥，無法申張人權正義，亦不似青年順利就業，對長期職涯發展有負面影響，或二者只在伯仲之間，因此國家投入資源要放在何種對象上，是一個政策選擇，而即便國家願同時關注各種對象，身心障礙者的條件可能又更劣勢，而在弱勢者的競爭中落敗。

　　三、企業高度競爭及全球市場分工的改變，就業機會的分布不再單純，而是雇主的戰略決策，對於雇主的獎助僱用措施之效果，也隨之降低。雇主對於僱用成本的考量，只需精打細算就能決定是否僱用身心障礙者，在高度競爭之下，雇主要尋求最低干擾的生產過程，除非有極大的誘因，或極為特殊的條件，否則難

以用獎助吸引雇主採取僱用行動。再者，全球分工的經營模式，使得勞動法令對本國雇主的約束產生變動，一個號稱數萬名員工的企業，在國內可能只有區區數十名員工，其餘員工全數皆在海外。

此外，採取定額僱用的國家，其僱用比例也不高，或者適用的企業規模不一，如韓國定額進用率爲6%，但只適用於300人以上的企業，西班牙的定額進用率也是6%，但50人以上的企業就要依法適用，因此定額進用並不是一個全面性的制度，OECD也指出大多數國家僅能執行到五成或七成企業符合法令，許多企業也會認爲一旦達到進用率就完成任務，而降低再僱用意願（Mont, 2004：21）。近年來，企業用人精簡，降低僱用成本，透過外包、委託方式，減少核心工作者人數，使企業內部直接擴增身心障礙者就業機會的可能性降低。這意謂著以往可以發揮效用的政策工具，可能已失去效果。透過倡導企業社會責任的方式，成爲另一種說服雇主僱用身心障礙者的論述，然而，企業的社會責任方案有許多選項，僱用產生的外部效果是否大到足以成爲企業首選，是值得懷疑的。

綜合這些外部結構的變化，臺灣以職業重建服務爲核心模式的就業促進工作，是否能因應這些問題，有效協助身心障礙者進入職場充滿挑戰，更應盡早發展多元面向的就業促進策略，並確認具體的政策目標，落實於立法中，才能眞是促進身心障礙者的勞動參與。

參考書目

一、中文部分

吳秀照、陳美智（2012），勞動與就業。收錄於王國羽、林昭吟、張恆豪主編，「障礙研究：理論與政策應用」，第六章，臺北：巨流出版社。

謝東儒、張嘉玲、黃?蓉（2005），〈殘障聯盟發展史〉，《社區發展季刊》109：頁300～310。

二、英文部分

Heyer, K. (2005) Rights or quotas? The ADA as a model for disability rights. In Handbook of Employment Discrimination Research, 237~257. Springer Netherlands.

Marin, B., Prinz, C., & Queisser, M. (2004) Transforming disability welfare policies. Ashgate.

Mont, D. (2004) Disability employment policy. Cornell University ILR School.

第五章　生活與醫療輔具

／李淑貞

第一節　輔具是什麼

很多人都認爲輔具（輔助器具）只是給身體不方便的人使用，一般人會想到的輔具是肢體障礙者會用拐杖或輪椅，視覺障礙者會用擴視機、放大鏡和點字機，聽覺障礙者會用助聽器，因此有所謂的「肢障輔具」、「視障輔具」或「聽障輔具」之稱。在2012年7月「身心障礙者權益保障法」鑑定需求評估新制（以下簡稱身權法新制）之「身心障礙者輔具費用補助辦法」實施前，前述狹隘的輔具定義與應用，導致輪椅和居家無障礙設施設備的輔具費用補助對象設定爲肢體障礙或平衡障礙類別的身心障礙者，以至於讓同樣是需要輪椅行走之重度失智症老人，因爲在身心障礙類別，過去屬於非肢體障礙或平衡障礙類別，而無法取得輪椅的輔具費用補助；同樣的，視覺障礙者，過去也因爲屬於非肢體障礙或平衡障礙類別，而無法取得居家無障礙設施設備的輔具費用補助。

我國的身心障礙者社會福利之輔具費用補助，早自1999年開始實施。而2004年公告的「身心障礙者輔助器具補助辦法附表標準表」將輔具分類爲「生活輔助類」和「復健輔助類」（全國法規資料庫，2004）。因應前述國內社會福利輔具費用補助的輔具分類，因此有所謂的「生活輔具」和「復健醫療輔具」之稱。「復健」的英文爲「rehabilitation」，在外國，「rehabilitation」一詞，從來就不是僅指爲醫療復健的醫學專業，而是泛指協助障礙者重建生活的過程和服務，也就是回歸主流、融合與參與社會的跨領域服務。顯著的例子，例如國際非常知名的身心障礙者權益倡議非官方組織Rehabilitation International（RI），自1922年創立，其主要任務不僅是推動醫療復健，而是推動身心障礙者回歸主流、融合與參與社會。因此，當輔具稱之爲「生活輔具」和「復健醫療輔具」，容易讓一般人誤以爲用於生活與復健是不同類型的輔具。事實上，輔具用於生活，生活就是復健，才是輔具要發揮的復健精神，協助障礙者回歸主流、融合與參與社會的最重要功能。

2012年7月後實施之身權法新制的身心障礙者輔具費用補助相關辦法，針對

第26條訂定子法「身心障礙者醫療復健所需醫療費用及醫療輔具補助辦法」暨附表「身心障礙者醫療復健所需醫療費用及醫療輔具補助標準表」（全國法規資料庫，2013），以及針對第71條第2項訂定子法「身心障礙者輔具費用補助辦法」（全國法規資料庫，2012c）和「身心障礙者輔具費用補助基準表及附表」（內政部，2012b）。目前一般俗稱社會福利補助之「醫療輔具」是指「身心障礙者醫療復健所需醫療費用及醫療輔具補助標準表」所補助的輔具品項。而俗稱社會福利補助之「生活輔具」是指「身心障礙者輔具費用補助基準表」所補助的輔具品項。

　　在「身心障礙者醫療復健所需醫療費用及醫療輔具補助辦法」第4條定義所補助之醫療輔具是：「本辦法所稱醫療輔具，指尚未納入全民健康保險給付範圍內，經醫師診斷或經醫事人員評估為醫療復健所需，具有促進恢復身體結構、生理功能或避免併發症，且符合第五條附表所列之輔助器具。」，而納入附表「身心障礙者醫療復健所需醫療費用及醫療輔具補助標準表」之項目，有呼吸治療類輔具7 項、UPS不斷電系統1項和燒燙傷者所需之壓力衣7 項及矽膠片1項，共計16項補助（全國法規資料庫，2013）。而在「身心障礙者輔具費用補助辦法」第2條定義所補助的輔具，是採符合中華民國國家標準CNS 15390的輔具定義原則（李淑貞、余雨軒，2011），特點是定義輔具為輔助生活的便利品，也就是產品與科技，包含硬體、軟體與耗材；但不涵蓋植入式的產品與科技。「身心障礙者輔具費用補助辦法」第2條所稱輔具是指：「協助身心障礙者改善或維護身體功能、構造，促進活動及參與，或便利其照顧者照顧之裝置、設備、儀器及軟體等產品。」（全國法規資料庫，2012c）。這個定義與過去的生活輔具定義已不盡不同。而「身心障礙者輔具費用補助基準表」所補助的輔具類別，也已不是一般人狹隘所稱的生活輔具類型，實際上是依據中華民國國家標準CNS 15390的輔具分類原則（李淑貞、余雨軒，2011）的重要精神，依協助身心障礙者改善或維護的身體功能及構造，促進活動及參與，或便利其照顧者照顧之「輔具使用主要功能」目的來歸類，包含個人行動輔具類42項，視覺活動相關的溝通及資訊輔具類21項， 聽覺活動相關的溝通及資訊輔具類7項，溝通及資訊輔具類的

警示、指示及信號輔具6項，溝通及資訊輔具類的發聲輔具2項，溝通及資訊輔具類的面對面溝通輔具6項，溝通及資訊輔具類的電腦輔具7項，個人醫療輔具的身體、生理與生化試驗設備及材料類1項，個人醫療輔具的身體、肌力及平衡訓練輔具3項，個人醫療輔具的預防壓瘡輔具9項，住家家具及改裝組件輔具26項，個人照顧及保護輔具8項，居家生活輔具2項，矯具及義具30項，以及其他類2項（非歸屬國際定義之輔具的人工電子耳和國際定義之輔具的人工電子耳語言處理設備），共計172項補助。（內政部，2012）

　　輔具到底是什麼？如何歸類？我國經濟部標準檢驗局將輔助科技分類國際標準ISO 9999：2007（Assistive products for persons with disabilities-Classification and Terminology）轉譯及審議通過，於2010年9月30日公告成為中華民國國家標準CNS 15390「身心障礙者輔具－分類與術語」，將輔具分成11大類，包含有〔04個人醫療輔具（Assistive products for personal medical treatment）〕、〔05技能訓練輔具（Assistive products for training in skills）〕、〔06矯具與義具（Orthoses and prostheses）〕、〔09個人照顧與保護輔具（Assistive products for personal care and protection）〕、〔12個人行動輔具（Assistive products for personal mobility）〕、〔15居家生活輔具（Assistive products for housekeeping）〕、〔18住家及其他場所之家具與改裝組件（Furnishings and adaptations to homes and other premises）〕、〔22溝通與資訊輔具（Assistive products for communication and information）〕、〔24物品與裝置處理輔具（Assistive products for handling objects and devices）〕、〔27工具、機器與環境改善輔具（Assistive products for environmental improvement, tools and machines）〕與〔30休閒輔具（Assistive products for recreation）〕。廣義來說，輔具是用來輔助人類功能的產品與科技，有硬體、軟體與耗材，也就是只要能夠「幫助人類達到活動及各種功能目的」的生活便利品，都可以稱作輔具或輔助產品。國際標準組織（International Standard Organization, ISO）制訂輔助科技分類標準ISO 9999，第一版在1992年發布。自從世界衛生組織（World Health Organization, WHO）2001年公告ICF後，ISO 9999的第三版起，即依據在國際健康功能與身心障礙分類系統（International Classification of Functioning, Disability and Health, ICF）之活動與參與的輔具主要使用目的來發展輔具的分類與術語。ISO 9999在2003年被正式納入世界衛生組織的國際分類家族（WHO Family of international Classification, WHO-FIC）。

第二節 輔具補助與服務是保障身心障礙者權益的必要措施

　　在科技時代，無論是各個面向的功能表現（functioning）或是維護健康（health）狀態，身心障礙者比一般人更需要產品與科技的支持。身權法第1條，開宗明義就論及保障身心障礙者尊嚴自主的自立及發展，並與一般人擁有同樣的機會和參與社會的權利。因此，對身心障礙者補助輔具並提供適切的輔具服務，以促進自立生活及維護健康，不僅是福利措施，更屬於權益保障的要件。

　　如前一節所述，早在1999年我國就已實施身心障礙者輔具費用補助，但多年來身心障礙者生活狀況及各項需求調查總是顯示，身心障礙者對醫療照顧及福利服務需求中，有相當比率之身心障礙者需要使用輔具但尚未被滿足，如100年的調查（內政部，2012）顯示，有41.37%的身心障礙者（或監護人、照顧者）認為需要使用輔具；而不管目前是否有使用輔具，這些身心障礙者中有21.6%認為輔具使用尚未被滿足。多年來，國人總認為是我國身心障礙者輔具費用補助的品項不夠，或是補助金額太低，然而實際探究國際先進國家對身心障礙者的輔具補助或提供制度，我們發現，另外還有重要因素，那就是能夠滿足生活或醫療照顧所需的輔具補助，一定要同時培訓輔具服務人員，並建構充足的服務資源和提供品質與具可及性的輔具服務。只是，過去我們僅有身心障礙者輔具費用補助辦法，規定直轄市、縣（市）主管機關編列公務預算辦理身心障礙者的輔具費用補助；並未在相關法規，將身心障礙者的輔具服務訂為「法定」福利服務項目，也就是並未能規範縣市政府為該縣市身心障礙者，按身心障礙者人口與生活功能的需求，編列公務預算辦理輔具服務人員培訓和輔具服務。

　　內政部社會司自2002年起運用相關福利資源，以「推展社會福利補助作業要點」協助各級政府及結合民間力量推展兒童、少年、婦女、老人、身心障礙者及家庭支持等福利服務，包含設置縣（市）身心障礙者輔助器具資源中心和辦理輔具維修、二手輔具回收和輔具評估與諮詢服務，其精神是補助與獎勵民間社福單位辦理輔具服務，因此申請單位必須是社會福利團體（非社會福利團體但具備

輔具服務能力與經驗單位無法取得本項補助），且須有一定比例的自籌款（需自行募款）；而補助內容也無法依各個縣市身心障礙者人口與需求來提供。因此，雖至2005年，內政部社會司已補助23縣市設置輔助器具資源中心，但這些縣市辦理的輔具服務，與該縣市之法定福利服務項目（如居家照顧）的辦理情形相比較，無論是服務資源規模或服務之可及性，均有相當大的差異。反倒是，自2003年起，少數幾個縣市陸續開始編列公務預算辦理身心障礙者輔具服務，如雲林縣、臺北縣和彰化縣。這些縣市編列公務預算支持輔具服務，使輔具服務單位能聘數名輔具評估專業人員，提供身心障礙者輔具適配評估；其所達成的輔具服務與補助效益，更讓這些縣市政府逐年擴增編列公務預算充足輔具服務，以滿足身心障礙者的輔具福利服務需求。

隨著全國輔具服務的推展，也因有身權法新制的契機，在訂定身權法第50條的子法「身心障礙者個人照顧服務辦法」時，得以經過充分討論，將輔具服務納入為法定福利服務項目，並規範對身心障礙者提供個別化服務，以及包含輔具諮詢、取得、追蹤、維修、調整等服務，同時也規範縣市輔具中心所應具備之空間、設備和專業人員類別與人數。另外，在「身心障礙者服務人員資格訓練及管理辦法」，明訂輔具評估人員與輔具維修技術人員的資格條件和職前或在職訓練時數與課程。（全國法規資料庫，2012a） 至此，我國已如同國際先進國家，在身心障礙者權益保障的福利服務法規基礎下，對身心障礙者不僅補助輔具，並將在數年內積極辦理輔具服務專業人員培訓，未來將能提供適切的輔具服務。

第三節　推動身心障礙者權益保障新制的輔具補助與服務

一、準備期

　　2001年10月，內政部依據「身心障礙者保護法」第16條，設置「多功能輔具資源整合推廣中心」，委託國立陽明大學承辦，自此開啓全國輔具資源整合與服務推廣的序幕。次年（2002年），內政部擬訂「身心障礙者輔具資源與服務整合方案」，據以推動各項身心障礙者輔具資源與服務整合。2009年行政院社會福利委員會函頒實施「身心障礙者權益保障白皮書」，至2012年7月身權法新制上路前的各項身權法子法的修訂，是爲推動身心障礙者權益保障新制的輔具補助與服務的10年準備期，也是全國輔具服務界的菁英共同打拼，以年年求進步的精神，爲身心障礙者權益保障的輔具補助與服務扎根的黃金10年。

（一）全國輔具資訊整合有成與推展準備

　　國內各輔具服務單位均有進行各類輔具資訊的蒐集，並建置輔具網頁。然多數輔具網頁無互通平臺和欠缺整合，以至於身心障礙者甚或身心障礙服務專業人員仍抱怨無法有效取得所需要的輔具資訊，尤其是輔具產品和廠商資訊。內政部於2006年委託「多功能輔具資源整合推廣中心」進行建置「輔具資源入口網」（http://repat.sfaa.gov.tw），成功整合了當時的內政部多功能輔具資源整合推廣中心、內政部足部輔具資源推廣中心、內政部資訊科技輔具資源推廣中心、內政部顏面損傷輔具資源推廣中心與內政部聽語障輔具資源推廣中心等五大中央輔具中心網頁的各種輔具資訊內容和格式，並採用符合國際輔具發展潮流之分類系統（ISO 9999），於2006年10月正式上線，爲國內輔具資訊整合跨出一大步。

　　輔具資訊服務包含有知識性與技術性的服務，「輔具資源入口網」以建構完備的國內外輔具產品、輔具廠商、輔具中心與輔具研究成果等整合式資料庫，以及彙整國內輔具補助標準及相關服務辦法、輔具教育訓練訊息、輔具活動訊息、輔具租借及維修服務單位、輔具專業人才、身心障礙服務單位與身心障礙權

益相關法規等為目標，並設計友善操作使用介面，來提供充足的知識性與技術性的服務。其中，每一項產品介紹，除了有產品圖片顯示外，更包含有產品特色與說明、適用對象、產品規格、產品配件、製造商或販售商資訊、廠商定價（如果廠商有提供此資訊）等，為非常方便查詢的資訊系統。感謝國內身心障礙者及服務專業人員的厚愛，「輔具資源入口網」截至2011年12月底上線5年，已有3.1億的網頁點閱流量，顯示國內對輔助科技資訊的龐大需求，也顯示對「輔具資源入口網」在資訊整合有成之相當程度的肯定。

　　為使身心障礙者的輔具服務與補助資訊整合，「輔具資源入口網」在網頁服務端的前臺建置各項輔具服務之單位彙整資訊，包含有(1)各級政府輔具資源中心、(2)輔具維修單位、(3)輔具借用單位與(4)輔具租賃單位；以及各級政府社會福利的輔具補助標準與相關服務或補助辦法。而鑒於輔具資訊整合也應包含輔具服務單位和專業人員服務整合與管理，「輔具資源入口網」在後臺管理端，建置了幾個配合「身心障礙者權益保障法」ICF新制推動，即將發揮功能的整合式資訊系統，包含有(1)各縣市輔具資源中心行政管理系統、(2)二手輔具管理與交換系統，與(3)輔具專業人員教育積分管理系統。

　　過去幾年，「輔具資源入口網」是跨單位、專業與地域的資源資訊交流整合平臺，在輔具資訊整合扮演重要的功能。而在民間身心障礙者權益倡議團體的熱心積極推動下，以及在內政部社會司的協助與努力下，2009年5月26日由行政院社會福利推動委員會審查通過的「身心障礙者權益保障白皮書」，促進身心障礙者溝通無障礙部分（第5-3節），也有一些科技產品（輔具）應用之具體作為與發展，例如針對第5-3-1-2節，協調業者開發數款聽障專用電話機（增音、振響或閃鈴電話）及視障專用電話機（含來電顯示語音播報功能），並取得NCC型式認證審訂證明；以及針對第5-3-1-4節，在公共場所廣泛設置裝機高度距地面115公分之公用電話機等。

　　目前公部門的網頁已多數符合無障礙網頁的基本規範（A⁺），但由於國內欠缺適當法條強制規範無障礙網頁的品質維護，以至於一般網頁在取得無障礙網頁標籤後的無障礙維護並不理想。而公部門的內部行政作業系統更未在國內目前

資訊無障礙推廣的範疇內（如美國復健法增修案第508節），以至於雖爲促進身心障礙者就業，公立義務進用機關（構）所聘任之身心障礙者，在使用內部行政作業系統仍常常面臨障礙，最後只得調整職務相關工作內容，卻又可能非該身心障礙者的工作專長。另外，還有多數身心障礙者爲數位落差大的弱勢族群。這些方面都有待政府相關部門積極推動。

此外，理想的輔具資訊整合還應包含身心障礙者使用輔具服務與補助的資訊整合，也就是建構整合個案的評估輔具需求、輔具補助、輔具回收、輔具贈與或借用、輔具維修等輔具服務紀錄之「輔具服務行政管理資料庫」。目前部分縣市有建構各自縣市的資料庫，但多數縣市並無此類的資料庫。未來配合「身心障礙者權益保障法」ICF新制推動，全國社會福利主管部門將有身心障礙者的輔具需求評估結果與輔具補助與服務之整合式資訊系統；可以預期的是，我國輔具資訊整合將有機會往前再大幅度發展。

（二）全國輔具文宣出版整合有成與推展準備

爲提升身心障礙者、照顧者、家屬以及專業人員的輔助科技知識，促進身心障礙者生活自立，並推廣輔具資源有效利用以及避免不必要之資源浪費，各級政府彙整輔具相關資訊，製作各式文宣，透過多媒體，辦理相關教育與活動，以進行宣導是非常重要的。而每一份輔具文宣出版，均代表眾多人的心血與苦功夫。內政部要求其所委辦之中央級輔具中心規劃印製輔具相關教育文宣手冊和摺頁，將文宣出版品送至全國各縣市輔具中心，供專業人員和民眾取用。這樣不僅中央統一資源，省去地方輔具中心重複出版相同教育宣導資料的浪費，可以省時、省力又省資源，讓好的資訊能夠全國通用。

有鑑於身心障礙者以及相關服務人員對於輔具資訊的了解不足，「多功能輔具資源整合推廣中心」發行各類宣導及推廣文宣品，內容包括相關福利措施、服務流程，以及整合各輔具專業衛教資訊等，藉由完整確實的輔具資源資訊，爲所有輔具使用者以及從事輔具服務相關人員，提供知識服務。且考慮身心障礙者和輔具服務相關專業人員等不同對象對於輔具資訊的需求不同，同時規劃專業性推

廣以及一般性宣導等不同訴求的平面文宣，包含全國唯一的輔具專業期刊「輔具之友」、輔具資訊小手冊與輔具宣導教育單張等，希望各種不同階層的需求者可以獲得最符合實際的資訊。

數年來，「多功能輔具資源整合推廣中心」發行的輔具文宣出版，已是系統化並具規模。其中，「輔具之友」自2006年起至2011年，出版系列輔具主題內容，包含19~21期的主題為銀髮族系列，分別為「銀髮族系列(1)基礎篇」、「銀髮族系列(2)打造無障礙生活空間篇」與「銀髮族系列(3)未來展望篇」；22～24期的主題為職業重建系列，分別為「職業重建系列(1)基礎篇」、「職業重建系列(2)職務再設計篇」與「職業重建系列(3)未來展望篇」；以及25～27期的主題為長期照護系列，分別為「長期照護系列(1)基礎篇」、「長期照護系列(2)照顧服務篇」與「長期照護系列(3)未來展望篇」等。每一期內容分為學術研究單元、實務應用單元、輔具產品特區、人物專訪、輔具中心簡介，以及輔具資訊單元等部分，透過各個不同領域的專家學者來完成屬於國內的輔具專業期刊，期許把最好的期刊內容完整呈現給所有的讀者。

輔具資訊小手冊的發行，可以進一步落實輔具資訊宣傳的業務。「內政部多功能輔具資源整合推廣中心」特別規劃輔具知識宣導小冊，包含有2006年度之「輔具問答集」，2007年度之「輔具補助申請辦法」，2008年度之「新版輔具補助申請辦法」，2009年度之「輔助科技服務相關法規彙編」，2010年度之「輔具分類說明手冊」，以及2011年度之「CNS 15390輔助科技分類技術手冊」等。期望藉由輔具資訊小手冊，能開啟一般社會大眾對輔具的認識以及對政府之輔具相關社會福利政策有所了解。

在出版輔具宣導教育單張方面，「多功能輔具資源整合推廣中心」製作具教育意義的輔具宣導單張系列，使社會大眾對輔具資訊更加熟悉。2006年度訂定的主題為「輔具DIY保養教育系列」，一共發行六份，分別是「手動輪椅」、「電動輪椅」、「下肢義肢矯具」、「手杖、枴杖、助行器」、「輪椅減壓座墊」與「減壓床墊」等之選用與維護保養，目標為針對身心障礙者及其照顧者，提供簡易的輔具保養需知及故障判斷的知識，以減少不必要的輔具資源浪

費，延長輔具的使用年限，以及降低輔具使用因人爲疏失所造成的危險等專業的輔具衛教資訊。2007年度針對身心障礙者及其照顧者訂定「個人照顧與保護輔具」系列主題，以增進對個案自立生活輔具利用之知識，提升個案生活功能和生活品質，或降低照顧者負擔等輔具專業教育資訊，一共發行四份，分別是「如廁用輔具」、「清洗及淋浴輔具」、「盥洗及修容輔具」與「銀髮族及身障者的衣物改良」等。2008年度發行「居家生活輔具」系列主題，以進一步增進對居家生活輔具利用之知識，提升生活便利性功能等輔具專業教育資訊，一共發行五份，分別是「吃喝用輔具」、「準備食物及飲料輔具」、「餐具清洗輔具」、「房屋清掃輔具」與「編織與保養之紡織品輔具」等。2009年度發行「座椅輔具」系列主題，增進一般民眾了解嬰兒、學生、成人與老人之座椅選擇與應用知識，提升生活功能和避免長期不正確使用座椅造成二度傷害等輔具專業教育資訊，一共發行五份，分別是「嬰幼兒外出座椅」、「嬰幼兒室內座椅」、「學童座椅」、「辦公座椅」與「銀髮族座椅」等。2010年度發行「建築物之通用設計」系列主題，增進一般民眾了解無障礙物理環境之通用設計知識，一共發行五份，分別是「空間與水平動線」、「垂直動線」、「無障礙廁所」、「舊屋改善」與「新屋設計」等。以及2011年度發行「銀髮樂活」系列主題，增進一般民眾了解銀髮長者活躍老化之輔具應用，分別是「出門找個『伴』，輕鬆自由行」、「老了走不動，全家照出遊」、「穩穩坐或站，輕鬆洗澎澎」等（銀髮樂活系列主題至2013年共發行8份）。

　　全國輔具文宣出版發行對象含有各縣市政府社會局、各大輔具中心、各級醫院、醫學中心、各大專院校醫療、特教、社工等相關系所、特教學校、社會福利機構、全國脊髓損傷服務單位、各級公立圖書館、輔具廠商等。此外，輔具文宣出版發行，與「輔具資源入口網」有效結合，同時全文電子化上線，並以電子報方式傳送給所有的訂閱者，讓輔助科技相關訊息無遠弗屆！另在辦理或參與各項推廣活動時做爲教育或宣廣的媒介。未來這項輔具文宣出版工作，更需要中央政府挹注資源與支持，尤其在協助培養穩定輔具文宣出版人才，使得這項有意義的輔具教育工作，能夠永續發展。

（三）全國輔具專業服務整合有成與推展準備

我國過去輔具福利支出主要是用於現金補助身心障礙者購買輔具後，以發票申請的輔具費用。根據相關單位統計，在金錢補助方面約占政府全部輔具資源利用的八成，而其他非金錢補助的輔具業務費僅占約二成左右。在社政的身心障礙者輔具福利及服務部分，社會司中部辦公室負責擬定中央身心障礙者輔具補助政策；補助與監督內政部補助縣市輔具資源中心（僅連江縣政府未申請設置）與相關身心障礙機構的輔具服務，包含輔具諮詢、評估、裝配、檢測以及輔具維修、回收、租借等相關業務；以及針對無法外出之個案並提供到宅輔具復健服務與訓練。社會司北部辦公室負責輔助科技之資訊推廣與相關輔具資源之整合；委託設置3個中央級輔具資源中心，推廣特殊類型輔具，並對困難個案提供專業評估、裝配、檢測機制，同時以「多功能輔具資源整合推廣中心」為所有輔具資訊和資源的整合平臺，以落實身心障礙者輔具資源整合、研究發展與服務，補助民間團體推廣輔具服務。

在推動身心障礙者權益保障新制的輔具補助與服務的準備期，「多功能輔具資源整合推廣中心」召開或參與許多重要會議，協助縣市輔具中心與縣市政府對話，讓輔具服務的專業更受到重視。例如，在2005年度全國輔具中心聯繫會議，首次邀請縣市輔具資源中心報告執行成果與展望（臺北縣與雲林縣輔具資源中心），說明輔具專業評估對身障者取得輔具補助的幫助以及對縣市政府之輔具補助品質管理的實質效益。在2006年度第一次全國輔具中心聯繫會議，邀請高雄縣輔具中心報告二手輔具業務推動成果，說明推動輔具試用及二手輔具資源有利於提升輔具福利與服務。在2006年度第二次全國輔具中心聯繫會議，首次辦理社政中央級五大輔具中心成果發表，以強化中央與地方輔具中心合作，以及報告「多功能輔具資源整合推廣中心」訪視26家縣市輔具中心服務後，所提之全國輔具服務問題分析報告。在2006年底，研提「輔具資源整合與推廣政策白皮書十年規劃」，以及「輔具服務專業人員認證草案」。在2007年2～5月，協助殘障聯盟擬定「身心障礙者權益保障白皮書無障礙專章草案」。在2007年度全國輔具中心聯繫會議，報告「輔具資源入口網」建置完成，同時正式導入國際輔

具分類標準ISO 9999。在2008年度全國輔具中心聯繫會議，首次將聯繫會議帶至縣市輔具中心辦理（臺北縣輔具資源中心），利用觀摩全國模範的優質輔具中心，促進各縣市輔具中心互相學習。2009年度全國輔具中心聯繫會議，在彰化縣輔具資源中心辦理，強化輔具中心與地方政府對話。在2010年度初，請桃園縣輔具資源中心展示內政部之縣市輔具中心實地訪視優異經驗，舉辦全國縣市輔具中心觀摩會議，強化縣市經驗分享與學習及整合。2010年度全國輔具中心聯繫會議，在雲林縣輔具資源中心辦理，讓縣市政府看見了優質輔具專業，能讓社會福利發光。2011年度內政部辦理輔具補助標準表修正會議，首次邀請全國各縣市輔具資源中心與身障團體參與和充分對話，至該年度12月底已開了18次正式會議，讓全國輔具專業服務整合更往前推動。

（四）全國輔具國際化整合有成與推展準備

過去我國輔具的發展，均依據身心障礙者保護法16類別的屬性作區分。然而，即是屬於同一障礙類別，例如視障或肢障者，卻每一個障礙者的障礙程度和功能性表現不盡相同，且為達「自立生活」的目的，個別生活需求的方向與內容也因人而異。因此，在這樣的前提下，若是依據傳統身心障礙類別來劃分各障礙者所需要的輔具服務類型，並無法滿足障礙者的需求。

「多功能輔具資源整合推廣中心」於2006年度研擬之「國內輔具分類系統」，即以國際輔具分類與專門術語標準（ISO 9999）為依據，再就目前國內輔具使用情形，草擬臺灣本土輔具分類系統。這個臺灣本土輔具分類系統內容包含11大類，是以ICF精神為基礎發展的，涵蓋個人身體構造與功能之需求，也滿足活動及參與領域之九大面向。自2008年起，協助內政部規劃身權法輔具補助新制，以及協助經濟部標準局將ISO 9999轉為中華民國輔具標準CNS 15390，引導「國際健康功能與身心障礙分類系統ICF」配搭「國際輔具分類標準ISO 9999」服務發展，目的為讓輔具專業服務更人性化、更有彈性。在這準備期，ICF-CNS 15390輔具服務新制才起步，仍有許多工作待推展，然與國際輔具發展接軌已是必然的趨勢。

　　國際輔助科技分類標準ISO 9999與ICF同時是世界衛生組織國際分類家族中的重要分類系統，且彼此相關。ICF的環境因素（environmental factors, e）的第一類即是「e1產品與科技（products and technology）」，因此輔具服務是實踐身心障礙者服務ICF精神的重要方法，是身心障礙者服務的重要專業服務。反之，輔具服務實施要有成效的最佳方法，就是實踐ICF精神。實踐ICF精神的輔具服務，會同時重視障礙者在ICF定義的活動及參與九大領域之「e1產品與科技」的需求，才能綜合貼近生活情境的需求，以及達成全人照顧，包含「d1學習與應用知識」、「d2一般任務與需求」、「d3溝通」、「d4行動」、「d5自我照顧」、「d6居住生活」、「d7人際互動與關係」、「d8主要生活領域」以及「d9社區、社交與公民生活」。同時，有效用的輔具服務，不僅重視各類「e1產品與科技」的應用，還需考量障礙者使用各類輔具所需的「物理環境」，如「e2自然環境和環境中人為改造」的環境溫度、溼度、地理環境的空間與通路，以及使用各類輔具所需的「人文環境」，如「e3支持與關係」的照顧者之支持與輔具服務人員實際提供之服務與使用訓練、「e4態度」的照顧者與輔具服務人員對於障礙者使用各類輔具的態度以及「e5服務、體系與政策」的各級政府之輔具補助與服務系統。最後，有效用的輔具服務，也須重視影響輔具使用的個人因素，例如障礙者的個人習慣，還有個人態度、動機與知識。

二、新制輔具補助與服務法規特色與重要性

　　為保障身心障礙者權益，達到對身心障礙者補助輔具並提供適切的輔具服務，以促進自立生活及維護健康，在2010～2012年身權法新制相關子法擬訂的重要時期，「多功能輔具資源整合推廣中心」團隊積極參與以及彙整國際資料和國內服務經驗，並協助內政部整合全國縣市政府、輔具服務單位和相關團體，修訂完成與輔具補助和資源整合與推廣服務相關的四子法和一個行政規則，子法有「身心障礙者個人照顧服務辦法」、「身心障礙者服務人員資格訓練及管理辦法」、「身心障礙者輔具費用補助辦法」與「身心障礙者輔具資源整合與研

究發展及服務辦法」，以及行政規則爲「身心障礙者輔具費用補助基準表及附表」。另外，行政院衛生署也在2012年邀集縣市政府和相關團體訂定發布「身心障礙者醫療復健所需醫療費用及醫療輔具補助辦法」，在2013年再修正發布其第5條條文附表與第14條。

（一）身心障礙者個人照顧服務辦法

如第二節所述，在「身心障礙者個人照顧服務辦法」明訂輔具服務爲法定福利服務項目，且在第88條規範：「輔具服務應依身心障礙者個別化需求，配備必要之設施及相關專業人員，以提供個別化服務。輔具評估服務由輔具評估人員爲之，輔具服務提供單位得視障別需要結合其他專業人員提供服務。」以及在第89條規範輔具服務提供單位應辦理的輔具服務爲：「1.提供居家無障礙環境及其改善到宅評估。2.提供輔具評估及使用訓練服務。3.提供輔具諮詢、取得、追蹤、維修、調整等服務。前項第二款必要時得提供到宅服務。」這兩條條文確定身心障礙者的法定輔具服務範疇。更重要的是，「身心障礙者個人照顧服務辦法」第90條規範縣市輔具中心所應具備空間、設備和專業人員類別與人數的最低標準，以確保輔具服務品質，尤其是應與縣市身心障礙者人口數成一定比例：「直轄市、縣（市）主管機關自行或委託辦理之輔具中心所提供服務之場所應至少一處符合下列規定：1.總樓地板面積不得小於一百平方公尺，其展示空間不得小於三十平方公尺。並應分別配置辦公、評估訓練、維修等場所。2.應配置輔具評估、訓練、檢測、維修、消毒等所需設備。前項輔具中心應置下列專業人員至少各一人：1.輔具評估人員。2.輔具維修技術人員。3.社會工作人員。前項輔具評估人員之設置，以直轄市、縣（市）身心障礙人口數爲基準，身心障礙人口數超過三萬人時，每增加一萬人，應增置一名。」（全國法規資料庫，2012b）

（二）身心障礙者服務人員資格訓練及管理辦法

依據「身心障礙者權益保障法」第51條第2項規定（全國法規資料庫，

2012e），為執行身心障礙者個人照顧與家庭照顧者服務措施，訂定「身心障礙者服務人員資格訓練及管理辦法」（全國法規資料庫，2012a）。在「身心障礙者服務人員資格訓練及管理辦法」第9條定義輔具評估人員和輔具維修技術人員，為身心障礙者服務人員15類中的兩類人員。這是我國政府在身心障礙者福利與服務人員類別中，「第一次」包含輔具服務相關專業人員；讓輔具評估人員和輔具維修技術人員在身心障礙者福利與服務系統中正名，而最重要的意涵是成為身心障礙者福利與服務專業人員，人員資格有明確的規範，且人員「職前」與「在職」訓練的公務預算和管理機制也能比照其他身心障礙者福利與服務專業人員辦理。「身心障礙者服務人員資格訓練及管理辦法」第14條規範輔具評估人員的資格及訓練：「輔具評估人員應領有輔具評估人員訓練結業證明書，並具下列各類輔具評估人員資格之一：1.甲類輔具評估人員：領有物理治療師或職能治療師考試及格證書。2.乙類輔具評估人員：領有語言治療師考試及格證書。3.丙類輔具評估人員：領有聽力師考試及格證書。4.丁類輔具評估人員：大專校院以上醫學、護理、復健諮商、物理治療、職能治療、特殊教育、聽語、醫工、輔助科技等相關系、所、學位學程畢業並從事輔助科技相關服務滿二年。5.戊類輔具評估人員：從事視覺功能障礙輔具評估工作三年以上且至少完成二十名視覺功能障礙者輔具評估服務，並具下列資格之一：(1)國內外大專校院視光學系畢業。(2)曾任職於視覺功能障礙服務提供單位，實際從事定向行動訓練、視覺功能障礙生活技能訓練或視覺功能障礙輔具訓練等服務。(3)曾任職於政府主辦、委託或補助辦理之特殊教育或職業重建之服務單位，實際從事視覺功能障礙輔具相關評估、適配等服務。本辦法中華民國101年7月11日修正施行前，實際從事輔具評估工作者，得繼續從事輔具評估工作三年；期滿前，應具前項資格，始得繼續提供服務。」第15條規範輔具維修技術人員的資格為：「輔具維修技術人員應具下列資格之一：1.具半年以上之輔具維修實務工作經驗。2.領有家具木工、門窗木工、裝潢木工、建築工程管理、建築物室內裝修工程管理、農業機械修護、升降機裝修、機器腳踏車修護、汽車修護、機械加工、機電整合等職類技術士證。」在「身心障礙者服務人員資格訓練及管理辦法」中，並未規範輔具維修技

術人員的資格訓練，但無論是輔具評估人員或是輔具維修技術人員，均應如同其他身心障礙者服務人員，每年應接受至少二十小時身心障礙福利服務相關課程之在職訓練（第18條條文）。

提醒注意的是，並非在「身心障礙者輔具費用補助基準表」上所有政府補助的輔具172項目，均僅由具備輔具評估人員資格的專業人員進行評估；目前行政規則是只針對其中的68項，規定僅認定由「身心障礙者輔具費用補助基準表」規定政府委託輔具服務單位之輔具評估人員的輔具評估報告書。更完整的說明在下面內文。

（三）身心障礙者輔具費用補助辦法與身心障礙者輔具費用補助基準表及附表

在2012年7月身權法輔具服務新制上路前，法規為身心障礙者「自行」先向輔具廠商購買輔具後，再以購買憑證向縣市政府社會福利部門申請現金給付；這樣的輔具補助僅為現金福利，僅是給身心障礙者輔具，未搭配輔具適配服務，往往造成社經不利或未具有輔具知識的身心障礙者，無法取得所需要的輔具。因此，少數縣市率先在2004年開始，以縣市公務預算加強身心障礙者輔具費用補助前的輔具適配服務，實施結果顯示不僅讓身心障礙者順利取得對改善生活有幫助的輔具，也能有效避免虛報或浮報補助之弊端。然而，多數縣市在那段時期，仍僅運用中央補助金設置身心障礙者輔具資源中心，提供非常有限的輔具適配服務。（參照本節在準備期之說明）

為落實身權法新制規範輔具服務應依身心障礙者個別化需求，提供個別化服務，輔具適配評估和諮詢、使用訓練、調整、維修等服務是必須的措施。但是，實施輔具適配服務的基礎，是全國各縣市要有具可近性的輔具專業服務能量。這正是，身權法輔具新制實施前10年準備期的整備扎根工作，以「輔具資源入口網」達成全國資訊整合；以中央層級之輔具資源整合推廣中心的宣導品，有效配送至輔具服務據點，讓縣市輔具服務有現成可用之教育文宣，並進而文宣整合；以及使用世界衛生組織的國際分類家族之ICF搭配ISO 9999的分類架

構與實施精神，同步進行全國輔具專業服務整合和國際化整合，推廣教育全國民眾、身心障礙者和專業人員，讓大家有共同之知識和態度，培養輔具服務專業人才。這也逐漸讓各個縣市政府觀摩與體認到編列縣市公務預算，來提升輔具資源中心的服務能量，加強身心障礙者輔具費用補助前與後的輔具適配服務，是可行和有效益的工作，進而使得全國各縣市逐步提升具「可近性」的服務能量。到2010年，內政部啟動身權法新制輔具費用補助與服務相關子法修正的專家諮詢暨縣市會議時，全國重要輔具資源中心和民間輔具服務單位已有相當多輔具專業人員有能力參與討論。自2010年12月起至2012年5月，長達一年6個月時間的身權法新制輔具補助與服務相關子法28次全日研修會議，每次近50名縣市政府輔具業務科、輔具資源中心和身心障礙團體代表單位參與，顯示輔具費用補助與服務是對身心障礙者非常重要的福利與服務，更顯示在輔具服務整備期的人才培訓與扎根工作已有成果，才得以充分就法規與相關議題討論與對話。

　　身權法輔具費用補助新制「身心障礙者輔具費用補助辦法」與其行政規則「身心障礙者輔具費用補助基準表及附表」於2012年7月11日開始施行。「身心障礙者輔具費用補助辦法」的修正要點包含有：(1)在第2條：「規定補助資格之審核所需資料，身障手冊、低收入戶或中低收入證明等資料均應由政府部門自行查調，以符便民精神。另明定有特殊需求之罕見疾病身心障礙者，得不受補助基準表有關障礙類別及等級之限制。」(2)在第4條明定：「輔具補助得以現金或實物給付。」以及「每人每年最高補助項次自一年二項修正為二年四項，以提供中途致障者較高之輔具需求，並使一般身心障礙者均獲更高之輔具使用選擇權，並明定地方主管機關得以回收輔具給付補助，但該項次得不列計補助項次，以鼓勵民眾充分利用回收之輔具資源。另明定專案申請之規定，使確有需求但因故不符合規定者，得經需求評估後取得所需之輔具補助。」(3)在第6條規範：「輔具之補助，必要時須經評估並核定後之購置始予補助，使地方主管機關得預先掌握民眾需求，有效運用回收之輔具資源或提供實物給付，並透過專業人員之輔具需求評估，避免民眾因輔具供應商之誤導，使用不適合之輔具，不當耗費輔具資源甚至危害身體健康。另明定評估應製作評估報告書，其格式由中央主管

機關定之。」(4)在第7條規範：「爲協助行動困難無法外出之身心障礙者，明定必要時應提供到宅評估服務。」(5)在第11條明定：「申請補助之受理、審核、費用撥付，得由直轄市、縣（市）主管機關委鄉（鎮、市、區）公所或輔具中心辦理。」(6)在第12條明定：「申請人對於補助核定結果不服時得辦理申復，以保障申請人權益，並鼓勵民眾遇有異議時，優先選擇較訴願更爲便捷之救濟途徑，亦有助於減輕行政機關處理訴願案件之行政負擔。」(7)在第13條規範：「對於全額補助或實物給付之輔具，得於申請人再次申請同項輔具補助時辦理回收；其已無輔具使用需求者，亦同，以充實輔具回收資源，並加強各輔具服務中心之維修能力。」以及(8)在第14條規範對於：「以詐術或其他不法行爲申請或領取補助者，直轄市、縣（市）主管機關應不予補助或停止補助，已補助者應追回之。涉及刑責者移送司法機關辦理。」（內政部，2012c；全國法規資料庫，2012c）

　　「身心障礙者輔具費用補助辦法」的行政規則「身心障礙者輔具費用補助基準表及附表」，包含「身心障礙者輔具費用補助基準表」以及25份法制的輔具評估報告書；修訂的重要精神並不是僅在於增加補助項目，而是導入對身心障礙者使用輔具補助所需的服務與保障措施，包含有：「政府提供身障者更豐富的輔具使用選擇，從過去的85項增加到172項，涵蓋面更加全面完整，提供民眾更多元的選擇。其次，政府也進行了輔具補助品項的分級制度，以輪椅爲例，同樣是輪椅，因爲款式和附加功能的不同，政府提供差異化的補助金額，而此金額亦是經過實際價格調查的結果，使各項輔具的最高補助金額符合它在市場上的售價，將補助經費做最有效益的運用。第三，導入專業化的輔具評估，多數的輔具需要隨著使用者身體狀況和使用環境的不同，來選配不同的款式或功能的輔具，因此輔具專業評估人員的介入，可以協助身心障礙民眾購買最符合他們需要與經費負擔能力的輔具。輔具分級和專業評估的搭配，也改善了過去因補助辦法過於簡約所造成需求由輔具供應廠商決定，而衍生的補助購置的輔具未必都符合實際需要的現象。第四，政府則是進行輔具品質與售後服務的確保。例如政府結合了國家對於醫療器材的檢驗認證機制，要求只要是屬於醫療器材的輔具，都

必須依規定完成檢驗認證，才能列入補助的品項，同時還落實保護消費者的理念，要求輔具銷售商必須提供完整的輔具保固證明，藉此確保輔具補助機制可以促成輔具品質與售後服務的提升。最後，爲協助身心障礙者運用輔助器具克服生理機能障礙，促進其生活自理能力，政府藉由制定標準化的輔具評估報告書，落實個別化需求評估得以更加周延、完整，使輔具評估結果更符專業要求，切合身心障礙者實際需要。」（周宇翔、李淑貞，2013）

　　雖然在「身心障礙者輔具費用補助基準表」導入專業化的輔具評估，但爲使新制實際可運作，將輔具項目的補助申請依輔具評估規定分爲四群，達到「輔具產品分級」搭配「輔具專業評估分級」：第一群組輔具項目（共38項）爲產品的功能與使用單純，不需以輔具專業人員的適配評估來維護使用者的健康與安全（例如語音體重計）或確保使用的效益（例如電動輪椅電池、人工電子耳語言處理設備更新），或已有政府其他相關法規確認使用者與輔具的相關功能（例如特製機車、機車改裝與汽車改裝有交通主管機關的監理系統）等，則列爲不須檢附評估報告書的輔具補助項目。第二群組輔具（共56項）的費用補助申請，是規定可檢附由醫療院所醫師開立診斷書及相關專業治療師出具輔具評估報告書或經政府設置或委託辦理之輔具服務單位輔具評估人員開立輔具評估報告書；也就是具便民目的所謂的輔具專業評估「雙軌並行制」。第三群組輔具（共68項）的費用補助申請，基於輔具評估的特性需要試用輔具或耗時評估或確保經費補助的效益，規定僅認定由經政府設置或委託辦理之輔具服務單位輔具評估人員開立的輔具評估報告書。第四群組輔具（共10項）的費用補助申請，主要是依醫師診斷書，但人工電子耳的費用補助還須併同相關專業團隊出具輔具評估報告書及術後聽能復健計畫書。

　　「身心障礙者輔具費用補助基準表及附表」的25份法制輔具評估報告書，其制定價值不僅是確保輔具費用補助所需之輔具評估報告書全國標準化和品質，更重要的是全國輔具專業服務進一步的整合。這個統籌彙整工作爲內政部召開的輔具補助會議之與會代表的共識下，賦予「多功能輔具資源整合推廣中心」責任，另外召集全國輔具服務單位進行多次會議，規畫方式爲先依各輔具服

務單位的輔具服務專長進行分工，各自先草擬所負責之評估報告書，再共同討論制定統一使用之各項「輔具評估報告書」，內容架構均採一致的格式，包含(1)輔具使用者基本資料、(2)使用評估、(3)規格配置建議、(4)總結，以及(5)檢核與追蹤紀錄等五部分。所有輔具評估表單公開於「輔具資源入口網」，方便大家下載使用，也預計於2014年完成輔具服務單位和專業人員的線上作業版，以及線上傳送輔具補助審查單位的機制。

　　而爲了因應輔具補助與服務新制度的實施，內政部基於縣市政府輔具資源中心角色與任務加重，在2011～2012年補助各縣市輔具資源中心各120萬元經費購置輔具評估所需設備與器材。並自2011年起，補助每個直轄市2名、縣市政府1名專職評估人力人事費，以提升其評估能量（周宇翔、李淑貞，2013），這是中央政府歷年以「推展社會福利補助作業要點」補助與獎勵民間社福單位辦理輔具服務之外，首次挹注大筆資源以強化縣市政府輔具資源中心專業服務功能的重要措施。爲了讓各縣市輔具資源中心各120萬元經費購置輔具評估所需設備與器材（連江縣除外，21縣市共計2,520萬）能發揮最大採購效益，內政部委託「多功能輔具資源整合推廣中心」於2011年10月24日召開「公益彩券回饋金補助各縣市輔具資源中心購置輔具評估工具計劃執行方式研商會議」，於會議中針對(1)建議應採購之項目；(2)非縣市輔具中心必評項目，但各輔具中心因應展示、推廣及教育訓練需求，故列爲建議採購的項目；(3)不適宜納入本補助案中進行採購的項目；(4)所預計採購輔具品項之必要規格內容；(5)執行集中採購之程序；以及(6)採購後之輔具驗收機制等議題，進行廣泛討論並達成具體決議共識。爾後，在內政部與「多功能輔具資源整合推廣中心」的努力下，取得專辦政府共同供應契約採購案的臺灣銀行採購部的協助，順利辦理政府集中招標與採購工作；這個招標事務工作，過程十分辛苦繁瑣，也須謹愼行事，在我國輔具服務史是首創之舉。

　　藉由前述各縣市輔具資源中心各120萬元經費購置輔具評估所需設備與器材，縣市輔具中心得以執行各項輔具適配評估工作，但唯獨仍無法執行聽覺輔具適配評估所需之聽力檢測以及助聽器驗配評估；主要原因是這些評估需要有具隔

音效能的聽力檢查室與聽力檢查儀及中耳功能分析儀，以及需有能做助聽器驗配評估的助聽器功能分析儀，還有需要有具專業聽覺輔具評估能力的聽力師執行相關評估工作，而這些軟、硬體設備需相關大筆費用，無法包含於前述各縣市輔具資源中心配置的120萬元。因此，聽覺功能損傷之身心障礙者，若欲申請助聽器費用補助，需至醫療院所取得聽力與其他相關檢查報告。醫療院所對於聽力評估費用之收取，目前未有統一標準，各單位收費自一千餘元至四千餘元不等，除形成助聽器費用補助服務取得之障礙外，亦造成聽覺功能損傷者經濟負擔。針對醫療院所評估費用居高不下造成聽覺功能損傷者經濟負擔問題，聽障團體及民意機關屢次建議縣市輔具中心應建置聽覺評估之設備及專業人力，或由縣市政府全額補助評估費用。為解決這些執行面的問題，衛福部社會及家庭署，已報請財政部同意運用公益彩券回饋金辦理「建構縣市輔具中心聽覺障礙輔具評估能力計畫」，以競爭型計畫方式補助縣市政府設置聽覺評估所需設備、聘僱聽力師，建置所屬輔具中心聽覺輔具評估能力；計畫依縣市之資源配置情形及執行能力，以3年為期，採競爭型計畫方式，將於2014年補助6個縣市，以及2015年與2016年分別再增加4個縣市，補助設置聽覺評估設備、專職聽力師人事費，以協助縣市政府發展其輔具中心聽覺輔具評估能力。

（四）身心障礙者輔具資源整合與研究發展及服務辦法

依身權法第20條第二項規定訂定之「身心障礙者輔具資源整合與研究發展及服務辦法」為身心障礙者輔具服務發展以及資源整合與研究發展最重要的依據。首先，為確實規範各縣市政府進行該縣市身心障礙者輔具補助、服務資源及輔具服務使用狀況資料彙整，以達縣市自評各個補助與服務系統之狀況，並助於勾稽各個補助與服務系統，在本辦法的第3條明定：「直轄市、縣（市）主管機關應每三個月彙整目的事業主管機關之輔具補助、服務資源及輔具服務使用狀況資料，並送中央主管機關彙整。中央主管機關應每年三月底以前將前年度之前項輔具服務相關資訊統計、分析及發布。」並進一步在本辦法的第4條明定：「主管機關及目的事業主管機關應共同建立輔具使用、管理、追蹤及回收獎勵措

施，並得依國有財產法及地方公產管理法令辦理移撥或贈與。」使得過去身心障礙者受限於取自社政、勞政、教育、衛政等不同系統的輔具與服務，得有法條依據，好推動進一步之整合性服務。另外，在第5條明定：「中央主管機關應自行或委託公私立學校、機構或團體推動輔具資源整合推廣及建置輔具資訊交流平臺，彙整輔具相關之福利措施、學術成果、實務服務、產業發展及相關資訊。……」爲衛生福利部社會及家庭署委託辦理「多功能輔具資源整合推廣中心」之依據。又在第6條明定：「中央主管機關應每年辦理身心障礙輔具服務及資源整合聯繫會報，並至少每二年查核直轄市、縣（市）主管機關辦理輔具服務之成效。」以及在第7條明定：「直轄市、縣（市）主管機關應自行或委託公私立學校、機構或團體推動輔具資源整合及服務單一窗口。……應每年定期邀集目的事業主管機關召開輔具資源整合聯繫會報。」是身心障礙者福利服務相關法規第一次規範直轄市、縣（市）主管機關辦理單一窗口輔具服務，且首次授權中央主管機關查核直轄市、縣（市）主管機關辦理輔具服務之成效。（全國法規資料庫，2012d）此外，在輔導輔具技術研發與產業發展，本辦法第9-11條也對於中央目的事業主管機關，如科技部、經濟部等，有明確的規範。

第四節　未來展望與目標

　　全國輔具服務界大團結，以實踐「愛（I）・攜手（C）・服務（F）」（也就是ICF）為宗旨，在2011年6月1日的「建國百年・輔具扎根地方十年——全國輔具服務大團結誓師黃金新十年」服務成果發表記者會上，共同誓師創造下一個我國「輔具服務黃金新10年」。近幾年科技發展日新月異，數位化影響所有層面；社會的觀念與結構也在改變，身心障礙者一改以往，開始積極維護本身既有權益，包括生存權、工作權、受教育權、選舉權、社會參與權……等，因此中央法規也必須針對這樣的變化提出大幅度修正。如此改變速度之快，已衝擊臺灣社會各個層面。以往執行政策與建設時，並沒有加入身心障礙的元素，因此導致當身心障礙者回歸自然環境，積極參與社會活動時，發現許多問題，希望政府解決。輔助科技，包含物理環境無障礙改造，是重要環境因素，因此責成各相關部會就其職責範圍為身心障礙者解決此諸多不便之困擾。部分政府單位過去付出努力，為身心障礙者普設各式輔具服務窗口，如內政系統之輔具資源中心、衛生單位之醫療復健輔具中心、教育單位之學習輔具資源中心和勞政單位之輔具相關資源中心，卻有各單位、各部會業務無法交流整合的窘境。又上述政府各單位的輔具中心，均屬於「計畫型」和「年度契約」的運作形式；為非「常設性」之機構，對延攬與留任有經驗或優秀之基礎輔具服務人員，有極大之困難。參照ICF的精神，不難發現此類問題必須整體通盤檢討現行執行政策，並擬定以「需求」為核心之對策，方得解決目前困境。

　　簡而言之，過去在服務窗口的部分，各級政府各單位朝「普設服務窗口」努力，但由於各個服務窗口未整合、未常設，以至於身心障礙者無法在有輔具需求時，就有便利與整合專業的輔具服務窗口可以提供協助。中央及地方政府應該要努力推動輔具資源中心的設置標準與其服務人員及委辦單位之認證與督導機制。另外，國人多數對輔具服務的概念，僅會與身心障者畫上等號。但隨著生命歷程延長、社會人口變遷，人口老化的速度與超過我們想像。目前國內的「障礙

經驗」僅局限於終身障礙的族群，對於人口老化的問題尚未考量與涵蓋；而目前國內老人服務體制與身心障礙服務體制，分立於完全不同的模式，且因為年齡老化所影響是全面性的機能退化，而並非身心障礙者單一障礙問題，需求的輔具與服務也須通盤考量。無障礙環境、通用設計（universal design）的概念就益顯重要。為因應國內高齡化社會變遷，除需建立起跨部會及領域的整合機制外，在政策目標也應通盤考量涵蓋其中。

還有，輔助科技的三大元素，包括輔具產品、輔具服務專業人員、輔具服務單位，這三大元素缺一不可。針對身心障礙者參與社會的需求，目前輔具服務的範疇尚應更往前推廣與整合，如在下列主管身心障礙權益推動，應與輔具服務與資源整合：(1)交通主管機關對於身心障礙者生活通信、大眾運輸工具、交通設施與公共停車場等相關權益之規劃、推動及監督等事項；(2)體育主管機關對於身心障礙者體育活動、運動場地及設施設備與運動專用輔具之規劃、推動及監督等事項；(3)文化主管機關對於身心障礙者精神生活之充實與藝文活動參與之規劃、推動及監督等事項；(4)建設、工務主管機關對於身心障礙者住宅、公共建築物、公共設施之總體規劃與無障礙生活環境等相關權益之規劃、推動及監督等事項；(5)科技研究事務主管機關對於身心障礙者輔助科技研發、技術研究、移轉、應用與推動等事項；(6)經濟主管機關對於身心障礙輔具國家標準訂定、產業推動、商品化開發之規劃及推動等事項；(7)金融主管機關對於身心障礙者提供金融服務等的服務窗口與服務流程；與(8)通訊傳播主管機關對於身心障礙者無障礙資訊和通訊技術及系統、網路平臺、通訊傳播傳輸內容無歧視等相關事宜之規劃、推動及監督等事項。

參考書目

一、中文部分

內政部（2012a）。「中華民國100年身心障礙者生活?況及各項需求評估調查報告」。上網日期：2013年9月20日，取自http://sowf.moi.gov.tw/stat/Survey/%E8%BA%AB%E9%9A%9C/100%E5%B9%B4/100%E5%B9%B4%E8%BA%AB%E5%BF%83%E9%9A%9C%E7%A4%99%E8%80%85%E7%94%9F%E6%B4%BB%E7%8B%80%E6%B3%81%E5%8F%8A%E5%90%84%E9%A0%85%E9%9C%80%E6%B1%82%E8%A9%95%E4%BC%B0%E8%AA%BF%E6%9F%A5%E7%B6%9C%E5%90%88%E5%A0%B1%E5%91%8A.pdf。

內政部（2012b）。「身心障礙者輔具費用補助基準表及附表」。內政部101年7月10日內授中社字第1015933764號令發布。上網日期：2013年9月20日，取自輔具資源入口網http://repat.sfaa.gov.tw/09download/dow_b_list.asp?cate1=390&cate2=&post_date=&end_date=&keyword=&Submit=%ACd%B8%DF。

內政部（2012c）。「身心障礙者醫療及輔助器具費用補助辦法修正總說明」。中華民國101年7月9日內授中社字第1015933757號令訂定發布。上網日期：2013年9月20日，取自輔具資源入口網http://repat.sfaa.gov.tw/09download/dow_b_list.asp。

全國法規資料庫（2004）。「身心障礙者輔助器具補助辦法」中華民國93年1月16日內政部內社中社字第 0920078850-3 號令、行政院衛生署衛署醫字第 0920214266 號令會衛修正發布。上網日期：2013年9月20日，取自全國法規資料庫網頁http://law.moj.gov.tw/Law/LawSearchResult.aspx?p=A&t=A1A2E1F1&k1=%E8%BA%AB%E5%BF%83%E9%9A%9C%E7%A4%99%E8%80%85%E8%BC%94%E5%85%B7%E8%B2%BB%E7%94%A8%E8%A3%9C%E5%8A%A9%E8%BE%A6%E6%B3%95。

全國法規資料庫（2012a）。「身心障礙者服務人員資格訓練及管理辦法」中華民國101年7月9日內政部內授中社字第 1015933677 號令修正發布名稱及全文21條；並自101年7月11日施行。上網日期：2013年9月20日，取自全國法規資料庫網頁http://law.moj.gov.tw/Law/LawSearchResult.aspx?p=A&k1=%e8%ba%ab%e5%bf%83%e9%9a%9c%e7%a4%99%e8%80%85%e6%9c%8d%e5%8b%99%e4%ba%ba%e5%93%a1%e8%b3%87%e6%a0%bc%e8%a8%93%e7%b7%b4%e5%8f%8a%e7%ae%a1%e7%90%86%e8%be%a6%e6%b3%95&t=E1F1A1&TPage=1。

全國法規資料庫（2012b）。「身心障礙者個人照顧服務辦法」中華民國101年7月9日內政部內授中社字第 1015933586 號令訂定發布全文 92 條；並自101年7月11日施行。上網日期：2013年9月20日，取自全國法規資料庫網頁http://law.moj.gov.tw/Law/LawSearchResult.aspx?p=A&k1=%e8%ba%ab%e5%bf%83%e9%9a%9c%e7%a4%99%e8%80%85%e5%80%8b%e4%ba%ba%e7%85%a7%e9%a1%a7%e6%9c%8d%e5%8b%99%e8%be%a6%e6%b3%95&t=E1F1A1&TPa

ge=1。

全國法規資料庫（2012c）。「身心障礙者輔具費用補助辦法」中華民國101年7月9日內政部內授中社字第 1015933757 號令修正發布名稱及全文17條；並自101年7月11日施行。上網日期：2013年9月20日，取自全國法規資料庫網頁http://law.moj.gov.tw/Law/LawSearchResult.aspx?p=A&k1=%e8%ba%ab%e5%bf%83%e9%9a%9c%e7%a4%99%e8%80%85%e8%bc%94%e5%85%b7%e8%b2%bb%e7%94%a8%e8%a3%9c%e5%8a%a9%e8%be%a6%e6%b3%95&t=E1F1A1&TPage=1。

全國法規資料庫（2012d）。「身心障礙者輔具資源整合與研究發展及服務辦」中華民國101年7月16日內政部臺內社字第 1010244755 號令訂定發布全文12條；並自發布日施行。上網日期：2013年9月20日，取自全國法規資料庫網頁http://law.moj.gov.tw/Law/LawSearchResult.aspx?p=A&k1=%e8%ba%ab%e5%bf%83%e9%9a%9c%e7%a4%99%e8%80%85%e8%bc%94%e5%85%b7%e8%b3%87%e6%ba%90%e6%95%b4%e5%90%88%e8%88%87%e7%a0%94%e7%a9%b6%e7%99%bc%e5%b1%95%e5%8f%8a%e6%9c%8d%e5%8b%99%e8%be%a6&t=E1F1A1&TPage=1。

全國法規資料庫（2012e）。「身心障礙者權益保障法」中華民國102年7月19日行政院院臺規字第 1020141353 號公告第2條第1項所列屬「內政部」之權責事項，自102年7月23日起改由「衛生福利部」管轄。上網日期：2014年7月30日，取自全國法規資料庫網頁上網日期：2013年9月20日，取自全國法規資料庫網頁http://law.moj.gov.tw/Law/LawSearchResult.aspx?p=A&k1=%e8%ba%ab%e5%bf%83%e9%9a%9c%e7%a4%99%e8%80%85%e6%ac%8a%e7%9b%8a%e4%bf%9d%e9%9a%9c%e6%b3%95&t=E1F1A1&TPage=1。

全國法規資料庫（2013）。「身心障礙者醫療復健所需醫療費用及醫療輔具補助辦法」中華民國102年7月19日行政院衛生署衛署照字第 1022863683號令、內政部內授中社字第 1025932366 號令會銜修正發布第 14 條條文。上網日期：2013年9月20日，取自全國法規資料庫網頁http://law.moj.gov.tw/Law/LawSearchResult.aspx?p=A&k1=%e8%ba%ab%e5%bf%83%e9%9a%9c%e7%a4%99%e8%80%85%e9%86%ab%e7%99%82%e5%be%a9%e5%81%a5%e6%89%80%e9%9c%80%e9%86%ab%e7%99%82%e8%b2%bb%e7%94%a8%e5%8f%8a%e9%86%ab%e7%99%82%e8%bc%94%e5%85%b7%e8%a3%9c%e5%8a%a9%e8%be%a6%e6%b3%95&t=E1F1A1&TPage=1。

李淑貞、余雨軒（2011）。「CNS 15390輔助科技分類技術手冊」。臺北：內政部多功能輔具資源整合推廣中心。

周宇翔、李淑貞（2013）。組織再造—「全人服務」精神下的社會及家庭署—專訪衛生福利部社會及家庭署簡慧娟署長。「輔具之友」33：83～88。

衛福部社會及家庭署多功能輔具資源整合推廣中心。身心障礙者輔具費用補助資源手冊。上網日期：2013年12月28日，取自輔具資源入口網網頁http://repat.sfaa.gov.tw/files/[衛福部社家署]%20身心障礙者輔具費用補助資源手冊%20（102.12.26修）.pdf

第六章　無障礙環境

/黃耀榮

　　本章共分為五節。第一節無障礙環境的意涵、第二節臺灣推動無障礙環境之發展歷程、第三節臺灣居家環境之無障礙設施現況與改善對策、第四節臺灣推動生活社區無障礙環境之發展現況，以及第五節臺灣身心障礙福利機構無障礙設施之發展現況，各節內容依序撰述如下。

第一節　無障礙環境的意涵

　　無障礙環境的發展係世界各先進國家基於人權平等的精神，主張應促使身心障礙者有機會獨立自主及參與社會活動，爲具體落實身心障礙者能夠「完全參與」和「機會均等」的目標而全面倡議身心障礙者應具有無障礙的生活環境（Norwegian Building Research Institute, 1979; National Standard Institution of Canada, 1990; International Conference of Building Officials, 1989; Australian Standards Institution, 2007）。臺灣「身心障礙者權益保障法」的立法宗旨強調「爲維護身心障礙者之權益，保障其平等參與社會、政治、經濟、文化等之機會，促進其自立及發展，特制定本法。」顯然臺灣的立法精神和世界各先進國家的發展潮流相符。基本上，各先進國家所主張的無障礙生活環境包含兩方面，一方面是對身心障礙者生活能力的協助及照顧服務之支持系統；另一方面是提供可以促進身心障礙者具有良好行動能力的環境設施之支持系統，而讓身心障礙者能夠眞正獨立自主及完全參與（Levine, 2003）。

　　過去對於推動無障礙環境有許多的理論與訴求，然而在促進身心障礙者無障礙生活環境的環境設施支持系統中，Levine（2003）認爲首先必須確認環境設施支持系統具有全面性、相容性、系統性、合理性等特性，才能釐清無障礙環境之意涵，並眞正落實身心障礙者能夠獨立自主及參與社會活動之理想；此觀點和過去研究文獻有關臺灣推動無障礙環境的發展歷程回顧中所建議的未來無障礙環境應發展之方向不謀而合（黃耀榮，2009）。有關無障礙環境之各類特性分別闡述如下：

一、無障礙環境需要全面性

　　全面性係指無障礙環境應能容許各類失能所形成的身心障礙者都方便使用環境設施，同時適用對象亦應包含各種情況造成失能的身心障礙者（例如：先天性失能、後天性失能、永久性失能、短暫性失能），甚至於多重失能形成的多

重障礙者。依據「身心障礙者權益保障法」第5條所稱身心障礙者，係指心智功能（神經系統構造及精神功能）、感官功能（眼、耳及相關構造）、移動功能（神經、肌肉與骨骼及相關構造）、聲音與言語功能、循環與呼吸系統功能、消化與新陳代謝功能、泌尿與生殖系統功能、皮膚與相關構造功能等身體系統構造或功能有損傷或不全導致顯著喪失某些能力者，其中，聲音與言語功能、循環與呼吸系統功能、消化與新陳代謝功能、泌尿與生殖系統功能、皮膚與相關構造功能等有損傷或不全者，並不直接導致其行動能力產生顯著的困難，因此，對於無障礙環境的需求以心智認知、感官知覺、肢體行動等方面失去能力之身心障礙者為主要的探討對象。然而感官知覺對嗅覺、觸覺失去能力者對於在環境中通行所需要之外界訊息接收及理解之能力、自我行動之通行能力並無顯著的影響，因此亦未列入討論對象。

經由各類身心障礙者之失能特徵、認知、行動能力之分析（詳如表4-6-1），可了解對於心智障礙、視覺障礙、聽覺障礙等類型之失能者，其有訊息障礙，應促使訊息簡單易懂及容易辨識，以協助其有效了解環境中各種狀況；對於視覺障礙、肢體障礙等類型之失能者，其有移動障礙，應減少高低差與突出物，增加輪椅、拐杖、盲杖等輔具的通行及迴轉之運作空間，並增加可支撐設施、引導設施等系統；對於肢體障礙類型之失能者，其有動作障礙，應增加可扶持的設施，並促進各項設備易於操作，以上將是無障礙環境規劃或改善的基本對策，以容許各類失能所形成的身心障礙者都可以使用環境設施。

表4-6-1　各類型失能之特徵、認知與行動能力分析表

失能類型	失能特徵	認知、行動能力
心智障礙	1. 對訊息的辨識、認知能力不足。 2. 運動機能及行動反應較遲緩。 3. 無法辨識方向、近期記憶喪失。	訊息障礙（無法理解訊息）
視覺障礙（盲者、低視能）	1. 無法辨視物體形狀，視野狹窄，光覺能力異常及不易分辨顏色。 2. 必須借重行動輔助設施設備（如盲杖、引導設施系統等）。	訊息障礙（無法接收訊息） 移動障礙（無法自主行動）

失能類型	失能特徵	認知、行動能力
聽覺障礙	1.聽野狹窄或有複聽，聲音強弱敏感度差。 2.不易接受外界所傳遞之聲音訊息。	訊息障礙（無法接收訊息）
肢體障礙	1.上肢有缺損，不能抓握、旋轉、彎曲、上舉。 2.下肢有缺損或軀幹畸型，身體不能站立。 3.必須借重行動輔助設施設備（如輪椅、拐杖、走路架、扶手支撐等）。	動作障礙（無法操作精細動作） 移動障礙（無法移動肢體）

資料來源：黃耀榮（1996）身心障礙福利機構建築計畫研究；黃耀榮（2009）環境設計之介入措施與情境治療——如何讓失智老人之照護環境成為支持性環境；多功能輔具資源整合推廣中心（2011）身心障礙者之分級與鑑定標準

　　對於無障礙環境的適用對象，在臺灣推動無障礙環境之發展歷程中即呈現服務對象訴求演化之過程。民國77年在建築技術規則第10章增訂「公共建築物殘障者使用設施」，讓無障礙環境建設有了正式的建築設計技術之依據，然而臺灣各界並未真正開始投入無障礙環境的建設工作，因此民國85年全國各身心障礙者團體集結內政部，要求所有未改善無障礙設施之舊有公共建築物，應撤銷使用執照，在此次的抗爭事件中，呈現各身心障礙者團體在歷次的無障礙設施改善訴求中，普遍代表因先天性失能造成身心障礙以及因失能造成永久性障礙之身心障礙者角色，而要求政府應有照顧服務之責任，以致未能爭取社會各界的普遍認同。民國86年公布實施「身心障礙者保護法」強調為維護身心障礙者合法權益及生活，保障其參與社會的機會，更進一步提出無障礙環境的需求除了因應先天性失能、永久性失能的身心障礙者需要，亦適用於後天性失能、短暫性失能的身心障礙者，許多民眾可能由於後天的疾病或意外事故而造成永久性傷害或暫時性失能，在其失能而行動不便的階段均可感受到無障礙環境在生活中所帶來的助益，促使一般民眾認知無障礙環境之適用對象與服務人口數並不局限於先天性失能等少數的身心障礙者，因而在立法的過程爭取到社會更多的認同。

　　1997年建築研究國際聯盟（International Council for Research and Innovation in Building, CIB）「無障礙環境研究小組」在紐約的國際會議中宣示「通用設

計」（universal design）時代的來臨，強調無障礙環境係生活環境規劃的一部分，一方面在提供一般人生活使用的方便性，另一方面在保護一般人生活活動的安全性。通用設計是一個新的設計思潮，世界先進國家包含美國、日本、歐洲國家都鼓吹通用設計概念，臺灣近年來也形成一股熱潮。基本上，通用設計是尊重人類差異性的態度或方法，應用通用設計方法所規劃設計的環境中，每個使用者接受相同的對待，不因能力不同而有所差別（Sandhu, 2001），通用設計標榜的是爲全民設計（design for all users）而兼顧每個人的需求，環境設施應該能夠提供任何人使用（The Center of Universal Design, 2006）。因此無障礙設施並非特定針對身心障礙者而設置，其已是全民生活環境必備的條件，即使是沒有後天性失能、短暫性失能的一般民眾，在不同的年齡層也會因爲身心特殊狀況而需要無障礙環境，如孕婦（因懷孕而影響行動能力）、兒童（因身體機能未完全發育成長）、高齡者（因老化而身體機能退化），甚至在日常生活中，任何人都可能面臨因爲道路高差，而無法由馬路直接穿越至人行道，或因爲地面的縫隙而導致跌倒等現象，顯然，近年來臺灣社會中的一般民眾，已逐漸能理解無障礙環境是其日常生活環境中不可缺少的一部分。

　　隨著無障礙環境適用對象訴求的演化，臺灣在無障礙環境的推展由早期僅是針對先天性失能、永久性失能的身心障礙者爲訴求對象，進入到涵蓋後天性失能、短暫性失能的身心障礙者爲適用對象，以至於近期已推展到一般民眾所認知的任何人在日常生活中可能面臨的環境需求。中央營建主管機關在民國91年正式辦理全國各縣市「推動無障礙環境績效評比及實況檢測」，亦要求各縣市政府提出舊有建築物改善無障礙設施之時間表，對於新建建築物則在核發建築使用執照前應有無障礙設施檢測，並於民國97年在建築技術規則公告實施「無障礙設施設計規範」，而期盼讓無障礙環境建設能達到全面性。

二、無障礙環境具有相容性

　　由於無障礙環境之適用對象訴求全面性，但臺灣在缺乏建築設計技術研究

及設計規範制定之困境下而大量推動無障礙環境建設，也讓各類身心障礙者團體與建築設計專業者由於不具備技術認知而普遍產生無障礙環境設計無法相容之錯覺，導致臺灣過去在無障礙環境建設及改善的推動過程中面臨許多困境。其現象呈現不同類別的身心障礙者對於無障礙環境需求有顯著的衝突，而環境設計者（含建築設計者、室內設計者）亦認為無障礙環境設計和一般建築物設計在功能上產生衝突，此等建築技術爭議造成無障礙環境建設的可行性面臨諸多質疑。

有關不同類別之身心障礙者對於無障礙環境需求有顯著的衝突，過去最典型的案例，即是為了建構視障者的引導系統，臺灣引進日本的引導設施技術以地面鋪面材料作為引導設施而大量鋪設導盲磚，雖然導盲磚表面的凸起點可以提供視障者行進時藉由腳底的觸感來引導方向，然而由於導盲磚表面的凸起點亦嚴重影響輪椅乘坐者的通行，輪椅的前輪往往不易穿越凸起點，尤其是脊髓損傷者更因為穿越凸起點造成輪椅震動而感到痛楚，以致形成視障者的引導設施似乎和肢障者之輪椅通行產生顯著的衝突。然而視障引導設施之建構不必然運用地面元素，其可運用側面元素（例如牆面形成的邊界線、牆面設置扶手、門口及牆角的標示設施、入口處的浮凸地圖等均可建構成引導設施）來建構引導系統，而藉由邊界線形成連續性的引導通路，地面元素形成引導設施僅是面臨開放空間無法運用側面元素時所採用的輔助性設施以連接引導路徑，如此將不會因為地面引導設施大量鋪設所建構的引導系統而影響輪椅乘坐者的通行。

相反地，過去在建築物入口處有高差時則為輪椅乘坐者提供坡道，以利其可以克服高差而通行，但視障者普遍認為可以直接行走臺階而上，不必然要共用坡道才能通行，尤其是在缺乏引導系統下去尋找坡道或需要特別繞道去使用坡道（當坡道未位於入口旁邊時），普遍感到相當不便。然而克服高差，宜因應身心障礙者之不同行動能力而提供適性適用之設施，因此可在高差處讓視障者和一般人共用臺階，唯在臺階之起點和端點應有警示設施以利於視障者易於辨識上、下臺階，而輪椅乘坐者則使用坡道，如此將不會因為協助輪椅乘坐者通行而造成視障者因共用坡道而認為通行不便。事實上，無障礙環境是可以具有相容性，並不因為身心障礙者之需求不同而形成相互影響及衝突，其關鍵在於應充分了解身心

障礙者的屬性與相關設計技術，並將設計對策有效運用。

　　至於無障礙環境設計和一般建築物設計在功能上產生的衝突，過去最典型的案例即是浴廁間因爲去除門檻以減少高差，而利於輪椅乘坐者通行，但相對地浴廁間因爲缺乏門檻而無法避免排水流出浴廁門外，因此許多環境設計者（含建築設計者、室內設計者）認爲爲了符合無障礙環境，將導致浴廁間喪失防水功能而影響建築物一貫的設計功能。事實上，排水處理可以採多元技術包含在浴廁間入口設置截水溝，以及浴廁間排水坡度以門口爲高點而洩水方向朝向內部，並將落水口儘量遠離門口配置以增加內部蓄水容量，因此藉由良好的洩水坡度施工、落水口配置區位以及增設截水溝等建築設計對策將可有效克服排水問題，不致產生無障礙環境設計和一般建築物設計不相容性之現象。

　　此外，長期以來被環境設計者（含建築設計者、室內設計者）所詬病的地面鋪設導盲磚而嚴重影響地面材料之美觀性，認爲無障礙環設施和建築空間之視覺美學格格不入，然而在開放性空間必須使用地面材料才能建構引導路徑時，地面材料不必然使用盲磚表面之凸起點，才能讓視障者達到觸覺之辨識性，引導設施之材料只要能和鄰近地面材料符合粗糙與平整、堅硬與柔軟之鑑別性，就能讓視障者達到辨識性，因此在地面材料之使用及規劃上，將有很大的機制進行整體設計而符合美觀性，不至於因爲無障礙環設計而嚴重影響空間之視覺美學。基本上，無障礙環境設計和一般建築設計在功能上是具有相容性的，其關鍵在於應充分了解相關設計技術之可行性以及促進無障礙環境設計和一般建築設計有效整合。

三、無障礙環境達到系統性

　　無障礙環境之建構有其系統性，從美國國家標準局的「爲肢體障礙者提供可通行及使用之環境」（American National Standards Institute, 1986），加拿大的「無障礙環境設計規範」（National Standard Institution of Canada, 1990）以及我國現行建築技術規則之無障礙設施設計規範中來分析，均可發現無障礙環境之設

計具有其系統性。無障礙環境建構之最終目標，是為了讓各類身心障礙者能夠獨立自主或在輔具協助下，有一條路徑可以到達任何場所、進入任何空間以及使用任何設備（Norwegian Building Research Institute, 1979; National Standard Institution of Canada, 1990; International Conference of Building Officials, 1989; Australian Standards Institution, 2007）。因此以建築基地而言，無障礙環境之建構系統係讓各類身心障礙者，都能夠由基地境界線經戶外空間到達建築物的入口，在建築物內部經由水平動線可進入同一樓層的各室內空間，以及經由垂直動線可通達不同樓層，並對於特殊的設備都能夠讓各類身心障礙者獨立自主地使用。

　　由各類無障礙設施項目所具有之功能將可了解在設計規範中所規定的無障礙環境建構已具備系統性，有關各類無障礙設施之功能，分析說明如下：

　　（一）室外通路的規定：讓各類身心障礙者可以經戶外空間到達建築物的入口。

　　（二）坡道的規定：當建築物和室外有高差時，經由坡道可讓各類身心障礙者克服高差而到達建築物入口。

　　（三）避難層出入口（大門口）的規定：讓各類身心障礙者可以經由避難層出入口（大門口）進入建築物的室內空間。

　　（四）室內通路走廊的規定：讓各類身心障礙者可以經由室內通路走廊通達同一樓層各室內空間的出入口。

　　（五）室內出入口的規定：讓各類身心障礙者可以經由室內出入口進入各室內空間。

　　（六）樓梯、電梯的規定：讓各類身心障礙者可以經由樓梯、電梯到達各不同樓層。

　　（七）廁所、浴室的規定：讓各類身心障礙者可以進入廁所、浴室及有足夠操作空間使用衛浴設備。

　　（八）觀眾席位的規定：讓各類身心障礙者出席公共活動可以有觀眾席位而增進參與社會活動的機會。

　　（九）停車位的規定：當各類身心障礙者使用汽車、機車等交通工具到達建

築基地時能夠在建築物入口鄰近或垂直動線入口鄰近有適合身心障礙者使用的停車空間。

　　由無障礙環境之建構系統可以了解，任何一項無障礙設施未能有效建置，將造成各類身心障礙者無法獨立自主由戶外空間到達到建築物之各室內空間，以及無法使用任何設備而保有個人隱私和維護個人尊嚴。過去臺灣在推動無障礙環境之過程中，往往出現投入許多無障礙環境建設，但效益不彰；因為無障礙設施之建置是片段的、局部的，在缺乏系統性建設下仍然讓身心障礙者窒礙難行。此外，長期以來環境設計者（含建築設計者、室內設計者），常常認為已經完成無障礙環境設計，但身心障礙者團體卻認為無法使用之矛盾現象，其原因亦來自於設計者缺乏系統性設計概念，往往無法串連各無障礙設施而有效形成完整路徑，以至於事倍功半。尤其是無障礙設施有許多細部設計，任何單一的無障礙設施項目也有系統性之需要，例如樓梯扶手在平臺中斷、走廊的扶手在柱位中斷，扶手未能連續不斷則對於拄杖者或高齡者之支撐、視障者之引導均無法形成支持系統；例如身心障礙者停車位未能在停車場入口，即應有連續性指示標誌，僅在該停車位有標誌，身心障礙者並不容易順利找到車位，而廁所、浴室之內部具有足夠之操作空間方便身心障礙者使用馬桶或淋浴設備，但廁所、浴室之門口無法容許身心障礙者進入則亦失去意義。因此可以理解，不僅是各類無障礙設施項目之間應構成系統性，才能形成無障礙路徑而發揮無障礙環境之功能，即使是在任一項無障礙設施部分，若其細部設計未能符合系統性，一樣地亦將失去其無障礙的功能。

四、無障礙環境符合合理性

　　無障礙環境之目的在於協助各類身心障礙者藉由自己的能力或在使用輔具的情況下能夠有一路徑到達任何場所、進入任何空間以及使用任何設備，其精神在強調讓身心障礙者能夠獨立自主。然而就無障礙環境之合理性而言，具有系統性之無障礙環境並不需要過度設計而浪費建設資源，同時在提供無障礙環境時也應

兼顧平等尊重而讓身心障礙者擁有尊嚴。

　　有關無障礙環境過度設計之現象，主要在於多數的設計者為了符合自我的視覺美學概念，或是有無障礙設施越多越完善的錯覺。過去典型的案例即是為了符合對稱的視覺美學概念，當建築物和戶外有高差需要設計坡道以克服高差時，許多設計者普遍在建築物入口兩側設置坡道，認為對稱之坡道始能符合建築物入口的視覺美學。然而無障礙環境之目的，在於能夠有一路徑讓身心障礙者可以獨立自主地通行以符合其精神，更何況坡道的設置是否已影響入口對稱性，亦屬見仁見智。

　　另一方面，環境設計者（含建築設計者、室內設計者）往往認為提供身心障礙者越多元的選擇越符合人性化的精神，以至於為了達到無障礙環境而規劃設計多元的路徑，例如當建築物和戶外有高差需要設計坡道以克服高差時，則在建築物各入口均建置坡道，希望提供身心障礙者有機會由任何入口進入建築物，以至於多元的路徑造成視障者引導系統的混亂，而導致環境設計過於複雜甚至相互衝突，終至失去無障礙的理念。

　　通用設計之理想，在追求消除差別待遇及避免產生社會標籤，強調環境設計不應該區分主流使用者和非主流使用者之不同族群（The Center of Universal Design, 2006），因此提供無障礙環境時也應兼顧平等尊重，而讓身心障礙者擁有尊嚴。過去在國內最典型的案例，即是場所之經營管理者或建築物所有權人經常將各類身心障礙者進入建築物之入口設置於側門或後門，以避免身心障礙者由主進口出入而影響大眾出入之觀感；或是環境設計者（含建築設計者、室內設計者）認為無障礙設施建置於主進口容易影響建築物正面之美觀，尤其是許多無障礙設施並非一開始即設計於建築物中，後來增設之無障礙設施往往和原建物無法相容，以至於環境設計者（含建築設計者、室內設計者）普遍認為對於建築物的整體性和和諧性而言，無障礙設施是負面的因素。過去由於認知的不同或是由於環境設計技術面臨挑戰，讓不同的使用者未受到相同的對待，差別待遇與社會標籤也讓環境設計無形中將使用者區分成為主流和非主流之不同族群。

　　由前面的論述可了解，無障礙環境之意涵就是無障礙環境「需要全面性」才

是為全民而設計，「全面性之無障礙環境」要能「具有相容性」才不至於產生需求衝突，「具有相容性」之無障礙環境也要能「達到系統性」才能不因片段性而無法發揮功能，同時對於「達到系統性」之無障礙環境也要能「符合合理性」才能不因過度設計而造成浪費及無法平等尊重各使用族群。

第二節　臺灣推動無障礙環境的發展歷程

　　在臺灣推動無障礙環境將近25年的歲月中，的確面臨了篳路藍縷的歷程，雖然國外先進國家之思潮對於臺灣早期萌發無障礙環境之理念有很大的助益，然而學術界的理想結合身心障礙者團體之需求並未能迅速形成社會共識而落實於法令政策，以至於在社會改革的過程中，有多次的抗爭及需要長期的磨合，其關鍵的因素在於缺乏本土性的基礎研究，而無法深入詮釋及界定無障礙環境之意涵；未能有效推動社會教育，以致無法積極進行全民教育而凝聚社會共識；政策推動未能具體分工，而無法迅速建立推動體制及評估推動成效。有關各階段之推動歷程分別分析如下：

一、國外思潮與臺灣無障礙環境推動之萌芽

　　1940年代主張「正常化」、「回歸社會主流」的社會福利思潮，強調身心障礙者不應該被集中照顧以至於和家人隔離、與社會脫節，應該要讓身心障礙者能夠回歸一般社區和其他居民一起生活，由家人與社區共同提供照顧及教育訓練之支持系統，並促使身心障礙者有機會獨立自主及參與社會活動（黃耀榮，1998）；此種人權平等的理念如今已蔚為世界的潮流，以至於身心障礙者「在地老化」的理想目前已成為世界各先進國家推動「居家照顧」、「社區照顧」的政策依據。

　　回顧1950年代至1960年代北歐各國為落實身心障礙者在一般社區「在地老化」的理想，先後積極制定身心障礙者生活環境之建築設施設計規範，讓一般住宅符合無障礙而身心障礙者能夠居住其中，並且社區的公共空間與設施設備亦符合無障礙而讓身心障礙者能夠使用（黃耀榮，1998）。除了北歐各國，美國由於是高度重視人權的國家，因此在1920年代即有無障礙環境的理念，但一直到1960年代由於參與越戰之傷殘退伍軍人大量回到美國本土，對於許多的美國家庭和整個社會造成重大的衝擊，美國亦開始進行身心障礙者相關法案的制

定，並陸續訂定「無障礙法案」（Americans with Disability Act, ADA）、「爲肢體障礙者提供可通行及使用之環境」（Providing Accessibility and Usability for Physically Handicapped People）和「統一建築技術規則第31章可通行設施之專章」（Uniform Building Code Chapter 31 Accessibility），爲無障礙環境之推動奠定了基礎。其後，英國和加拿大也先後引用美國國家標準局（American National Standards Institute, ANSI）的「爲肢體障礙者提供可通行及使用之環境」、美國國際建築事務聯盟（International Conference of Building Officials, ICBO）的「統一建築技術規則第31章可通行設施之專章」成爲該國的無障礙環境設計規範。

聯合國於1981年宣布每年1月23日爲「國際身心障礙者日」，爲促使世界各國具體落實身心障礙者能夠「完全參與」和「機會均等」的目標，在1990年代引用美國國家標準局的「爲肢體障礙者提供可通行及使用之環境」成爲聯合國評估都市生活環境品質的指標，期望世界各國眞正提供符合身心障礙者需求的無障礙生活環境，因此無障礙環境的建設亦成爲建築環境追求人性化的最終理想。臺灣有鑑於無障礙環境之推動已是世界各國的共識，面對日益增多的身心障礙人口之生活環境需求，逐於民國77年局部引用日本建設省之設計規範在內政部營建署建築技術規則第10章，增訂「公共建築物殘障者使用設施」，讓無障礙環境的建設正式有了設計技術的依據，也讓臺灣的無障礙環境推動正式萌芽。

二、社會抗爭及臺灣無障礙環境推動政策之制定

雖然無障礙環境建設有了設計技術的法源依據，但由於無障礙環境建設缺乏立法精神宣示，且未能和身心障礙福利或老人福利等相關母法相結合，各類公共建築物或公共場所之目的事業主管機關（含中央政府和地方縣市政府）普遍對於無障礙環境之需求缺乏認知以及未能理解應擔負之推動角色。民國79年立法院由於幾位關注身心障礙者福利之立法委員，倡議應有效落實無障礙環境建設，當年逐在年度預算審查時提出附帶決議文要求內政部對於「舊有公共建築物應在5年內完成殘障者使用設施改善」，當時內政部爲身心障礙者福利之中央主管機

關,因而肩負全國無障礙環境推動之重任。此項倡議透過立法院決議文而形成帶動無障礙環境全面推動之機制,係臺灣推動無障礙環境發展歷程中重要的里程碑。

隨後在民國81年至84年間,內政部社會司進行全國既有公共建築物無障礙設施檢測,歷任司長積極參與並邀集相關專家學者共同檢測,雖然初步了解全國各縣市既有公共建築物之無障礙環境現況,以及掌握無障礙設施應改善的問題,但對於各目的事業主管機關及地方縣市政府缺乏約制的權力,以致無障礙設施改善並無進展,終至徒勞無功。民國85年,全國各身心障礙者團體基於對「舊有公共建築物應在5年內完成殘障者使用設施改善」的殷切期待完全落空,讓積壓已久之不滿情緒因而大量爆發,形成大規模的社會抗爭事件。各類身心障礙者團體領袖集結內政部,要求撤銷所有未改善之舊有公共建築物使用執照,其將導致全國4萬餘棟公共建築物和場所因而關閉。筆者由於多次參與全國既有公共建築物無障礙設施檢測,因而被內政部社會司請託出席當天的抗爭會議,並在會中具體回顧世界各先進國家推動無障礙環境之發展歷程,論述推動策略應由各目的事業主管機關分工合作之重要性,強調推動主體回到具有技術背景之營建主管機關和建立地方縣市政府推動體制之必要性,以及深入發展無障礙設施設計技術之迫切性,當時得到與會各團體代表之認同,而未演變至舊有公共建築物撤銷使用執照之局面。

民國85年的抗爭事件亦促成「殘障福利法」修法的過程列入了無障礙環境推動的體制與罰則,在民國86年4月所公布實施的「身心障礙者保護法」強調為維護身心障礙者合法權益及生活,保障其參與社會生活之機會,於第5章56條規定「已領建築執照或對外開放使用之公共建築物,其無障礙設施與設備不符合規定者,各目的事業主管機關應令其所有權人或管理機關負責人改善。……」,並於第6章71條規定「違反第56條規定未改善或未提具替代改善計畫或未依計畫期限改善完成者,應勒令停止使用,並處其所有權人或管理機關負責人新臺幣六萬元以上三十萬元以下罰鍰。……」,讓無障礙環境建設有了明確的母法依據,同時也讓中央政府積極編列經費預算以及提出「全面推動無障礙生活環境計

畫」，而具體落實無障礙環境建設。

　　這一次的修法在我國推動無障礙環境發展歷程中是關鍵的里程碑，其意義非常重大；其中，變更了無障礙環境推動主管機關，由社政單位變更為營建單位，讓無障礙環境推動的精神宣示正式告一段落，而由主管建築技術的單位落實無障礙環境的建設。修法內容對於無障礙環境的推動體制則有具體的規範，包含新、舊建築物之區別及推動原則界定、無障礙環境推動之分工方式、罰則與執行程序等均有明確的規定，其內容概述如下：

　　（一）新、舊建築物之區別以民國85年11月26日（含）以前取得建築物使用執造者為舊有建築物，而民國85年11月27日（含）以後取得建築物使用執造者為新建建築物。

　　（二）無障礙環境推動之分工依各目的事業主管機關之業務屬性，分別由營建、社會福利、教育、衛生醫療、勞工職訓、交通等單位針對各自轄下所屬之建築物（含新、舊建築物）負責督導考核、改善追蹤，分工合作，共同推動。

　　（三）新、舊建築物之推動原則係新建築物必須符合現行規定，而舊有建築物因古蹟維護、自然環境因素、建築物構造或設備限制等特殊情形，設置無障礙設施設備確有困難者，得提具替代改善計畫。

　　（四）罰則內容除了罰款外，並得連續罰款至改善為止；如仍然不改善者得撤銷建築物使用執照、斷水斷電或拆除建築物。

三、建立體制及臺灣逐步凝聚共識推動無障礙環境

　　民國86年「身心障礙者保護法」公布實施後，中央營建主管機關（內政部營建署）正式成為無障礙環境推動之主管機關，因此在86年至87年之間邀集各身心障礙者團體代表、專家學者成立「無障礙環境督考團」，藉由督考機制要求各縣市政府成立「無障礙環境推動委員會」、「無障礙環境諮詢及審查小組」、「建築物無障礙設施設備改善基金管理委員會」，為各地方政府建立無障礙環境建設之推動體制。其中，「無障礙環境推動委員會」由各目的事業主管

機關之相關局處首長、專家學者、身心障礙者團體代表組成，主要目的在訂定該縣市無障礙環境推動政策，規劃該縣市各地區公共建築物無障礙環境之現況調查，界定分期分區改善計畫以及督考執行成效；「無障礙環境諮詢及審查小組」對於新建建築物核發使用執照前進行勘測檢查，並因地制宜審查舊有建築物所提出之替代改善計畫；「建築物無障礙設施設備改善基金管理委員會」則運用罰款金額辦理無障礙環境研習會以培育專業人力，並協助無障礙環境改善計畫之經費。

　　民國88年中央營建主管機關成立「無障礙環境推動績效督導小組」及遴選9縣市進行「推動無障礙環境績效評比及實況檢測」試辦計畫，為無障礙環境建設之推動績效建立評估及獎懲制度，並在民國89年至91年之間正式辦理全國各縣市「推動無障礙環境績效評比及實況檢測」，以及要求各縣市政府提出舊有建築物改善無障礙設施之時間表，全面貫徹「身心障礙者保護法」以維護身心障礙者合法權益與生活，保障其參與社會生活之機會。其後，在民國92年至94年之間，中央營建主管機關要求各縣市政府定期提報推動進度季報表、公布各縣市績效評比結果、對檢測不合格之建築物強制開具罰單、中央政府社會福利年度預算之縣市分配款額度以推動無障礙環境績效評比為依據等措施，已更有效地促進我國全面推動無障礙環境之效益。隨後，中央營建主管機關引用臺灣所翻譯之美國「為肢體障礙者提供可通行及使用之環境」，和「統一建築技術規則第31章可通行設施之專章」等規範，經由身心障礙者團體代表共同討論，而於97年7月1日正式公告實施新的「無障礙設施設計規範」，為無障礙設施之設計技術提供更完整而深入之細部規定，讓環境設計者有更清楚之設計依據。

　　過去二十幾年來，臺灣由於專業人力缺乏、建築技術規範不完備、改善對策不了解等專業性基礎明顯薄弱，以及建設經費有限、全民缺乏共識等相關性支持相當困難，而導致無障礙環境建設面臨困境；但是隨著無障礙環境推動體制的建立，各地方政府無障礙環境推動措施已步上軌道，中央營建主管機關具體公布新的設計規範，顯示無障礙環境的全面落實將是指日可待。然而過去在發展歷程中所呈現的諸多建設錯誤現象，雖然推動措施已步上軌道及新的設計規範已公布

實施，是否代表著對於無障礙環境之設計理念與改善對策已完全釐清？以及面對各界所期待的「通用設計」概念的來臨，臺灣相關設計學界大力倡導之際，是否能夠真正了解「無障礙環境」意涵和「通用設計」理論之相關性，而在未來新階段的建設過程能更有效地追求人性化建築環境之最終理想？當然都有待未來的見證。

第三節　臺灣居家環境的無障礙設施現況與改善對策

　　臺灣居家環境普遍缺乏無障礙設施，已嚴重影響失能者「在地老化」之機制。過去臺灣相關研究文獻對於住宅環境由於無法提供無障礙設施所造成高齡者或身心障礙者之居住安全問題有許多論述。在傳統式農村住宅方面，由於門檻高差、內部空間動線長、廚房與浴廁之地面材料光滑等現象容易發生高齡者或身心障礙者跌倒，在連棟式住宅、公寓大廈方面，由於玄關或出入口高差，地面材料光滑、未設置扶手，以至於在門口、浴廁間容易讓高齡者或身心障礙者跌倒（黃耀榮、賴容珊，2004）。失能者在浴廁空間洗澡或如廁起身時缺乏扶手支撐，或是地面材料不具有止滑性，將嚴重影響其移位安全性；室內走廊動線假如缺乏扶手支撐，失能者於行動過程容易跌倒；廁所間距離臥室太遠以及傳統式農村住宅的臥室到浴廁間需經過戶外空間等現象，均增加失能者通行的危險性（藍永昇、黃耀榮，2009）。

　　顯然原居住宅假如不能有效建構無障礙的環境，將無法保障失能者之行動安全而讓其安居其中；此外，居家環境除了需要行動的安全性，也需要行動的方便性，以利於失能者能夠獨立自主地行動或是照顧者可以方便協助失能者，因此居家環境應具有失能者自行使用輔具得以通行的空間，或是照顧者使用輔具輸送失能者所需要的操作空間。然而居家環境因為住宅空間形式的差異，而呈現不同的無障礙環境問題，以下針對各類型住宅之無障礙設施現況問題，以及如何提出改善對策分別予以分析說明。

一、各類型住宅之無障礙設施現況問題

　　根據我國戶口及住宅普查定義及行政院主計處之住宅權屬區分，住宅類型可分為傳統式農村住宅（合院、平房）、獨棟式住宅、雙併式住宅、連棟式住宅、五層以下公寓、六層以上公寓（稱為大廈）（簡佳慧、劉惠玲，2003）。由營建署（2006）住宅狀況調查報告顯示，公寓與大廈類型之住宅主要分布於

都會區，而連棟式住宅除了臺北市和新北市之外，在各縣市均屬於主要的住宅類型，此外在雲林縣、嘉義縣、臺南縣則尚有許多傳統式農村住宅（合院、平房）。其中，五層樓以下的公寓有中間走廊式，以及以客廳、餐廳為核心等配置方式，六層以上的大廈多數以客廳、餐廳為核心之配置方式，而連棟式透天厝則有樓梯位於中間、樓梯位於前方等不同類型。

在各類型住宅中，居家環境之無障礙設施有下列共同性問題（黃耀榮，2012a；黃耀榮，2012b）：

（一）臥室空間狹小或是家具擁擠，以致缺乏輪椅停留及迴轉空間（詳圖4-6-1），失能者上下床鋪不便，且臥室有高架地板容易造成跌落（詳圖4-6-2）。

（二）浴廁入口有門檻，輪椅無法通行（詳圖4-6-3），牆面未裝設扶手且地面材料不止滑，容易跌倒；浴廁間內部無輪椅迴轉空間（詳圖4-6-4），輪椅者無法使用浴廁。

（三）廚房空間狹窄，輪椅通行困難（詳圖4-6-5）。

至於不同類型住宅之無障礙設施問題，在傳統式農村住宅（合院、平房），則普遍面臨大門入口有高差（詳圖4-6-6），通往浴廁間之路徑太長或是需經過戶外才能通達浴廁間，造成失能者使用不便。公寓大廈（包含五層樓以下之公寓、六層以上之大廈）之公共樓梯缺乏兩側扶手、扶手端點缺乏30公分水平延伸，階梯之梯級太高、踏面深度不足、踏面前端不具止滑性，均容易造成失能者上、下樓梯發生跌落現象。階梯之起點和終點普遍沒有警示帶，對視覺有障礙或視力不佳者無法提供上、下樓梯之引導功能。五層樓以下之公寓，普遍缺乏電梯，輪椅者無法上下樓層，而且由陽臺進入客廳時往往有門檻，輪椅通行困難。其中，中間走廊式配置方式者，走道狹小且缺乏輪椅迴轉空間，影響輪椅通行；以客廳、餐廳為核心配置方式者，客廳與餐廳之家具擺設凌亂，往往形成響輪椅通行之障礙。在六層以上之大廈多數以客廳、餐廳為核心之配置方式，客廳與餐廳之家具擺設凌亂，往往形成輪椅通行之障礙；大廈之公共電梯則機廂空間不足容納輪椅，機廂內缺乏輪椅者可操作之按鍵盤，輪椅者無法使用公共電梯上

下樓層。至於連棟式透天厝，不論是樓梯位於中間或是樓梯位於前方之配置型態，普遍是大門入口或是內部走道有高差，走道狹小且缺乏輪椅迴轉空間，影響輪椅通行。

圖4-6-1　臥室無輪椅停留空間

圖4-6-2　臥室高架地板有高差

圖4-6-3　浴廁入口有門檻

圖4-6-4　浴廁無輪椅迴轉空間

圖4-6-5　廚房空間輪椅通行困難

圖4-6-6　大門入口有高差

二、居家環境之無障礙設施改善對策

近期臺灣相關研究文獻探討失能者居家照顧之住宅性能需求，提出居家環境在浴廁空間配置、洗澡空間設施設備、廚房配置形式等方面之無障礙設施改善對策（徐丹桂、黃耀榮、劉建佑，2013）。對於浴廁空間配置，連棟式透天厝之失能者臥室與浴廁間之空間配置關係應該是「臥室鄰近浴廁間，且均設置於一樓」；臺灣現有連棟式透天厝住宅普遍未設置電梯，因此失能者僅能居住於一樓才有機會使用客廳與餐廳，以至於臥室與浴廁間應均設置於一樓，以利於失能者有較好居住及活動品質。在現有公寓住宅均提供有兩處以上廁所間，應可達成失能者之如廁便利性，惟對於其中一處廁所則應鄰近失能者之臥室或在其臥室內，係應注意之重點。洗澡空間設施設備需求以「蓮蓬頭鄰近設置水平及垂直扶手」居多，輪椅使用者進入浴室時，通常由輪椅移位至洗澡椅時亟需可支撐之扶手，以免移位過程跌倒，而水平及垂直扶手安裝在現行住宅之浴室空間，並無任何施作困難，因此扶手設置係一般住宅可優先考量之設施。適合輪椅者操作之廚房配置形式以「L字型」、「單排一字型」、「U字型」為佳，主要在於方便輪椅之迴轉空間，同時不至於造成廚房為符合無障礙空間而面積過大。

至於由於臥室空間狹小或是家具擁擠，以致缺乏輪椅停留及迴轉空間，則應該移除及重整室內家具安排，臥室之高架地板容易造成跌落則應拆除；有關客廳與餐廳之家具擺設凌亂，往往造成輪椅通行之障礙，則應減少家具以及重整家具安排，以避免影響輪椅通行之動線。其他在居家環境中有關浴廁間、公共樓梯、公共電梯、大門入口、走廊通路之無障礙設施現況問題，現行建築技術規則第10章「無障礙設施設計規範」中均已具體規定如何施作，住宅使用者可透過社會福利主管機關之高齡者或身心障礙者住宅無障礙設施改善補助，或是營建主管機關之住宅修繕補助，以及各縣市政府推動「高齡友善城市」對於在地老化之住宅改善補助，而達到居家無障礙環境之改善目標。然而，現行建築技術規則第10章「無障礙設施設計規範」對於住宅之適用範圍，僅界定六層樓以上之集合住宅、五層樓以下五十戶以上之集合住宅應適用無障礙設施，未來應更擴大適用範圍至各類住宅，以利於所有的新建住宅能落實無障礙環境，而舊有住宅能成為改善補助之適用對象，以儘速達到無障礙環境之理想。

第四節　臺灣推動生活社區無障礙環境的發展現況

　　臺灣為了落實高齡者或身心障礙者等失能者能夠在社區生活及照護，對於居家環境以外之公共場所，已逐步推動無障礙環境，以利於失能者能夠在自己的生活社區就養、就醫、就學、就業及休閒育樂。有關近幾年來各類公共場所適用無障礙環境之政策發展，以及無障礙設施規範之發展現況和未來尚需努力之課題分別分析論述如下：

一、各類公共場所適用無障礙環境之政策發展

　　民國97年7月1日中央營建主管機關正式公告實施新的「無障礙設施設計規範」後，也同時在建築技術規則第10章更具體的界定公共建築物適用無障礙設施的類別，將其歸類為公共集會類、商業類、休閒與文教類、宗教與殯葬類、衛生福利類、辦公與服務類、住宿類、危險物品類等類別，並規範觀眾席面積達200平方公尺以上的音樂廳、社教館、集會堂、體育館（場）、文康中心、社區活動中心屬於公共集會類，未達200平方公尺者屬於休閒與文教類；而樓地板面積達500平方公尺以上的護理之家、老人福利機構屬於衛生福利類，未達500平方公尺者屬於住宿類。近幾年也陸續增加寺廟、教堂、補習班、課後托育中心、便利商店、加油站、餐廳、飲食店、飲料店等公共場所為無障礙設施的適用範圍。目前公共建築物適用無障礙設施的建築物類別依據建築技術規則第10章「無障礙建築物」之適用範圍列述如下：

（一）公共集會類

　　1.戲院、電影院、演藝場、歌廳、音樂廳、社教館、集會堂、體育館（場）、文康中心、社區活動中心。

　　2.車站（公路、鐵路、捷運）、航空站（含機場大廈）、水運站（含候船室）。

（二）商業類

　　1.百貨公司、商場、市場（含超級市場、零售市場、攤販市場）、量販店、展覽館（場）。

　　2.餐廳、飲食店、飲料店（含咖啡店、冰果店、冷飲店、茶藝館）、啤酒屋、小吃街。

　　3.觀光旅館、一般旅館。

（三）休閒、文教類

　　1.室內游泳池。

　　2.會議廳、展示廳、博物館、美術館、水族館、科學館、歷史文物館、天文臺。

　　3.小學、國中、高中（職）、大專院校。

　　4.補習班、課後托育中心。

（四）宗教、殯葬類：寺廟、教堂、殯儀館。

（五）衛生福利類

　　1.醫院、療養院、護理之家、老人福利機構。

　　2.身心障礙福利機構、特殊教育學校。

　　3.幼兒園、兒少福利機構、早期療育中心。

（六）辦公、服務類

　　1.金融機構、證券交易所、保險公司、銀行、合作社、郵局、電信局、自來水公司、電力公司。

　　2.政府機關、身心障礙者就業服務站。

　　3.衛生所、公共廁所、便利商店。

（七）住宿類

　　六層樓以上之集合住宅、五層樓以下五十戶以上之集合住宅。

（八）危險物品類：加油站。

　　在上述各類公共場所中，和身心障礙者日常生活之就養、就醫、就學、就業及休閒育樂密切相關者依序有車站（公路、鐵路、捷運）、市場（含超級市場、零售市場、攤販市場）、餐廳、飲食店、飲料店、銀行、合作社、郵局、

電信局、自來水公司、電力公司、公共廁所、便利商店、加油站、醫院、衛生所、小學、國中、課後托育中心、早期療育中心、特殊教育學校、政府機關、身心障礙者就業服務站、社區活動中心、文康中心等公共建築物。目前這些公共建築物，已被規範不論舊有建築物和新建築物，均應具備無障礙設施，在未來能夠全面落實無障礙環境後，身心障礙者走出家門至各相關場所從事生活活動，將可以獨立自主而行動自如。當然在由家門通往各類公共場所之間所需要之道路系統，中央營建主管機關亦在民國98年所公告實施之「市區道路及附屬工程設計規範」中增設第14章「無障礙設施」，針對市區人行道路之無障礙通路有相關規定，將陸續推動人行道之無障礙環境，讓臺灣在戶外空間之通行系統亦能符合無障礙之理想。

二、無障礙設施規範之發展現況及未來尚需努力之課題

有關無障礙設施之細部規定，在民國97年7月1日中央營建主管機關所公告實施的「無障礙設施設計規範」已有相當完整而深入之規定，所規範之無障礙設施包含無障礙通路、樓梯、升降設備（電梯）、廁所盥洗室、浴室、輪椅觀眾席位、停車空間、無障礙標誌、無障礙客房等項目，各設施項目所規範之重點如下列內容：

（一）無障礙通路：適用範圍、通則、室外通路、室內通路走廊、出入口、坡道、扶手。

（二）樓梯：通則、樓梯設計、梯級、扶手與欄杆、警示設施、戶外平臺階梯。

（三）升降設備：適用範圍、一般規定、引導標誌、升降機出入平臺、升降機門、升降機廂。

（四）廁所盥洗室：適用範圍、通則、引導標誌、廁所、馬桶及扶手、小便器、洗臉盆。

（五）浴室：適用範圍、通則、浴缸、淋浴間。

（六）輪椅觀眾席位：適用範圍、通則、空間尺寸、配置。

（七）停車空間：適用範圍、通則、引導標誌、汽車停車位、機車停車位及出入口。

（八）無障礙標誌：適用範圍、通則。

（九）無障礙客房：適用範圍、通則、衛浴設備空間、設置尺寸、房間內求助鈴。

在前述第二節臺灣推動無障礙環境之發展歷程、第三小節建立體制及臺灣逐步凝聚共識推動無障礙環境中，已提及本次中央營建主管機關所公告實施的「無障礙設施設計規範」，係引用美國「為肢體障礙者提供可通行及使用之環境」規範，因此規範內容以肢體障礙者之無障礙設施為主，少數和視障者相關者（如走廊通路之突出物防護設施、樓梯臺階起點與終點之引導設施及樓梯背面中空地區之防護設施等）大部分在提供視障者行進路徑之危險警示；至於促進視障者通行之便利性則僅在電梯項目有具體規定（如電梯外部按鍵盤之引導設施、電梯按鍵盤之標示設施及上下樓層之語音引導等）（黃耀榮，2010）。至於有關聽障者如何使用輔助設備以接收外界相關訊息，以及哪些場所應有聽障者可以使用輔助設備和外界溝通之無障礙環境，在現行「無障礙設施設計規範」並無相關規定。因此有關視障者、聽障者之無障礙設施規範以及促進肢體障礙者使用公共電話、服務櫃臺之便利性等均是未來推動無障礙環境尚需努力之課題。

第五節　臺灣身心障礙福利機構無障礙設施的發展現況

　　身心障礙福利機構係身心障礙者的生活照顧、教育訓練、生活能力重建的專業環境，也是身心障礙者使用密度、使用頻度最高的環境。從障礙者專用建築物之特性而言，身心障礙福利機構應優先落實無障礙環境是無庸置疑的，然而，臺灣身心障礙福利機構在無障礙環境之推動起步較晚，相關法令規範尚未完備，身心障礙福利機構評鑑則在近年來開始將無障礙環境列為評鑑重點之一。有關現行身心障礙福利機構無障礙環境的政策發展以及身心障礙福利機構落實無障礙環境尚需努力之課題分別分析說明如下：

一、現行身心障礙福利機構無障礙環境之政策發展

　　在現行身心障礙福利機構設施及人員配置標準中，涉及無障礙設施之相關規定者有下列部分：

　　（一）總則第一項「實用原則」第二點規定「空間及設施之設計、構造及設備應顧及身心障礙者之無障礙環境與特殊需要，且符合建築法及相關法令規定」，顯然配置標準採用通則宣示，強調身心障礙者之無障礙環境需符合建築法，然而在住宿機構、日間服務機構、福利服務中心之設施標準中又在衛浴設備（盥洗室）、門寬之無障礙設施有細部規定，似乎和通則宣示之精神並不一致。

　　（二）住宿機構、日間服務機構、福利服務中心在衛浴設備（盥洗室）規定應設扶手、緊急呼叫設施，地板應有防滑設施；門寬則規定淨寬度不得小於80公分，照顧失智症為主之機構，需要考量失智症之特殊需要（如燈光照明、防滑等）。然而衛浴設備（盥洗室）、出入口在建築技術規則之「無障礙設施設計規範」中有許多細部規定，身心障礙福利機構設施及人員配置標準並未具體羅列，似乎又不符前述之通則宣示，其強調身心障礙者之無障礙環境需符合建築法。

　　有鑑於身心障礙福利機構為障礙者專用建築物，身心障礙福利機構設施及人員配置標準亦強調身心障礙者之無障礙環境需符合建築法，因此筆者在民國97年第7次全國身心障礙福利機構評鑑中，倡議正式將無障礙環境列為評鑑重點之一，歷經第7次、第8次、第9次等三次全國身心障礙福利機構評鑑，在現行身心障礙福利機構評鑑指標中，已逐步落實無障礙環境之推動。身心障礙福利機構評鑑指標已列入無障礙設施之相關指標包含室外通路、室內通路走廊、出入口、坡道、樓梯、升降機（電梯）、無障礙廁所、無障礙浴室等項目應符合建築技術規則「無障礙設施設計規範」，其評鑑指標內容列述如下：

（一）室外通路

1. 室外通路之高差及寬度。
2. 室外通路與主要通路不同時，有引導標誌。
3. 地面平整、堅固、防滑及水溝格柵設計。
4. 通路上之突出物。

（二）室內通路走廊及出入口

1. 通路走廊之高差及寬度。
2. 通路走廊上各出入口之高差及寬度。
3. 通路走廊之輪椅迴轉空間。
4. 通路走廊上之突出物。

（三）坡道

1. 坡道之寬度。
2. 坡度及地面防滑。
3. 坡道之平臺。
4. 防護設施及扶手。

（四）樓梯

1. 梯級踏面前端防滑及側面防護緣。
2. 梯級起點與終點之警示設施。
3. 扶手及樓梯底板下方防護設施。

（五）升降機

1. 升降機出入口之寬度及引導設施。
2. 升降機前方之輪椅迴轉空間。
3. 點字設施、標誌及輪椅乘坐者之操作盤。
4. 扶手及後視鏡。

（六）無障礙廁所

1. 出入口之高差、寬度、門開關方式及地面材料止滑。
2. 輪椅之迴轉空間，馬桶之設計與空間足供可自行使用輪椅者橫向移坐，並兩側設有扶手。
3. 洗臉盆及鏡子。
4. 可自行使用輪椅者每滿6人或其餘數應增設一處無障礙廁所。

（七）無障礙浴室

1. 出入口之高差、寬度、門開關方式及地面材料止滑，並設有扶手。
2. 至少有1處淋浴間可供自行使用輪椅者方便沐浴，無障礙浴室得併無障礙廁所設置。

二、身心障礙福利機構落實無障礙環境尚需努力之課題

　　目前臺灣的身心障礙福利機構在評鑑過程中，無障礙設施無法符合標準之項目大部分是樓梯、升降機、無障礙廁所、無障礙浴室等項目，由於此等項目在細部設施規定較為複雜而且欲達到無障礙所涉及之設施設備眾多，因此要完全符

合無障礙標準需要多面向之改善措施，至於在室外通路、室內通路走廊、出入口、坡道等項目，多數機構在進行一次改善後普遍能符合規定；然而有些機構屬於民國85年11月26日以前取得使用執照者，早期所建置之環境由於受到基地地形、建築物結構或法定建築容積之限制，而在空間改造上已無法達到現行無障礙設施之理想，則可向地方政府之建築主管機關提出替代改善計畫申請，以簡易改善方式可提供失能者基本使用需求或是以人力服務提供失能者最便利之協助，來彌補無法符合無障礙環境之困境。

基本上，身心障礙福利機構有多元類型，現行身心障礙福利機構設施及人員配置標準僅以住宿機構、日間服務機構、福利服務中心來區分，然而依據「身心障礙者權益保障法」所稱身心障礙者，其屬性區分為心智功能（神經系統構造及精神功能）、感官功能（眼、耳及相關構造）、移動功能（神經、肌肉與骨骼及相關構造）、聲音與言語功能、循環與呼吸系統功能、消化與新陳代謝功能、泌尿與生殖系統功能、皮膚與相關構造功能等身體系統構造或功能有損傷或不全導致顯著喪失某些能力者，其中以心智認知、感官知覺、肢體行動等方面失去能力之身心障礙者，對於無障礙環境之需求最為迫切，然而感官知覺中在嗅覺、觸覺失去能力者對於外界訊息接收及理解之能力、自我行動之通行能力並無顯著的影響，因此可以了解除了肢體行動失去能力之身心障礙者之外，感官知覺失去能力之視覺障礙者、聽覺障礙者亦迫切需要無障礙環境。

雖然現有之視覺障礙者福利機構、聽覺障礙者福利機構並無相關之無障礙設施設計規範可依循，但是依據臺灣之研究文獻針對視覺障礙者已有下列具體之引導系統建議，並認為可在視覺障礙者福利機構優先適用（黃耀榮，2010）：

（一）浮凸地圖、牆面扶手、空間標示設施、材料對比、顏色對比、光線引導、語音引導、空間配置與動線規劃等均為適合視障者之引導設施。

（二）協助視障者建立心理地圖應採用壁掛式明盲兩用之浮凸地圖，地圖尺寸不得大於60公分長×60公分寬，地圖製作應採用不鏽鋼或壓克力材料，浮凸地圖設置高度應為地圖中心線距離地面130～140公分。

（三）採用牆面扶手引導視障者時，可應用於走廊通行方向之定向及空間區

位之定位；扶手端點應標示空間區位名稱及扶手轉彎處應標示前進方向。

（四）採用空間標示設施引導視障者時，可用於空間名稱、通行方向之標示，標示設施尺寸不得大於20公分長×30公分寬。標示設施除了標示中文與盲文外，亦可標示符號、數字及圖形。空間名稱標示設施應設置在門口右側牆面或右側鄰近之牆面，通行方向之標示設施則應設置在牆面轉彎處前方，設置高度應為標示設施中心線距離地面130～140公分處。

（五）以地面材料對比來引導盲者時，可應用於路徑方向轉變之提示及空間入口之定位；材料對比應以材料之粗糙與平整或是材料之堅硬與柔軟為對比之識別原則。

（六）以顏色對比來引導低視能者，可用於空間向度（水平面和垂直面）之區別及地面顏色對比，以協助路徑定向；顏色對比應以主體淺色與背景深色為對比之識別原則。

（七）採用光線來引導低視能者，投射之光源應連續不斷，光源應來自地面牆角之照明，屋頂可開窗者，光源可採頂光。

（八）需要採用語音來引導視障者之場所以開放空間為主，其他場所如採用語音來引導視障者應和標示設施、牆面扶手（扶手端點有點字）等引導概念結合運用；在各空間入口、電梯出口及走廊轉彎處應有語音引導，除了上述區位之外，在建築物大門口、電扶梯入口也應有語音引導，而語音設備應設置於空間入口標示設施旁邊或是扶手端點上方的牆面。

對於聽覺障礙者之無障礙設施，歐美國家普遍在無障礙設施設計規範中，具體規定促進聽覺障礙者方便使用之助聽設備，提供聽覺障礙者容易和他人溝通之輔助系統，以及建置有利於聽覺障礙者接受外界訊息之設備（黃耀榮，1998）。因此，針對公共集會場所規定依觀眾席位之數量，應提供一定比例具有助聽器插座之觀眾席位以及提供助聽器之租借；在公共建築物應提供聽覺障礙者可專用之傳真機，以利聽覺障礙者可以書寫傳真而促進溝通機制，並在該空間同時提供放大音量及放寬音頻之公用電話，方便局部聽覺障礙者容易接聽；至於廁所間、會議室等密閉空間不容易看到外界人員動向之場所，則規定應使用符合

視聽警示（包含警鈴和明滅式閃光燈）之警報設備，以協助聽覺障礙者透過明滅式閃光燈有效接收火災警報；同時要求旅館依住宿房間之數量應提供一定比例具有視聽警示（包含警鈴和明滅式閃光燈）警報設備之住宿房間（International Conference of Building Officials,1989）。然而上述有關聽覺障礙者之無障礙設施設備在臺灣現行之聽覺障礙者福利機構或是一般公共建築物均無相關規範，未來如何落實聽覺障礙者之無障礙環境則尚有許多應探討之課題。

參考書目

一、中文部分

多功能輔具資源整合推廣中心（2011）。《身心障礙者之分級與鑑定標準》。臺北市：衛生福利部。

社會及家庭署（2013）。《身心障礙者權益保障法》。臺北市：衛生福利部。

徐丹桂、黃耀榮、劉建佑（2013）。〈由照顧者觀點探討失能高齡者「在地老化」之住宅性能需求〉，《長期照護雜誌》，17(2)：125～148。

黃耀榮（2012b）。〈都市地區不同世代之「在地老化」住宅空間與設施需求研究——以板橋地區香社里、香雅里、社後里等社區為例〉。《建築學報》，80：1～27。

黃耀榮（2012a）。〈以鄉村連棟式住宅建構老年夫妻在地老化住宅之可行性〉。《長期照護雜誌》，16(1)：33～47。

黃耀榮（2010）。〈建築物適合視障者使用之引導概念與設施可行性探討〉。《建築學報》，74：127～154。

黃耀榮（2009年3月）。〈由發展歷程之回顧再詮釋無障礙環境意涵與通用設計理論〉，「臺南縣無障礙環境政策研討會」，臺南，臺南縣政府。

黃耀榮（2009）。〈環境設計之介入措施與情境治療——如何讓失智老人之照護環境成為支持性環境〉。《輔具之友》，25：23～31。

黃耀榮、賴容珊（2004）。《建構農村聚落居家照護環境設施之規畫研究——以雲林地區為例》。行政院農委會九十三年度委託研究計畫。

黃耀榮（1998）。《各國無障礙環境建設政策及細部設施標準探討》。內政部建築研究所八十七年度自辦研究計畫。

黃耀榮（1996）。《身心障礙福利機構建築計畫研究》。內政部建築研究所籌備處八十五年度自辦研究計畫。

營建署（2006）。《住宅狀況調查報告》。臺北市：內政部。

簡佳慧，劉惠玲（2003）。《臺閩地區住宅狀況研析》。行政院主計處九十二年度委託研究計畫。

藍永昇、黃耀榮（2009年5月）。〈舊有公寓住宅實現「在地老化」之現況問題調查研究——以臺北縣板橋市三種住宅類型為例〉，中華民國建築學會第二十一屆第一次建築研究成果發表會論文集，臺北，中華民國建築學會。

二、英文部分

Australian Standards Institution (2007). Building Code of Australia, *Design for Access and Mobility* (1428.1-1428.4). Sydney : Australian Standards Institution.

International Conference of Building Officials (1989). Uniform Building Code, *Chapter 31 Accessibility* (pp.599-604). Kansas: International Conference of Building Officials.

Norwegian Building Research Institute (1979). *Adapting the Built Environment to the Disabled*. Trondheim: SINTEF Building and Infrastructure Research Organization.

National Standard Institution of Canada (1990). *Barrier-free Design*. Ottawa: The Standards Council of Canada.

Levine, D. (2003). *The Guidebook to Accessibility and Universal Design*. New York:The State University of New York Press.

Sandhu, J. (2001). *An Integrated Approach to Universal Design Toward the Inclusion of All Ages, Cultures, and Diversity*. New York: McGraw-Hill.

The Center of Universal Design (2006). *Definitions: Accessible, and Universal Design*. Raleigh: North Carolina State University Press.

American National Standards Institute (1986). *Providing Accessibility and Usability for Physically Handicapped People*. Washington, DC : American National Standards Institute.

國家圖書館出版品預行編目資料

臺灣身心障礙者權益與福利／林萬億等著.
ーー初版. ーー臺北市：五南, 2014.09
　　面；　公分
　ISBN 978-957-11-7820-2 (平裝)

1.身心障礙者　2.身心障礙機構　3.身心障礙
福利

548.25　　　　　　　　　　103017646

1JC1

臺灣身心障礙者權益與福利

作　　者 ― 林萬億、劉燦宏等著

發 行 人 ― 楊榮川

總 經 理 ― 楊士清

主　　編 ― 陳姿穎

封面設計 ― 吳雅惠　童安安

出 版 者 ― 五南圖書出版股份有限公司

地　　址：106台北市大安區和平東路二段339號4樓

電　　話：(02)2705-5066　　傳　　真：(02)2706-6100

網　　址：http://www.wunan.com.tw

電子郵件：wunan@wunan.com.tw

劃撥帳號：01068953

戶　　名：五南圖書出版股份有限公司

法律顧問　林勝安律師事務所　林勝安律師

出版日期　2014年 9 月初版一刷
　　　　　2018年10月初版二刷

定　　價　新臺幣550元